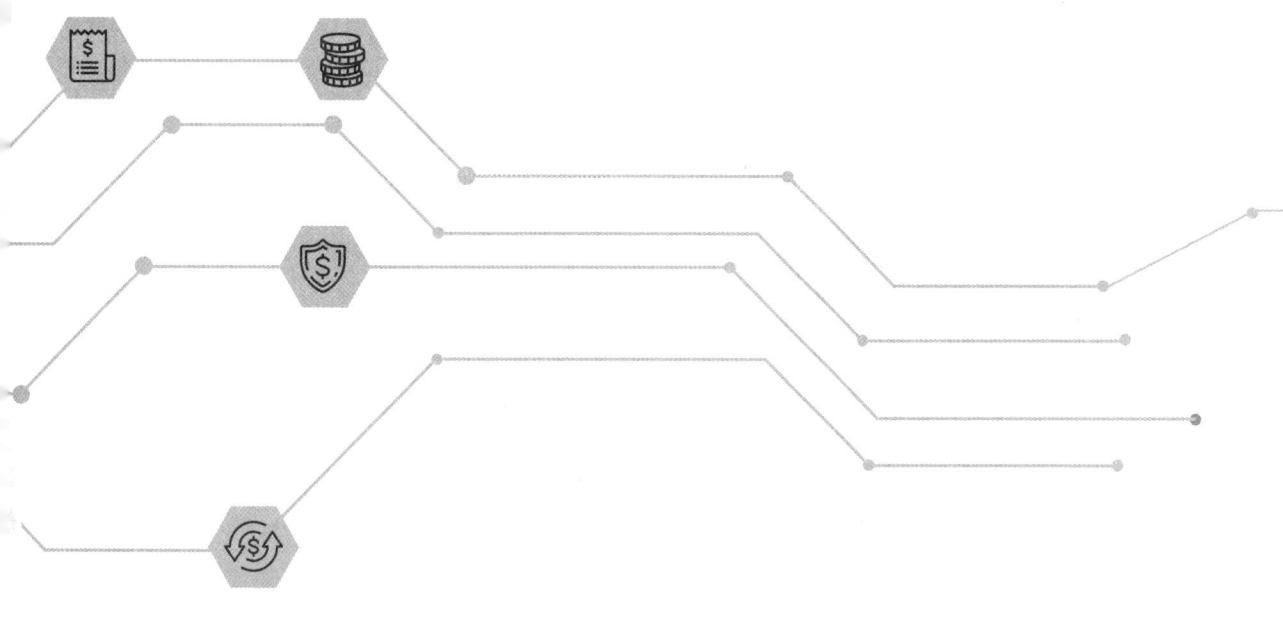

银行业纳税风险
分析与应对指引

主　编 ○ 张学斌　　副主编 ○ 贾忠华

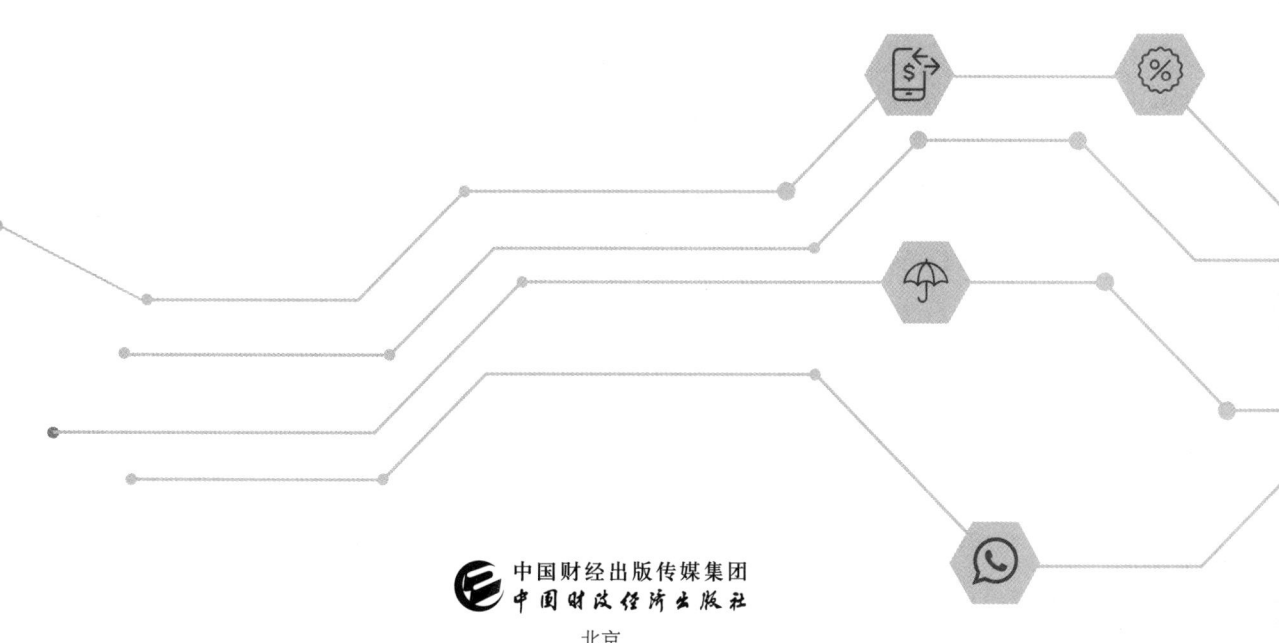

中国财经出版传媒集团
中国财政经济出版社
北京

图书在版编目（CIP）数据

银行业纳税风险分析与应对指引 / 张学斌主编；贾忠华副主编. --北京：中国财政经济出版社，2024.5

ISBN 978-7-5223-3129-4

Ⅰ.①银… Ⅱ.①张…②贾… Ⅲ.①银行－纳税－税收管理－风险分析 Ⅳ.①F810.423

中国国家版本馆CIP数据核字（2024）第088520号

责任编辑：孙丛丛　　　　　责任印制：史大鹏
封面设计：MXK DESIGN STUDIO Q:1765628429　　责任校对：胡永立

银行业纳税风险分析与应对指引
YINHANGYE NASHUI FENGXIAN FENXI YU YINGDUI ZHIYIN

中国财政经济出版社 出版

URL：http：//www.cfeph.cn
E-mail：cfeph@cfeph.cn
（版权所有　翻印必究）

社址：北京市海淀区阜成路甲28号　邮政编码：100142
营销中心电话：010-88191522
天猫网店：中国财政经济出版社旗舰店
网址：https://zgczjjcbs.tmall.com
北京中兴印刷有限公司印装　各地新华书店经销
成品尺寸：185mm×260mm　16开　27印张　518 000字
2024年5月第1版　2024年5月北京第1次印刷
定价：100.00元
ISBN 978-7-5223-3129-4
（图书出现印装问题，本社负责调换，电话：010-88190548）
本社图书质量投诉电话：010-88190744
打击盗版举报热线：010-88191661　QQ：2242791300

自 序 __ PREFACE

很高兴能有机会与大家分享这本《银行业纳税风险分析与应对指引》。作为一名长期从事税收专业服务的人士,我深知银行业在国民经济中的重要地位,也了解银行业在纳税过程中面临的种种挑战和风险。在银行业的复杂世界中,税收不仅是一项重要的义务或成本,也是管理的一大挑战。商业银行的每一笔交易和操作几乎都与税收息息相关,从负债业务到资产业务,从中间业务到对个人与法人的金融服务,每一个环节都充斥着税收的挑战。正是基于这样的认识,我和我的老朋友、著名财税专家贾忠华(甲行家)决定合作编写本书,期望能为银行业的纳税工作提供一些有益的参考和指导。

银行业是现代经济的核心,其经营活动涉及货币信贷、资本市场、国际金融等多个领域,业务复杂程度高,涉税事项繁多。近年来,随着金融创新的不断深入和跨境交易的日益频繁,银行业的纳税风险也在不断加大。如何在合规的前提下实施纳税规划,既符合税收政策导向,又能最大限度地降低银行自身的纳税成本和风险,是摆在每一个银行税务管理者面前的重大课题。

本书立足于对我国银行业税收政策和征管实务的深入研究,系统梳理了银行业在企业所得税、增值税等主要税种申报缴纳过程中的关键风险点,总结提炼了大量鲜活翔实的案例,并在此基础上提出了切实可行的纳税风险防控措施。全书从三个方面进行了阐述:

第一方面主要阐述了银行业税收管理的内外部环境、面临的主要风险以及应对风险的基本思路和方法。这一部分突出宏观视角和战略高度,产品设计、经营流程和会计核算是纳税风险分析和应对的充要条件,有助于从全局上把握银行业税收管理工作的方向。

第二方面重点剖析银行业在企业所得税、增值税等具体税种中的风险(涉税疑点）事项。针对银行业税基确定、税率适用、税收优惠等方面的难点疑点问题，本书给出了明确的政策解读和操作指引。同时，对于近年来税务稽查和税收执法中查处的典型案件，本书进行了深入的案情还原和案例点评，总结了必要的警示教训。

第三方面则着眼于内控制度建设、涉税流程再造、税收科技应用等方面，为银行业税务管理变革和创新提供决策参考。通过优化税收管理流程，加强税企沟通，积极运用大数据等新兴技术手段，可以极大提升税收风险管控的精准性和有效性。

需要特别指出的是，本书在编写过程中得到了多家大型商业银行和各地税务机关的大力支持。来自业界和税务一线的专家学者慷慨分享了他们的实践经验和真知灼见，使得本书的内容更加丰富多元、细致入微。在此，我谨代表编者组对各位的无私贡献表示诚挚的谢意！

《银行业纳税风险分析与应对指引》的问世，适逢国内外经济形势复杂多变、银行业转型发展进入关键阶段的特殊时期。站在新的历史起点上，无论是税务管理者还是银行财务（税务）工作者都更需要运用系统思维和辩证思维来审视纳税工作，在深化认识的基础上优化流程、创新方法，不断提升税收治理能力和治理水平，推动税收治理体系和治理能力现代化。

我们深知，在追求专业深度与实用价值的同时，难免会有疏漏和不足之处。因此，我们诚挚地希望读者不吝赐教，您的建议和批评将是我们不断进步的动力。

随着税收环境的不断演变，银行业务和税收政策也将持续变化。因此，本书提供的指导和建议并非一成不变，我们鼓励读者保持灵活的思维，适时更新自己的知识和策略。

最后，作为本书的合编者之一，我对所有阅读和支持本书的读者表示衷心的感谢。是你们的关注和反馈，激励我们继续前行，不断深化和丰富银行业税务风险管理的研究。希望《银行业纳税风险分析与应对指引》能够成为您宝贵的参考和指南。我由衷地希望本书能够为广大银行业税务工作者和税务机关管理人员提供一个探讨交流的平台，成为大家案头的工具书和参考书。让我们携手并进，在新的征程中续写银行业税收事业的辉煌篇章！

深圳市思迈特财税咨询有限公司
中美联合会计与税务服务集团
创始合伙人　张学斌博士
甲辰年春分日于美国洛杉矶

前 言 PREFACE

本书是继《税源专业化管理》(贾忠华著,台海出版社,2014年10月出版)、《纳税评估理论与实务(上下册)》(贾忠华著,台海出版社,2020年1月出版)和《房地产开发经营业纳税评估模型的应用与操作实务(第二版,上下册)》(贾忠华著,中国商业出版社,2021年5月出版)之后,甲行家税源专业化管理系列丛书的第四本著作,是与著名财税专家张学斌博士共同选题并编著的。

自2012年8月起,我始终倡导税务局按照《国民经济行业分类》标准的分类来实施分行业税源专业化管理。按照《国民经济行业分类》(GB/T 4754-2017)的国民经济行业分类,银行属于第六十六大类的"货币金融服务"行业。商业银行主要的业务范围是吸收公众存款、发放贷款以及办理票据贴现等。一般情况下,商业银行的业务,除了按其资金的来源和运用划分为负债业务、资产业务和中间业务三大类外,还可以按照服务客户分为:个人金融服务和法人金融服务。

无论是税务管理还是税源管理,无论是申报纳税的征纳双方还是第三方的事务所(税务师、会计师或律师),均应尊重各纳税人(如各商业银行)客观存在的营销产品、经营流程和会计核算,这是基本前提,税法优先原则的适用,也是同样如此的。

本书的定位是工具书,注重实用性,核心内容包括三项:一是熟悉主营业务是根本——全面阐述商业银行的各种业务;二是抓住主要税种及纳税风险事项——纳税风险事项(点)标准化描述及分税种归集整理典型纳税风险事项(点);三是归集整理现行有效的行政法规——商业银行涉税政策法规库(含税收优惠法规库),使读者能够轻松准确地分税种或分事项开展纳税风险的识别、分析、防范和纠错,于法有据、通俗易懂、简单实用。

全面税收风险管理理论和分类分级管理,贯穿税收征管全流程,税收风险识别(分析)和风险应对(核实)是税收风险管理工作的核心。税收风险分析不是财务分析,除了财务报表和申报纳税数据外,重点是第三方信息;除了高风险事项采取税务稽查应对外,税务约谈是风险应对的核心措施,是纳税人对是否排除纳税风险的举证过程,不是征纳双方的"谈判",更不是税务询问或问询。

由于水平有限且时间仓促,难免有不足之处,敬请批评指正。

贾忠华

甲辰年春分日于北京

目 录 CONTENTS

第一章 银行业概况 ········ 001

第一节 银行业基本情况 ········ 002
第二节 负债业务、资产业务和中间业务 ········ 009
第三节 商业银行中间业务 ········ 014
第四节 法人金融服务和个人金融服务 ········ 022
第五节 重要事项说明 ········ 051
第六节 贵金属 ········ 071

第二章 行业纳税风险分析及应对（业务分类） ········ 099

第一节 财务核算与税收征管 ········ 100
第二节 负债业务纳税风险分析 ········ 114
第三节 资产业务纳税风险分析 ········ 119
第四节 中间业务纳税风险分析 ········ 130
第五节 风险拨备纳税风险分析 ········ 132
第六节 其他业务纳税风险分析 ········ 137
第七节 纳税风险分析不是财务分析 ········ 144

第三章 银行业纳税风险特征库（税种归集） ········ 159

第一节 如何建立纳税风险（涉税疑点）特征库 ········ 160

第二节　流转税纳税风险 …… 169
第三节　所得税纳税风险 …… 184
第四节　房产税和城镇土地使用税纳税风险 …… 220
第五节　印花税和契税纳税风险 …… 228

第四章　纳税风险应对指引 …… 235

第一节　税务约谈是核心应对措施 …… 236
第二节　税务约谈不是询问 …… 244
第三节　风险应对实务（一） …… 252
第四节　风险应对实务（二） …… 264
第五节　分析及应对典型案例 …… 282

第五章　行业税收政策法规库 …… 291

第一节　财税法规库 …… 292
第二节　税收优惠法规库 …… 311
第三节　附　件 …… 331

一、企业所得税 …… 331

1. 财政部　国家税务总局关于企业关联方利息支出税前扣除标准有关税收政策问题的通知（财税〔2008〕121号） …… 331
2. 国家税务总局关于企业处置资产所得税处理问题的通知（国税函〔2008〕828号） …… 332
3. 国家税务总局关于确认企业所得税收入若干问题的通知（国税函〔2008〕875号） …… 333
4. 财政部　国家税务总局关于补充养老保险费　补充医疗保险费有关企业所得税政策问题的通知（财税〔2009〕27号） …… 335
5. 财政部　国家税务总局关于企业手续费及佣金支出税前扣除政策的通知（财税〔2009〕29号） …… 335
6. 财政部　国家税务总局关于企业资产损失税前扣除政策的通知（财税〔2009〕57号） …… 336
7. 财政部　国家税务总局关于执行企业所得税优惠政策若干问题的通知（财税〔2009〕69号） …… 339

8. 国家税务总局关于企业固定资产加速折旧所得税处理有关问题的通知（国税发〔2009〕81号） …… 341

9. 国家税务总局关于企业工资薪金及职工福利费扣除问题的通知（国税函〔2009〕3号） …… 343

10. 国家税务总局关于印发《跨地区经营汇总纳税企业所得税征收管理办法》的公告（国家税务总局公告2012年第57号） …… 345

11. 财政部 国家税务总局关于企业所得税若干优惠政策的通知（财税〔2008〕1号） …… 355

12. 国家税务总局关于母子公司间提供服务支付费用有关企业所得税处理问题的通知（国税发〔2008〕86号） …… 357

13. 财政部 税务总局关于金融企业涉农贷款和中小企业贷款损失准备金税前扣除有关政策的公告（财政部 税务总局公告2019年第85号） …… 358

14. 财政部 国家税务总局关于企业境外所得税收抵免有关问题的通知（财税〔2009〕125号） …… 359

15. 财政部 国家税务总局关于企业关联方利息支出税前扣除标准有关税收政策问题的通知（财税〔2008〕121号） …… 363

16. 国家税务总局关于企业国债投资业务企业所得税处理问题的公告（国家税务总局公告2011年第36号） …… 364

二、增值税 …… 366

1. 国家税务总局关于金融机构开展个人实物黄金交易业务增值税有关问题的通知（国税发〔2005〕178号） …… 366

2. 银行业增值税纳税申报代理业务指引（试行）（中税协发〔2019〕40号附件） …… 367

3. 财政部 国家税务总局关于金融机构同业往来等增值税政策的补充通知（财税〔2016〕70号） …… 376

4. 财政部 税务总局关于继续实施银行业金融机构、金融资产管理公司不良债权以物抵债有关税收政策的公告（财政部 税务总局公告2023年第35号） …… 378

三、个人所得税典型法规 …… 379

1. 国家税务总局关于个人所得税有关政策问题的通知（国税发〔1999〕58号） …… 379

2. 财政部 国家税务总局关于企业以免费旅游方式提供对营销人员个人奖励有关个人所得税政策的通知（财税〔2004〕11号）……………… 380

3. 国家税务总局关于调整个人取得全年一次性奖金等计算征收个人所得税方法问题的通知（国税发〔2005〕9号）……………………… 380

4. 国家税务总局关于个人因公务用车制度改革取得补贴收入征收个人所得税问题的通知（国税函〔2006〕245号）…………………… 382

5. 财政部 国家税务总局关于基本养老保险费 基本医疗保险费 失业保险费 住房公积金有关个人所得税政策的通知（财税〔2006〕10号）…… 382

6. 国家税务总局关于明确个人所得税若干政策执行问题的通知（国税发〔2009〕121号）…………………………………………………… 383

7. 国家税务总局关于个人提前退休取得补贴收入个人所得税问题的公告（国家税务总局公告2011年第6号）………………………………… 385

8. 国家税务总局关于贯彻执行修改后的个人所得税法有关问题的公告（国家税务总局公告2011年第46号）…………………………… 385

9. 财政部 国家税务总局关于企业促销展业赠送礼品有关个人所得税问题的通知（财税〔2011〕50号）……………………………………… 386

10. 财政部 国家税务总局关于个人所得税法修改后有关优惠政策衔接问题的通知（财税〔2018〕164号）………………………………… 388

11. 国家税务总局关于雇主为其雇员负担个人所得税税款计征问题的通知（国税发〔1996〕199号）………………………………………… 392

四、房产税和城镇土地使用税………………………………………… 394

1. 财政部 国家税务总局关于房产税 城镇土地使用税有关问题的通知（财税〔2008〕152号）………………………………………… 394

2. 财政部 国家税务总局关于安置残疾人就业单位城镇土地使用税等政策的通知（财税〔2010〕121号）……………………………… 395

3. 关于房产税若干具体问题的解释和暂行法规（财税地字〔1986〕8号）…… 396

4. 国家税务总局关于进一步明确房屋附属设备和配套设施计征房产税有关问题的通知（国税发〔2005〕173号）…………………………… 399

五、印花税………………………………………………………………… 400

1. 国家税务局关于对借款合同贴花问题的具体规定（国税地字〔1988〕30号）………………………………………………………………… 400

六、财务会计……………………………………………………………… 401
  1. 金融企业会财务规则（财政部令第42号）………………………401
  2. 财政部关于印发《信贷资产证券化试点会计处理规定》的通知（财会
     〔2005〕12号）………………………………………………… 414

第一章 __Chapter I

银行业概况

第一节　银行业基本情况

一、金融业概述

(一)金融业概述

金融业是指经营金融商品的特殊行业，它包括银行业、保险业、信托业、证券业、租赁业和典当业。2018年成立的原中国银行保险监督管理委员会，是依照法律法规统一监督管理银行业和保险业的国务院直属事业单位，2023年5月，在中国银行保险监督管理委员会基础上组建的国家金融监督管理总局是现行业监管机构。我国的金融机构设置见图1-1。

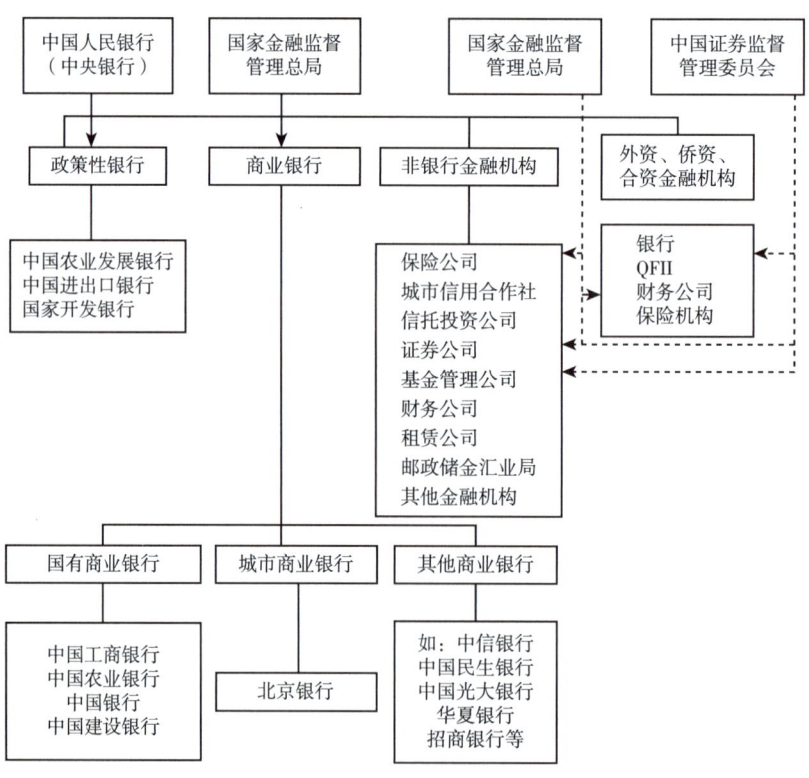

图1-1　金融机构设置

(二)金融业特点

根据国家统计局发布的《中华人民共和国2023年国民经济和社会发展统计公报》显示，2023年金融业增加值100 677亿元，增长6.8%，占全年国内生产总值1 260 582亿元的7.98%。

金融业具有指标性、垄断性、高风险性、效益依赖性和高负债经营性的特点。

指标性是指金融的指标数据从各个角度反映了国民经济的整体和个体状况，金融业是国民经济发展的晴雨表。

垄断性一方面是指金融业是政府严格控制的行业，未经中央银行审批，任何单位和个人都不允许随意开设金融机构；另一方面是指具体金融业务的相对垄断性，信贷业务主要集中在四大商业银行，证券业务主要集中在国泰、华夏、南方等全国性证券公司，保险业务主要集中在中国人保、中国平安和太平洋保险等公司。

高风险性是指金融业是巨额资金的集散中心，涉及国民经济各部门、单位和个人，其任何经营决策的失误都可能导致"多米诺骨牌效应"。

效益依赖性是指金融效益取决于国民经济总体效益，受政策影响很大。

高负债经营性是相对于一般工商企业而言，其自有资金比率较低。

(三)国民经济行业分类情况

2017年12月，国家统计局根据新国家标准《国民经济行业分类》(GB/T 4754-2017)修订后的国民经济行业门类仍保持20个；行业大类由96个增加至97个，即增加了"土地管理业"；行业中类由432个增加至473个，调整新增41个；行业小类由1 094个增加至1 380个，调整新增286个。按照国民经济行业分类，金融业分为：货币金融服务、资本市场服务、保险业和其他金融业，各大类再细分子类，表1-1所示内容是《国民经济行业分类》国家标准(GB/T 4754-2017)中金融业行业分类的部分内容。

表1-1　　　　　　　　　　　　金融业国家标准分类

代码				类别名称	说明
门类	大类	中类	小类		
J	66			金融业 货币金融服务	本门类包括66—69大类
		661	6610	中央银行服务	指代表政府管理金融活动，并制定和执行货币政策，维护金融稳定，管理金融市场的特殊金融机构的活动

续表

代码				类别名称	说明
门类	大类	中类	小类		
		662		货币银行服务	指除中央银行以外的各类银行所从事存款、贷款和信用卡等货币媒介活动，还包括在中国开展货币业务的外资银行及分支机构的活动
			6621	商业银行服务	
			6622	政策性银行服务	
			6623	信用合作社服务	
			6624	农村资金互助社服务	指经银行业监督管理机构批准，由自愿入股组成的社区互助性银行业金融业务
			6629	其他货币银行服务	
		663		非货币银行服务	指主要与非货币媒介机构以各种方式发放贷款有关的金融服务
			6631	融资租赁服务	指经银行业监督管理部门或商务部批准，以经营融资租赁业务为主的活动
			6632	财务公司服务	指经银行业监督管理部门批准，为企业融资提供的金融活动
	67		6633	典当	指以动产、不动产或其他财产权利质押或抵押的融资活动
			6634	汽车金融公司服务	指经原中国银监会批准设立的专门为中国境内的汽车购买者及销售者提供金融服务的非银行金融机构的活动
			6635	小额贷款公司服务	包括原中国银监会和地方政府批准设立的贷款公司，即由境内商业银行或农村合作银行在农村地区设立的专门为县域农民、农业、农村经济发展提供贷款服务的金融机构
			6636	消费金融公司服务	指经原中国银监会批准设立的为中国境内居民个人提供以消费（不包括购买房屋和汽车）为目的贷款的非银行金融机构的活动
			6637	网络借贷服务	指依法成立，专门从事网络借贷信息中介业务活动的金融信息中介公司，以及个体和个体之间通过互联网平台实现的直接借贷，个体包含自然人、法人及其他组织
			6639	其他非货币银行服务	指上述未包括的从事融资、抵押等非货币银行的服务，包括各种消费信贷抵押顾问和经纪人的活动；还包括金融保理活动
		664	6640	银行理财服务	指银行提供的非保本理财产品服务
		665	6650	银行监管服务	指代表政府管理银行业活动，制定并发布对银行业金融机构及其业务活动监督管理的规章、规则
				资本市场服务	
		671		证券市场服务	
			6711	证券市场管理服务	指非政府机关进行的证券市场经营和监管，包括证券交易所、登记结算机构的活动

续表

代码				类别名称	说明
门类	大类	中类	小类		
			6712	证券经纪交易服务	指在金融市场上代他人进行交易、代理发行证券和其他有关活动，包括证券经纪、证券承销与保荐、融资融券业务、客户资产管理业务等活动
		672	6720	公开募集证券投资基金	指向不特定投资者公开发行受益凭证的证券投资基金，由专业基金管理人管理，在法律的严格监管下进行投资，依照《公开募集证券投资基金运作管理办法》进行运作（包括基金投资类理财服务）
		673		非公开募集证券投资基金	指以投资活动为目的设立，非公开募集，由基金管理人或者普通合伙人管理的基金，依照《私募投资基金监督管理暂行办法》进行运作
			6731	创业投资基金	指向处于创业各阶段的成长性企业进行股权投资，以期所投资的企业成熟或相对成熟后主要通过股权转让获得增值收益的基金
			6732	天使投资	指除被投资企业职员及其家庭成员和直系亲属以外的个人以其自有资金开展的创业投资的活动
			6739	其他非公开募集证券投资基金	包括基金投资类理财服务
		674		期货市场服务	
			6741	期货市场管理服务	指非政府机关进行的期货市场经营和监管，包括商品期货交易所、金融期货交易所、期货保证金监控中心的活动
			6749	其他期货市场服务	指商品合约经纪及其他未列明的期货市场的服务
		675	6750	证券期货监管服务	指由政府或行业自律组织进行的对证券期货市场的监管活动
		676	6760	资本投资服务	指经批准的证券投资机构的自营投资、直接投资活动和其他投资活动
		679	6790	其他资本市场服务	指投资咨询服务、财务咨询服务、资信评级服务，以及其他未列明的资本市场的服务
	68			保险业	
		681		人身保险	指以人的寿命和身体为保险标的的保险活动，包括人寿保险、年金保险、健康保险和意外伤害保险
			6811	人寿保险	指以人的寿命为保险标的的人身保险，包括定期寿险、终身寿险和两全保险
			6812	年金保险	指以被保险人生存为给付保险金条件，并按约定的时间间隔分期给付生存保险金的人身保险
			6813	健康保险	指以因健康原因导致损失为给付保险金条件的人身保险，包括疾病保险、医疗保险、失能收入损失保险和护理保险

续表

代码				类别名称	说明
门类	大类	中类	小类		
			6814	意外伤害保险	指以被保险人因意外事故而导致身故、残疾或者发生保险合同约定的其他事故为给付保险金条件的人身保险
		682	6820	财产保险	指以财产及其有关利益为保险标的的保险,包括财产损失保险、责任保险、信用保险、保证保险等
		683	6830	再保险	指承担与其他保险公司承保的现有保单相关的所有或部分风险的活动
		684	6840	商业养老金	指专为个人和单位雇员或成员提供退休金补贴而设立的法定实体的活动(如基金、计划、项目等),包括养老金定额补贴计划以及完全根据成员贡献确定补贴数额的个人养老金计划等
		685		保险中介服务	指保险代理人、保险经纪人开展的保险销售、谈判、促合以及防灾、防损或风险评估、风险管理咨询、协助查勘理赔等活动,以及保险公估人开展的对保险标的或保险事故的评估、鉴定、勘验、估损、理算等活动
			6851	保险经纪服务	指基于投保人的利益,为投保人与保险人订立保险合同提供中介服务并依法收取佣金的活动
			6852	保险代理服务	指根据保险人的委托,向保险人收取佣金,并在保险人授权的范围内代为办理保险业务的活动
			6853	保险公估服务	指接受委托,专门从事保险标的或者保险事故评估、勘验、鉴定、估损理算等业务,并按约定收取报酬的活动
		686	6860	保险资产管理	指保险资产管理公司接受委托,开展的保险资金、商业养老金等资金的投资管理活动
		687	6870	保险监管服务	指根据国务院授权及相关法律、法规规定所履行的对保险市场的监督、管理活动
		689	6890	其他保险活动	指其他未列明的与保险和商业养老金相关或密切相关的活动,包括救助管理、保险精算等
	69			**其他金融业**	
		691		金融信托与管理服务	指根据委托书、遗嘱或代理协议代表受益人管理的信托基金、房地产账户或代理账户等活动,包括单位投资信托管理,还包括信托公司通过互联网销售信托产品及开展其他信托业务的互联网信托活动
			6911	信托公司	指经原中国银监会批准设立的,主要经营信托业务的金融机构;信托业务是指信托公司以营业和收取报酬为目的,以受托人身份承诺信托和处理信托事务的经营行为

续表

代码				类别名称	说明
门类	大类	中类	小类		
		692	6919 6920	其他金融信托与管理服务 控股公司服务	指通过一定比例股份，控制某个公司或多个公司的集团，控股公司仅控制股权，不直接参与经营管理，以及其他类似的活动
		693	6930	非金融机构支付服务	指非金融机构在收付款人之间作为中介机构提供下列部分或全部货币资金转移服务，包括第三方支付机构从事的互联网支付、预付卡的发行与受理、银行卡收单及中国人民银行确定的其他支付等服务
		694	6940	金融信息服务	指向从事金融分析、金融交易、金融决策或者其他金融活动的用户提供可能影响金融市场的信息（或者金融数据）的服务，包括征信机构服务
		695	6950	金融资产管理公司	指经批准成立的，以从事收购、管理和处置不良资产业务为主，同时通过全资或控股金融类子公司提供银行、信托、证券、租赁、保险等综合化金融服务的金融企业
		699	6991	其他未列明金融业 货币经纪公司服务	指经原中国银监会批准设立的专门从事促进金融机构间资金融通和外汇交易等经纪服务的非银行金融机构的活动
			6999	其他未包括金融业	指主要与除提供贷款以外的资金分配有关的其他金融媒介活动，包括保理活动、掉期、期权和其他套期保值安排、保单贴现公司的活动、金融交易处理与结算，以及借款担保服务、发行债券担保服务等融资担保活动，还包括信用卡交易的处理与结算、外币兑换等活动

与实业的艰辛相比，金融业的高额利润对资金有着天然的吸引力，虽然牌照管制一直存在，但仍然有越来越多的民营企业通过各种途径争食金融业的"大蛋糕"。打破信息边界、降低交易成本、大数据支撑是互联网金融的优势，但其也不可避免地面临着技术风险和政策风险。

二、银行业的主要经营流程和分类

货币银行服务（662）是指除中央银行以外的各类银行所从事存款、贷款和信用卡等货币媒介活动，还包括在中国开展货币业务的外资银行及分支机构的活动。其中包含商业银行服务（6621）、政策性银行服务（6622）、信用合作社服务（6623）、农村资金互助社服务（6624）以及其他货币银行服务（6629）。

（一）主要经营流程

商业银行提供的货币银行服务，主要为储蓄、信贷、中间业务。这些业务主要流程如下：

1.储蓄流程：开户、存款、取款等。

2.信贷业务：信贷业务是商业银行最重要的资产业务，通过放款收回本金和利息，扣除成本后获得利润，所以信贷是商业银行的主要盈利手段。信贷业务包括授信业务、贷款业务、担保业务等。申请、调查、指标分析、审批、发放贷款（签订合同涉及印花税）、还贷（利息涉及增值税、拍卖抵押物涉及销售不动产征增值税）等。按期还款计入表内科目"核算借款合同约定期间的利息收入"；逾期计入表外科目"核算所有逾期放款的利息收入"，按照文件规定均应计征增值税。

3.中间业务：中间业务是商业银行为客户办理支付和其他委托事项而收取手续费的业务的总称。如汇兑业务、信托业务和代收业务等，银行代替客户收取各种款项、接受委托代替客户买卖有价证券、贵金属和外汇等，如：收取各种手续费（水、电、气、通讯等），保险代理（医疗、汽车等）。

（二）主要业务分类及内容

商业银行（Commercial Bank），英文缩写为CB，是银行的一种类型，职责是通过存款、贷款、汇兑、储蓄等业务，承担信用中介的职能。主要的业务范围是吸收公众存款、发放贷款以及办理票据贴现等。商业银行的经营对象不是普通商品，而是货币、资金；商业银行业务活动的范围不是生产流通领域，而是货币信用领域；商业银行不是直接从事商品生产流通的企业，而是为从事商品生产流通的企业提供金融服务的企业。

中国的商业银行实行的是分业经营模式。一般情况下，商业银行的业务，除了按其资金的来源和运用划分为负债业务、资产业务和中间业务三大类外，还可以按照服务的客户分为个人金融服务和法人金融服务。

（三）主要的银行

1.政策性银行：中国进出口银行、中国农业发展银行，国家开发银行。

2.大型国有商业银行：中国工商银行、中国农业银行、中国银行、中国建设银行、中国邮政储蓄银行和交通银行。

3.全国性股份制商业银行：招商银行、浦发银行、中信银行、中国光大银行、华夏银行、中国民生银行、广发银行、兴业银行、平安银行、恒丰银行和浙商银行等。

4.合资银行：富邦华一银行、华商银行、浦发硅谷银行等。

5.外资银行：花旗银行、渣打银行、瑞穗实业银行、华侨银行、摩根大通银行、韩亚银行、韩国中小企业银行、德意志银行、法国巴黎银行、法国兴业银行、正信银行、菲律宾首都银行、澳新银行、山口银行、苏格兰皇家银行、横滨银行、韩国国民银行、瑞士联合银行、西太平洋银行和印度国家银行等。

6.港资银行：东亚银行、恒生银行、永亨银行、南洋商业银行和大新银行等。

7.城市商业银行和农村商业银行。

第二节 负债业务、资产业务和中间业务

商业银行没有货币的发行权，其传统业务主要集中在经营存款和贷款业务。作为经营货币和信用业务的金融机构，商业银行以营利为目的，在经营过程中讲求营利性，商业银行针对特殊经营对象形成了其特定的业务内容。按其资金的来源和运用划分，主要可以分为负债业务、资产业务和中间业务三大类。

一、负债业务

负债业务是银行借以形成其资产的业务，是银行最基本、最主要的业务之一，是银行信用业务的一种。 负债是银行由于授信而承担的将以资产或资本偿付的能以货币计量的债务。存款、派生存款是银行的主要负债，约占资金来源的80%以上，另外联行存款、同业存款、借入或拆入款项或发行债券等，也构成银行的负债。

（一）相关概念

自有资金是指其拥有所有权的资本金。主要包括股本金、储备资金及未分配利润。

存款负债是银行负债业务中最重要的业务，是商业银行经费的主要来源。

借款负债是商业银行通过票据的再抵押、再贴现等方式向中央银行融入资金和

通过同业拆借市场向其他银行借入资金进行短期活动。

其他负债是指商业银行利用除存款负债和借款负债以外的其他方式形成的资金来源。主要包括：代理行的同业存款负债、金融债券负债、大额可转让定期存单负债、买卖有价证券、占用客户资金、境外负债等。

负债业务主要通过吸收和借入形式筹集资金，构成银行经营的基础，包括存款业务和非存款业务。

（二）存款业务

存款业务是指银行以信用方式吸收社会闲置资金的筹资活动，是银行最主要的信贷资金来源。存款业务主要包括为企业交易目的开设的企事业单位存款和为个人积蓄货币取得利息收入开设的居民储蓄存款。

单位存款是指企业、机关事业单位、部队和社会团体等单位在金融机构办理的存款业务，包括定期存款、活期存款、通知存款、协定存款及经中国人民银行批准的其他存款。储蓄存款是指居民个人与家庭为积蓄货币和取得利息收益而存入银行的款项。2000年4月起，中国开始实行存款实名制。

商业银行的存款种类可以按不同的标准来划分：按存款类别可划分为活期存款、定期存款、储蓄存款和通知存款等；按期限长短可划分为短期、中期、长期存款；按存款的经济来源可划分为工商业、农业、财政性、同业存款等。

（三）非存款业务

非存款业务是指银行吸收各种非存款资金的业务。一般来说，按照期限长短可分为短期借入资金业务和长期借入资金业务。

1. 短期借入资金业务

银行的短期借入资金是指期限在一年以内的各种银行借款，其目的主要是保持正常的资金周转、满足资金流动性的需要。我国银行主要短期借入资金包括同业拆借、向中国人民银行借款、向国际金融市场借款。

同业拆借是指银行与其他金融机构之间的临时性借款，主要用于支持银行资金周转、弥补银行暂时的头寸短缺。同业拆借包括同业拆入和同业拆出。同业拆借期限较短（一般不超过1年），交易数额一般较大，7天以内的拆借量占我国同业拆借总量的60%以上。我国同业拆借必须在全国统一同业拆借网络中进行，包括：全国银行间同业拆借中心的电子交易系统；中国人民银行分支结构的拆借备案系统；中国人民银行认可的其他交易系统。

向中国人民银行借款是指金融企业向中国人民银行借入的临时性借款等，主要有三种途径：再贴现、再贷款和再抵押。我国贴现借款的利率由中国人民银行规定。

向国际金融市场借款，银行可以通过从国际金融市场借款来弥补资金的不足，主要以固定利率的定期存单、欧洲美元存单、本票等形式融通资金。

2. 长期借入资金业务

长期资金借入主要是指银行通过发行长期次级债券、混合资本债券、金融债券等各类债券来借入资金。

二、资产业务

资产业务指银行运用其吸收的资金，从事各种信用活动以获取利润的行为、主要包括贷款业务和投资业务等内容。

1. 现金资产管理

银行的现金资产是银行所有资产中最富有流动性、可随时用来支付客户现金需要的资产。**现金资产主要由库存现金、在中央银行存款、存放同业存款等项目构成**。库存现金是指银行保存在金库中的现钞和硬币，由业务库现金和储蓄业务备用金组成。库存现金主要用于应付客户提现和其他日常零星开支。

在中央银行存款是银行存放在中央银行的资金，包括法定存款准备金和超额存款准备金。法定存款准备金具有强制性，是中央银行调节信用规模的政策工具；超额准备金是指在存款准备金账户中超过法定存款准备金的存款，可用于银行日常支付和债权债务清算。

存放同业存款是银行存放在代理行和相关银行的存款，为了便于银行在同业之间开展各项结算收付、贷款参加等代理业务。

2. 信贷类业务

贷款业务是银行以债权人身份，将货币资金给借款人，借款人需要按约定的利率和期限还本付息的一种信用方式。我国主要贷款业务可分为信用贷款、担保贷款和票据贴现等。

信用贷款（包括外汇转贷），是指银行仅凭借款人的信誉而无须借款人提供担保发放的贷款。

担保贷款是指以某些特定的财产或信用作为还款保证的贷款。按照担保方式的不同，又可以分为保证贷款、抵押贷款和质押贷款。

票据融资（票据贴现、转贴现和银行承兑汇票承兑），是指银行应持票人的要求，以现款买进持票人持有但尚未到期的商业票据的方式而发放的贷款。票据贴现实行的是预扣利息。

三、中间业务

中间业务是商业银行为客户办理支付和其他委托事项而收取手续费的业务的总称。

中间业务是指不构成银行表内资产、表内负债，形成银行非利息收入的业务，银行不运用或很少运用自己的资产，以中间人的身份替客户办理收付或其他委托事项，收取手续费。中间业务虽然不是银行传统的主营业务，但已逐步成为银行新的利润增长点。包括支付结算类中间业务、代理类中间业务、银行卡业务、担保类中间业务、承诺类中间业务、交易类中间业务等。

1.支付结算类中间业务，是指由银行为客户办理因债权债务关系引起的与货币支付、资金划拨有关的收费业务。它的主要收入来源是手续费收入。目前我国支付结算类中间业务的结算工具主要包括银行汇票、商业汇票、银行本票、支票；结算方式主要包括汇兑、托收承付、委托收款、信用证。

2.代理类中间业务，是指银行接受客户委托，代为办理客户指定的经济事务，提供金融服务并收取一定费用的业务。

代收代付业务是银行利用自身的结算与营业网点便利，接受客户的委托代理办理指定款项的收付事宜，例如代理公共事业收费等。

代理证券业务是指银行接受委托办理的代理发行、兑付、买卖各类国债、公司债券、金融债券、股票的业务，还包括接受委托代办债券还本付息、代发股票红利、代理证券资金清算等业务。

代理保险业务是指银行接受保险公司委托代其办理保险业务的业务。

代理政策性银行业务是银行接受政策性银行的委托，代为办理政策性银行因受服务功能和网点设置等方面的限制而无法办理的业务。

代理商业银行业务是指银行之间的委托代理，主要是代理资金清算。

代理委托贷款业务是指委托人提供资金，由银行根据委托人确定的贷款对象、用途、额度、期限、利率等代为发放、监督、收回贷款。

3.银行卡业务，是指银行通过向社会发行具有消费信用、转账结算、存取现金等全部或部分功能的信用支付工具为持卡人办理存取款、转账支付等的业务活动。银行卡按清偿方式可分为借记卡、准贷记卡和贷记卡。

4.担保类中间业务，是指银行为客户债务清偿能力提供担保，承担客户违约风险的业务。担保业务不占用银行资金，但形成银行或有负债，当申请人不能及时完成其应尽的义务时，银行就必须代为履行付款职责。

我国银行担保类中间业务主要有：

（1）银行承兑汇票，由收款人或承兑申请人签发，经银行审查同意承兑的商业汇票。银行一旦在汇票上注明承兑字样，汇票到期时就负有无条件支付的责任。

（2）备用信用证，开证行应借款人要求，以放款人作为信用证的受益人而开具的一种特殊信用证，以保证在借款人不能及时履行义务的情况下，由开证行向受益人及时支付本利。

（3）银行保函，银行凭借自身的资金实力和业务条件，接受客户申请，向受益人开出的保证。如果委托人违约，担保银行保证履行委托人的责任。

5.**交易类中间业务，是指银行为满足客户保值或自身风险管理等方面的需要，利用各种金融工具进行的资金交易活动，主要包括金融衍生交易业务**。根据交易的产品形态，金融衍生交易业务分为以下类别：

（1）远期合约是指交易双方约定在未来某一特定时间、以某一特定价格、买卖某一特定数量和质量资产的交易形式。

（2）期货合约是指在特定的交易所通过竞价方式成交，承诺在未来的某一日期以实现约定的价格买进或卖出的某种商品的协议。

（3）掉期合约，又称互换合约，是指交易双方商定在一段时间内，就各自所持金融商品相关内容进行交换的交易合同。一般包括利率掉期和货币掉期。

（4）期权合约，期权是指期权的买方支付给卖方一笔权利金，获得一种权利，可于期权的存续期内或到期日当天，以执行价格与期权卖方进行约定数量的特定标的物的交易。根据期权标的物的不同，可分为外汇期权、期货期权、股指期权等。

6.其他中间业务。常见业务有基金托管业务、咨询类业务、保险箱业务。

（1）基金托管业务是指有托管资格的银行接受基金管理公司委托，安全保管所托管基金的全部资产并办理清算划拨、会计核算、基金估值等托管业务。基金托管业务通常按照基金净值的一定比例提取基金托管费。

（2）咨询顾问类业务是指商业银行依靠自身在信息、人才、信誉等方面的优势，收集和整理有关信息，并通过对这些信息以及银行和客户资金运动的记录和分析，并形成系统的资料和方案，提供给客户，以满足其业务经营管理或发展的需要的服务活动。

（3）保险箱业务是指银行设置保险箱，接受单位或个人的委托，代为保管各种贵重物品和单证的业务。

第三节　商业银行中间业务

中间业务，是指商业银行代理客户办理收款、付款和其他委托事项而收取手续费的业务；是银行不需动用自己的资金，依托业务、技术、机构、信誉和人才等优势，以中间人的身份代理客户承办收付和其他委托事项，提供各种金融服务并据以收取手续费的业务。银行经营中间业务无须占用自己的资金，是在银行的资产负债信用业务的基础上产生的，并可以促使银行信用业务的发展和扩大。中间业务占银行收入比重逐年加大。

中间业务包括两大类：不形成或有资产、或有负债的中间业务（即一般意义上的金融服务类业务）和形成或有资产、或有负债的中间业务（即一般意义上的表外业务）。

金融服务类业务是指商业银行以代理人的身份为客户办理的各种业务，目的是获取手续费收入。主要包括：支付结算类业务、银行卡业务、代理类中间业务、基金托管类业务和咨询顾问类业务。

表外业务是指那些未列入资产负债表，但同表内资产业务和负债业务关系密切，并在一定条件下会转为表内资产业务和负债业务的经营活动。主要包括担保或类似的或有负债、承诺类业务和金融衍生业务三大类。

一、中间业务分类

（一）支付结算类中间业务

支付结算类业务是指由商业银行为客户办理因债权债务关系引起的与货币支付、资金划拨有关的收费业务。

1.结算工具。结算业务借助的主要结算工具包括银行汇票、商业汇票、银行本票和支票。

（1）银行汇票是出票银行签发的、由其在见票时按照实际结算金额无条件支付给收款人或者持票人的票据。

（2）商业汇票是出票人签发的、委托付款人在指定日期无条件支付确定的金额给收款人或持票人的票据。商业汇票分银行承兑汇票和商业承兑汇票。

（3）银行本票是银行签发的、承诺自己在见票时无条件支付确定的金额给收款人或者持票人的票据。

（4）支票是出票人签发的、委托办理支票存款业务的银行在见票时无条件支付确定的金额给收款人或持票人的票据。

2.结算方式，主要包括同城结算方式和异地结算方式。

（1）汇款业务，是由付款人委托银行将款项汇给外地某收款人的一种结算业务。汇款结算分为电汇、信汇和票汇三种形式。

（2）托收业务，是指债权人或售货人为向外地债务人或购货人收取款项而向其开出汇票，并委托银行代为收取的一种结算方式。

（3）信用证业务，是由银行根据申请人的要求和指示，向收益人开立的载有一定金额，在一定期限内凭规定的单据在指定地点付款的书面保证文件。

3.其他支付结算业务，包括利用现代支付系统实现的资金划拨、清算，利用银行内外部网络实现的转账等业务。

（二）银行卡业务

银行卡是由经授权的金融机构（主要指商业银行）向社会发行的具有消费信用、转账结算、存取现金等全部或部分功能的信用支付工具。银行卡业务的分类方式一般包括以下几类：

1.依据清偿方式，银行卡业务可分为贷记卡业务、准贷记卡业务和借记卡业务。借记卡可进一步分为转账卡、专用卡和储值卡。

2.依据结算的币种不同，银行卡可分为人民币卡业务和外币卡业务。

3.按使用对象不同，银行卡可以分为单位卡和个人卡。

4.按载体材料的不同，银行卡可以分为磁性卡和智能卡（IC卡）。

5.按使用对象的信誉等级不同，银行卡可分为金卡和普通卡。

6.按流通范围，银行卡还可分为国际卡和地区卡。

7.其他分类方式，包括商业银行与盈利性机构（或非盈利性机构）合作发行联名卡或认同卡。

（三）代理类中间业务

代理类中间业务指商业银行接受客户委托、代为办理客户指定的经济事务、提供金融服务并收取一定费用的业务，包括代理政策性银行业务、代理中国人民银行业务、代理商业银行业务、代收代付业务、代理证券业务、代理保险业务、代理其他银行银行卡收单业务等。

1.代理政策性银行业务，是指商业银行接受政策性银行委托，代为办理政策性银行因服务功能和网点设置等方面的限制而无法办理的业务，包括代理贷款项目管理等。

2.代理中国人民银行业务，是指根据政策、法规应由中国人民银行承担，但由于机构设置、专业优势等方面的原因，由中国人民银行指定或委托商业银行承担的业务，主要包括财政性存款代理业务、国库代理业务、发行库代理业务、金银代理业务。

3.代理商业银行业务，是指商业银行之间相互代理的业务，例如为委托行办理支票托收等业务。

4.代收代付业务，是指商业银行利用自身的结算便利，接受客户的委托代为办理指定款项的收付事宜的业务，例如代理各项公用事业收费、代理行政事业性收费和财政性收费、代发工资、代扣住房按揭消费贷款还款等。

5.代理证券业务，是指银行接受委托办理的代理发行、兑付、买卖各类有价证券的业务，还包括接受委托代办债券还本付息、代发股票红利、代理证券资金清算等业务。此处有价证券主要包括国债、公司债券、金融债券、股票等。

6.代理保险业务，是指商业银行接受保险公司委托代其办理保险业务的业务。商业银行代理保险业务，可以受托代个人或法人投保各险种的保险事宜，也可以作为保险公司的代表，与保险公司签订代理协议，代保险公司承接有关的保险业务。代理保险业务一般包括代售保单业务和代付保险金业务。

7.其他代理业务，包括代理财政委托业务、代理其他银行银行卡收单业务等。

（四）担保及承诺类中间业务

担保类中间业务，是指商业银行为客户债务清偿能力提供担保，承担客户违约风险的业务。主要包括银行承兑汇票、备用信用证、各类保函等。

1.银行承兑汇票，是由收款人或付款人（或承兑申请人）签发，并由承兑申请人向开户银行申请，经银行审查同意承兑的商业汇票。

2.备用信用证，是开证行应借款人要求，以放款人作为信用证的收益人而开具的一种特殊信用证，以保证在借款人破产或不能及时履行义务的情况下，由开证行向收益人及时支付本利。

3.各类保函业务，包括投标保函、承包保函、还款担保履约保函、借款保函等。

4.其他担保业务。

承诺类中间业务是指商业银行在未来某一日期按照事前约定的条件向客户提供约定信用的业务，主要指贷款承诺，包括可撤销承诺和不可撤销承诺两种。

1.可撤销承诺是附有客户在取得贷款前必须履行的特定条款，在银行承诺期内，客户如没有履行条款，则银行可撤销该项承诺。可撤销承诺包括透支额度等。

2.不可撤销承诺是银行不经客户允许不得随意取消的贷款承诺，具有法律约束力，包括备用信用额度、回购协议、票据发行便利等。

（五）交易类中间业务

交易类中间业务是指商业银行为满足客户保值或自身风险管理等方面的需要，

利用各种金融工具进行的资金交易活动,主要包括金融衍生业务。

1.远期合约,是指交易双方约定在未来某个特定时间以约定价格买卖约定数量的资产,包括利率远期合约和远期外汇合约。

2.金融期货,是指以金融工具或金融指标为标的的期货合约。

3.互换,是指交易双方基于自己的比较利益,对各自的现金流量进行交换,一般分为利率互换和货币互换。

4.期权,是指期权的买方支付给卖方一笔权利金,获得一种权利,可于期权的存续期内或到期日当天,以执行价格与期权卖方进行约定数量的特定标的的交易。按交易标的分,期权可分为股票指数期权、外汇期权、利率期权、期货期权、债券期权等。

(六)投资银行业务

投资银行业务,主要包括证券发行、承销、交易、企业重组、兼并与收购、投资分析、风险投资、项目融资等业务。

(七)基金托管业务

基金托管业务是指有托管资格的商业银行接受基金管理公司委托,安全保管所托管的基金的全部资产,为所托管的基金办理基金资金清算款项划拨、会计核算、基金估值、监督管理人投资运作。包括封闭式证券投资基金托管业务、开放式证券投资基金托管业务和其他基金的托管业务。

(八)咨询顾问类业务

咨询顾问类业务,是指商业银行依靠自身在信息、人才、信誉等方面的优势,收集和整理有关信息,并通过对这些信息以及银行和客户资金运动的记录和分析,形成系统的资料和方案,提供给客户,以满足其业务经营管理或发展的需要的服务活动。

1.企业信息咨询业务,包括项目评估、企业信用等级评估、验证企业注册资金、资信证明、企业管理咨询等。

2.资产管理顾问业务,是指为机构投资者或个人投资者提供全面的资产管理服务,包括投资组合建议、投资分析、税务服务、信息提供、风险控制等。

3.财务顾问业务,包括大型建设项目财务顾问业务和企业并购顾问业务。大型建设项目财务顾问业务指商业银行为大型建设项目的融资结构、融资安排提出专业性方案。企业并购顾问业务指商业银行为企业的兼并和收购双方提供的财务顾问业务，银行不仅参与企业兼并与收购的过程，而且作为企业的持续发展顾问，参与公司结构调整、资本充实和重新核定、破产和困境公司的重组等策划和操作过程。

4.现金管理业务，是指商业银行协助企业，科学合理地管理现金账户头寸及活期存款余额，以达到提高资金流动性和使用效益的目的。

（九）其他类中间业务

包括保管箱业务以及其他不能归入以上八类的业务。

二、中间业务的特点

商业银行中间业务与商业银行的表内资产业务相比，风险度较低，但并不能说没有风险。与表内资产负债业务相比，商业银行中间业务呈现以下特点。

一是自由度较大。中间业务不像传统的资产负债业务，受金融法规的严格限制。一般情况下，只要交易双方认可，就可达成协议。中间业务可以在场内交易，也可以在场外交易。绝大多数中间业务不需要相应的资本金准备，这导致部分商业银行委托性和自营性中间业务的过度膨胀，从而给商业银行带来一定的潜在风险。

二是透明度差。中间业务大多不反映在资产负债表上，许多业务不能在财务报表上得到真实反映，财务报表的外部使用者如股东、债权人和金融监管当局难以了解银行的全部业务范围和评价其经营成果，经营透明度下降，影响了市场对银行潜在风险的正确和全面的判断，不利于监管当局的有效监管。

三是多数交易风险分散于银行的各种业务之中。中间业务涉及多个环节，银行的信贷、资金、财会、信息等部门都与其相关，防范风险和明确责任的难度较大。

四是高杠杆作用。所谓高杠杆作用，也就是"小本博大利"。这主要是指金融衍生业务中的金融期货、外汇按金交易等业务所具有的特征。例如，一名债券投资者，只要拿出10万美元，便可以在金融期货市场上买入几个100万美元价值的债券期货合约。由于高杠杆的作用，从事金融衍生业务交易，既存在着大赚的可能性，也存在着大亏的可能性。

三、中间业务的作用

与商业银行表内资产业务相比，商业银行中间业务具有以下作用。

(一)不直接构成商业银行的表内资产或负债,风险较小,为商业银行的风险管理提供了工具和手段

商业银行在办理中间业务的时候,不直接以债权人或债务人的身份参与,不直接构成商业银行的表内资产或负债,虽然部分业务会产生"或有资产"或"或有负债",但相对于表内业务而言,风险较小,改变了商业银行的资产负债结构。在商业银行的中间业务中,金融衍生业务风险相对较大。但这部分业务在具有一定的风险的同时,也给商业银行管理自身的风险提供了工具和手段,提高了商业银行资产负债管理的能力和风险防范的手段。

(二)为商业银行提供了低成本的稳定收入来源

由于商业银行在办理中间业务时,通常不运用或不直接运用自己的资金,大大降低了商业银行的经营成本。中间业务收入为非利息收入,不受存款利率和贷款利率变动的影响。由于信用风险和市场风险较小,中间业务一般不会遭受客户违约的损失,即使损失,影响也不大。这样,中间业务能给商业银行带来低成本的稳定收入来源,有利于提高商业银行的竞争能力和促进商业银行的稳健发展。中间业务收入已经成为西方国际性商业银行营业收入的主要组成部分,占比一般为40%至60%,一些银行甚至能达到70%以上。

(三)完善了商业银行的服务功能

随着财富的积累、物质生活和文化生活的日益丰富,不管是企业还是个人,对个人理财、企业理财、咨询、外汇买卖、证券买卖等各个方面均存在较大需求,因此,人们对金融服务提出了更多的要求。

中间业务的发展,丰富和完善了银行的功能,使银行在提供传统的银行业务之外,能根据客户的需求,不断进行产品创新,提供多方面的服务。西方部分商业银行的中间业务产品已经覆盖了银行业、保险业、证券业、信托业,甚至工商流通领域,成为"金融超市",具有强大的服务功能,大大提高了银行的竞争能力。

四、涉及会计科目及核算流程

以中国某商业银行为例,中间业务收入的一级科目代码为5110,其中间业务收入二级科目代码并不固定,年度之间有调整。《中国某商业银行会计业务核算规程2009》(某银办发〔2009〕112号)文件共详细介绍了21项结算业务、14项代理业务、

3项电子银行业务、5项资金清算业务、5项其他业务的操作流程及核算规范。银行在收取中间业务手续费时，借记有关科目，贷记本科目。

《关于印发〈中间业务收费标准〉（2009年版）》（某银发〔2009〕65号）共列明了10项中间业务的收费标准，分别为人民币结算及账户管理业务，代理业务，国际结算及对外担保业务，理财业务，银行卡业务，投资银行业务，对内担保、承诺、保理业务及公司贷款相关服务，电子银行业务，资产托管业务和养老金业务。

五、会计处理与现行税法规定的差异

根据《中国某商业银行会计业务核算规程2009》（某银办发〔2009〕112号）的规定，银行多以净收入计入中间业务收入。而税法规定需以全额为计税依据征收增值税，因此可能产生增值税纳税的风险。经分析，目前已有如下风险点。

（一）速汇款业务手续费

在办理汇款时按照中国某商业银行每年公布的中间业务收费标准收取。速汇款手续费收入在系统内按照汇款行和解付行各占50%的比例分配。各二级分行以上机构在签订代理业务协议时自行约定手续费标准、收取方式和分成比例。汇出机构应得速汇款手续费收入直接贷记手续费收入科目；解付机构应得速汇款手续费收入，在解付时随汇款本金一并清算至解付行，记入手续费收入科目。

办理速汇款业务的参与方分别为汇款行和解付行，汇款行全额收取全部收入，自身所得部分计入收入，解付行所得部分随本金汇至解付行。根据以上规定，汇出行应当就全部收入征收增值税，汇出行与解付行之间存在代理业务协议，不属于免税的金融机构往来，其所得部分应当计征增值税。因此该项业务全额核算时存在少计增值税的可能。由于速汇款手续费计入了"511001人民币结算业务收入""511002人民币个人结算业务收入""511021全球快汇业务收入"，这三个科目同时还计入了其他的中间业务收入，无法根据账面记录测算出少缴纳的增值税。

（二）转汇手续费

根据《关于印发〈中间业务收费标准〉（2009年版）》中的基本结算业务（政府指导价）规定：

> 转汇的汇出行收取的信汇、电汇邮电费按100%，手续费按50%付给转

汇行。付给转汇行的手续费不应当在业务收入中进行扣减。同时代邮电部门收取的费用也不应进行扣除。

(三) 代理贵金属交易手续费

根据《关于印发〈中间业务收费标准〉(2009年版)》中的理财规定：

> 五、代理贵金属：
> 黄金：按交易金额的0.14%收取，最低300元/笔，其中代上海黄金交易所收取0.05%，我行收取0.09%。
> 铂金：按交易金额的0.2%收取，其中代上海黄金交易所收取0.1%，我行收取0.1%。
> 代上海黄金交易所收取的费用应当缴纳增值税。

(四) 银行卡手续费

银行卡收费，如跨行ATM取现收费、特约单位手续费等收入，银行按收费标准从持卡人处收取的费用，需要向清算平台及其他有关参与方支付相应的费用，这部分费用不应从收入中进行扣减，银行在实际操作过程中已进行了扣除。

(五) 速汇金手续费

根据《中国某商业银行会计业务核算规程2009》，经办网点完成汇款业务后，收取手续费的30%系统自动入账，日终批量后，系统汇总汇出业务头寸(汇款本金和收取手续费的70%)并自动生成待复核报文。一级分行外汇清算中心复核后、发送MT202报文完成资金清算。会计分录如下。

经办行：
借：××存款科目
　　贷：511022其他国际结算业务收入科目(汇出汇款手续费的30%)
　　　　410001营业机构往来科目(本金和70%手续费)

在该业务中，70%的手续费应当在业务办理的银行缴纳增值税。

(六) 财政零余额垫款收费

根据《中国某商业银行会计业务核算规程2009》第八章第六节"代理中央财政国库集中支付"规定：

15：30时后授权支付垫付资金由财政部按年计付利息。承办行应逐日核对预算单位或者自行填制的纸质"代理银行垫付资金计息明细表"（以下简称"明细表"），并存档管理。主办行通过银财通系统生成"明细表"与"代理银行垫付资金计息汇总表"进行数据核对，确保两者一致，并于年末最后一个结息日（12月21日）后4个工作日内报送总行。

说明总行与财政部之间存在着利息结算收入的情况，需要考虑这部分利息如何入账，另外地方分行与地方财政部门财政零余额垫款，是否也存在收取利息的问题？目前未在5010科目中发现与财政零余额账户垫款相符合的利息收入，经对垫款利息收入进行分析，发现业务类型单一，未发现财政垫款的利息收入。

（七）代理证券业务收费问题

1.证券公司缴付的账户管理费、存管服务费，首先由该证券公司主办分行统一收取，暂存在"236099——其他应付款"科目。各分行将收到的账户管理费和存管服务费计入"511052——代理股票业务收入"科目。

2.主办分行按管理账户在各一级（直属）分行的分布情况，将对应的账户管理费划拨给各分行。

3.证券公司支付的存管服务费的40%专项拨给主办分行；存管服务费剩余部分，由主办分行按管理账户余额在各分行分布比例划拨给各分行（含主办分行、协办分行）。

根据以上表述，主办行收取100%后，暂存在"236099——其他应付款"，之后60%留下计入收入，40%拨给相关分行，需对主办行的全部收入计征增值税。对应的会计科目511052代理对公证券业务收入、511053代理个人证券业务收入。

第四节　法人金融服务和个人金融服务

本节以某商业银行开展的法人和个人金融服务主要业务为例进行系统介绍。法人金融服务业务分为八类超过六十项服务内容；个人金融服务业务分为六类超过五十项服务内容。

一、法人（公司）业务

(一) 国内结算业务

1. 即时通业务

即时通是指某商业银行运用现代计算机技术和通讯网络，为公司客户提供的一项资金异地通存通兑服务。客户在该银行开立账户后，可以在该银行任一综合网点对该账户进行资金存取操作，资金划转瞬间完成。

2. 支票直通车

支票直通车是为受理转账支票较多的特约单位和购货单位客户提供更方便、快捷的金融服务。支票直通车的功能包括：在线实时支付、在线确定是否空头、在线鉴别支票密码。

3. 委托收款

委托收款，是指收款人委托银行向付款人收取款项的结算方式。委托收款分邮寄和电报划回两种，由收款人选用。单位或个人凭已承兑的商业汇票（含商业承兑汇票和银行承兑汇票）、国内信用证、储蓄委托收款（存单）、债券等付款人债务证明办理款项结算的，均可使用委托收款结算。

4. 上门收款

上门收款包括长期定点上门收款和临时上门收款两种形式。

长期定点上门收款是指某商业银行对日均交存现金较多且到银行交款有一定困难的存款大户，长期派人到该单位办理的上门收款服务（如当面清点收款、合同封包收款）。

临时上门收款是指某商业银行对发生临时性大额现金收款并要求银行提供服务的存款单位临时派人到该单位办理的上门收款服务。目前银行主要采用IC卡上门收款服务。IC卡上门收款服务是指银行业务人员在上门收款过程中，使用上门收款机，借助IC卡作为数据载体的技术手段，进行业务处理和管理。

5. 支票

支票（Cheque）是出票人签发的，委托办理支票存款业务的银行或者其他金融机构在见票时无条件支付确定的金额给收款人或者持票人的票据。支票可以支取现金，也可以转账，用于转账时，应当在支票正面注明；现金支票只能用于支取现金，转账支票只能用于转账，不得支取现金。

6. 银行汇票

银行汇票是出票银行签发的，由其在见票时按照实际结算金额无条件支付给收款人或者持票人的票据。银行汇票的出票银行为经中国人民银行批准办理银行汇票的银行。多用于办理异地转账结算和支取现金。

7. 流动资金贷款

流动资金贷款是为满足借款人在生产经营过程中临时性、季节性的资金需求，保证生产经营活动的正常进行而发放的贷款。流动资金贷款的特点是期限灵活，能够满足借款人临时性、短期和中期流动资金需求，按期限可分为临时流动资金贷款、短期流动资金贷款和中期流动资金贷款。

临时贷款是指期限在3个月（含3个月）以内的流动资金贷款，主要用于企业一次性进货的临时需要和弥补其他季节性支付资金不足；短期贷款是指期限为3个月至1年（不含3个月，含1年）的流动资金贷款，主要用于企业正常生产经营周转的资金需求；中期贷款是指期限为1年至3年（不含1年，含3年）的流动资金贷款，主要用于企业正常生产经营中经常性的周转占用和铺底流动资金贷款。

（1）营运资金贷款。

营运资金贷款是银行为满足优质借款人日常经营中合理的资金连续使用需求，以其未来综合收益和其他合法收入等作为还款来源而向客户发放的贷款。

本品种业务办理方式多样，允许采用循环方式办理，即与借款人一次性签订循环借款合同，在合同规定的期限和额度内，允许借款人多次提款、逐笔归还、循环使用。

（2）周转限额贷款。

周转限额贷款是银行为满足借款人日常经营中确定用途项下的资金短缺需求，以约定的、可预见的经营收入作为还款来源而发放的贷款。

（3）临时贷款。

临时贷款是银行为满足借款人在生产经营过程中因季节性或临时性的物资采购资金需求，以对应的产品（商品）销售收入和其他合法收入等作为还款来源而发放的短期贷款。对临时贷款的管理遵循"锁定用途、落实还款、全程监控、款到收回"的原则。

（4）法人账户透支。

公司客户法人账户透支是银行根据公司客户申请，核定其账户透支额度，允许其在结算账户存款不足以支付时，在核定的透支额度内直接透支取得信贷资金的一种短期融资方式。

（二）贷款和融资

贷款是银行、信用合作社等机构借钱给用钱的单位或个人，一般规定利息、偿还日期。广义的贷款是指贷款、贴现、透支等出贷资金的总称。银行通过贷款的方式将所集中的货币和货币资金投放出去，可以满足社会扩大再生产对补充资金的需要，促进经济的发展，同时，银行也可以由此取得贷款利息收入，增加银行自身的积累。

2024年1月12日，中国人民银行发布金融统计数据显示，2023年我国人民币贷款增加22.75万亿元，同比多增1.31万亿元，12月末，我国人民币贷款余额237.59万亿元。

融资是指企业运用各种方式向金融机构或金融中介机构筹集资金的一种业务活动。融资是指为支付超过现金的购货款而采取的货币交易手段，或为取得资产而集资所采取的货币手段。融资的主要方式有：银行贷款、股票筹资、债券融资和融资租赁。

1. 国内贸易融资

贸易融资是在商品或服务贸易中，运用结构性短期融资工具，基于贸易中的存货、预付款、应收账款等资产的融资。商业银行的贸易融资产品根据贸易发生的地域可分为国内贸易融资产品和国际贸易融资产品两大类，国内贸易融资产品适用于客户（即借款人，下同）与交易对手均在国内的情况，国际贸易融资产品适用于客户的交易对手在国外的情况。

（1）国内信用证。

银行应买方申请，向其出具的付款承诺，承诺在单据符合信用证所规定的各项条款时，向卖方履行付款责任。

（2）信用证项下打包贷款。

银行应信用证受益人（卖方）申请向其发放的用于国内信用证项下货物采购、生产和装运的贷款。

（3）信用证项下出口押汇。

信用证项下出口押汇是申请人把信用证项下的货物所有权（注意是所有权，使用权仍属申请人）抵押给银行，银行用自有资金或通过海外代付的方式代申请人支付货款，申请人在押汇到期时还本付息的融资方式。

（4）信用证项下买方融资。

银行应开证申请人要求，与其达成国内信用证项下单据及货物所有权归银行所有的协议后，银行以信托收据的方式向其释放单据并先行对外付款，待销售货物回笼资金后偿还银行融资。

（5）国内保理。

销货方将其销售商品、提供服务或其他原因所产生的应收账款转让给银行，由银行为其提供应收账款融资及商业资信调查、应收账款管理的综合性金融服务。

（6）商品融资。

借款人以其合法拥有的储备物、存货或交易应收的商品进行质押，由银行提供的结构性短期融资业务（不包括期货交易所标准仓单质押融资）。

2. 项目贷款

项目贷款是指银行发放的，用于借款人新建、扩建、改造、开发、购置固定资产投资项目的贷款。项目贷款期限灵活。银行项目贷款一般是中长期贷款，也有用于满足项目临时周转使用的短期项目贷款。

项目贷款组合多样。根据客户需求，可在项目贷款项下签发银行承兑汇票、开立非融资类保函、办理国内贸易融资和国际贸易融资等业务。

3. 固定资产融资

固定资产支持融资是指银行以借款人自有的、已建成并投入运营的优质经营性资产未来经营所产生的持续稳定现金流（如收费收入、租金收入、运营收入等）作为第一还款来源，为满足借款人在生产经营中多样化用途的融资需求而发放的贷款。

4. 房地产开发贷款

（1）住房开发贷款。

住房开发贷款是银行向借款人发放的用于住房及其配套设施建设的贷款。

（2）商用房开发贷款。

商用房开发贷款是银行向借款人发放的用于宾馆（酒店）、写字楼、商场等商用项目及其配套设施建设的贷款。

（3）土地储备贷款。

土地储备贷款是银行向借款人发放的用于土地收购、整理和储备的贷款。

5. 委托贷款

委托贷款业务是指中国工商银行接受政府部门、企事业单位、个人的委托，由委托人提供委托资金，受托银行根据委托人确定的贷款对象、用途、金额、期限、利率等代为发放、监督使用并协助收回的贷款。中国工商银行只收取手续费，不承担贷款风险。

6. 并购贷款

并购贷款是银行向并购方或其专门子公司发放的，用于支付并购交易价款的贷款。

申请条件：申请并购贷款的并购方应依法合规经营，信用状况良好，属于银行优质客户；符合国家产业政策和银行信贷政策；并购交易依法合规；并购方与目标企业之间具有较高的产业相关度或战略相关性；符合银行要求的其他条件。

7. 专业融资

（1）飞机融资。

①预付款融资：如果在航空公司和飞机制造商签订的购机合同中，飞机制造商要求航空公司支付一定比例的预付款，银行一般可在航空公司提供银行认可的保证或其他担保的前提下，依据预付款的支付进度，通过提供贷款或开立付款保函等方式，为航空公司提供此阶段的融资服务。

②飞机抵押融资：如果飞机的产权明晰、未设定抵押权、各项检验及经营证照齐全、符合飞行条件和保险公司承保要求等条件，银行一般可在飞机抵押并办理登记手续、投保银行为第一受益人保险等条件下，以航空公司为借款人，提供中长期贷款。

③融资租赁融资：飞机融资租赁是指出租人在法律上享有所有权，但实质上飞机所有权的风险和报酬已向航空公司转移，具有融资和融物双重职能的一种租赁方式。在飞机抵押、保险及租约权益转让的前提下，银行一般可以通过境内或境外的融资租赁方式，为出租人提供购机融资；或者通过结构性方式帮助航空公司实现新购机融资的目的。

④经营租赁融资：飞机经营租赁是出租人拥有飞机所有权、承担资产风险和享有资产回报的租赁方式。承租人按照租约交纳飞机租金，在租用期满后退还飞机或按约定价格选择购买飞机。在飞机抵押、保险及租约权益转让的前提下，银行一般可为境内或境外的飞机经营租赁公司提供所出租飞机的购置融资或再融资，也可通过此方式实现航空公司的表外融资。

⑤售后回租融资：航空公司或经营飞机租赁的公司为了实现改善财务报表状况或减轻税务负担的目的，可以选择将其拥有所有权的飞机出售给其他第三方，然后再从后者租回飞机。银行一般可以帮助航空公司或飞机租赁公司安排整个售后回租的过程，并提供其中必要的融资服务。

⑥出口信贷支持下的飞机融资：如果航空公司所购买飞机的融资得到制造国出口信贷机构的支持，银行一般可以视不同情况提供多种解决方案，主要包括：

外汇转贷款：在飞机抵押和保险权益的转让的情况下，由银行作为借款人，从境外获得出口信贷，再由本行转贷给航空公司用于购机支付。

商业贷款：对于出口信贷所不能覆盖的剩余飞机购置款，银行可为航空公司安排融资。

出口信贷：在制造国出口信贷机构提供保险或担保的前提下，银行可以向飞机买方或卖方提供贷款，或承购卖方所持有的对买方的应收款或应收票据，并提供优惠的融资利率。

担保或反担保：对于出口信贷的贷款人、制造国出口信贷机构的担保要求，银行可在被担保人提供反担保的前提下，提供相关担保。

租赁担保和反担保：在飞机的租赁中，若航空公司的资信不能为出租人或租方贷款银行完全接受，银行一般可通过以航空公司为被担保人开立保函、备用信用证、循环信用证等方式，提供航空公司按时支付租金的担保，或者对已向航空公司提供该类担保的债权银行提供反担保。

财务顾问服务：对于航空公司在飞机买卖、报表优化、业务重组等过程中的需求，银行一般可基于飞机融资的专业经验，并综合运用国内外市场的股权融资工具、债权融资工具、衍生金融工具和其他创新金融产品，为航空公司提供针对其独特需求的结构化融资方案，以帮助其实现调整财务结构，降低综合融资成本，改善财务指标的目的。

风险管理服务：为减少国内外金融市场波动的影响，银行一般可针对航空业及航空公司的经营与财务特点，通过运用各种金融工具，特别是各类衍生金融工具及其组合，协助航空公司和飞机租赁公司，对预期收入结构以及债务结构进行调整，力求使未来现金流入与未来现金流出的币种、期限相匹配，有效防范因国内外经济环境变化所带来的金融风险，并努力将融资成本和避险成本控制在客户的可接受范围内。

（2）船舶及海洋工程融资。

船舶及海洋工程抵押融资：在船舶及海洋工程已经下水，产权明晰，未设定抵押权或发生违约事件，各项检验及经营证照齐全，符合适航条件和保险公司承保要求，船东已办理船舶及海洋工程登记和抵押手续，投保的保险中将银行列为第一受益人等条件下，银行可为船东提供中长期贷款。

油气类船舶融资：油气类船舶是指专项用于运输原油及天然气的大型船舶，主力船型包括油轮（Oil Tanker）、液化石油气船舶（LPG）、液化天然气船舶（LNG）等，该类船舶具有体积大、造价高、技术专的特点。船舶的运输合同往往与上游的油气开发，及下游的加工销售密切相关。在船东与知名油气企业签订有效长期租约，锁定未来收益，现金流有可靠保障的前提下，银行可以为船东提供结构性融资支持。为响应国家"国油国运"能源安全战略，银行将重点支持与国内大中型油气企业进出口油气资源挂钩的油气类船舶购建。

融资租赁融资：船舶及海洋工程融资租赁是指出租人购买承租人选定的船舶及海洋工程，享有船舶及海洋工程所有权，并将船舶及海洋工程出租给承租人在一定期限内有偿使用。在融资租赁到期时，出租人将船舶及海洋工程无偿转让或按残值出售给承租人，这就使融资租赁具有融资和融物的双重功能。在船舶及海洋工程抵押以及受让保险收益、租约权益和船舶及海洋工程收益的前提下，银行可提供境内或境外的融资租赁贷款，为出租人提供用于购买船舶及海洋工程的贷款，或者通过结构性融资方式帮助承租人实现融资购买船舶及海洋工程的目的。

经营租赁融资：船舶及海洋工程经营租赁是出租人应承租人提出的要求，直接把船舶及海洋工程出租给承租人使用，同时为承租人提供船舶及海洋工程保养、维修服务的租赁方式。在租赁期间，承租人必须按照租约交纳船舶及海洋工程租金。租期届满，承租人可以续租，也可以按市场价格或固定价格优先购买，或者按规定条件把船舶及海洋工程退还给出租人。在船舶及海洋工程抵押以及受让保险收益、船舶及海洋工程收益和租约权益等的前提下，银行可以为境内外的船舶及海洋工程租赁公司提供所出租船舶及海洋工程的购置贷款，也可通过此方式帮助船公司实现表外融资的目的。

出口信贷支持下的船舶及海洋工程融资：对于在中国建造、出口中国以外地区的船舶及海洋工程，如果该笔出口业务获得了中国官方出口信贷机构（中国出口信用保险公司）的担保或保险，银行可以向国外购买方提供最高为合同金额80%的船舶及海洋工程购置贷款，并提供优惠的融资价格及合理的期限结构。对于中国船东向国外订造和购买的船舶及海洋工程，如果该笔业务得到船舶及海洋工程建造国的出口信贷机构支持，在船东提供银行认可的其他担保或反担保的前提下，银行可以提供转贷款或信贷担保，以及提供预付款融资或不超过合同金额20%的商业贷款。

售后回租融资：船东或船公司为了实现改善财务报表状况或减轻税务负担的目的，可以将其拥有所有权的船舶及海洋工程出售给租赁公司或其他第三方，然后再从后者租回船舶及海洋工程。银行可以帮助船东或船公司安排整个售后回租的过程，并提供期间必要的融资服务。

财务顾问服务：针对船东或船公司在新建船舶及海洋工程、船舶及海洋工程买卖、报表优化和业务重组等过程中的需要，银行可凭借船舶及海洋工程融资的专业经验，综合运用国内外市场的股权融资工具、债权融资工具、衍生金融工具和其他创新金融产品，为其提供针对其独特需求的结构化融资方案，以帮助其实现调整财务结构，降低综合融资成本，改善财务指标的目的。

（3）租赁融资。

应收租赁款保理融资：是指出租人将融资租赁合同项下未到期应收租赁款债权

转让给银行，由银行作为租赁款债权受让人收取租金，并向出租人提供融资。根据银行是否保留对出租人的追索权，该融资分为有追索权保理（回购型）和无追索权保理（买断型）。根据应收租赁款债权转让是否通知承租人，该融资分为公开型保理（明保理）和隐蔽型保理（暗保理）。

工程机械租赁款保理融资：是针对优质工程机械制造企业（厂商）的融资租赁销售模式，在厂商承诺回购或承担连带责任保证的前提下，银行为租赁公司办理的工程机械租赁款保理融资。

租赁保理银团贷款：是对优质租赁公司提供以应收租赁款为质押的银团贷款，支持租赁公司批量开展租赁业务。

租前融资：是指租赁双方签署租赁合同后，出租人以租赁合同项下的预期应收租金作为质押，银行为满足出租人在起租前采购租赁物、运输货物等资金需求而向其提供的短期融资。

租赁款池融资：是指出租人将其在一定时期内向一个或多个承租人提供租赁服务所产生的多笔应收租赁款质押给银行，以上述应收租赁款为基础建立应收租赁款池，在池融资最高限额和期限内，出租人可提供符合银行要求的新增应收融资租赁款入池，并办理多次提款和还款。

租赁款逆回购：是指银行在受让应收租赁款债权的前提下，为金融类租赁公司办理的资金类融出业务，到期后金融租赁公司将无条件回购所转让权益。

债权类信托理财服务：是指为租赁公司提供以租赁资产及应收租金为支持的信托理财服务。

债券发行服务：是指为租赁公司发行债券提供资信调查、咨询及相关服务。

（三）对公存款

单位存款又称"对公存款"，银行存款中除去个人存款后的其他存款。单位存款包括企业存款、财政存款、基本建设存款、机关团体存款、部队存款等项内容。企业存款指工业、交通、商业、粮食、外贸和国营农业企业存入银行的款项，来源于企业中的暂时闲置资金和各项专用基金。主要包括定期存款、活期存款、通知存款、协定存款。

1. 活期存款

单位活期存款是一种随时可以存取、按结息期计算利息的存款，其存取主要通过现金或转账办理。活期存款账户分为基本存款账户、一般存款账户、临时存款账户和专用存款账户。这种存款的特点是不固定期限，客户存取方便，随时可以支取。

活期存款按结息日挂牌公告的活期存款利率计息，计息期间遇利率调整分段计息。

2. 协定存款

协定存款是指客户通过与银行签订《协定存款合同》，约定期限，商定结算账户需要保留的基本存款额度，由银行对基本存款额度内的存款按结息日或支取日活期存款利率计息，超过基本存款额度的部分按结息日或支取日中国人民银行公布的高于活期存款利率、低于六个月定期存款利率的协定存款利率给付利息的一种存款。

3. 通知存款

单位通知存款是指存款人在存款时不约定存期，支取时需提前通知金融机构，约定支取日期和金额方能支取的存款。

4. 外汇存款

对公外汇存款是指银行吸收境内依法设立的机构、驻华机构和境外机构外汇资金的业务。

活期对公外汇存款，经银行审核后即可开立活期存款账户。定期对公外汇存款，存款单位在银行开有外汇活期存款账户或未在银行开有外汇活期账户，但符合外汇管理规定保留外汇（或书面批准），均可办理。

中资企业外汇定期存款可分为一个月、三个月、六个月、一年、二年五档；外商投资企业、国内外金融机构外汇定期存款，分为七天通知、一个月、三个月、六个月、一年、二年六档。七天通知存款的起存金额不低于50万美元。

5. 集团账户存款

集团账户存款业务主要是指集团总公司一级账户的存款业务。集团总公司通过集团一级账户资金的上收和下拨，在其子公司之间进行资金的灵活调剂，达到加强资金的集中管理，提高资金使用效率的目的。

集团总公司和其子公司均作为独立的法人，在银行开立结算存款账户。集团总公司开立的账户作为集团一级分户账账户，集团子公司开立的账户作为集团二级分户账的账户，集团二级分户账账户是集团一级分户账账户的补充反映，其账户存款余额、存款积数、存款利息等只作为控制数据，便于与其总公司进行资金清算。由于集团总公司一级分户账账户是其各子公司二级分户账账户的总括反映，因此集团总公司一级分户账账户应保持一定的存款余额，保证其子公司二级分户账账户的正常结算支付需要，在集团一级账户存款余额不足的情况下，必须限制其子公司的支付，在集团子公司账户发生款项冻结时，其总公司以及存款账户也应受到相应数额的冻结控制。

集团子公司二级存款账户每发生一笔结算收付业务，必须及时在其总公司集团一级存款分户账上体现，即集团二级分户账账务结转一级分户账，该过程一般由计算机系统自动完成。通过计算机特定处理，结转之后子公司仍可查阅其账户中已结转的部分，以便于控制其资金头寸。

6. 定期存款

定期存款是银行与存款人双方在存款时事先约定期限、利率，到期后支取本息的存款。定期存款用于结算或从定期存款账户中提取现金。客户若临时需要资金可办理提前支取或部分提前支取。

定期存款存入方式可以是现金存入、转账存入或同城提出代付。人民币起存金额1万元。定期存款支取方式有以下几种：

（1）到期全额支取，按规定利率本息一次结清；

（2）全额提前支取，银行按支取日挂牌公告的活期存款利率计付利息；

（3）部分提前支取，若剩余定期存款不低于起存金额，则对提取部分按支取日挂牌公告的活期存款利率计付利息，剩余部分存款按原定利率和期限执行；若剩余定期存款不足起存金额，则应按支取日挂牌公告的活期存款利率计付利息，并对该项定期存款予以清户。

人民币定期存款通常分为三个月、半年、一年、二年、三年、五年六个利率档次；中资企业外汇定期存款可分为一个月、三个月、六个月、一年、二年五档。

人民币单位定期存款在存期内按照存入日挂牌公告的定期存款利率计付利息，遇利率调整，不分段计息。人民币单位定期存款采用逐笔计息法计付利息。

（四）票据业务

票据业务是指银行按照一定的方式和要求为票据的设立、转移和偿付而进行的日常营业性的业务活动。银行的票据业务是建立在商业信用基础之上的，是银行信用和商业信用的结合。主要包括票据的承兑、贴现和票据抵押放款业务。

1. 商业汇票贴现业务

商业承兑汇票贴现是指持票人将未到期的商业承兑汇票转让给银行，银行再按贴现率扣除贴现利息后将余额票款付给持票人的一种授信业务。

汇票贴现业务是指银行票据营业部和各受理网点以完全背书形式，购买企业持票人或其他组织能证明其合法取得、具备真实贸易背景、尚未到期的商业汇票的业务行为。

特点：该业务能够减少企业应收票据款项，并将其即时转化为现金资产，提高资产流动性的同时优化财务报表结构；该业务相较于传统贷款而言，能够加快公司资金周转速度，从而提高资金利用效率；该业务能够盘活企业既有资产项，减少利息支出等相关财务费用，提高资产利用率的同时降低企业融资成本；该业务操作手续简便快捷，融资方式实用高效，符合企业迅捷融资的需求。

2. 商业汇票赎回式贴现业务

商业汇票赎回式贴现业务，是指赎回方（贴现申请人）将其合法持有的未到期商业汇票以贴付利息的形式售与银行票据营业部和各受理网点，银行票据营业部和各受理网点承诺赎回方在约定条件下赎回其所供票据的权利。赎回发生日，银行票据营业部和各受理网点足额收妥票款后，将票据如数返还赎回方的一种交易行为。

特点：该业务针对优质客户在资金的流动过程中出现的短期资金不足，企业客户能够随时实现资金支取，提高资金使用效率；该业务票据权利不发生转移，企业赎回票据后仍由其本身收取票款，避免了短期融资需求以外的额外付息，最大限度降低企业融资成本；该业务能够使客户实现自行控制融资期限的要求，从而减少无效闲置；该业务扩展了票据产品的外沿，传统的票据赎回业务只可满足于金融机构间的资金融通需求，而商业汇票赎回式贴现业务可实现企业客户的资金融通需求；该业务操作手段简单，到账速度迅捷，符合企业迅捷融资的需求。

3. 异地企业银行承兑汇票贴现业务

异地企业银行承兑汇票贴现业务，是指银行票据营业部和各受理网点所在省、自治区、直辖市范围以外地区的企业至银行票据营业部和各受理网点营业场所，在支付贴现利息后，将其合法持有的未到期银行承兑汇票转让给银行票据营业部和各受理网点。

特点：该业务能够降低企业票据异地交付、异地背书办理的往返成本，从而进一步降低企业融资成本，满足企业多样化的票据融资需求。该业务能够消除异地企业票据遗失、损毁风险，保全资产安全的同时，迅速回笼资金，提高流动性；该业务便于异地企业融资，能够减少应收票据款项，并将其即时转化为现金资产，提高资产流动性的同时优化财务报表结构；该业务操作手续简便快捷，融资方式实用高效，符合企业迅捷融资的需求。

4. 商业汇票转贴现（买断）业务

商业汇票转贴现（买断）业务，是指银行票据营业部和各受理网点采取完全背书形式，购买交易客户能证明其合法取得、具备真实交易关系、尚未到期的商业汇票的业务行为。

5. 商业汇票买入返售（回购）业务

商业汇票买入返售（回购）业务，是指银行票据营业部和各受理网点对持票人能证明其合法取得、具备真实交易关系、尚未到期的商业汇票实施限时购买，持票人按约定的时间、价格和方式将商业汇票买回的行为。

6. 电子商业汇票贴现业务

电子商业汇票贴现业务，是指企业持票人通过网上银行将其合法取得、具备真实贸易背景、尚未到期的电子商业汇票，以完全背书形式转让给银行票据营业部和各受理网点，银行收取一定利息后，将约定金额支付给持票人的行为。

7. 电子商业汇票赎回式贴现业务

电子商业汇票赎回式贴现业务，是指赎回方（贴现申请人）将其合法持有的未到期电子商业汇票以贴付利息的形式通过网上银行售予银行票据营业部和各受理网点，银行票据营业部和各受理网点承诺赎回方在约定条件下赎回其所供票据的权利。赎回发生日，银行票据营业部和各受理网点足额收妥票款后将票据如数返还赎回方的一种交易行为。

8. 电子商业汇票协议付息贴现业务

电子商业汇票协议付息贴现业务，是指企业持票人在其合法持有的电子商业汇票到期前，通过网上银行以背书转让的方式向银行票据营业部和各受理网点申请贴现，贴现利息由协议约定的付息方承担，银行票据营业部和各受理网点按票面金额或在协议条件下的相关金额向持票人提前支付票款的业务。

（五）小企业金融

小企业金融是指金融机构为处于商业性金融服务边界之上的各类小企业（包括个体工商户、微型企业和小型企业）提供存款、贷款、支付结算、保险、保证、财富管理、财务咨询、资产证券化等一揽子金融服务，促进其持续、健康发展，同时自身也获得合理利润的一种经济活动。

小企业金融业务是指为满足小企业客户生产经营中的结算、融资等需求所提供的综合性金融服务。各商业银行小企业融资产品，多是根据客户交易结构、融资期限差异分为短期融资产品及中长期融资产品，可满足客户多元化的融资需求。结算产品可满足小企业客户国内国际贸易项下的结算、理财、现金及风险管理等需求。

1. 小企业周转贷款

小企业周转贷款是以客户生产经营收入或其他合法收入作为还款来源，用于满足小企业经营过程中合理资金需求，包括短期贷款和中期贷款。

2. 小企业循环贷款

小企业循环贷款是指客户与银行一次性签订循环贷款借款合同，在合同约定的期限和额度内，客户可以多次提款、逐笔归还，循环使用授信额度的贷款业务。

3. 网贷通

网贷通即网络循环贷款，是银行与企业客户一次性签订循环贷款借款合同，在合同规定的有效期内，客户通过网上银行以自助为主进行的循环借款合同项下提款和还款的贷款业务；其中承诺类网贷通系统自动处理，资金实时到账。

4. 小企业经营型物业贷款

小企业经营型物业贷款是用于满足客户扩建、改建、装修经营性资产的融资需求，以已投入运营的经营性资产所产生的稳定现金流（包括但不限于收费收入、租金收入和其他经营收入）作为还款来源而发放的贷款。

5. 标准厂房按揭贷款

标准厂房按揭贷款是为满足客户向第三方购买标准厂房而产生的融资需求，以客户未来经营收入作为还款来源，并采用分期还款方式的融资业务。

6. 小企业结算

结算产品可满足小企业客户国内国际贸易全程中结算、理财、现金及风险管理等需求。第一，客户可通过银行遍布全国的分支机构、众多境外代理行、先进的信息科技及电子网络系统，获得快捷、安全的本外币收付结算服务，确保与国内、国际业务伙伴资金往来畅通。第二，客户可获得银行定制的人民币结算、现金管理及理财套餐服务，国际贸易全程中结算、理财及风险管理等套餐服务，享受利率、费率及汇率等方面优惠，增强资产流动性，控制财务成本，规避市场风险，提高资产收益。

（六）企业理财

从广义的角度讲，企业理财就是对企业的资产进行配置的过程；从狭义的角度讲，企业理财是要最大效能地利用闲置资金，提升资金的总体收益率。国内为企业提供理财服务的服务商主要是证券公司。证券公司为企业提供包括承销各类股票、债券等融资服务。商业银行也为客户提供理财服务：

1. 贵金属质押业务

以工商银行为例，账户贵金属是中国工商银行（以下简称"工商银行"）推出的一项资金交易业务，是指客户在工商银行规定的交易时间内，使用工商银行提供的个人账户贵金属交易系统，在通过柜面、电子银行渠道叙作的账户贵金属（盎司）兑美元、账户贵金属（克）兑人民币之间的交易。贵金属质押业务是指以工商银行认可的贵金属作质押开展的融资业务。

工商银行发行且接受回购的"如意金"实物系列产品。包括：银行发行的成色为99.99%，重量为0.02千克、0.05千克、0.1千克、0.2千克、0.5千克和1千克的金条，以及银行发行的"如意金"其他实物系列产品。

2. 实物黄金租赁业务

黄金租赁业务是一种新的融资形式，也称作借金还金业务，是指在银行对公司的授信额度内，符合条件规定的法人客户从银行租赁出黄金，按照合同约定支付一定租赁费用，到期公司再把黄金实物归还给银行的一项业务。

实物黄金租赁业务是指符合规定条件的法人客户（含小企业客户，以下简称"承租人"）向银行租赁黄金，并按照合同约定以人民币形式支付租赁费，到期归还等额黄金的业务。租赁标的为可在上海黄金交易所挂牌交易、交割的标准黄金金条或金锭。例如：Au99.99指成色为99.99%、标准重量为一公斤的金锭。租赁的实物黄金通过上海黄金交易所会员服务系统实现交付、归还。根据承租人生产经营周期合理确定融资期限，单笔最长不超过12个月。

3. 代客黄金买卖

工商银行是国内黄金市场的主要造市商和上海黄金交易所指定的四家黄金交易清算行之一，目前已与多家国外知名黄金交易行建立起合作关系。工商银行充分利用造市商地位，为交易所会员单位的黄金交易提供具有竞争力的市场双边报价，并可代理非交易所会员客户入场交易。从2002年10月上海黄金交易所开业至今，工商银行所代理的客户数和代理客户黄金交易量在交易所排名第一，体现了工商银行作为黄金交易所主要交易行的重要地位。同时，为规避客户可能面临的黄金市场价格风险，为银行客户提供更为全面的黄金交易品种服务，工商银行将在政策许可的情况下提供包括远期、掉期、递延交割、期权及其组合的黄金衍生业务，帮助客户达到资产增值和规避风险的目的。

4. 柜台记账式债券交易业务

柜台记账式债券交易业务（以下称"柜台债券交易"）是指银行通过境内营业网

点或电子银行系统为客户提供人民币债券交易服务，并办理相关托管与结算等业务的行为。

柜台债券交易品种为记账式债券，是指由中国人民银行等主管部门批准可在商业银行柜台进行交易的，在中央国债登记结算公司一级托管的债券。客户不需持有债券凭证，而是在债券托管机构开立债券托管账户，记载客户持有的债券。具体债券品种、发行规模和发债时间等相关债券信息，中国人民银行和财政部将在有关媒体公布。

（七）国际结算

国际结算亦称"国际清算"。通过国际货币收付，对国与国之间由于经济、政治和文化往来而发生的债权债务予以了结清算。由国际贸易及其从属费用引起的货币收付称贸易结算；由贸易以外的往来，如侨民汇款、劳务供应、出国旅游、利润转移、资金调拨、驻外机构费用等引起的货币收付，称非贸易结算。贸易结算是国际结算的主要内容。在国际收付款项直接通过运送货币金属结算的，称现金结算；利用票据转让和转账划拨结清债务的，称非现金结算或转账结算。

国际结算主要包括票据——资金单据、汇款方式、托收、信用证、保函、保付代理、福费廷等业务。

1. 进口信用证

当与出口商约定以信用证方式结算贸易款项时，可以选择商业银行的进口信用证业务。银行将根据客户的申请，开立信用证给出口商，当银行收到出口商委托银行寄来的全套单据后，经审核单证相符，即对出口商或其指定人进行承兑或付款。

2. 出口信用证

为使客户公司享受某商业银行方便快捷的出口信用证业务，建议客户公司向进口商要求，进而要求开证行指定该银行为信用证通知行，以便于银行能第一时间通知客户信用证开立的情况。通过电开方式，银行可以实时收到信用证，并将信用证信息通过E-mail、传真方式第一时间送达客户阅览。

3. 买方远期信用证

银行根据客户的指示，开立一份远期信用证给出口商，银行在信用证中承诺，只要出口商提交符合规定的单据，银行将即期支付货款给出口商。对于出口商而言，是即期收款，而对于作为进口商的客户来说则是远期付款。

4. 国际汇款

当客户公司在跨境业务过程中，需采用T/T结算方式从境外收到或对外汇出货款、资本金、红利、佣金、各种费用等时，均可以选择工商银行的国际汇款服务。银行国际汇款服务内容主要有：全球快汇、汇款直通车、汇款特快直通车、台湾地区汇款直通车、全额到账、速汇款等。

5. 进口代收

银行收到国外托收行寄来的托收单据后，按托收行指示向客户公司提示付款/承兑，客户付款/承兑后，便获得单据提取进口货物。银行提供的服务内容有：单据复印、通知、承兑、付款、与境外托收行及出口商的联络等。

6. 出口跟单托收业务

公司在货物出运后，可将进出口合同要求的所有单据提交银行，银行立即对单据进行审核，并将单据寄往客户指定的进口地银行办理委托收款手续。如果客户在单证业务处理过程中遇到问题，可以致电银行咨询。

7. 旅行支票

各商业银行可代售美国运通旅行支票公司及其他与银行签有相关协议的旅支发行机构发行的旅行支票。对银行认可的旅行支票，银行可办理兑付业务，即将资金先行垫付。

（八）企业网上银行

企业网上银行是指银行以因特网为媒介，为企业或同业机构提供的自助金融服务。

通过互联网或专线网络，为企业客户提供账户查询、转账结算、在线支付等金融服务的渠道，根据功能、介质和服务对象的不同可分为普及版、标准版和中小企业版。

企业网上银行业务功能分为基本功能和特定功能。基本功能包括账户管理、网上汇款、在线支付等功能；特定功能包括贵宾室、网上支付结算代理、网上收款、网上信用证、网上票据和账户高级管理等业务功能。

二、个人金融服务

个人金融服务是指商业银行以自然人为服务对象，利用网点、技术、人才、信息、资金等方面的优势，运用各种理财工具，为个人客户提供的财务分析、财务规划、投资顾问、资产管理等专业化服务活动。个人金融服务主要包括：个人贷款、存款、银行卡、电子银行、跨境金融、便利金融和投资理财等业务。

(一) 个人贷款

1. 个人信用贷款

个人信用贷款是商业银行向资信良好的客户发放的无须提供担保的人民币信用贷款。贷款额度与期限：贷款起点金额为1万元，贷款期限最长可达3年。具备循环贷款功能：一次申请，循环使用，随借随还，方便快捷，并可通过商户POS和网上银行等渠道实现贷款的自助发放。

2. 一手个人住房贷款

一手个人住房贷款是指贷款人向借款人发放的，用于购买房地产开发企业依法建造、销（预）售住房的贷款。

一手个人住房贷款的借款人应是具有完全民事行为能力的自然人，年龄在18（含）—65周岁（含）之间，并且具有良好的信用记录和还款意愿。特点：贷款期限长——最长期限可达30年；贷款额度高——最高贷款金额可达到所购住房市价的70%；融资成本低——贷款办理过程中银行不收取费用。

3. 二手个人住房贷款

二手个人住房贷款是指贷款人向借款人发放的，用于购买售房人已取得房屋所有权证、具有完全处置权利、能在二级市场上合法交易住房的贷款。

4. 个人助业贷款

个人助业贷款是指银行向客户发放的用于客户或其经营实体合法经营活动所需资金周转的保证担保或信用方式的人民币小额贷款。

（1）担保方式灵活：以信用或保证担保方式发放，无须抵质押，灵活方便。担保方式可采用自然人担保、经营商户联保、商友俱乐部成员联保或一般法人担保等形式；

（2）贷款金额：单户贷款金额最高50万元；

（3）短期资金周转：贷款期限一般为6个月以内，最长不超过1年。

5. 个人家居消费贷款

个人家居消费贷款是银行向借款人发放的用于装修、装饰住房，购置住房装修材料、耐用消费品和其他大额消费品的家居消费用途的人民币贷款。

（1）贷款金额高：贷款最高金额可达200万元。

（2）贷款期限长：贷款最长期限可达10年。

（3）担保形式多样：可采取抵押、质押、保证担保、信用，以及复合担保或部分保证等多种方式。

（4）具备循环贷款功能：一次申请，循环使用，随借随还，方便快捷，并可通过商户POS和网上银行等渠道实现贷款自助发放。贷款方式为抵押或质押的，借款人可以办理最高额担保项下的个人家居消费贷款，并可循环使用。

6. 个人助学贷款

国家助学贷款是银行向已签署合作协议的中华人民共和国境内（不含香港特别行政区、澳门特别行政区和台湾地区）高等院校中的经济困难学生发放的，用于支付学杂费和生活费的人民币贷款。国家助学贷款按用途分为学杂费贷款和生活费贷款。学杂费贷款用于借款人向所在学校支付学费及其他杂费；生活费贷款用于借款人日常生活费用的开支。

国家助学贷款适用于全日制普通本、专科生（含高职生）、研究生和第二学士学位学生，保证贫困学生顺利完成学业。

7. 个人经营贷款

个人经营贷款是指银行向客户发放的用于客户合法经营活动所需资金周转的人民币担保贷款。特点：贷款额度高——最高可达1 000万元；贷款期限长——最长可达5年；担保方式多——可采用抵押、质押、保证担保等多种方式。面向商品交易市场内商户，还可以采用"商铺承租权（经营权）质押+保证担保"、经营商户联保、"日均存款保障+保证担保""市场管理方抵押+保证担保"；具备循环贷款功能：一次申请，循环使用，随借随还，方便快捷，并可通过商户POS和网上银行等渠道实现贷款的自助发放。

8. 个人商用车贷款

个人商用车贷款是银行向客户发放的，用于购买以营利为目的的汽车的贷款。

9. 个人自建住房贷款

个人自建住房贷款是指贷款人向借款人发放的用于自建自用住房的贷款。

10. 个人委托贷款

个人委托贷款是指银行接受委托人委托，由委托人提供资金，并根据委托人确定的贷款对象、用途、金额、期限、利率等，代向个人客户发放，监督使用并协助收回的贷款服务业务。

特点：个人委托贷款业务可为发生直接融资往来的借贷双方创造价值，通过银行"第三方"独立见证、规范借贷合同文件、妥善办理抵押（担保）手续、协助收回贷款本息及代为催收等服务，可降低借贷风险，为委托人债权提供更好的保护。同时，借款人可获得规范的贷款计息及清晰的还款记录，增进自己的信用财富。

11. 住房公积金贷款

住房公积金贷款是以住房公积金为资金来源，向缴存住房公积金的人员发放的定向用于购买、建造、翻建、大修自有住房的专项住房消费贷款。自有住房包括商品住房、经济适用房、两限房及房改房等。

个人住房组合贷款，是指借款人申请的住房公积金贷款不足以支付购房所需资金时，其不足部分由银行提供配套的住房商业性贷款支付。

(二) 存款服务

1. 整存整取

整存整取定期存款是在存款时约定存期，一次存入本金，全部或部分支取本金和利息的服务。

（1）利率较高：定期存款利率高于活期存款，是一种传统的理财工具，定期存款存期越长，利率越高。

（2）可约定转存：客户可在存款时约定转存期限，定期存款到期后的本金和税后利息将自动按转存期限续存。

（3）可质押贷款：如果定期存款临近到期，但又急需资金，客户可以办理质押贷款，以避免利息损失。

（4）可提前支取：如果客户急需资金，亦可办理提前支取。未到期的定期存款，全部提前支取的，按支取日挂牌公告的活期存款利率计付利息；部分提前支取的，提前支取的部分按支取日挂牌公告的活期存款利率计付利息，剩余部分到期时按开户日挂牌公告的定期储蓄存款利率计付利息。

2. 人民币定活两便存款

人民币定活两便储蓄存款是存款时不确定存期，一次存入本金随时可以支取的业务。定活两便存款50元起存。

存期不满三个月的，按天数计付活期利息；存期三个月以上（含三个月），不满半年的，整个存期按支取日定期整存整取三个月存款利率打六折计息；存期半年以上（含半年），不满一年的，整个存期按支取日定期整存整取半年期存款利率打六折计息；存期在一年以上（含一年），无论存期多长，整个存期一律按支取日定期整存整取一年期存款利率打六折计息。打折后低于活期存款利率时，按活期存款利率计息。

人民币定活两便存款采用逐笔计息法计算利息。

3. 个人通知存款

个人通知存款是存入款项时不约定存期，但约定支取存款的通知期限，支取时按约定期限提前通知银行，约定支取存款的日期和金额凭存款凭证支取本金和利息的服务。

特点：收益高，资金支取灵活。客户不仅可获得高于活期存款的利率，还可以随时支取存款。专有积利存款计划。客户可按最短七天（七天通知存款）或一天（一天通知存款）为周期对通知存款的本金和利息进行自动滚存，并可根据实际需要定制通知存款转账周期和存期。还可提供自动转存定期存款服务。客户可约定在通知存款存期结束后将本金和利息自动转存为定期存款。

4. 人民币教育储蓄

教育储蓄是指为接受非义务教育积蓄资金，实行优惠利率，分次存入，到期一次支取本息的服务。

5. 定期"一本通"

定期"一本通"是为客户提供的一种综合性、多币种的定期储蓄账户。一个定期"一本通"账户，可以存取多笔本外币定期储蓄存款。

6. 活期"一本通"

活期"一本通"是为客户提供的一种综合性、多币种的活期储蓄，既可以存取人民币，也可以存取外币。活期"一本通"账户具有人民币和外币活期储蓄的全部基本功能。客户开立活期"一本通"账户时，必须预留密码。通存通兑。活期"一本通"可在开户行的同城营业网点存款取款。

7. 活期存款

（1）活期存款是一种不限存期，凭银行卡或存折及预留密码可在银行营业时间内通过柜面或通过银行自助设备随时存取现金的服务。

（2）人民币活期存款1元起存，外币活期存款起存金额为不低于人民币20元的等值外汇。

特点：通存通兑——客户凭银行卡可在全国银行网点和自助设备上存取人民币现金，预留密码的存折可在同城银行网点存取现金。同城也可办理无卡（折）的续存业务。资金灵活——客户可随用随取，资金流动性强。缴费方便——客户可将活期存款账户设置为缴费账户，由银行自动代缴各种日常费用。

8. 个人结算账户

个人银行结算账户是指个人客户凭个人有效身份证件以自然人名称开立的，用于办理资金收付结算的人民币活期存款账户。

（三）银行卡——单芯片借记卡

芯片卡以其安全性和一卡多用的多功能应用已经成为全球银行卡发展趋势。随着国内芯片卡发展环境和受理环境日趋成熟，银行在国内率先推出单芯片借记卡，为广大客户打造更安全更便捷的用卡体验。

银行单芯片借记卡以芯片为唯一的交易介质，可通过接触或非接触方式受理，具备借记和电子现金功能，可在支持受理PBOC 2.0芯片卡的设备和渠道上使用，包括银行营业网点、ATM及银联ATM、POS、自助终端等。例如：工商银行单芯片借记卡分为工银财富理财金账户卡、理财金账户卡和工银灵通卡三个品种。

（四）电子银行

电子银行业务是指银行通过面向社会公众开放的通信通道或开放型公众网络，以及为特定自助服务设施或客户建立的专用网络等方式，向客户提供的离柜金融服务。下面以工商银行为例介绍电子银行业务。

1. 工银信使

工银信使是银行以手机短信、手机网信或电子邮件等方式向客户指定的手机号码或电子邮箱发送电子信息的业务。

客户可通过信使服务定制所需要的财经信息、基金信息、股票信息、理财产品信息、账务信息、余额变动、重要提示、对账单、业务处理、汇款通知、登录短信、信用卡E-Mail还款提醒以及赠送信息等。客户还可通过该功能进行信使服务查询、修改、终止、展期和手机、邮箱、地址、缴费账号等信息的修改。

2. 信用卡现金分期

信用卡现金分期业务是银行推出的以贷记卡小额取现方式向持卡人提供小额消费贷款，同时约定分期偿还的服务。

3. 工银e支付

工银e支付是银行为满足个人客户便捷的小额支付需求而推出的一种新型电子支付方式。银行在接受客户通过网络渠道自助发出的支付指令，通过验证向客户预留手机发送的验证码确认客户身份后，依据其支付指令完成资金支付的服务。

4. 个人电子对账单

电子对账单是银行以电子文件的形式记录客户的账户在某一时期（通常为1个月）收、支方的发生额以及期末余额等项目的总账数据。个人电子对账单分为综合电子对账单和组合电子对账单两种形式。

个人电子对账单业务主要包括查询、下载对账单和发送、邮寄对账单两项功能。综合电子对账单将显示客户所有账户在一定时间段的交易数据，组合电子对账单将显示客户自由确定的某个或某几个账户的交易数据。

5. 个人网上银行

个人网上银行是指通过互联网，为银行个人客户提供账户查询、转账汇款、投资理财、在线支付等金融服务的网上银行渠道，软件为"金融@家"。

个人网上银行为客户提供的全新网上银行服务，包含了账户查询、转账汇款、捐款、买卖基金、国债、黄金、外汇、理财产品、代理缴费等功能服务，能够满足不同层次客户的各种金融服务需求，并可为客户提供高度安全、高度个性化的服务。

6. 手机银行

个人手机银行（WAP）是指银行基于WAP技术，依托移动通信网络，为个人客户提供的通过手机办理账户管理、转账汇款、缴费、消费支付、理财投资等自助金融服务的电子银行业务。个人手机银行（WAP）业务具有随身便捷、申请简便、功能丰富、安全可靠等特点，主要涵盖了以下内容：

（1）账户管理。

提供余额查询、当日明细查询、历史明细查询、工资明细查询、注册卡维护、账户挂失、默认账户设置、我的住房公积金、银行户口服务等功能。

（2）转账汇款。

提供银行汇款、跨行汇款、跨行快汇、向E-mail、手机号汇款，定期存款、通知存款、收付款账单、本人外币转账、我的收款人维护、网上银行收款人、电话银行收款人等功能。

（3）个人贷款。

提供申请质押贷款和查询未结清的贷款合同信息、借据信息、还款计划表和已还款明细等信息的功能。

（4）缴费业务。

提供缴纳信息通信、水电煤气等费用的功能，并支持客户在非工作时间内进行缴费的预约指令提交，银行会在工作时间内为客户办理业务。缴费成功后可将该项目存入"我的缴费项目"中。同时支持客户在手机银行——缴费业务功能下进行委托代扣协议的签订、查询、撤销。

（5）手机股市。

提供上证、深证股票信息查询功能，并且在"定制我关注的股票"中输入股票代码定制或删除自己关心的股票。客户可以通过"第三方存管"功能进行银行转证券公司、证券公司转银行和相关查询交易，此外还可以链接到券商WAP站点页面进行股票交易。

（6）基金业务。

提供根据基金公司、基金类型、基金代码及自选基金为条件，查询出某只基金详细信息（包括：基金代码、名称、类型、净值、历史净值等），并将重点关注的基金设置为自选基金的功能。还可以快速便利地进行基金申购、认购、定投、赎回、撤单、余额及历史明细查询等操作。

（7）国债业务。

提供储蓄国债（凭证式）和记账式国债的购买、查询功能。储蓄国债（凭证式）可以进行查询信息、购买、兑付、查询国债余额的操作。记账式国债可以进行查询国债相关信息、开立托管账户、购买、卖出、交易余额及明细查询的操作。

（8）外汇业务。

提供根据基本盘、交叉盘、所用盘及自选汇率等条件，查询外汇的实时交易汇率（包括：买入价、卖出价、中间价、最高价、最低价），根据即时外汇汇率，进行外汇买卖交易或设立外汇委托交易（包括获利委托、止损委托、双向委托、追加委托）以及账户余额、交易明细查询的功能。

（9）贵金属。

提供账户贵金属、账户贵金属双向交易、账户贵金属定投、实物贵金属、实物贵金属递延以及积存金等功能。客户可查询美元和人民币账户黄金、白银、铂金、钯金的实时价格（包括：银行买入价、银行卖出价），进行即时买卖交易或设立委托交易（包括获利委托、止损委托、双向委托）。另外客户还可进行卖出开仓、买入平仓的账户贵金属双向交易，并制订定投计划。

（10）银行理财。

提供理财服务、理财产品功能，其中："理财服务"提供灵通快线（超短期）理财协议和T+0理财协议的签订、查询和管理功能；"理财产品"提供理财产品的购买、赎回、撤单、查询持有情况以及查询交易明细的功能。

（11）手机预约取现。

提供手机预约取现功能，客户在手机银行（WAP）进行预约取现后，记录预约码与银行提供的动态密码，即可至ATM进行无卡取现，同时本功能提供查询预约明细与管理预约交易的功能，在"我的预约"中可对已预约未取现的交易实现撤销的动作。

（12）银期转账。

通过期货公司在银行的保证金账户与期货投资者（以下简称"投资者"）银行结算账户之间的对应关系，投资者通过手机银行（WAP）进行转账操作后，可以实现投资者银行结算账户与期货公司保证金账户的实时划转，期货公司根据其银行期货保证金账户的变动情况，实时调整期货投资者在期货公司的资金账户余额，为期货交易提供资金结算便利。

（13）个人结售汇。

提供使用柜面注册卡通过手机银行（WAP）办理指定额度内小额结售汇交易的功能，并可在线查询小额结售汇交易明细信息。

（14）工银e支付。

提供通过手机银行（WAP）对工银e支付功能进行注册、注销、解冻动作，并提供查询交易明细、查询操作记录功能。

（15）个人贷款。

提供个人客户通过此功能查询未结清的贷款合同信息、借据信息、还款计划表和已还款明细等信息。公积金委托贷款查询不包括在此功能内。

（16）信用卡。

提供查询信用卡的余额、交易明细信息的功能，并向本人某商业银行信用卡归还账户透支人民币、外币透支欠款的功能，同时支持信用卡分期付款功能。

7. 电话银行

电话银行是指使用计算机电话集成技术，利用电话自助语音和人工服务方式为客户提供账户信息查询、转账汇款、缴费支付、投资理财、业务咨询等金融服务的电子银行业务。如致电银行电话95588，银行能够为客户提供账户信息查询、转账汇款、缴费支付、投资理财、外汇交易、信用卡服务、人工服务、异地漫游等一揽子金融业务。

（1）账户信息查询：提供查询各类账户及其卡内子账户的基本信息、账户余额、账户当日明细、账户历史明细、账户未登折明细等功能。

（2）转账汇款：提供同城转账、异地汇款等功能。

（3）缴费服务：提供电话费、手机费、水电费、燃气费等多种日常费用的查询和缴纳功能。

（4）投资理财：提供买卖股票、基金、债券、黄金的功能。

（5）外汇交易：提供实时买卖外汇，查询汇率、账户余额及各类交易明细等。

（6）信用卡服务：提供办卡、换卡申请、卡片启用、挂失，账户查询，人民币购汇还款，调整信用额度等功能。

（7）人工服务：提供业务咨询、投诉建议、网点信息、新业务介绍，并受理账户紧急口头挂失等业务。

（8）异地漫游：提供异地办理开户地各类银行业务的功能。

(五) 跨境金融

1. 境外金融服务

2. 个人资信证明

个人资信证明业务是指银行为客户出具中英文对照的资信证明书，如实证明客户在银行的金融资产数量及与银行业务往来情况。资信证明书是对个人资金实力、信用状况、资金往来情况的有力客观证明。

银行可出具的个人资信证明内容包括：个人存款（含凭证式/储蓄式国债）证明、个人存款发生额证明、个人购买记账式国债证明、个人购买本外币理财产品证明、个人购买本外币理财产品证明交易记录证明、个人购买基金证明、个人购买保险证明、个人购买账户黄金/实物黄金证明、个人贷款证明、个人信用卡守信证明、个人信用卡信用额度证明以及个人客户在银行办理的其他业务证明。

3. 个人留学贷款

银行向借款人提供个人留学贷款业务。其中，提款型个人留学贷款是指用于支付借款人或其直系亲属留学期间所需学杂费和生活费的人民币贷款；非提款型个人留学贷款是指用于办理借款人或其直系亲属留学或陪读等手续所需并经相关使领馆认可的资信证明的人民币贷款。

特点：贷款金额高——提款型个人留学贷款金额最高达200万元；非提款型个人留学贷款金额最高达100万元。贷款期限长——贷款期限最长可达10年。担保形式多样——可采取抵押、质押、保证担保等方式。贷款发放方式灵活——贷款可在初次申请时一次发放，也可以按照借款人学费、住宿费、生活费支付期分次发放。综合服务完善——与留学贷款结合，提供资信证明、个人购汇、外汇结算、见证开户、境外账户开设、国际信用卡办理等配套服务。

(六) 投资理财

1. 代理个人保险业务

代理个人保险是银行指受保险公司（保险人）委托，为个人客户提供保险产品的服务，主要包括代理个人寿险业务和代理个人财险业务。

银行代理的保险产品往往兼具投资和保险保障功能。购买保险不仅能获得保险保障，而且已经成为现代家庭投资理财不可或缺的一个重要组成部分。到银行买保险，已经成为除代理人销售外，保险销售的一个重要渠道。

2. 贵金属业务

（1）"如意金积存"业务是客户在建立如意金积存账户的基础上，对银行如意金条进行主动积存或定期积存。对于积存的如意金，客户既可以选择赎回，获得现金，也可以到银行提取实物。

（2）积存金业务是客户在银行开立积存金账户，并签订积存协议，采取定期积存（约定每月扣款金额）或主动积存的方式，按确定金额购入银行以黄金资产为依托的黄金资产权益（积存金），该权益可以赎回或兑换贵金属产品实物。由于投资者长期分批小额买入黄金，因而可降低在不当时候做出大额投资的风险，投资者可于合约期（通常最少一年）内任何时候，或在结束账户时，选择兑换实物贵金属产品，若投资者决定出售积存金，便可按当日积存金价格变现。

（3）"账户贵金属"是银行推出的一项资金交易业务，是指客户在银行规定的交易时间内，使用银行提供的个人账户贵金属买卖交易系统，在通过柜面、电子银行渠道叙作的账户贵金属（盎司）兑美元、账户贵金属（克）兑人民币之间的买卖交易。账户贵金属包括账户黄金、账户白银、账户铂金、账户钯金等非实物交割的贵金属产品。账户黄金交易也称"纸黄金"交易，账户白银交易也称"纸白银"交易，账户铂金交易也称"纸铂金"交易，账户钯金交易也称"纸钯金"交易。

（4）账户贵金属定投业务是指个人客户以人民币或美元为交易结算货币，根据建立的投资计划，在一定期限内按照计划投资金额或数量定期买入银行账户贵金属产品的业务。账户贵金属定投品种包括账户黄金、账户白银、账户铂金、账户钯金等。

（5）银行个人账户贵金属双向交易，即先卖出后买入交易，是指首笔账户贵金属交易为卖出交易，然后在卖出的账户贵金属数量内叙作部分或全部买入交易的业务。个人账户贵金属双向交易是一种新型投资方式，当客户预期某种贵金属价格将下跌时，可通过先卖出后买入交易获取价差收益。银行在综合考虑国际及国内市场贵金属价格走势等因素的基础上，向客户进行报价，并根据市场变化实时更新。

（6）"代理实物黄金买卖"是指银行凭借其与上海黄金交易所共同构建的黄金交易系统，根据个人客户委托，代理进行的实物黄金交易、资金清算及实物交割活动。该业务是以人民币资金投资的理财产品，投资者既可进行黄金交易又可选择提取实物黄金。

投资种类包括现货交易、递延交易。现货交易：包括Au99.99、Au100g和

Au99.95三个合约品种。递延交易详情请见实物黄金递延。交易方式：采用客户自主报价，实盘交易，撮合成交以及实物交割的交易方式。

（7）贵金属递延交易是上海黄金交易所的挂牌交易合约[Au（T+D）、Ag（T+D）]，以保证金方式进行交易，客户可以选择合约交易日当天交割，也可以延期交割，同时引入延期补偿费（简称"延期费"）机制来平抑供求矛盾的一种现货交易模式。

3. 开放式基金

开放式基金指基金发行规模可以随着投资人申请购买和要求赎回而随时变动，投资人可以在基金契约规定的开放日到银行网点自由买入或卖出的一种证券投资基金。开放式基金适用于中华人民共和国境内，目前只接受人民币业务。

4. 基金定投

普通基金定投是指在一定的投资期间内，投资人以固定金额申购银行代销的某支基金产品的业务。

基智定投是对现有每月首个工作日、固定金额的普通基金定投产品的升级，主要增加了两种投资方式：一种是客户可以每月固定日期、固定金额进行定投（简称"定时定额定投"）；另一种是客户可以每月固定日期，并根据证券市场指数的走势，不固定金额进行定投（简称"定时不定额定投"），实现对基金投资时点和金额的灵活控制。

5. 凭证式国债

凭证式国债是银行代理国家财政部发行的一种债务凭证，按照面值向个人投资者发售，发售面值为百元的整数倍。由于以国家信用做担保，信用等级高，可以看作是零风险投资。凭证式国债按年度、分期次发行，存期一般为二年、三年、五年，购买国债时由银行营业网点签发国债收款凭证，该凭证为记名凭证，可挂失，可在同一城市内通兑，到期或提前兑付凭该凭证支取本息。同时，对于凭证式国债国家免征利息税。

6. 第三方存管

第三方存管（多银行模式）业务是指银行为满足个人证券投资者和证券公司对于客户交易结算资金存管服务的需求而开办的一种银证业务。可通过电子银行第三方存管进行银行与证券公司之间的转账交易，以及客户交易结算资金管理账户的当日明细、历史明细和证券资金账户余额的查询。

7. "利添利"账户理财业务

"利添利"账户理财业务是通过将客户的活期储蓄存款与货币市场、短债等低风险基金联接,为客户进行有效的现金管理和投资管理。一方面,"利添利"账户理财业务将客户的多个活期账户的闲置资金自动申购客户指定的货币市场、短债基金,预计可获得超过活期储蓄利息的投资收入,实现闲置资金的有效增值;另一方面,当客户的活期账户需要资金时,"利添利"账户理财业务可以自动赎回货币市场、短债基金,保证客户资金的及时使用,进行便捷的现金管理。

8. 账户原油

账户原油,是银行为个人客户提供的,采取只计份额、不提取实物原油的方式,以人民币或美元买卖原油份额的投资交易产品。客户可在预期原油价格将上涨时,通过先买入后卖出交易获取价差收益。银行后续推出先卖出后买入功能后,客户可在预期原油价格将下跌时,通过先卖出后买入交易获取价差收益。

9. 账户外汇

账户外汇,是银行为个人客户提供的,采取只计份额、不支取实际外汇形式,以人民币买卖多种外汇的投资交易产品。目前账户外汇只提供先买入后卖出交易,客户在预期某种外汇价格将上涨时,可以通过先买入后卖出交易获取价差收益。

10. 结构性存款

结构性存款,是指投资者将合法持有的人民币或外币资金存放在银行,由银行通过在普通存款的基础上嵌入金融衍生工具(包括但不限于远期、掉期、期权或期货等),将投资者收益与利率、汇率、股票价格、商品价格、信用、指数及其他金融类或非金融类标的物挂钩的具有一定风险的金融产品。

按照本金的币种不同,银行结构性存款分为外汇结构性存款和人民币结构性存款两大类。

第五节　重要事项说明

一、金融衍生品

金融衍生品（derivatives），是指一种基于基础金融工具的金融合约，其价值取决于一种或多种基础资产或指数，合约的基本种类包括远期合约、期货、掉期（互换）和期权。金融衍生品还包括具有远期、期货、掉期（互换）和期权中一种或多种特征的混合金融工具。

（一）业务（事项）概述

1. 根据产品形态，可以分为远期、期货、期权和掉期四大类

远期合约和期货合约，都是交易双方约定在未来某一特定时间、以某一特定价格、买卖某一特定数量和质量资产的交易形式。期货合约是期货交易所制定的标准化合约，对合约到期日及其买卖的资产的种类、数量、质量作出了统一规定。远期合约是根据买卖双方的特殊需求由买卖双方自行签订的合约。因此，期货交易流动性较高，远期交易流动性较低。

掉期合约是一种由交易双方签订的在未来某一时期相互交换某种资产的合约。更为准确地说，掉期合约是当事人之间签订的在未来某一期间内相互交换他们认为具有相等经济价值的现金流（Cash Flow）的合约。较为常见的是利率掉期合约和货币掉期合约。掉期合约中规定的交换货币是同种货币，则为利率掉期；是异种货币，则为货币掉期。

期权交易是买卖权利的交易。期权合约规定了在某一特定时间、以某一特定价格买卖某一特定种类、数量、质量原生资产的权利。期权合同有在交易所上市的标准化合同，也有在柜台交易的非标准化合同。

2. 根据原生资产大致可以分为四类，即股票、利率、货币和商品（见表1-2）

如果再加以细分，股票类中又包括具体的股票和由股票组合形成的股票指数；利率类中又可分为以短期存款利率为代表的短期利率和以长期债券利率为代表的长期利率；货币类中包括各种不同币种之间的比值；商品类中包括各类大宗实物商品。

表1-2　　　　　　　　　　根据原生资产对金融衍生产品的分类

对象	原生资产	金融衍生产品
股票	股票	股票期货、股票期权合约等
	股票指数	股票指数期货、股票指数期权合约等
利率	短期存款	利率期货、利率远期、利率期权、利率掉期合约等
	长期债券	债券期货、债券期权合约等
货币	各类现汇	货币远期、货币期货、货币期权、货币掉期合约等
商品	各类实物商品	商品远期、商品期货、商品期权、商品掉期合约等

3. 根据交易方法，可分为场内交易和场外交易

根据商业银行的账套资料分析，目前实际涉及到的衍生金融工具，主要是资产负债管理性衍生金融工具，通常是指为经营管理需要对资产负债结构进行调整而达成的衍生金融工具，分为资产类和负债类。资产类衍生金融工具，主要用于核算和反映该行持有的汇率类金融衍生合约在存续期间评估结果为净资产的部分，负债类主要用于核算和反映该行持有的汇率类金融衍生合约在存续期间评估结果为净负债的部分。

资产类又细分为汇率类金融衍生合约评估资产、利率类金融衍生合约评估资产、混合类金融衍生合约评估资产。负债类细分为汇率类金融衍生合约评估负债、利率类金融衍生合约评估负债。

（二）会计核算流程

1. 一般情况说明

（1）初始确认。

按照《企业会计准则》和各商业银行的相关会计核算要求，当商业银行成为衍生金融工具中的一方时，应在资产负债表内按照衍生金融工具的公允价值区别资产或者负债进行初始确认，对方会计科目为相应的往来科目或者保证金科目。部分衍生品（金融工具）的初始金额一般为零，即不要进行表内处理，只需按照衍生合约的名义金额进行表外登记即可。

（2）后续计量。

衍生品（金融工具）的后续计量应以公允价值计量，整个存续期间，每个报告期（一般为月末）都要按照公允价值进行估值，按估值结果确认衍生金融资产或衍生金融负债，并借（或贷）记相应的损益科目（比如工商银行的5133汇率类金融衍生合约损益，5134利率类金融衍生合约损益，5135混合类金融衍生合约损益）。

借：169101汇率类标准人民币远期外部合约

　　贷：513302汇率类标准人民币远期外部合约估值损益

但在下一个报告期前（比如下个月末），将上个报告期因合约公允价值变动所产生的金额全部红字冲销，重新按照本报告期的公允价值进行确认，再做一笔上述同样的会计分录，并将估值损益计入5131、5133、5134、5135所属合约估值损益科目，进而影响会计利润。

（3）平盘、处置或产生其他确定的收益。

衍生金融工具平盘、处置或者其他产生确定收益已实现的情况，因为相应的损失或者收益已经确认，于是借记（亏损）或贷记（盈利）5131衍生金融工具损益或者5133、5134、5135所属二级科目的对应科目，对应科目为相关往来科目或存款科目。

借：513101交易性汇率类衍生金融工具损益

　　贷：236010——其他应付款——待处理汇划款项

已经确定的收益或者损失通过5131、5133、5134、5135所属二级科目的对应科目影响会计利润。

2. 以利率掉期具体核算为例

衍生品（金融工具）的品种丰富、形式多样，但核算内容、方法，相应的税收政策都大同小异，因此以利率掉期为例对衍生金融工具进行具体分析。

利率掉期分为固定利率与浮动利率的交换和浮动利率与浮动利率的交换两种。利率互换不存在本金的支付，通常采用轧抵支付差额的方式进行交割。利率掉期的本金要建立备查账，登记备查。

（1）初始确认。

利率掉期成交时，资金部门应提供客户委托书、交易证实书等文件给会计部门，会计部门对相关要素和有权人签章无误后，进行账务处理。在合同签订日，利率掉期的公允价值通常被确认为零，因此不进行表内账务处理，只进行表外账务处理。

会计分录为：

借：8000备查登记业务余额

　　贷：8392利率类金融衍生合约名义本金

（2）后续计量。

①账务处理部门依据有关部门提供的公允价值估值结果，经会计部门确认后，进行账务处理。

若估值结果确认为一项净资产时，即公允价值评估增值，会计分录为：

借：169203利率类标准掉期外部合约

　　贷：513406利率类标准掉期外部合约估值损益

若估值结果确认为一项净负债时，即公允价值评估减值，会计分录为：

借：513406利率类标准掉期外部合约估值损益

贷：169203利率类标准掉期外部合约

②存续期内，每期报告期全额红字冲销前期估值结果，然后再将本次估值结果全额计入。即：

借：169203利率类标准掉期外部合约（上期估值金额）

贷：513406利率类标准掉期外部合约估值损益（上期估值金额）

再按本期估值金额重新做一笔分录：

借：169203利率类标准掉期外部合约（本期估值金额）

贷：513406利率类标准掉期外部合约估值损益（本期估值金额）

③利息付息日（或其他确认实现损益的情形）：约定利息付息日时，会计部门根据交易证实书及"交割通知书"，审查相关要素和有权人签章无误后，按约定方式和约定利率进行账务处理。

所属的下级分行清算中心，依据总行或境外分行对账单，与资金部门核对后进行账务处理。

a.若应收利息大于应付利息，会计分录为：

借：上存系统内款项——上存总行备付金（或其他往来科目，过渡科目）

贷：513405利率类标准掉期外部合约损益

表示已经确定的收益进入损益。

b.若应付利息大于应收利息，会计分录为：

借：513405利率类标准掉期外部合约损益

贷：相应的往来科目或者过渡科目

表示已经确定的亏损进入损益。

（3）终止确认和计量。

全额红字冲销前期估值结果及销记表外账。（分录略）

（三）会计处理和现行税法规定的差异

根据《企业所得税法》及其实施细则的要求，结合历史成本计价的原则，衍生品（金融工具）后续计量因公允价值变动对损益的影响在税法上是不予确认的，税法上仅确认在衍生金融工具处置、平盘或其他已经确定且实际产生的亏损或者盈利，准予进入损益影响应纳税所得额。

而根据上述分析，银行会在每期报告期（月末）对衍生品（金融工具）进行估值，并借记或贷记相应的合约估值损益（5133、5134、5135所属二级科目的对应项，如513302），这部分损益仅为估值损益，而非实际产生或者确认，因此，在企业所得税年度汇算清缴时，对通过合约估值损益科目结转进入本年利润的金额，应予以纳税调整。

二、可转换债券

（一）业务（事项）概述

可转换债券是债券持有人可按照发行时约定的价格将债券转换成公司的普通股票的债券。如果债券持有人不想转换，则可以继续持有债券，直到偿还期满时收取本金和利息，或者在流通市场出售变现。如果持有人看好发债公司股票增值潜力，在宽限期之后可以行使转换权，按照预定转换价格将债券转换成为股票，发债公司不得拒绝。该债券利率一般低于普通公司的债券利率，企业发行可转换债券可以降低筹资成本。可转换债券持有人还享有在一定条件下将债券回售给发行人的权利，发行人在一定条件下拥有强制赎回债券的权利。

根据工商银行2010年年报披露，工商银行于2010年8月31日获批公开发行人民币250亿元A股可转换公司债券，存续期限6年，票面利率从第一年至第六年分别为0.5%、0.7%、0.9%、1.1%、1.4%、1.8%，发行日后6个月，开始可以转股，初始转股价格4.2元/股。2011年开始，每年8月31日付息一次。因配股、发放股票股利等原因，2010年12月31日的转股价格后调整为4.15元/股，2011年12月31日的转股价格调整为3.97元/股，2012年12月31日的转股价格调整为3.77元/股。

（二）会计科目和核算流程

1. 会计核算主要涉及的科目

（1）260501发行可转债面值；
（2）260502发行可转债价值调整；
（3）235201发行次级债应付利息；
（4）235204发行可转债应付利息；
（5）523404可转债利息支出；
（6）其他往来科目。

2. 主要核算流程

（1）发行时。

该可转债按票面金额250亿元发行，扣除发行手续费1.28亿元，实际收到款项

248.73亿元，根据企业会计准则的要求，可转债的计量须区分负债成分和权益成分分别计量。根据计算结果，负债成分确认219.98亿元（扣除相应手续费1.12亿元），后实际确认218.86亿元，权益成分确认30.02亿元（扣除相应手续费0.15亿元），后实际确认29.87亿元。可转债负债部分按摊余价值计量，实际利率法摊销。

  借：410099——待清算辖内往来——其他辖内待清算往来 250亿元
    260502——发行可转债——发行可转债价值调整 30.02亿元
   贷：260501——发行可转债——发行可转债面值 250亿元
     302017——资本公积——可转债权益 30.02亿元
  借：302017——资本公积——可转债权益 0.1538亿元
    260502——发行可转债——发行可转债价值调整 1.1271亿元
   贷：410099——待清算辖内往来——其他辖内待清算往来 1.2808亿元

发行日，该可转债的摊余价值负债部分218.85亿元，权益部分29.85亿元。按照企业会计准则和工商银行会计核算规定，可转债后续按摊余价值计价，实际利率法摊销。

（2）2010年9月30日摊销的时候。

按照发行面值250亿元，第一年的票面利率0.5%，第一个月的应计利息为250亿元×0.5%÷12=1 041.67万元，按折现率3.81%（该利率系从账上金额倒推），2010年8月31日可转债摊余价值218.85亿元，2010年9月30日应摊销的溢价摊销为218.85亿元×3.81%÷12=6 948.49万元。

摊销分录：

  借：523404——发行债券及存款证损益——可转债利息支出
                   6 948.49万元
   贷：235204——发行债券及存款证应付利息——发行可转债应付利息
               1 041.67万元（税法上允许扣除）
     260502——发行可转债——发行可转债价值调整 5 906.82万元
     （税法上应予以调增）

2010年剩余月份及以后年度的摊销分录同9月。

另外，需要注意债转股后涉及的各项摊余价值的变化从而导致摊销金额的变动。

（3）2011年3月31日，第一次转股时。

第一次转股的面值为255.1万元，转股比例为-0.0101466%，资本公积——可转债权益科目（调整金额为-28.11万元），可转债——价值调整科目（调整金额为-30.45万元）同比例调整。会计分录：

  借：260501——发行可转债——发行可转债面值 255.1万元
    302017——资本公积——可转债权益 30.45万元

235204——发行债券及存款证应付利息——发行可转债应付利息
　　　　0.64万元（从上一个付息日到本转股日间的应计利息，经工商银行确认这部分利息已经进入利息费用影响损益，但未实际支付）
　　贷：260502——发行可转债——发行可转债价值调整　　28.11万元
　　　　228001——系统内款项存放——境内分行存放备付金　258.08万元
增加股本的分录：
　　借：118001——存放系统内款项——上存总行备付金
　　贷：301099——股本——股本
　　　　302001——资本公积——股本溢价

经统计，2011年3—12月共转股11笔，涉及票面金额2.56亿元。2012年度共转股12笔，涉及票面金额20.60亿元。转股分录均同上述分录。

（三）会计处理和现行税法规定的差异

1. 因税会差异产生的纳税调整金额

按照税法规定，在税收处理上，可转换债券视同一般债券，发行债券所取得收入扣除相应发行费用后全额确认为负债，不区分权益成分和负债成分，并按票面金额和票面利率计算应付利息作为在企业所得税税前扣除金额，而在会计上，可转债负债部分按摊余价值计量，实际利率法摊销。每次摊销时按负债部分的摊余价值乘上实际利率计算应摊销的金额并计入利息费用支出，而实际利率法所使用的利率（3.81%左右）远高于票面利率（初始0.5%），因此产生税会差异。

税收风险分析的重点就是确认对因可转债利息支出的税会差异是否进行纳税调增。

2. 未向持有人实际支付利息应调整的金额

可转债应付利息于每个月末计提，计入损益，实际付息日为每年的8月31日。在可转债的转股环节，应向持有人支付的上一次付息日到本次转股日期间的利息，冲销原计提的"应付利息"，贷计"系统内款项存放"科目，最终结转到其他应付款，但没有冲销原计入损益的利息费用科目。

这部分应付未付利息，因在计提环节全部计入损益在企业所得税税前扣除，但未实际支付，账套上也未见利息支出红字冲销分录。这笔资金可能在转股环节一同结转至资本公积——股本溢价科目或者沉淀在往来科目。

如果根据已有资料无法明确是否最终会对这部分利息支出予以红字冲销，需要确认风险并进一步核实。

(四)债券投资的补充说明

根据企业会计准则和某商业银行账套资料,某商业银行对外投资债券分为交易类、可供出售类、持有至到期类、应收款项类,每大类又根据债券品种细分为政府债、金融债、企业债、其他债等。经过风险识别和分析,发现可能存在的主要问题:

1. 持有至到期债券利息收入是否征收增值税问题

根据《中华人民共和国国库券条例》(国务院令第95号,2011年修订)第十二条规定:

> 国库券的利息收入享受免税待遇。

根据《财政部 国家税务总局关于国有独资商业银行国家开发银行承购金融资产管理公司发行的专项债券而取得的利息收入的有关税收政策问题通知》(财税〔2001〕152号,现已全文废止),专门规定工行购买3 130亿元华融债券的利息收入免企业所得税。

各地对持有至到期债券利息收入(剔除已经明确免征增值税的债券)是否征收增值税的做法不尽相同。比如营改增前,安徽省规定对金融机构购买通过财政部发行的各类债券取得利息收入免征营业税,但对金融机构购买的其他金融机构发行债券取得的利息收入征收营业税(皖地税函〔2004〕539号)。而山东省对金融机构购买债券到期后取得的利息收入不征收营业税(鲁地税函〔2001〕81号,现已全文废止)。

除上述政策外,目前没有发现更多关于债券利息收入征免增值税的明确文件依据。

2. 债券到期前转让的卖出价、买入价确认问题

根据《财政部 国家税务总局关于营业税若干政策问题的通知》(财税〔2003〕16号)第三条第(八)项:

> 金融企业(包括银行和非银行金融机构,下同)从事票、债券买卖业务以股票、债券的卖出价减去买入价后的余额为营业额。买入价依照财务会计制度规定,以股票、债券的购入价减去股票、债券持有期间取得的股票、债券红利收入的余额确定。

因此,若某商业银行提前转让未到期的债券,应作为金融商品买卖(四大类中

债券类），按照卖出价−（购入价−持有期间的利息收入）计算的差额征收增值税。

3. 持有至到期债券、应收类债券的溢折价摊销问题

当这两类债券的票面利率和购买当时的实际利率不一致时，会产生溢折价购买的问题，而这两类债券的后续是以摊余价值和实际利率法计量的，税法上只确认票面金额和票面利率所确定的损益，因此涉及时间性差异的纳税调整事项。

4. 交易性债券的公允价值变动损益问题

会计上交易性债券持有期间的公允价值变动计入当期损益，而税法上这部分损益不予确认，需要做相应的纳税调整。某商业银行总行本部的企业所得税签证报告对这部分已经做了调整，但调整金额是否准确目前无法判断。

5. 可供出售债券公允价值变动计入资本公积部分在处置阶段的处理

可供出售债券后续计量所产生的公允价值变动损益计入资本公积后，在处置和终止确认可供出售债券时，应将原计入资本公积的金额结转到损益科目。

对于上述债券投资存在的问题，涉及大量的会计科目和债券种类，初始金额和发生额都非常大，实务中对这些内容予以重点关注，并作进一步核实。

三、理财产品

（一）业务（事项）概述

银行理财产品是商业银行针对特定目标客户群开发设计并销售的资金投资和管理计划。在理财产品这种投资方式中，银行只是接受客户的授权管理资金，投资收益与风险由客户或客户与银行按照约定方式承担。

（二）业务流程

银行理财产品的业务流程，主要包括理财产品创设、交易理财产品、理财资产投资、收益分配、资金清算、会计处理。银行根据市场动态和客户需求，进行理财新产品开发和设计，制作产品设计方案、投资指引、产品说明书、产品协议书等文件。

市场交易类代客理财业务，通过建立资产池作为各类理财产品的基础。通过资产组合的形式进行投资管理，既可以在保证流动性的基础上进行适当的期限错配，又可以保证获得较高且相对稳定的理财收益。

银行接受客户的委托和授权，按照与客户事先约定的投资计划和方式进行投资

和资产管理，根据约定条件和实际投资收益情况向客户支付收益并按约定条件和比例收取各项费用。客户收益的计算方法如下：

理财产品收益=理财本金×实际年化收益率×实际理财天数÷365

理财产品到期，银行对资产进行清算，计算投资收益或资产净值。

（三）会计核算

1. 银行理财产品通过2050指定以公允价值计量个人金融负债、2051指定以公允价值计量单位金融负债核算

（1）单位或个人客户认购银行发行的理财产品。

借：存款——理财客户
　　贷：410001待清算辖内往来——营业机构往来

（2）银行用理财产品的资金对外投资，计入2150、2151科目中。

借：410001待清算辖内往来——营业机构往来
　　贷：2050指定以公允价值计量个人金融负债——理财客户或者2051指定以公允价值计量单位金融负债

同时登记表外账户：

借：7999委托代理业务余额
　　贷：8315受托理财业务存款

（3）银行到期收回理财资金。

借：2050指定以公允价值计量个人金融负债——理财客户
　　贷：410001待清算辖内往来——营业机构往来

同时登记表外账户：

借：8315受托理财业务存款
　　贷：7999委托代理业务余额

2. 理财产品收入分配主要有两类

（1）当理财产品投资到期，取得理财产品收入，按照理财产品协议预期年化收益率分配给投资者。

借：410001待清算辖内往来——营业机构往来
　　贷：存款——理财客户（本金+理财协议预期收益）

（2）划归银行的理财收益，一部分可能留在表外8315受托理财业务存款科目，另一部分留在表内的其他应付款科目，其他应付款全部转到中间业务收入。

借：236099其他应付款——其他应付款

贷：5110中间业务收入——511070理财项目推荐及管理费收入
　　　511071个人理财投资管理费收入
　　　511072对公理财投资管理费收入

（四）理财产品的纳税风险点及风险分析要点

银行理财产品纳税风险点主要是如何确认理财产品收益的金额和时间点。银行将拟投资资产归集在一个资金池内，通过期限错配、滚动发行的方式，将理财资金投资于期限较长资产。兑付投资者资金通常来自后续投资者的投入，当出现流动性短缺时，可能向自营资金拆借。由于理财产品资产错配，认购的理财产品与投资产品不能一一对应；而且银行先确定投资项目，再发售理财产品募集资金。所以应对核实应以投资合同为主要切入点，审核投资收入是否及时、足额入账。现场人员审核每个理财产品资产管理的台账系统。从产品成立到兑付后，关注银行是否及时登记代客理财业务台账、收到的投资本金和投资收益是否正确核算。

四、贷款损失准备金

在各银行的纳税风险应对中，都发现其贷款损失准备金的计提范围和方法与税法规定不一致，在年度企业所得税申报表中，每年都有大额的准备金的调整数，且调减数远大于调增数。涉及会计科目及核算流程如下。

各银行对该项准备金的会计核算：

1.计提范围：包括法人贷款、个人贷款、票据贴现、信用垫款、进出口押汇等。

2.计提方法：按照五级分类进行计提，如对于法人贷款和个人贷款，目前按照正常类1.5%和关注类2%的比例分别计提组合拨备；对于法人贷款中资产质量分类为次级、可疑和损失的后三类不良贷款，采用现金流贴现法，按照可收回现金流现值与贷款账面价值差额计提拨备，其中次级类贷款减值损失率区间为2%—40%，可疑类贷款减值损失率区间为40%—100%，损失类贷款减值损失率为100%。对于个人贷款，则分别按次级类25%、可疑类50%和损失类100%的比例分别计提拨备。计提时：

借：5340贷款减值损失
　贷：1660贷款减值准备

涉农贷款按照《财政部 国家税务总局关于金融企业涉农贷款和中小企业贷款损失准备金在企业所得税税前扣除政策的通知》（财税〔2009〕99号，后财税〔2011〕104号进行了延长，现已全文废止）规定的比例-1进行计提。

对当年会计计提的准备金全额调增，再按税法规定允许计提准备金范围和比例计算出的数字进行调减（汇总各分行数），对涉农贷款部分由总行统一进行调整。

会计处理与现行税法规定的差异：

有很大差异，但按上述处理，会计处理与税收调整后应不会有较大的数据差异（目前银行尚未提供税收允许计提准备金科目代码范围）。存在的风险在于银行实际发生的贷款损失是否按规定先冲减贷款准备金，不足部分在当期损益列支。

对差异问题的分析：就目前已有的资料无法对上述风险进行验证，建议就此事项在总行层面应对核实时审核、排查风险点。

有关贷款损失的相关说明：此部分业务由各支行或分行风险管理部门进行管理，总行仅在审批程序环节审核方案的合法性，对限额以上的项目进行审批，限额以上的项目审批权在一级分行（档案在二级分行）。建议在总行层面审计时对其审批的贷款损失税前列支的程序进行审核是否符合税前列支条件；在一级分行应对核实时对其审批的贷款损失税前列支的程序进行审核是否符合税前列支条件。

五、抵债资产

抵债资产涉及会计科目及核算流程：根据《银行抵债资产管理办法》（财金〔2005〕53号）相关规定，关于抵债资产的账务处理原则为：

银行以抵债资产取得日为所抵偿贷款的停息日。银行应在取得抵债资产后，及时进行账务处理，严禁违规账外核算。

1.银行取得抵债资产时，按实际抵债部分的贷款本金和已确认的表内利息作为抵债资产入账价值。

银行为取得抵债资产支付的抵债资产欠缴的税费、垫付的诉讼费用和取得抵债资产支付的相关税费计入抵债资产价值。银行按抵债资产入账价值依次冲减贷款本金和应收利息。银行在取得抵债资产过程中向债务人收取补价的，按照实际抵债部分的贷款本金和表内利息减去收取的补价，作为抵债资产入账价值；如法院判决、仲裁或协议规定银行需支付补价的，则按照实际抵债部分的贷款本金、表内利息加上预计应支付的补价作为抵债资产入账价值。

借：1950抵债资产（按资产项目和借款人分户进行核算）

——195001房地产抵债资产（应用号11）

——195002有价证券抵债资产（应用号11）

——195099其他抵债资产（应用号11）

贷：各项贷款、应收利息等

抵债金额超过债权本息总额的部分，不得先行向对方支付补价，如法院判决、仲裁或协议规定需支付补价的，待抵债资产处置变现后，将变现所得价款扣除抵债资产在保管、处置过程中发生的各项支出、加上抵债资产在保管、处置过程中的收入后，将实际超出债权本息的部分退给对方。

抵债金额超过贷款本金和表内利息的部分，在未实现收回现金时，暂不确认为利息收入，待抵债资产处置变现后，再将实际可冲抵的表外利息确认为利息收入。

除法律法规规定债权与债务关系已完全终结的情况外，抵债金额不足冲减债权本息的部分，应继续向债务人、担保人追偿，追偿未果的，按规定进行核销和冲减。

2.抵债资产保管过程中发生的费用计入营业外支出；抵债资产未处置前取得的租金等收入计入营业外收入；处置过程中发生的费用，从处置收入中抵减。

3.抵债资产处置时，抵债资产处置损益为实际取得的处置收入与抵债资产净值、变现税费以及可确认为利息收入的表外利息的差额，差额为正时，计入营业外收入，差额为负时，计入营业外支出。公式表示为：

营业外收入（或营业外支出）=实际取得的处置收入−（抵债资产账面余额−抵债资产减值准备）−变现税费−可确认为利息收入的表外利息

涉及补价的，抵债资产处置损益为实际取得的处置收入与抵债资产净值、变现税费、可确认为利息收入的表外利息、实际支付的补价超过（或少于）预计应支付补价部分的差额，差额为正时，计入营业外收入，差额为负时，计入营业外支出。公式表示为：

营业外收入（或营业外支出）=实际取得的处置收入−（抵债资产账面余额−抵债资产减值准备）−变现税费−可确认为利息收入的表外利息−（实际支付的补价−预计负债）

借：195399抵债资产清理

　　贷：1950抵债资产

银行应当在每季度末对抵债资产逐项进行核实，对预计可收回金额低于其账面价值的，应当计提减值准备。如已计提减值准备的抵债资产价值得以恢复，应在已计提减值准备的范围内转回，增加当期损益。抵债资产处置时，应将已计提的抵债资产减值准备一并结转损益。

借：534799抵债资产减值损失

　　贷：1955抵债资产减值准备

会计处理与现行税法规定的差异：

从其流程和会计处理方面来看，商业银行重点防范贷款资金风险，虽不存在税会差异，但对税收的核算也未体现。

应对指引：建议在现场一方面对抵债资产各环节的税收进行跟踪，另一方面对其审批环节进行审核。

六、境外所得税抵免

(一) 境外所得税抵免相关概念

境外所得税抵免是指企业取得境外所得计征企业所得税时抵免境外已纳或负担的所得税额。核心文件：《财政部 国家税务总局关于企业境外所得税收抵免有关问题的通知》(财税〔2009〕125号)。

1. 境外所得税抵免分为直接抵免和间接抵免

直接抵免是指企业直接作为纳税人就境外所得在境外缴纳的所得税额在我国应纳税额中抵免。主要适用于企业就来源于境外的营业利润所得在境外所缴纳的企业所得税，一般就来源于或发生于境外的股息、红利等权益性投资所得、利息、租金、特许权使用费、财产转让等所得在境外被源泉扣缴的预提所得税。

间接抵免是指境外企业就分配股息前的利润缴纳的外国所得税中我国企业就该项分得的股息性质的所得间接负担的部分，在我国的应纳税额中抵免。工商银行直接或间接持股20%以上的境外企业可以享受间接抵免。

财政部、税务总局发布《关于完善企业境外所得税收抵免政策问题的通知》(财税〔2017〕84号)，明确在现行分国(地区)别不分项抵免方法(以下简称"分国抵免法")的基础上，增加不分国(地区)别不分项的综合抵免方法(以下简称"综合抵免法")，并适当扩大抵免层级，进一步促进利用外资与对外投资相结合，自2017年1月1日起执行。

2. 某商业银行境外分支机构所适用的抵免方式

境外控股子公司、按权益法核算的南非标准银行(持股20.05%)分回现金股利时同时涉及直接抵免和间接抵免。

境外分行和代表处属于不具有独立纳税地位的分支机构，由于分支机构不具有分配利润职能，只涉及直接抵免不涉及间接抵免。分支机构各项所得，不论是否汇回境内，均应当计入所属年度的企业应纳税所得额。

(二) 涉及的会计科目及核算流程

1. 涉及的会计科目

境外所得税抵免是境外企业分回现金股利时涉及的事项。涉及科目有：

481029——外汇买卖——外币长期股权投资折算、170303——长期股权投资——境外长期股权投资损益调整、5140股权投资收益。

2. 主要的核算流程

（1）权益法下收到现金股利：

借：481029——外汇买卖——外币长期股权投资折算

贷：170303——长期股权投资——境外长期股权投资损益调整

（2）成本法下收到现金股利：

借：481029——外汇买卖——外币长期股权投资折算

贷：5140股权投资收益

（3）境外分行和代表处发生的收入和支出的核算与工商银行在境内的分支机构核算方法一致。

（三）境外所得税抵免的纳税申报

1. 境外股权投资在企业所得税报表附表11的填报

（1）权益法下投资收益和分回现金股利在附表11的申报。

①权益法下境外参股公司实现利润或亏损。会计上确认收益或损失；税法不确认，在申报表附表11和附表3第7行次进行调整，不涉及附表6的填报。

②权益法下境外参股公司分回现金股利。会计上不确认投资收益，税法确认投资收益。收到的现金股利同时填写附表11的"股息红利——税收确认的股息红利——全额征税收入"和附表6的"境外所得"。附表6的"境外所得"合计数填列附表3第12行次的"境外应税所得"。

③权益法下对境外参股公司既确认了投资收益又分回了现金股利的申报。

（2）成本法下分回现金股利在附表11的申报。

成本法下境外公司分回现金股利，会计和税法都确认投资收益。在申报表附表11中填列税会差异为零，在附表6的"境外所得"中填列并在附表3第12行次中反映。2010年中国某商业银行亚洲有限公司分回现金股利的填报就属于成本法下境外公司分回现金股利。

2. 境外所得在附表6的填报

境外所得税的抵免的总体原则是分国不分项（也不分公司）。境外亏损不能由国内盈利弥补，各国之间的盈亏不能互相弥补，同一地区的亏损可以由以后5个年度内的盈利弥补。

（1）境外股权投资的持股比例<20%时，只涉及直接抵免。

分回的现金股利、其他所得填写第2列次"境外所得";股利和所得在缴纳境外所得税前的金额填写第3列次"境外所得换算含税所得";现金股利、其他所得直接缴纳境外预提所得税的金额填写第11列次"境外所得可抵免税额"。

(2)境外股权投资的持股比例≥20%时,涉及直接抵免和间接抵免。

一项所得同时涉及直接抵免和间接抵免,在填写附表6时容易混淆。

以甲国所得税税率为20%、预提所得税率为10%为例。A公司是某行在甲国的全资子公司,税前利润是100万元,缴纳了甲国的企业所得税20万元,80万元全部分配所缴的预提所得税为8万元,某行的境外所得是72万元。

如果在附表6的直接抵免和间接抵免部分都填上72万元,附表6的第二列次的"境外所得"合计数就是174万元,那在附表3第12行次的"境外应税所得"调减金额就是174万元,造成重复调减。

所以,一项所得同时涉及直接抵免和间接抵免的,可以只在间接抵免中填列反映。合并填列在间接抵免,即:第2列次"境外所得"填72万元;第3列次"境外所得换算含税所得"填100万元;第11列次"境外所得可抵免税额"填28万元。

某商业银行的情况:根据某商业银行的介绍,2008—2012年境外公司分回现金股利的只有某商业银行亚洲和南非标准银行。南非没有预提所得税,中国香港分回内地也没有预提所得税,所以某商业银行亚洲和南非标准银行分回现金股利可以直接填列间接抵免。

(3)境外分行和代表处所得的抵免。

境外分行和代表处属于不具有独立纳税地位的分支机构,所得的金额填列在附表6直接抵免第2列次"境外所得"。

(4)附表6主要列次的填列。

"境外所得2":将同一个国家和地区的境外所得合并填列。

"境外所得换算含税所得3":将"境外所得2"按照我国《企业所得税法》的规定调整为含税所得。

"弥补以前年度亏损4":按该国家和地区前5年未弥补的亏损金额填列。企业须登记境外亏损台账。

"免税所得5":按境外所得中属于我国免税所得的金额填写。2008—2012年,工商银行的境外免税所得是境外分支机构持有我国国债取得的利息收入。

"境外应纳税所得额8":如果此项小于0则填0。

"税率9":工商银行适用的企业所得税税率25%。

"境外所得可抵免税额11":境外分支机构在境外直接或间接缴纳且符合抵免条件的所得税额。工商银行须提供相关证明,并在主管税务局备案。

"境外所得税款抵免限额12":

境内外应纳税所得额总额＝主表25行次的应纳税所得额（境内所得）＋附表6第8列次境外应纳税所得额的合计数

境内外应纳税总额＝主表30行次应纳税额＋附表6第10列次境外所得应纳税额合计数

每个国家和地区的"境外所得税款抵免限额12"＝境内外应纳税总额×该国家和地区的应纳税所得额÷境内外应纳税所得额总额。

七、票据融资

票据贴现、转贴现和银行承兑汇票承兑业务，属于典型的票据融资，也是银行业的资产业务。

（一）商业汇票贴现和转贴现业务

《中国人民银行关于印发〈商业汇票承兑、贴现与再贴现管理暂行办法〉的通知》（银发〔1997〕216号，现已全文废止）第二条第二款规定：贴现系指商业汇票的持票人在汇票到期日前，为了取得资金，贴付一定利息将票据权利转让给金融机构的票据行为，是金融机构向持票人融通资金的一种方式。第二条第三款规定：本办法所称转贴现系指金融机构为了取得资金，将未到期的已贴现商业汇票再以贴现方式向另一金融机构转让的票据行为，是金融机构间融通资金的一种方式。

《中国某商业银行会计业务核算规程》（某银办发〔2009〕112号）结合企业自身经营业务规范要求，对商业汇票贴现、转贴现业务也作了明确规定，相关规定如下：贴现是指持票人在商业汇票到期日前向贴现行背书转让，贴现行扣除贴现利息后向其提前支付票款的行为，包括银行承兑汇票贴现和商业承兑汇票贴现。

转贴现是指金融机构为了取得资金，将未到期的已贴现汇票以贴现方式向另一金融机构转让的票据行为。转贴现包括转贴现买入业务和转贴现卖出业务。

（二）涉及会计科目及核算流程

以某商业银行为例，介绍贴现业务的会计核算。

1. 涉及会计科目

企业通过设置"161001贴现及买入票据——本行承兑银行承兑汇票贴现、161005贴现及买入票据——他行承兑银行承兑汇票贴现、161006贴现及买入票据——商业承兑汇票贴现、161003贴现及买入票据——买入系统外转贴现本行承兑银行承兑汇票、161002贴现及买入票据——买入系统外转贴现他行承兑银行承兑汇票、161007 贴现及买入票据——买入系统外转贴现商业承兑汇票、236010 其他应付款——待处理汇划款项、236099 其他应付款——其他应付款、410001 待清算辖内往来——营业机构往来、250001 递延收益——贴现递延收益、501018 利息收入——贴现利息收入、503006 其他金融机构往来收入——同业票据交易利息收入"等科目核算企业票据贴现、转贴现相关业务。

2. 会计业务核算流程

（1）票据贴现业务。

①贴现的发放。

借：161001 贴现及买入票据——本行承兑银行承兑汇票贴现
　　或 161005 贴现及买入票据——他行承兑银行承兑汇票贴现
　　或 161006 贴现及买入票据——商业承兑汇票贴现
　贷：××存款 或 236010 其他应付款——待处理汇划款项
　　　250001 递延收益——贴现递延收益

②贴现利息收入的结转确认。

经办行按照相关递延收益科目的核算办法按日结转递延收益：

借：250001 递延收益——贴现递延收益
　贷：501018 利息收入——贴现利息收入

③贴现到期收回的处理。

借：236010 其他应付款——待处理汇划款项
　贷：161001 贴现及买入票据——本行承兑银行承兑汇票贴现
　　或 161005 贴现及买入票据——他行承兑银行承兑汇票贴现
　　或 161006 贴现及买入票据——商业承兑汇票贴现

（2）票据转贴现业务。

某商业银行票据转贴现业务，会计业务核算上区分为系统内转贴现和系统外转贴现。

①系统内转贴现。

系统将跟踪追索每笔票据第一手交易类型，即是否某商业银行贴现还是系统外转贴现买入，以此确定核算 1610（贴现及买入票据）、2500（递延收益）科目及其对应的账户。

a. 系统内转贴现买入方，表内追索为"贴现"：

借：161001 贴现及买入票据——本行承兑银行承兑汇票贴现
　　或 161005 贴现及买入票据——他行承兑银行承兑汇票贴现
　　或 161006 贴现及买入票据——商业承兑汇票贴现

贷：236099其他应付款——其他应付款
　　　250001递延收益——贴现递延收益

b.系统外转贴现买入方，表内追索为"转贴现"：

借：161003贴现及买入票据——系统外转贴现本行承兑银行承兑汇票
　　或161002贴现及买入票据——系统外转贴现他行承兑银行承兑汇票
　　或161007贴现及买入票据——系统外转贴现商业承兑汇票
贷：236099其他应付款——其他应付款
　　　250001递延收益——贴现递延收益

c.系统内转贴现买入方递延收益确认：

每日CM2002主机日终批量处理时，根据库存持有系统内转贴现票据逐笔计算每日利息（日息），系统自动确认并结转该日贴现利息收入或同业票据交易利息收入。

表内追索为"贴现"。

借：250001递延收益——贴现递延收益
　　贷：501018利息收入——贴现利息收入

表内追索为"转贴现"。

借：250001递延收益——贴现递延收益
　　贷：503006其他金融机构往来收入——同业票据交易利息收入

系统内卖出方。

借：236010其他应付款——待处理汇划款项
　　　250001递延收益——贴现递延收益
　　贷：161003贴现及买入票据——系统外转贴现本行承兑银行承兑汇票
　　　或161002贴现及买入票据——系统外转贴现他行承兑银行承兑汇票
　　　或161007贴现及买入票据——系统外转贴现商业承兑汇票
　　　或161001贴现及买入票据——本行承兑银行承兑汇票贴现
　　　或161005贴现及买入票据——他行承兑银行承兑汇票贴现
　　　或161006贴现及买入票据——商业承兑汇票贴现
　　　501018利息收入——贴现利息收入或503006其他金融机构往来收入——同业票据交易利息收入

② 系统外转贴现。

a.系统外转贴现买入。

借：161003贴现及买入票据——买入系统外转贴现本行承兑银行承兑汇票
　　或161002贴现及买入票据——买入系统外转贴现他行承兑银行承兑汇票
　　或161007贴现及买入票据——买入系统外转贴现商业承兑汇票

贷：236099其他应付款——其他应付款
　　　　250001递延收益——贴现递延收益
　b.系统外转贴现买入递延收益的确认。

　　每日CM2002主机日终批量处理时，根据库存持有系统外转贴现票据逐笔计算每日利息（日息），系统自动确认并结转该日同业票据交易利息收入。

　　借：250001递延收益——贴现递延收益
　　贷：503006其他金融机构往来收入——同业票据交易利息收入
　c.系统外转贴现卖出。

　　借：236010其他应付款——待处理汇划款项
　　　　250001递延收益——贴现递延收益
　　贷：161003贴现及买入票据——买入系统外转贴现本行承兑银行承兑汇票
　　　或161002贴现及买入票据——买入系统外转贴现他行承兑银行承兑汇票
　　　或161007贴现及买入票据——买入系统外转贴现商业承兑汇票
　　　或161001贴现及买入票据——本行承兑银行承兑汇票贴现
　　　或161005贴现及买入票据——他行承兑银行承兑汇票贴现
　　　或161006贴现及买入票据——商业承兑汇票贴现
　　　501018利息收入——贴现利息收入
　　　或503006其他金融机构往来收入——同业票据交易利息收入

（三）会计处理与现行税法规定的差异

　　企业开展直贴业务时，将贴现利息计入"250001递延收益——贴现递延收益"，在持有期间分期结转计入"501018利息收入——贴现利息收入"，在纳税申报时以"501018利息收入——贴现利息收入"当期发生额作为计税营业额。企业将直贴票据在系统内和系统外进行转贴现时，将尚未结转的"250001递延收益——贴现递延收益"直接进行冲减处理。按照增值税相关税收政策规定，企业在票据贴现时已经取得索取营业收入款项的凭证，贴现日即为增值税纳税义务发生时间，计税营业额应为直贴业务形成的全部贴现利息。

　　从目前企业会计业务核算和增值税纳税申报处理来看，与增值税规定存在以下差异：

　　1.对于直贴票据转贴现给系统外其他金融机构的，存在少计营业额，少缴增值税的差异；

　　2.对于直贴票据系统内转贴现业务，存在纳税申报时间、税款缴纳时间、纳税地点与增值税相关规定不符的差异。

　　在实务风险应对时，重点和难点是区分系统内转贴现买入票据、系统外转贴现买入票据贴现利息计入"250001递延收益——贴现递延收益"的金额,目的是能够准确计算影响增值税的计税营业额。

第六节　贵金属

2009年10月,中国工商银行贵金属业务部在上海成立,成为从事黄金等贵金属业务的专营机构。其业务范围包括贵金属自营业务,代理贵金属实物仓储、交割、调运和清算,贵金属租赁业务,贵金属代客投资/避险市场业务中的品牌贵金属业务、理财业务,贵金属融资市场业务中的贵金属融资、租赁、贵金属同业借贷等。

本节以工商银行为例介绍贵金属业务,工商银行的黄金业务包括实物贵金属、贵金属积存、贵金属交易、代理金融资产交易所产品和融资理财五大类。

一、贵金属品种

从工商银行官网资料查询,工商银行的贵金属品种主要有5大类。

(一) 实物贵金属

主要包括:如意金·金条;如意金·至尊金条;如意银·"迎"财神彩色银章;如意金·金元宝;如意银·十二生肖纪念银章套装·彩印;如意银·典藏龙砖等。

(二) 贵金属积存

1. 如意金积存

"如意金积存"业务是客户在建立如意金积存账户的基础上,对工商银行如意金条进行主动积存或定期积存。对于积存的如意金,客户既可以选择赎回,获得现金,也可以到工商银行提取实物。

2. 个人积存金

积存金业务是客户在工商银行开立积存金账户,并签订积存协议,采取定期积存(约定每月扣款金额)或主动积存的方式,按确定金额购入工商银行以黄金资产为依托的黄金资产权益(积存金),该权益可以赎回或兑换贵金属产品实物。由于投资者长期分批小额买入黄金,因而可降低在不当时候作出大额投资的风险,投资者可于合约期（通常最少一年）内任何时候，或在结束账户时，选择兑换实物贵金属产品，若投资者决定出售积存金，便可按当日积存金价格变现。

费用标准：工商银行向客户收取"积存手续费"和"赎回手续费"，积存手续费率为0.5%，赎回手续费率不高于1.5%。

3. 法人积存金

同个人积存金。

（三）贵金属交易

1. 账户贵金属

"账户贵金属"是工商银行推出的一项资金交易业务，是指客户在工商银行规定的交易时间内，使用工商银行提供的个人账户贵金属买卖交易系统，在通过柜面、电子银行渠道叙作的账户贵金属（盎司）兑美元、账户贵金属（克）兑人民币之间的买卖交易。账户贵金属包括账户黄金、账户白银、账户铂金、账户钯金等非实物交割的贵金属产品。账户黄金交易也称"纸黄金"交易，账户白银交易也称"纸白银"交易、账户铂金交易也称"纸铂金"交易、账户钯金交易也称"纸钯金"交易。

客户可通过工商银行网点柜面、网上银行、手机银行（WAP）和电话银行等渠道发起交易指令进行办理账户贵金属的即时交易、委托交易、账务管理和查询等业务。

交易成本低：无开户费，无交易手续费，无须进行实物交割，省去储藏、运输、鉴别等费用，交易成本低廉。

2. 账户贵金属定投

账户贵金属定投业务是指个人客户以人民币或美元为交易结算货币，根据建立的投资计划，在一定期限内按照计划投资金额或数量定期买入工商银行账户贵金属产品的业务。账户贵金属定投品种包括账户黄金、账户白银、账户铂金、账户钯金等。

3. 账户贵金属双向交易

工商银行个人账户贵金属双向交易，即先卖出后买入交易，是指客户的首笔账户贵金属交易为卖出交易，然后在卖出的账户贵金属数量内叙作部分或全部买入交易的业务。

个人账户贵金属双向交易是一种新型投资方式，当客户预期某种贵金属价格将下跌时，可通过先卖出后买入交易获取价差收益。工商银行在综合考虑国际及国

内市场贵金属价格走势等因素的基础上,向客户进行报价,并根据市场变化实时更新。主要特点:

(1)个人账户贵金属双向交易为客户在贵金属价格下跌时提供了获利机会。

(2)个人账户贵金属双向交易中,除须指定或开立资金账户和贵金属交易账户外,还应开立保证金账户。账户贵金属(盎司)兑美元和账户贵金属(克)兑人民币等不同业务类型的交易使用不同的保证金账户,同一业务类型下的不同品种(黄金、白银、铂金)共用一个保证金账户。

(3)无须进行实物交割,交易成本低,省去储藏、鉴定、运输等费用。

(4)报价透明,价格与国际市场贵金属价格实时联动。

(四)代理金融资产交易所产品

1. 代理实物贵金属

"代理实物黄金买卖"是指工商银行凭借其与上海黄金交易所共同构建的黄金交易系统,根据个人客户委托,代理进行的实物黄金交易、资金清算及实物交割活动。

该业务是以人民币资金投资的理财产品,投资者既可进行黄金交易,又可选择提取实物黄金。

投资种类包括现货交易、递延交易。现货交易:包括Au99.99、Au100g和Au99.95三个合约品种。递延交易详情请见实物黄金递延。

交易方式:采用客户自主报价,实盘交易,撮合成交以及实物交割的交易方式。

费用标准:实物黄金费用包括实物黄金账户开户费、交易手续费,如客户需要提金还需缴纳提金费用。

2. 代理黄金/白银递延

贵金属递延交易是上海黄金交易所的挂牌交易合约[Au(T+D)、Ag(T+D)],以保证金方式进行交易,客户可以选择合约交易日当天交割,也可以延期交割,同时引入延期补偿费(简称延期费)机制来平抑供求矛盾的一种现货交易模式。

(五)融资理财

1. 贵金属质押融资

贵金属质押业务是指以工商银行认可的贵金属作质押开展的融资业务,质押物种类有两类:一是能在上海黄金交易所交易交割的标准贵金属;二是工商银行发行且接受回购的"如意金"实物系列产品。包括:工商银行发行的成色为99.99%,重量为0.02千克、0.05千克、0.1千克、0.2千克、0.5千克和1千克的金条，以及工商银行发行的如意金其他实物系列产品。适用对象：法人客户或个人客户。

【业务示例】

（1）个人客户办理质押贷款。

①贷款额度单笔最低5 000元；

②贷款期限最长不超过1年（含）；

③贷款利率：贷款利率执行中国人民银行同期同档次期限利率，浮动幅度按照中国人民银行有关规定执行；

④到期一次性还本付息。

（2）法人客户办理流动资金贷款、小企业贷款、项目贷款、信用证、保函等各类法人客户融资业务，相关的融资金额、期限、利率等要素依照不同业务品种的相应规定执行。

质押比率：质押比率=融资金额÷质押物评估价值，最高可达80%。其中，质押物评估价值=上海黄金交易所前五个交易日的加权平均价的算术平均值。

【业务流程】

（1）融资主体提出业务申请；

（2）银行进行内部审批；

（3）银行与融资主体签订融资合同，与出质主体签订质押合同；

（4）银行与出质人办理贵金属质押登记相关手续；

（5）银行发放融资；

（6）融资主体按期还本付息；

（7）融资到期，银行与出质人办理贵金属质押注销相关手续。

【服务渠道】

工商银行各开办对公、对私融资业务的分支机构可受理贵金属质押融资业务。其中，标准贵金属质押的渠道是出质主体和工商银行通过上海黄金交易所会员服务系统完成质押贵金属的质押登记。如意金质押的渠道是出质主体在工商银行如意金回购网点办理质押物核验及入库手续。

2. 实物黄金租赁

实物黄金租赁业务是指符合规定条件的法人客户（含小企业客户，以下简称"承租人"）向银行租赁黄金，并按照合同约定以人民币形式支付租赁费，到期归还等额黄金的业务。租赁标的为可在上海黄金交易所挂牌交易、交割的标准黄金金条或金锭。例如：Au99.99指成色为99.99%、标准重量为一公斤的金锭。租赁的实物黄金通过上海黄金交易所会员服务系统实现交付、归还。根据承租人生产经营周期合理确定融资期限，单笔最长不超过12个月。

【适用对象】

上海黄金交易所的会员或会员代理的客户，包括：

(1) 产金企业：如矿山、精炼公司等。

(2) 用金企业：包括金制品加工、销售公司，工业用金企业等。

(3) 其他与黄金生产经营相关的法人客户。

【费用标准】

租赁费＝黄金租赁重量×日黄金租赁费率×租赁天数×计费定盘价

租赁费以人民币形式支付，租赁费率在单笔租赁期间内固定。计费定盘价为交付日前一日上海黄金交易所对应品种黄金的收盘价格。

【还金来源】

可接受以下三种来源的黄金：

(1) 承租人通过上海黄金交易所购入的黄金。

(2) 承租人运至交易所交割仓库并完成入库手续的黄金（承租人是上海黄金交易所认证的金锭提供商的情况下）。

(3) 承租人按还金日上海黄金交易所对应品种最高价向工商银行购入的黄金。

【业务流程】

首次办理前：

(1) 申领当地人民银行贷款卡。

(2) 与工商银行建立信贷关系，并完成相应的评级、授信。

(3) 尚未在上海黄金交易所开立账户的，与工商银行签订相关代理协议并开立交易账户。

办理租赁业务：

(1) 承租人提出申请。

(2) 银行进行内部审批。

(3) 银企签订合同，承租人提交相关业务凭证。

(4) 双方通过上海黄金交易所会员服务系统完成实物黄金的租借交付，承租人可提取或交易租借黄金。

(5) 承租人按期支付租赁费用。

(6) 到期双方通过上海黄金交易所会员服务系统完成实物黄金的租借归还。

3. 贵金属理财

客户通过直接购买理财产品，参与各种贵金属市场，根据各种贵金属的市场表现获取投资收益。

投资方式简单：客户无须对贵金属市场拥有专业投资技能和渠道，同样可以参与各类贵金属市场，分享不同贵金属产品收益。

挂钩资产种类丰富：贵金属理财产品可挂钩黄金、白银、铂金和其他贵金属以及各种贵金属资产的组合。

产品结构设置灵活：可针对贵金属价格走势或价格波动幅度，为客户提供看涨、看跌以及看平结构；可根据客户需求，设置短期、中期或者长期期限。

客户选择多样化：客户可以根据自身的资金情况、投资期限、风险承受度、收益预期等情况，在工商银行产品系列中选择合适自身的产品。

收费标准：按理财产品协议或说明书规定收取。

4. 黄金回购

黄金回购业务是工商银行针对投资者日益增加的实物黄金变现需求，推出的实时报价回购业务，各种渠道购买的足金、黄金产品只要符合相关规定，均可实现快捷"变现"，真正实现黄金的投资价值。

交易便捷：实时报价回购，价格紧跟黄金市场价格。

范围广泛：打破"门户"限制，成色Au99.0及以上黄金产品全部回购。

及时变现：回购资金实时到账，满足客户紧急变现需求。

信誉保障：检测过程全程透明，操作流程客户全程跟踪。

【业务流程】

（1）客户携带符合回购要求的实物黄金产品、有效身份证件、质量证书、发票（如有）至工商银行回购网点；

（2）阅读相关业务须知，填写相关业务凭证并签字确认；

（3）回购网点对回购黄金进行相关检测；

（4）客户确认检测成色、实际重量和收购价格，如无异议，工商银行实时支付回购资金。

回购价格：黄金产品的回购价格是在回购基础价格上减去一定的回购价差确定。回购基础价格由工商银行参照上海黄金交易所Au99.99合约的实时成交价格设定。具体回购价格须咨询当地已开通回购业务的网点。

（六）品牌金条业务

品牌金条是指工商银行总行在原银监会批准的黄金业务经营范围内，自行设计的带有"中国工商银行"标识、经过上海黄金交易所认证的黄金指定加工企业铸造、成色为Au99.99的条块黄金。

品牌金条业务采用黄金借贷或自购原料金的模式运作。黄金借贷由工商银行总行与境外行签订借贷协议，一级（直属）分行自交易行借入一定数量和期限的黄金原料；或工商银行总行统一借入金条后，一级（直属）分行自工商银行总行借入，用于加工金条。品牌金条售出后，以资金形式归还借贷的黄金。

1. 基本规定

（1）品牌金条报价原则。

交易行报基准价格和交易所费用，经办行加附加费用、销售手续费和毛利润（含税）后报出省内不同品种、不同重量品牌金条销售价格，品牌金条报价单位为"人民币元/克"。品牌金条的价格构成：

①基准价格为境外行报价或上海黄金交易所报价；

②成本价格含交易所交易手续费、租借费、仓储费、出入库手续费、自购金资金成本等；

③附加费用含原料金调运费、金条加工费、质量证书费、包装盒费；

④销售价格＝基准价格＋成本价格＋附加费用＋毛利润（含税）；

⑤平盘价格＝基准价格＋成本价格。

品牌金条购回价格的构成：工商银行当日黄金买入价、手续费（检验、铸造、运保等相关环节），手续费标准由总行结算与现金管理部确定。

（2）品牌金条保管原则。

①封箱存放、入库单独保管。品牌金条与现金库款及其他保管品必须分库（或入专用保险柜）管理，不得混放。

②指定金库的各种黄金必须按照黄金的归属权、种类分柜（箱）管理，不得混放。

③未经批准任何单位和个人不得擅自动用库存品牌金条。

（3）相关要求。

①黄金业务库不单独设立，由经办行指定销售网点所属金库管理，指定金库按照代保管的业务要求，与调运公司核对数量，指定金库根据经办行结算与现金管理部的调拨指令，将品牌金条出库到二级分行（支行），二级分行（支行）调拨到销售网点。日终，销售网点将品牌金条封包送指定金库，指定金库以寄库方式保管销售网点的品牌金条实物。

②指定金库和销售网点应分别建立"库存黄金登记簿"和"库存黄金明细登记簿"（按规格分类），"库存黄金登记簿"日终根据"库存黄金明细登记簿"汇总，在系统中建立库存登记，反映黄金出库、入库和库存情况。销售网点应按月与贵金属科目记账部门提供登记簿进行账实核对。

2. 业务处理要点

（1）交易行向境外银行借入黄金。

口岸行根据传真将境外银行寄售的黄金通过交易所仓储系统以Au99.99品种移存到交易行的自营黄金账户，同时将相应的实物黄金从寄售库房移存至交易所的指定仓库。

交易行的会计分录为：

借：1030贵金属（品牌金借入原料）
　　贷：2270同业拆入
借：800099备查登记业务余额
　　贷：832399代保管贵金属（品牌金借入原料）
　　　　（记账金额为借入日价格折算人民币）

（2）交易行提供申请。

交易行提交黄金借出和借入申请，交易行为借出行，各一级分行作为借入行，将黄金货权从交易行自营黄金账户划转到各一级分行代理黄金账户。

交易行的会计分录为：

借：119006系统内借出——借出贵金属
　　贷：103010贵金属——向同业租出贵金属
借：832399代保管贵金属（品牌金借入）
　　贷：800099备查登记业务余额

（3）品牌金条发行入库。

指定金库应实行岗位分离，指定人员兼职黄金（品牌金条）经办、复核、主办和管库员。指定金库的业务人员与送金人员和指定金库业务主办，共同完成发行入库前的交接核对，核验内容为：相关凭证、质量证书、装箱单以及箱体的外包装、签封是否完好无损。

①核验程序。

由黄金业务人员进行初验、复核，由业务主办监督核验入库的全过程，根据装箱单、质量证书、品牌金条标签核验品牌金条编号。

以上核验过程必须在监控下进行，核验无误，由双人在调拨单上签章确认。

②核验保管。

品牌金条核验完毕，由黄金业务人员将品牌金条装箱、封装，填写装箱单（注明成色、重量、块号，一式两联，一联粘贴在黄金专用箱、袋上）管库员监督装箱过程，经业务主办签章确认后，凭填写的黄金入库票，与管库员办理品牌金条入库手续，按不同规格、1克1元记入代保管核算。

③质量证书的保管。

品牌金条编号与质量证书编号核对一致后,与品牌金条同步入箱封装。

借:103006贵金属——品牌贵金属

贷:229006系统内借入——借入贵金属

借:800099备查登记业务余额

贷:832399代保管贵金属(品牌金)

(4)品牌金条的配发及出库。

按照品牌金条整箱保管、整箱出库的原则。黄金业务人员根据结算与现金管理部的调拨指令和销售网点递交的、经有权人签章的品牌金条调拨指令,根据封箱内黄金数量,手工填制打印品牌金条出库票凭证,经业务主管审批签章后,交管库员办理整箱出库手续,出库后黄金业务人员按照调拨指令配发(质量证书随品牌金条实物同步配发)至销售网点。

会计分录如下。

调出行:

借:832399代保管贵金属(品牌金)

贷:800099备查登记业务余额

调入行:

借:800099备查登记业务余额

贷:832399代保管贵金属(品牌金)

(5)品牌金条尾箱的寄库保管。

营业终了,品牌金条销售网点的库存金条由指定柜员(双人)单独封装后放入网点寄库尾箱保管,寄库尾箱品牌金条真实性由销售网点营业经理负责。

(6)收取购金款。

客户申请购买品牌金时必须填写一式三联《购金凭证》,网点在受理客户提交的《购金凭证》时,应审核凭证上填写的要素是否完整,核对《购金凭证》金额是否正确,大小写金额是否一致,审核无误后收取购金款。

①客户使用现金进行购金的,应在黄金业务经办清点现金无误后,由其缮制"内部记账凭证",经黄金业务复核审查后,将款项划入有关账户中。会计分录如下。

借:101001现金——库存现金

贷:236099其他应付款(待清算品牌金购金款)

借:236099其他应付款(待清算品牌金购金款)

贷:513201贵金属买卖损益——品牌金买卖损益

247101应交增值税——销项税额

交易完成后在内部记账凭证上打印交易信息,并在《购金凭证》各联次上加盖核算用章和经办人员名章。第一联《购金凭证》送交黄金实物提货柜台,第二联作内部记账凭证附件,第三联交客户据此提取品牌金。

②使用存折或银行卡进行购金时,经办柜员收妥款项,将记账信息打印在存折或银行卡取款凭条上,并要求购金人在取款凭条上进行签字确认。会计分录如下。

借:××存款科目
　　贷:236099 其他应付款(待清算品牌金购金款)
借:236099 其他应付款(待清算品牌金购金款)
　　贷:513201 贵金属买卖损益——品牌金买卖损益
　　　　247101 应交增值税——销项税额

交易完成后在各联次《购金凭证》上加盖核算用章和经办员名章,第一联《购金凭证》送交黄金实物提货柜台,第二联作内部记账凭证附件,第三联交客户据此提取品牌金。

③单位客户以转账方式购买品牌金的,在填制《购金凭证》的同时提交业务委托书。黄金业务经办在审核凭证无误,付款金额与购金凭证上填列的金额一致后进行相应的账务处理。会计分录如下。

借:××科目——购金人账户
　　贷:236099 其他应付款(待清算品牌金购金款)
借:236099 其他应付款(待清算品牌金购金款)
　　贷:513201 贵金属买卖损益——品牌金买卖损益
　　　　247101 应交增值税——销项税额

交易完成后在各联次《购金凭证》上加盖核算用章和经办员名章,第一联《购金凭证》送交黄金实物提货柜台,第二联作内部记账凭证附件,第三联交客户据此提取品牌金。

(7)购金人提取品牌金。

①黄金业务经办和复核双人会根据《购金凭证》第三联,为客户办理品牌金实物的付货。

②黄金业务经办根据加盖经办柜员名章、核算用章的《购金凭证》第三联与第一联核对无误后,按购金成色和质量证书的编号配金,同时在第一联上注明编号,质量证书的编号须与原封品牌金上的标签编号一致,加盖经办柜员名章。

③由记账柜员缮制"内部记账凭证",进行相应的账务处理,同时逐笔登记"库存品牌金条明细登记簿"和"空白重要凭证登记簿"。

会计分录如下。

借:832399 代保管贵金属(品牌金)

贷：800099 备查登记业务余额

记账完成后，由黄金业务经办和复核双人会同将原封品牌金、质量证书、包装盒一并送交购金人，由客户当场拆封查验实物品牌金、核对金条上的块号。

④如遇有品牌金条破损、严重划痕等问题，网点负责人须及时上报分行结算业务部门。待分行结算与现金管理部查明原因后，再对有问题的品牌金条进行相关处理。

⑤发票保管人员根据卖出品牌金条记账凭证备查联的金额向客户开出品牌金条发票，销记表外账务。

（8）销售网点黄金业务经办轧账。

黄金业务经办（双人）必须进行午间轧账。营业终了，黄金业务经办应及时盘点品牌金条，按成色、重量、编号编制黄金轧账表，将实物与"品牌金条库存登记簿"和"品牌金条库存明细登记簿"进行核对，质量证书与"空白重要凭证登记簿"核对，无误后双人签章，销售网点业务主管审核并监督黄金业务人员双人将品牌金条库存装箱，交接至网点管库柜员，一并寄库保管。

涉及品牌金条业务的核算凭证，包括所有记账凭证及附件等，均须单独装订保管。

（9）品牌金条的平盘。

①各二级分行周一至周五营业日的销售数量于下午4：30前，通过专用邮箱发送《品牌金条平盘需求通知书》（选择加密、回执）到一级（直属）分行结算业务部，委托一级（直属）分行按当日品牌金平盘价格进行平盘。

②一级（直属）分行结算业务部于当日下午5：00通过专用邮箱，发送《品牌金条平盘需求通知书》（选择加密、回执），委托交易行按当日黄金平盘价格进行平盘。按当日黄金平盘价格计算当日平盘资金，通过专用信箱发送清算行。

③一级（直属）分行结算业务部于平盘交易日后的第一个工作日上午9：15前，将二级分行和自身的《品牌金条平盘需求通知书》交清算中心，通知书需要标明当日品牌金条的平盘价格。清算中心凭通知书处理账务和资金交收。

④二级分行专用邮箱出现故障时，需向一级（直属）分行结算业务部传真加盖部门公章或行章的《品牌金条平盘需求通知书》，并通过电话确认。

一级（直属）分行运行管理部于二级分行通过一级（直属）分行平盘日下午5：00点前，借记二级分行在一级（直属）分行的清算账户。平盘资金=平盘价格×平盘数量。

一级（直属）分行清算中心于平盘后一个工作日上午10：00前，将平盘资金汇入交易行账户，同时记录台账。平盘资金=平盘价格×平盘数量。

二级分行未按规定或时点通知一级（直属）分行，将视为当日平盘截止时间之前无平盘需求。二级分行在一级（直属）分行的清算账户余额不足的，每日按平盘金额的万分之五计算罚金。

a.各分行购入并归还借金，会计分录为：

借：103099 贵金属

　　247101 应交增值税——进项税额

　　贷：118001 存放系统内款项——上存总行备付金

借：229006 系统内借入——借入贵金属

　　贷：103099 贵金属

其中借入成本与实际平盘成本的差额部分调整贵金属销售成本，会计分录为：

借：103099 贵金属

　　贷：513201 贵金属买卖损益——品牌金买卖损益

或

借：513201 贵金属买卖损益——品牌金买卖损益

　　贷：103099 贵金属

b.交易行的会计分录为：

借：118001 存放系统内款项——上存总行备付金

　　贷：103099 贵金属

　　　247102 应交增值税——销项税额

借：1030 贵金属

　　贷：119006 系统内借出——借出贵金属

c.各分行将相关费用划转至交易行，会计分录为：

借：236099 其他应付款（待划转交易行相关费用部分）

　　贷：118001 存放系统内款项——上存总行备付金

d.交易行收到款项后，会计分录为：

借：118001 存放系统内款项——上存总行备付金

　　贷：236099 其他应付款

支付时的会计分录为：

借：236099 其他应付款

　　贷：相关科目

（10）交易行向境外银行平盘。

会计分录为：

借：2270 同业拆入

　　5233 同业拆入利息支出

　　贷：相关科目

247099应交税金——其他应交税金（预提所得税）

由于平盘价格与借贷价格不同而产生的差额转入贵金属买卖损益。

（11）涉及增值税的其他核算。

①取得的原料黄金发生非正常损失及改变用途等原因，其进项税额应相应转入有关科目，会计分录为：

借：5360营业外支出等科目

　　贷：247103应交增值税——进项税额转出

②本月缴纳本月的应交增值税，会计分录为：

借：247104应交增值税——已交税金

　　贷：有关科目

③月度终了，将本月应交未交或多交的增值税转入"未交增值税"科目，会计分录为：

借：247105应交增值税——转出未交增值税

　　贷：247107应交增值税——未交增值税

或

借：247107应交增值税——未交增值税

　　贷：247106应交增值税——转出多交增值税

④本月缴纳以前月份的应交未交增值税，会计分录为：

借：247107应交增值税——未交增值税

　　贷：有关科目

⑤实际收到即征即退、先征后退、先征税后返还的增值税，会计分录为：

借：104099存放中央银行准备金或相关科目

　　贷：512002其他营业收入——增值税补贴收入

获得税收减免时，会计分录为：

借：247108应交增值税——减免税款

　　贷：512002其他营业收入——增值税补贴收入

3.代客实物黄金交易业务

（1）基本规定。

①贵金属包括黄金、白银、铂，交易方式包括现货业务和递延（延期）交收业务。代理交易的贵金属为经交易所认证的可提供标准金锭企业生产的、符合交易所质量标准的贵金属。

②贵金属交易业务是指工商银行凭借与交易所共同构建的二级交易系统，根据客户委托，代理客户进行的贵金属交易、资金清算及实物交割活动。分为贵金属现

货交易和现货延期交收交易。

现货交易是指买方客户在交易前将交易的全额资金存入交易账户，或卖方客户将全部贵金属存放于交易所指定仓库基础上进行的实盘交易。

现货延期交收是指以分期付款方式进行交易，客户可以选择合约交易日当天交割，也可以延期至下一个交易日进行交割，同时引入延期补偿费机制来平抑供求矛盾的一种现货交易模式。

③贵金属交易品种。

现货交易黄金交易品种为Au99.99、Au99.95、Au100g和Au50g。铂金交易品种为标准牌号Pt99.95。

现货黄金延期交收品种为Au（T+D）、Au（T+N1）、Au（T+N2），现货白银延期交收品种为Ag（T+D）。

④交易相关规定。

现货交易时，客户买入黄金现货前，必须在其结算账户中存入足额相应金额的人民币资金；客户买入现货铂金前，需按交易金额乘以102%的比例存入相应金额的人民币资金。客户委托黄金现货卖出前，须有足额黄金库存。

按交易所规定，非会员客户不能做卖出铂金交易。客户报价尚未成交前，客户可以撤单，取消原报价。撤单指令只对原报价未成交部分有效，若该笔报价已全部成交，则该指令无效。客户撤单后，该笔撤单所对应的报价冻结资金或实物库存即被解冻。

⑤现货延期交收为保证金交易，保证金比例为成交金额的15%（保证金比例将根据交易所规定进行适时调整）。非会员客户按照竞价撮合程序，通过买入开仓建立多头持仓，通过卖出开仓建立空头持仓。对当日或历史持仓，客户可通过卖出平仓了结多头持仓，通过买入平仓了结空头持仓。

⑥实物交收申报。需要交割的当日和历史持仓，可在规定的交收申报时段进行买入持仓的收货申报或卖出持仓的交货申报。

⑦中立仓申报。当交收申报数量不等时，通过中立仓调节实物供求矛盾。中立仓是指以实物（或资金）弥补交收申报中的交货量（或收货量）的不足，并以当日结算价为开仓价生成相应的持仓。当交货量不足时，中立仓以实物入市，并冻结生成多头持仓所需的保证金；当收货量不足时，中立仓以资金入市，并冻结生成空头持仓所需的保证金。

⑧延期补偿费。延期补偿费是市场多空持仓中的某一方为顺延实物交收义务向另一方支付的费用。延期费的支付方向根据交收申报数量对比确定：当交货申报量小于收货申报量时，空头持仓向多头持仓支付延期费；当交货申报量大于收货申报量时，多头持仓向空头持仓付延期费；当交货申报量等于收货申报量时，不发生延

期费支付。

延期费=持仓量×当日结算价×延期费率×延期天数

⑨延期交收交易交割标准为3千克、成色不低于99.95%的金锭。标准重量1千克、成色不低于99.99%的金锭可替代交割，并实行升水制度，升水标准根据上海黄金交易所公告执行。交收实物须为3千克和1千克的整数倍。

⑩取货地（交割地）。在交易所指定仓库为客户办理实物出入库手续，其中金锭实行"择库存货、择库取货"原则，金条实行"择库存货、定库取货"原则，目前取货地点为上海、北京、深圳；铂锭、银锭实行"定库存货、定库取货"原则，目前铂金在工商银行上海分行和深圳分行指定交割库提取，白银取货地点为上海。

⑪贵金属客户编码是记载客户持有现货贵金属及递延交收合约数量的信息载体。

⑫受托行是指工商银行指定的可代理贵金属业务的营业网点。交割行是指工商银行指定的可代理贵金属实物交割的营业网点。清算行是指工商银行上海分行浦东分行。

⑬代理贵金属业务的交易原则。根据交易所的要求，按照价格优先、时间优先的原则，采取自主报价、撮合成交的交易机制。

⑭交易品种为黄金、白银、铂金。报价方式为人民币元/克，人民币元以后保留两位小数。

⑮申请提货当日可提取实物。申请提货当日无实物的指定仓库，提货时间为提货申请日后3个工作日内。提货有效期5个工作日，逾期后按照交易所规定收取运保费、仓储费。当天申请可以当天撤单，隔日撤单按照交易所规定收取运保费、仓储费。

⑯代理贵金属业务的渠道包括柜面和网上银行。通过柜面渠道可为客户办理贵金属业务开户、销户和变更事项。

（2）业务处理要点。

①交易涉及的账户。

交易所清算账户，是指工商银行作为交易所的清算银行，交易所在工商银行开立的清算账户，用于会员与交易所之间进行资金清算。

代理专用账户，是指根据交易所有关规定，工商银行代理客户进行贵金属交易，在清算行以专用账户形式开立的清算账户，与清算行在交易所开立的代理保证金账户一一对应。

客户交易账户，是指客户在受托行开立的结算账户，该账户应用于支付交易费、手续费、仓储费、运保费等相关费用。

代理保证金账户，是指工商银行代理客户办理贵金属交易在交易所清算系统中开立的账户，该账户对代理客户交付的保证金实行专项管理，与代理专用账户一一对应。

②代理关系的建立、撤销及信息的变更。

a.建立代理关系。

受托行在开展代理贵金属业务前，必须与客户建立代理关系。客户进行贵金属业务开户，需与工商银行签订《中国工商银行股份有限公司贵金属代理交易协议书》。

客户办理开户应提供营业执照、组织机构代码证、开户许可证（开户登记证）、国税地税一般纳税人资格认定证、被授权人有效身份证的原件及加盖公章的复印件，受托行应对原件进行审核，并需与复印件核对一致。

根据交易所要求，清算行要求客户通过受托行存入开户资金。清算行将开户登记表签章后向交易所进行申报。

客户在完成申报、开户手续后，受托行应向客户发放"电子银行客户证书（普通卡、对公自助服务卡）"，作为客户办理贵金属交割时使用。

受托行将客户编码和电子银行客户证书（普通卡、对公自助服务卡）进行绑定。绑定成功后T+1日可以交易。

b.变更信息。

客户如需变更开户信息，应向受托行提交"上海黄金交易所客户变更登记表"，并提供变更事项的原件及加盖公章的复印件，受托行应对原件进行审核，并需与复印件核对一致。

c.撤销代理关系。

受托行与客户结清相关费用后，方可受理客户终止代理业务的申请，要求客户填妥并提交《客户编码注销确认单》，并将上述确认单发至清算行；将《客户编码注销确认单》签章报交易所登记注销；交易所核准后将注销信息返回清算行。

若工商银行系统不能正常受理客户开销户及客户信息变更时，应按《开户应急方案》进行处理。

③业务核算。

a.申请实物黄金买入委托。

受托行收到客户递交的《代理实物黄金交易委托书》（以下简称"委托书"）后，应审查：

委托书中各要素（如交易品种、交易方向、交易数量、委托价格、委托有效期、提货地点和提货行等）的完整性、准确性。审核无误后，如果发现离交易所营业时间结束不足30分钟的，受托行应告知客户该笔委托需延至下一交易日处理，并在委托书上记载客户提交委托的时间，由客户签字确认。

客户存入的资金总额是否满足本次委托交易需要，确认无误并扣去受托行设定的代理手续费后，即时通过实时资金汇划将资金划付至清算行该客户的代理实物黄金交易专用账户，报文摘要栏内应注明非会员客户编号、交易要素等相关资料。

审核无误后，完整、正确地输入"委托书"和"代客实物黄金交易委托信息通知书"（以下简称"委托信息通知书"），并即时传递至清算行。

受托行收取交易保证金及相关手续费、代理费、仓储费、运保费等相关费用，并即时将申购资金及手续费、代理费划付清算行，受托行自设代理费暂挂"其他应付款"相关账户，待交易成功后进行清算。

会计分录为：

借：××科目——××客户单位存款户（批量入账）

　　贷：410001营业机构往来

　　贷：236099其他应付款——其他应付款（黄金业务待清算应付款）

b.发出委托买入黄金指令。

清算行收到受托行传输的委托书后，审核委托信息完整性和正确性，及时记载"台账"，即时查询相应账户资金余额，根据受托行传输的委托信息通知书，及时查询并打印"贷方补充报单"，确认交易资金到账后将资金从代理实物黄金交易专用账户转入上海黄金交易所清算账户。资金信息同步传递到交易所"代理客户保证金账户"。然后通过专线电话向交易行发出买入交易申报，同时将委托书加押传真至交易行。

会计分录如下。

清算行将款项全部划入客户代理非会员实物黄金交易专用账户中：

借：410001待清算辖内往来——营业机构往来

　　贷：××科目——××客户代理非会员实物黄金交易专用账户

清算行向黄金交易所划付交易资金及相关费用：

借：××科目——××客户代理非会员实物黄金交易专用账户

　　贷：203099同业存款——其他同业存款（上海黄金交易所资金清算户）

④买入黄金交易申报。

交易行根据清算行传递来的委托信息，通过远程交易终端查询"代理客户保证金账户"余额，确保"代理客户保证金账户"中有足够交易资金后，向黄金交易所进行买入黄金交易申报。

⑤黄金买入交易成交。

a.交易行在每日交易结束后，必须对当日成交和未成交的信息进行整理。对在有效委托期限内的交易信息，交易行应在次日开盘后通过远程交易终端重新输入交易系统。

b.交易行通过远程交易终端随时查询已申报的交易信息,一旦交易成交,交易行须将"委托成交信息通知书"传输至受托行。日终由交易行的远程交易终端打印成交的"结算清单"连同委托交易的"交易确认单",由专人传递至清算行。

c.清算行收到"结算清单""二次结算清单"和"交易确认单"后,按受托行进行清分,根据客户委托,先预留交易的仓储运保等费用,再根据"结算清单""二次结算清单"、交易手续费和代理手续费,计算出资金余额,资金余额及时通过实时资金汇划向客户划转,并在资金汇划的摘要栏注明有关费用的明细金额和该笔委托的余额,同时将"交易确认单"传真至各受托行,原凭证按会计档案要求保管,以备客户查询。预留的交易仓储运保等费用,待上海黄金交易所与清算行清算后,及时与客户清算。

会计分录如下。

买入黄金成交后,清算行将成交资金的净额,次日从黄金交易所划回清算行:

借:203099同业存款——其他同业存款(上海黄金交易所资金清算户)

　　贷:××科目——××客户代理非会员实物黄金交易专用账户

清算行对客户的委托买卖进行成交资金、二次结算、相关费用(手续费、仓储费等)的清算,将清算余额通过资金汇划付客户账户,并收取相应代理手续费:

借:××科目——客户单位代理专用账户

　　贷:410001待清算辖内往来——营业机构往来

　　　　511018中间业务收入——代理贵金属业务收入

受托行在收到清算行划回的资金后,计算相应的手续费:

借:410001待清算辖内往来——营业机构往来

　　236099其他应付款——其他应付款

　　贷:××科目——××客户单位存款户

　　　　5110中间业务收入(手续费)

d.受托行收到成交信息和"交易确认单"后,核对成交信息和成交单的信息是否相符,确认成交单的编号唯一且无重复,编制"代理实物黄金交易成交通知书",加盖核算用章后,按约定方式交予客户。

⑥受理更改或撤销原委托买入实物黄金。

a.受托行受理客户提交《代理实物黄金交易委托修改/撤销申请书》,审核《代理实物黄金交易委托修改/撤销申请书》内容、印鉴,确认申请修改/撤销委托尚在有效期内无误后,按委托书的传递方式传至清算行,通过清算行向交易行发出修改/撤销申请及其通知。

b.交易行收到清算行传递来《代理实物黄金交易委托修改/撤销申请书》后,如需修改/撤销的该笔委托有未成交部分,则可进行撤单处理,撤单成功后,将有关修改/撤单信息传输至受托行。如是修改委托，则重新输入远程交易终端，等待撮合成交。如需修改/撤销的该笔委托已全部成交，交易行将撤单不成功信息传输至受托行。

c.受托行收到撤单反馈信息后，须在原《代理实物黄金交易委托修改/撤销申请书》上加注撤单成功数量或不成功字样，加盖核算用章后，按约定方式交予客户。

⑦代客买入实物黄金的提取。

a.交易行根据客户委托书上的提货申请，在交易所规定时间内，通过远程交易终端输入各项提货要素，编制提货密码，打印提货单，并由专人传递至清算行。

b.清算行收到交易行传递来的提货单后，按提货地点进行清分，将提货单传真至提货行，并将提货信息传输至受托行。

c.受托行收到提货信息后按约定方式通知客户，客户填制"黄金提货申请"、加盖预留印鉴，到受托行办理提货申请手续。受托行根据客户的申请，填制"黄金提货凭证"，并按应急密押系统编制密押加盖核算用章（受托行应向提货行提交预留印鉴）。客户凭"黄金提货凭证""电子银行客户证书（普通卡）"到提货行办理提货手续。

d.提货行收到清算行传来的提货单后，填制黄金交易所"黄金出库申请单"并按有关规定编制提货密码，双人分别持"黄金出库申请单"、黄金提货单、提货密码、会员IC卡（副本）前往上海黄金交易所指定交割仓库领取黄金。

提货行提回黄金实物后，存入黄金业务库保管，通过全功能银行系统出纳核算管理系统中"保管本行及客户贵重物品"交易，根据提回黄金的实际重量，按每克为1元的单位记表外科目，克以下重量舍弃不计，黄金实物以客户为单位分别保管，并手工记载"代客黄金买卖交割登记簿"。

e.客户凭"黄金提货凭证""电子银行客户证书（普通卡）"到提货行办理提货手续。

f.提货行核对客户编码、通过读卡器对"电子银行客户证书（普通卡）"进行认证，以确认客户身份，审核"黄金提货凭证"、核验密押及提货人身份证，无误后，提货行通过综合业务系统出纳核算管理系统中"保管本行及客户贵重物品"交易，根据提回黄金的实际重量，按每克为1元的单位记表外科目，手工记载"代客黄金买卖交割登记簿"，办理黄金实物交割。提货行将"黄金提货凭证"第一联传真至清算行作为记载台账的依据。会计分录为：

借：820099备查登记业务余额

贷：832399代保管贵金属

除客户有特殊要求，提货行应先验证客户身份、凭证的真实有效，再陪同已确认身份的客户前往上海黄金交易所指定交割仓库共同领取黄金。提货行与客户直接进行黄金实物交接，客户签字确认；提货行根据"黄金出库申请单""黄金提货单"和"黄金提货凭证"记代保管表外科目。会计分录为：

借：832399代保管贵金属

　　贷：800099备查登记业务余额

g.受托行受理客户黄金账户库存黄金提取实物的申请时，应首先审核客户提交加盖预留印鉴的"黄金提货申请"，通过台账查询确认客户的黄金账户余额是否符合客户的提取申请，确认无误后，由受托行将提货信息完整准确地输入"交易委托书"，即时传递至清算行。清算行对委托书的提货申请内容进行审核，确认完整无误后签章确认，加押传真至交易行并电话确认；交易行接到确认的委托书并通过远程交易终端查询客户黄金账户库存满足提货需求后，通过交易终端编制黄金提货单。

⑧受理卖出实物黄金委托业务。

a.存入实物黄金。

提货行陪同已确认身份的客户，持"黄金入库申请单"、会员IC卡（副卡）前往上海黄金交易所指定交割仓库存入黄金，并获取交易所指定交割仓库有效的"黄金入库单"。

b.申请实物黄金卖出委托。

受托行受理客户卖出实物黄金委托书，审核委托书中交易品种、交易方向、交易数量、委托价格及委托有效期等各要素的完整性、准确性，审核交易所指定交割仓库的黄金入库单，确认客户在交易所指定交割仓库已存入足量实物黄金后，完整、正确地输入"委托书"和"委托信息通知书"即时传递至清算行。

c.发出委托卖出黄金指令。

清算行收到受托行传输的委托书后，及时记载"台账"，并通过专用电话向交易行发出卖出交易申报，同时将委托书加押传真至交易行。

d.卖出实物黄金交易申报。

交易行根据已确认的委托书，通过远程交易终端查询黄金交易所交易系统中客户黄金账户中黄金库存余额足以满足委托卖出数量，即可确认该委托真实有效，向黄金交易所进行卖出黄金交易申报。

e.卖出实物黄金交易成交。

交易行通过远程交易终端随时查询已申报的交易信息成交，须将有关成交信息传输至受托行。日终由交易行的远程交易终端打印成交的"结算清单"连同委托交易的"交易确认单"，由专人传递至清算行。

清算行收到"结算清单"和"交易确认单"后，按受托行进行清分，根据客户委托，预留交易的仓储运保等费用，再根据"结算清单"、交易手续费和代理手续费，计算出资金余额，资金余额及时通过实时资金汇划向客户划转，在资金汇划摘要栏注明该笔委托交易的余额，同时将"交易确认单"传真至各受托行，原凭证按会计档案要求保管，以备客户查询。预留的交易仓储运保等费用，待上海黄金交易所与清算行清算后，及时与客户清算。

会计分录为：

借：203099同业存款——其他同业存款（上海黄金交易所资金清算户）
　　贷：××科目——××客户代理非会员实物黄金交易专用账户
借：××科目——客户单位代理专用账户
　　贷：410001待清算辖内往来——营业机构往来
　　　　5110中间业务收入

受托行收到成交信息和"交易确认单"后，核对成交信息和"交易确认单"的信息是否相符，确认成交单编号的唯一且无重复，编制《代理实物黄金交易成交通知书》，加盖核算用章后，按约定方式交予客户，同时查询并打印划回资金的"贷方补充报单"，资金及时入客户账。

会计分录为：

借：410001待清算辖内往来——营业机构往来
　　贷：××科目——××客户单位存款户
　　　　5110中间业务收入

交易行在每日交易结束后，必须对当日成交和未成交的信息进行整理。对在有效委托期限内的交易信息，交易行应在次日开盘后通过远程交易终端重新输入交易系统。

⑨受理更改或撤销原委托卖出实物黄金。

a.受托行审核客户提交《代理实物黄金交易委托修改/撤销申请书》，核验预留印鉴、确认申请修改/撤销委托尚在有效期内无误后，按委托书的传递方式传至清算行，通过清算行向交易行发出修改/撤销申请及通知。

b.交易行收到清算行传递来《代理实物黄金交易委托修改/撤销申请书》后，应分别处理：

如需修改/撤销的该笔委托有未成交部分，则可进行撤单处理，撤单成功后，通过NOTES将有关修改/撤单信息传输至受托行。如是修改委托，则重新输入交易所交易系统，等待撮合成交。

如需修改/撤销的该笔委托已全部成交，交易行将撤单不成功信息，通过NOTES传输至受托行。

c.受托行收到撤单反馈信息后，须在原《代理实物黄金交易委托修改/撤销申请书》上加注撤单成功数量或不成功字样，加盖核算用章后，按约定方式交予客户。

4. 黄金交易所指定交割仓库业务

（1）基本规定

"指定交割仓库"（以下简称仓库）应设置专门的黄金出入库交接区。

仓库之间的黄金调拨由上海黄金交易所统一指定的运输或运输代理公司运送。仓库办理黄金出入库业务使用上海黄金交易所统一编码的专用印章及统一印制的专用凭证。

仓库"黄金收讫章""黄金付讫章"及个人名章要妥善保管，营业终了"黄金收讫章""黄金付讫章"应入库保管。

仓库办理会员提货时应在黄金提货单有效提取期限内发货。除"黄金提货单"与"上海黄金交易所黄金出库申请单"配套使用外，其他任何凭证都不予发货。

仓库所称黄金毛重与质量证明书所标明该块黄金的毛重，秤差不超过±0.1克，仓库应以存货会员提供的"质量证明书"所标明的重量为准。进口黄金没有"质量证明书"的，需核验伦敦市场认证标记、实物清单、装箱单。

仓库根据质量证明书及装箱单进行系统入库及调拨入库操作时，必须注意录入重量为纯重。

仓库发金时，黄金质量证明书复印件用于流转。黄金质量证明书原件只能留存在存入仓库，存入仓库必须妥善保管，保管期十年。

已提取黄金再入库后，仓库在会员提金时应首先使该批金锭出库。

仓库管理系统（包括交易所的交易主机、仓库至交易所的通信线路以及仓库端的仓库系统终端机）发生故障、仓库IC卡读卡器发生故障、会员IC卡出现问题，从而导致仓库无法正常进行系统操作时，仓库根据《上海黄金交易所指定仓库管理系统应急管理办法》采取应急措施。仓库选择IC卡应急操作并完成系统操作后30分钟内，应通知交易所完成情况。会员因IC卡未带、遗失等非IC卡本身损坏等原因，仓库不能申请IC卡应急操作。

为保证黄金安全，对于会员在仓库非营业时间存入的黄金，仓库应暂收作代保管处理，待次日营业后再进行验收和办理入库手续。

（2）业务处理要点

①黄金交易所会员黄金入库

a.信息通知。会员提前一个工作日向仓库提出黄金入库通知，接到通知后仓库做好接货准备。

b.身份确认。会员黄金运至仓库交接区时，仓库经办人员验证会员IC卡、已备案的指定存货人有效身份证件。

c.实物核对与验收。仓库经办人员根据会员提供的一式三联加盖存货会员单位业务公章"上海黄金交易所黄金入库申请单"、本批黄金质量证明书及装箱单会同存货会员在监控器下开箱清点，逐块核对黄金块号、牌号、合格标志并检重。验收合格后，仓库人员及时将入库信息包括块重、牌号、成色、块号、块数等录入仓库管理系统并复核，核对无误后，仓库管理系统打印"黄金入库票"，按要求入库保管，并收取黄金入库费，"黄金入库票"加盖复核员名章后，一联作为仓库记账凭证附件，另一联为入库凭证；"上海黄金交易所黄金入库申请单"加盖"黄金收讫章"及个人名章，第一联作为仓库记账凭证，第二联交与存货会员作为入库记账凭证，第三联为"黄金入库票"附件。会计分录为：

借：800099备查登记业务余额

  贷：832399代保管贵金属

验收时发现黄金的块号、块数、块重、标号成色等与入库资料不符，仓库有权拒绝收金；秤重时，秤差超出±0.1克的金锭，仓库可拒绝接收。

②会员已提取黄金再入库。

仓库核对再入库会员提交的入库申请单、黄金块号明细清单上所标明的会员名称，相符的同意办理再入库手续，不相符拒绝办理再入库手续。

然后，根据交易所报备各库的可提标准金锭企业资料，对金锭外形尺寸及标识进行核验。核验外形尺寸及标识与所报备资料不相符时，仓库对该批再入库黄金进行暂扣，并立即通知交易所。称重时，秤差超出±0.1克的金锭，仓库对其总数量的20%进行暂扣（不足一块以一块计），并立即通知交易所。

③会员黄金出库。

a.信息通知。交易所每日系统日终处理后，向相关仓库提供提货会员的提货申请信息，仓库接到通知后可提前做好发货准备。

b.身份确认。提货会员至仓库交接区时，仓库经办人员验证会员IC卡、提货人的有效身份证件及提单号、提货密码。

c.仓库配金。仓库经办人员凭会员提供的黄金提货单及"上海黄金交易所黄金出库申请单"根据实际库存情况配足黄金，并附本批黄金质量证明书。配金完毕，仓库经办人员及时将出库信息包括块重、牌号、成色、块号、块数等录入仓库管理系统并复核，核对无误后，打印"黄金出库票"及"黄金块号明细表"。

d.实物交接。提货会员应根据仓库打印的"黄金块号明细表"逐块核对黄金块号、块数、块重、牌号、成色。

e.验收时发现黄金的块号、块数、块重、牌号、成色等与出库资料不符，提货会员有权拒绝收金。

f.发货完毕，仓库人员收取黄金出库费。

g.会员黄金出库凭证处理。"上海黄金交易所黄金出库申请单"一式三联，由提货会员根据"上海黄金交易所黄金提货单"填写,并加盖提货会员单位业务公章。"上海黄金交易所黄金出库申请单"加盖"黄金付讫章"及个人名章,第一联作为仓库记账凭证,第二联交与提货会员作为出库记账凭证。第三联为"黄金出库票"附件。"上海黄金交易所黄金提货单"为记账凭证附件。"黄金出库票"二联,加盖复核员名章后,一联作为仓库记账凭证附件,另一联为出库凭证,并打印"黄金块号明细清单"加盖复核员名章后交提货会员作回单附件。

h.整箱出库。仓库根据提货会员需要可整箱发货。会员可要求开箱核对。开箱时首先核实包装、铅封是否完整无损,然后双方在监控器下共同进行开箱检验。

④交易所黄金调拨。

a.信息通知。交易所事先将黄金调拨信息发至相关的调出仓库和调入仓库。

b.调出仓库配金装箱。调出仓库根据调拨指令负责配金,在仓库管理系统中根据块号明细逐块录入出库黄金块号,系统自动判断库存状况,核实无误后打印"黄金出库票"及"黄金块号明细清单",由仓库管理人员填制装箱单,并随附本批黄金质量证明书复印件,将黄金装箱、打包。

c.运输公司与调出仓库交接。

运输公司应向调出仓库提交盖有交易所黄金调拨专用章及运输公司黄金调拨专用章的"上海黄金交易所黄金调拨任务书"(第一、二、三联)、运输公司IC卡、押运员已备案有效身份证件,经仓库核对后,由押运员输入提货密码,系统自动校验无误后可发金。

双方确认包装牢固完好无误后,由仓库经办人员在"上海黄金交易所黄金调拨任务书"上填写箱号。

d.调出仓库凭证处理。仓库经办人员发金后,在"上海黄金交易所黄金调拨任务书"上加盖"黄金付讫章"及个人名章,第一联作为调出仓库记账凭证,第二、三联交运输公司。调出仓库打印"黄金调拨出库票"二联,加盖复核人名章后一联作为调出仓库记账凭证,一联作为调出仓库出库凭证。

e.运输公司与调入仓库交接。

信息通知。运输公司在黄金入库前,向调入仓库提供押运人详细资料、押运车的车牌号及具体的到库时间。

资料核对。调拨黄金至指定仓库交接区后,首先进行身份确认。仓库对运输公司的"上海黄金交易所黄金调拨任务书"、IC卡、押运人已备案的有效身份证件进行核验,并核对交易所调拨指令。

实物验收。交接时双方确认包装无损、铅封完好及箱号无误后,在监控下开箱核验,检重时,称重误差不超过±0.1克,仓库应以"质量证明书"(进口黄金没有"质量证明书"的,以实物清单或装箱单)为准,称重误差超过±0.1克的金块,仓库可拒绝接收。核验无误后及时将入库信息包括块重、牌号、成色、块号、块数等录入仓库管理系统并复核，无误后，打印"黄金调拨入库票"，并及时入库。

f.调入仓库凭证处理。收妥后仓库经办人员在"上海黄金交易所黄金调拨任务书"上加盖"黄金收讫章"及个人名章，第二联作为调入仓库记账凭证，第三联退运输公司。"黄金调拨入库票"加盖复核人章后一联作为仓库记账凭证附件，另一联作为入库凭证。同时交易所打印一联"黄金调拨入库票"作为调入仓库入库凭证。

⑤账务核对。

a.日终结账。交易所仓储系统日终处理后，各仓库可在仓库管理系统查询及打印仓库库存平衡表，并与当日的黄金出入库情况、库存状况进行核对，做到账账相符、账实相符。若发生数据不平，应不迟于次工作日交易所开市前与交易所核对。

b.每月对账。每月15日（遇节假日顺延）与交易所核对库存。核对方式为各仓库将清点后的各库实际存储黄金块数录入仓库管理系统仓库盘点中，与交易所自动对账。

c.散金整理。各仓库应对库存的散金进行装箱整理，凡达到装箱要求的，应按牌号、规格等进行归类装箱，装箱后由仓库管理人员填制装箱单，并随附各金锭黄金质量证明书复印件。

5.税会差异及涉税风险分析

（1）502016系统内往来收入——系统内借出贵金属收入。

该科目用于核算和反映贵金属业务部向境内一级（直属）分行借出贵金属取得的收入。工商银行设置该科目为增值税非应税项目。

涉税风险分析：《国家税务总局关于印发〈金融保险业营业税申报管理办法〉的通知》（国税发〔2002〕9号，现已全文废止）第十条规定：

以下业务不征营业税：
（一）金融机构往来利息收入，是指金融机构之间相互占用、拆借资金取得的利息收入。
（二）保险公司的摊回分保费用。

《营业税暂行条例实施细则》（财政部 国家税务总局令第52号，现已全文废止）第十条规定：

除本细则第十一条和第十二条的规定外，负有营业税纳税义务的单位为发生应税行为并收取货币、货物或者其他经济利益的单位，但不包括单位依法不需要办理税务登记的内设机构。

贵金属业务部向一级分行借出贵金属收取收入，实质上应属于贵金属租赁收入，不属于免征营业税的金属机构往来利息收入。该科目的数据应当由工商银行贵金属业务部提供。

（2）贵金属增值税征税范围风险。

根据《国家税务总局关于金融机构开展个人实物黄金交易业务增值税有关问题的通知》（国税发〔2005〕178号）规定：

> 对于金融机构销售实物黄金的行为，应当照章征收增值税。

根据《国家税务总局关于金融机构销售贵金属增值税有关问题的公告》（国家税务总局公告2013年第13号）规定：

> 金融机构从事经其行业主管部门（中国人民银行或中国银行业监督管理委员会）允许的金、银、铂等贵金属交易业务，可比照《国家税务总局关于金融机构开展个人实物黄金交易业务增值税有关问题的通知》（国税发〔2005〕178号）规定，实行金融机构各省级分行和直属一级分行所在地市级分行、支行按照规定的预征率预缴增值税，省级分行和直属一级分行统一清算缴纳的办法。
>
> ……
>
> 本公告自2013年4月1日起施行。

涉税风险分析：从上述规定来看，2013年4月1日以前，除了销售机构销售个人实物黄金业务外，未明确金融机构销售其他贵金属业务是否征收增值税的问题。然而，在金融机构贵金属业务销售中，银、铂、钯等贵金属销售量所占的比重越来越大，但由于政策不明确，因此可能存在各地政策执行不一致，少缴增值税的风险。

（3）贵金属销售免税业务未按规定作进项税额转出风险。

根据《财政部 国家税务总局关于黄金税收政策问题的通知》（财税〔2002〕142号）的规定：

> 黄金交易所会员单位通过黄金交易所销售标准黄金（持有黄金交易所开具的《黄金交易结算凭证》），未发生实物交割的，免征增值税；发生实物交割的，由税务机关按照实际成交价格代开增值税专用发票，并实行增值税即征即退的政策，同时免征城市维护建设税、教育费附加。

《国家税务总局关于印发〈黄金交易增值税征收管理办法〉的通知》（国税发明电〔2002〕47号）规定：

> 对会员单位（中国人民银行和黄金生产企业除外）或客户应对在黄金交易所黄金交易的进项税额实行单独核算，对按取得的黄金交易所开具的增值税专用发票上注明的增值税税额（包括相对应的买入量）单独记账。对会员或客户从黄金交易所购入黄金（指发生实物交割）再通过黄金交易所卖出时，应计算通过黄金交易所卖出黄金进项税额的转出额，并从当期进项税额中转出，同时计入成本；对企业当期账面进项税额小于通过下列公式计算出的应转出的进项税额，其差额部分应当立即补征入库。
> 应转出的进项税额＝单位进项税额×当期黄金卖出量
> 单位进项税额＝购入黄金的累计进项税额÷累计黄金购入额

根据《财政部 国家税务总局关于黄金期货交易有关税收政策的通知》（财税〔2008〕5号）的规定：

经国务院批准，自2008年1月1日起，上海期货交易黄金期货交易发生实物交割时，比照现行上海黄金交易所黄金交易的税收政策执行。现将有关政策明确如下：

> 一、上海期货交易所会员和客户通过上海期货交易所销售标准黄金（持上海期货交易所开具的《黄金结算专用发票》），发生实物交割但未出库的，免征增值税；发生实物交割并已出库的，由税务机关按照实际交割价格代开增值税专用发票，并实行增值税即征即退的政策，同时免征城市维护建设税和教育费附加。

按照上述规定，金融机构与上海期货交易所叙作的黄金期货业务，相关进项税额需单独核算，并在卖出时结转成本，不得抵扣进项税额。工商银行贵金属业务部及其一级分行、二级分行发生上述业务，是否按规定作进项税额转出？由于审计对象不涉及该业务，无法对该风险进行验证。

（4）贵金属业务部分品种适用税种判定失误风险。

从贵金属业务来看，由于贵金属兼具有商品属性和货币属性，而商业银行是传统的增值税征收行业，很多贵金属业务品种操作流程较为复杂，加之税收规定较少，很难准确判断应适用增值税还是增值税。

①代理实物黄金转换为品牌金业务适用税种判定风险。

代理实物黄金转换为品牌金业务，客户向商业银行申请将上海黄金交易所实物黄金代理转换为品牌金，由商业银行向金融资产交易所发出提交申请，金融资产交易所将客户申请的实物黄金划转到商业银行自营账户，商业银行代理客户提取实物黄金，加工成为品牌金交付客户，并向客户收取手续费。

根据工商银行该业务的核算相关规定，工商银行对该业务只是全程代理并收取手续费，按中间业务收入计算缴纳增值税；但该业务又同时涉及黄金实物的运输、加工环节，且经过了工商银行的自营账户，类似于制造企业的委托加工，应当作为增值税应税项目。因此，在应对核实中需要核实该业务是否缴纳增值税。

②黄金积存业务客户选择领取实物黄金是否征收增值税风险。

黄金积存业务，商业银行使用客户资金代客户随行就市购入实物品牌金（客户未领取实物），一段时间后，客户可选择卖出黄金平仓或者领取实物黄金。从业务流程来看，未领取实物的黄金积存业务类似于纸黄金投资，但领取实物黄金后，情况就很复杂，尽管金融机构处于代理人身份，但由于标的不是金条而是工商银行的品牌金，可能存在未按规定申报缴纳增值税的风险。

第二章 Chapter 2

行业纳税风险分析及应对
　（业务分类）

第一节 财务核算与税收征管

一、核算内容

我国银行会计制度遵照《企业会计准则》执行。本节主要介绍利息收入、利息支出、手续费佣金收入、手续费佣金支出、准备金、呆账损失、金融资产、抵债资产的会计核算和核算特点，熟悉商业银行的核心业务、具体经营流程和基本会计核算是税收风险管理的前提。

（一）利息收入

根据《企业会计准则》的规定，企业在资产负债表日，应按合同利率计算确定的应收未收利息，按摊余成本和实际利率计算确定利息收入。实际利率与合同利率差异较小的，也可以采用合同利率计算确定利息收入。

实际利率法，是指按照金融资产或金融负债（含一组金融资产或金融负债）的实际利率计算其摊余成本及各期利息收入或利息费用的方法。 其中：实际利率，是指将金融资产或金融负债在预期存续期间或适用的更短期间内的未来现金流量，折现为该金融资产或金融负债当前账面价值所使用的利率。摊余成本，是指该贷款的初始确认金额经下列调整后的结果：扣除已偿还的本金；加上或减去采用实际利率法将该初始确认金额与到期日金额之间的差额进行摊销形成的累计摊销额；扣除已发生的减值损失。

1. 贷款利息收入

商业银行按规定发放具有贷款性质的款项时，记入发放贷款和垫款账户借方；收回记入该账户的贷方。该账户期末余额为借方余额，反映银行按规定发放的尚未收回贷款的摊余成本。

商业银行对发放的贷款，除国家有特殊规定和财政补贴外，均应按规定计收利息。在计提利息时借记应收利息，贷记利息收入科目，结息时贷记应收利息，未扣收部分结转至应收利息（表内欠息）。本金或欠息逾期90天以上，为非应计贷款，当应计贷款转为非应计贷款时，将原表内欠息转至表外同时冲销当期利息收入不再按期计提损益。

2. 票据贴现利息收入

根据《企业会计准则》的规定，银行办理贴现时，按贴现票面金额，借记"贴现资产——面值"科目，按实际支付的金额，贷记"吸收存款"科目，按其差额，贷记"贴现资产——利息调整"科目。在资产负债表日，银行根据实际利率确定的贴现利息收入金额，借记"贴现资产"，贷记"利息收入"。

3. 债券投资利息收入

企业（金融）债券投资持有期间取得的利息收入，根据业务性质分别在"利息收入"和"投资收益"科目中核算。

若债券作为交易性金融资产核算，在其持有期间的资产负债表日按分期付息、一次还本债券投资的票面利率计算的利息，借记"应收利息"科目，贷记"利息收入/投资收益"科目。

若债券作为持有至到期投资核算，持有至到期投资核算为分期付息债券投资的，在资产负债表日，应按票面利率计算确定的应收未收利息，借记"应收利息"科目，按持有至到期投资摊余成本和实际利率计算确定的利息收入，贷记"利息收入/投资收益"科目，按其差额，借记或贷记"持有至到期投资——利息调整"科目。持有至到期投资为一次还本付息债券投资的，在资产负债表日，应按票面利率计算确定的应收未收利息，借记"持有至到期投资——应计利息"科目，按持有至到期投资摊余成本和实际利率计算确定的利息收入，贷记"利息收入/投资收益"科目，按其差额，借记或贷记"持有至到期投资——利息调整"科目。

若债券作为可供出售金融资产核算，可供出售债券为分期付息债券投资的，在资产负债表日，应按票面利率计算确定的应收未收利息，借记"应收利息"科目，按可供出售债券的摊余成本和实际利率计算确定的利息收入，贷记"利息收入/投资收益"科目，按其差额，借记或贷记"可供出售金融资产——利息调整"科目。可供出售债券为一次还本付息债券投资的，应于资产负债表日按票面利率计算确定的应收未收利息，借记"可供出售金融资产——应计利息"科目，按可供出售债券的摊余成本和实际利率计算确定的利息收入，贷记"利息收入/投资收益"科目，按其差额，借记或贷记"可供出售金融资产——利息调整"科目。

（二）利息支出

利息支出的会计核算以权责发生制为基础，采用实际利率法。实际利率与合同利率或票面利率差异较小的，也可以采用合同利率或票面利率计算确定利息费用。根据《企业会计准则第22号——金融工具确认和计量》的规定，实际利率法是指按照金融资产或金融负债（含一组金融资产或金融负债）的实际利率计算其摊余成本及各期利息收入或利息费用的方法。银行设置"利息支出"科目核算发生的利息支出,并按利息支出项目进行明细核算。

1. 吸收存款的利息支出

资产负债表日,应按摊余成本和实际利率计算确定的存入资金的利息费用,借记"利息支出"科目,按合同利率计算确定的应付未付利息,贷记"应付利息"科目,按其差额,借记或贷记"吸收存款——利息调整"科目。实际利率与合同利率差异较小的,也可以采用合同利率计算确定利息费用。

2. 转贴现和再贴现的利息支出

申请转贴现的银行按照实际收到的金额,借记"存放中央银行款项"科目,按票据的票面金额,贷记"贴现负债——面值"科目,按其差额,借记"贴现负债——利息调整"科目。资产负债表日,按计算确定的利息费用,借记"利息支出"科目,贷记"贴现负债——利息调整"科目。票据到期,申请转贴现的银行应按贴现票据的票面金额,借记"贴现负债——面值"科目,按实际支付的金额,贷记"存放中央银行款项"等科目,结转存在的利息调整金额,贷记"贴现负债——利息调整"科目,按其差额,借记"利息支出"科目。

再贴现系指金融机构为了取得资金,将未到期的已贴现商业汇票再以贴现方式向中国人民银行转让的票据行为,是中央银行的一种货币政策工具。其会计核算比照转贴现处理。

3. 发行债券的利息支出

银行设置"应付债券"科目,核算其发行金融债券的本金和利息。

资产负债表日,对于分期付息、一次还本的债券,应按摊余成本和实际利率计算确定的债券利息费用,借记"应付债券"等科目,按票面利率计算确定的应付未付利息,贷记"应付利息"科目,按其差额,借记或贷记"应付债券——利息调整"科目。对于一次还本付息的债券,应于资产负债表日按摊余成本和实际利率计算确定的债券利息费用,借记"应付债券"等科目,按票面利率计算确定的应付未付利息,贷记"应付债券——应计利息"科目,按其差额,借记或贷记"应付债券——利息调整"科目。实际利率与票面利率差异较小的,也可以采用票面利率计算确定利息费用。

长期债券到期,支付债券本息,借记"应付债券——面值、应计利息""应付利息"等科目,贷记"银行存款"等科目。同时,存在利息调整余额的,借记或贷记"应付债券——利息调整"科目,贷记或借记"应付债券"等科目。

4. 向中央银行借款的利息支出

银行设置"向中央银行借款"科目核算其向中央银行借入的款项。资产负债表日，银行应按计算确定的向中央银行借款的利息费用，借记"利息支出"科目，贷记"应付利息"科目。

5. 拆入资金的利息支出

银行设置"拆入资金"科目核算其从境内、境外金融机构拆入的款项。资产负债表日，银行应按计算确定的拆入资金的利息费用，借记"利息支出"科目，贷记"应付利息"科目。

6. 罚息

银行因违反法律或未履行经济合同而支付的罚息，在发生时计入"营业外支出——违约赔偿金"科目。

（三）手续费佣金收入

根据《企业会计准则》规定，结算业务手续费收入，在客户办理业务结算时确认收入。证券承销业务手续费收入，按证券发行方式分别确认，其中采用全额包销方式，将证券转售给投资者时，按发行价格减承销价确认手续费收入；采用余额包销或代销方式的，在发行期结束后，与发行人结算发行价款时确认手续费收入。受托投资管理收益，资产管理合同到期或者定期与委托单位结算收益或损失时，按合同规定收益分成方式和比例计算的应该享有的收益或承担的损失，确认为受托投资管理手续费收入。

会计处理上按照权责发生制原则，银行确认的手续费及佣金收入，按应收的金额借记"应收手续费及佣金""代理承销证券款"等科目，贷记"手续费及佣金收入"科目。实际收到手续费及佣金，借记"存放中央银行款项""吸收存款"等科目，贷记"应收手续费及佣金"等科目。

（四）手续费佣金支出

银行的手续费及佣金支出，是银行委托其他单位办理有关业务而发生的各项手续费支出，如代办储蓄手续费、其他银行代办业务手续费、查询手续费、银行卡业务手续费、外汇业务手续费等。

根据《企业会计准则》规定，银行设置"手续费及佣金支出"等科目核算银行发生的与其经营活动相关的各项手续费支出，一般按照类别进行明细核算。因业务经营或代理等发生各项手续费支出时，借记"手续费及佣金支出"，贷记"存放中央银行款项"。期末,应将"手续费及佣金支出"科目余额转入"本年利润"科目,结转后该科目无余额。

《金融企业财务规则》(财政部令第42号)第四十一条规定:

> 金融企业根据经营情况支付必要的佣金、手续费支出,应当签订合同,明确支出标准和执行责任。除对个人代理外,不得以现金支付。

(五) 准备金

根据《企业会计准则》的规定,银行计提的资产减值准备主要包括贷款损失准备、存货跌价准备、抵债资产减值准备、持有至到期投资减值准备、长期股权投资减值准备、固定资产减值准备、无形资产减值准备等。资产减值适用《企业会计准则第8号——资产减值》;存货的减值,适用《企业会计准则第1号——存货》;金融资产的减值,适用《企业会计准则第22号——金融工具确认和计量》。银行应设置"资产减值损失"科目,并按照资产项目进行明细核算。

1. 贷款损失准备

资产负债表日,确定贷款发生减值的,按应减记的金额,借记"资产减值损失"科目,贷记"贷款损失准备"科目。同时,应将"贷款——本金、利息调整"科目余额转入"贷款——已减值"科目,借记"贷款——已减值"科目,贷记"贷款——本金、利息调整"科目。

贷款发生减值后,在资产负债表日,应按贷款的摊余成本和实际利率计算确定的利息收入,借记"贷款损失准备"科目,贷记"利息收入"科目。同时,将按合同本金和合同利率计算确定的应收利息金额进行表外登记。

收回减值贷款时,应按实际收到的金额,借记"吸收存款""存放中央银行款项"等科目,按相关贷款损失准备余额,借记"贷款损失准备"科目,按相关贷款余额,贷记"贷款——已减值",按其差额,贷记"资产减值损失"科目。

对于确实无法收回的贷款,按管理权限报经批准后作为呆账予以转销,借记"贷款损失准备"科目,贷记"贷款——已减值"。按管理权限报经批准后转销表外应收未收利息,减少表外"应收未收利息"科目金额。

已确认并转销的贷款以后又收回的,按原转销的已减值贷款余额,借记"贷款(已减值)",贷记"贷款损失准备"科目。按实际收到的金额,借记"吸收存款""存放中央银行款项"等科目,按原转销的已减值贷款余额,贷记"贷款——已减值",按其差额,贷记"资产减值损失"科目。

2. 存货跌价准备和抵债资产跌价准备

资产负债表日，存货应当按照成本与可变现净值孰低计量。可变现净值，是指在日常活动中，存货的估计售价减去至完工时估计将要发生的成本、估计的销售费用以及相关税费后的金额。存货成本高于其可变现净值的，应当计提存货跌价准备，计入当期损益，借记"资产减值损失"科目，贷记"存货跌价准备"科目。以前减记存货价值的影响因素已经消失的，减记的金额应当予以恢复，并在原已计提的存货跌价准备金额内转回，转回的金额计入当期损益。即按恢复增加的金额，借记"存货跌价准备"科目，贷记"资产减值损失"科目。

抵债资产发生减值的，可单独设置"抵债资产跌价准备"科目，比照"存货跌价准备"科目进行处理。

3. 持有至到期投资减值准备和可供出售金融资产的减值

根据《企业会计准则第22号——金融工具确认和计量》的规定，以公允价值计量且其变动计入当期损益的金融资产不计提减值准备。

银行在资产负债表日对以公允价值计量且其变动计入当期损益的金融资产以外的金融资产的账面价值进行核实，有客观证据表明持有至到期投资发生减值时，应当计提减值准备。表明金融资产发生减值的客观证据，是指金融资产初始确认后实际发生的、对该金融资产的预计未来现金流量有影响，且企业能够对该影响进行可靠计量的事项。

持有至到期投资发生减值时，将该金融资产的账面价值减记至预计未来现金流量（不包括尚未发生的未来信用损失）现值，减记的金额确认为资产减值损失，计入当期损益，借记"资产减值损失"科目，贷记"持有至到期投资减值准备"。持有至到期投资确认减值损失后，如有客观证据表明该金融资产价值已恢复，且客观上与确认该损失后发生的事项有关，原确认的减值损失应当予以转回，计入当期损益。但是，该转回后的账面价值不应当超过假定不计提减值准备情况下该金融资产在转回日的摊余成本。

可供出售金融资产发生减值时，即使该金融资产没有终止确认，原直接计入所有者权益的因公允价值下降形成的累计损失，应当予以转出，计入当期损益。该转出的累计损失，为可供出售金融资产的初始取得成本扣除已收回本金和已摊销金额、当前公允价值和原已计入损益的减值损失后的余额。按减值减记的金额，借记"资产减值损失"科目，按转出的累计损失金额，贷记"资本公积——其他资本公积"科目，按两者差额，贷记"可供出售金融资产——公允价值变动"科目。对于已确认减值损失的可供出售债务工具，在随后的会计期间公允价值已上升且客观上与确认原减值损失确认后发生的事项有关的，原确认的减值损失应当予以转回，计入当期损益。可供出售权益工具投资发生的减值损失，不得通过损益转回。但是，在活跃市场中没有报价且其公允价值不能可靠计量的权益工具投资，或与该权益工具挂钩并须通过交付该权益工具结算的衍生金融资产发生的减值损失，不得转回。

（六）呆账损失

银行的呆账损失，是指银行承担风险的债权或股权，经采取所有可能的措施和实施必要的程序之后仍实际形成的损失。

银行的债权或者股权投资的损失的会计核算，适用《企业会计准则第22号——金融工具确认和计量》；由《企业会计准则第2号——长期股权投资》规范的长期股权投资，适用《企业会计准则第2号——长期股权投资》。

银行呆账核销必须提供确凿证据，严肃追究责任，逐户逐级上报、审核和审批。呆账经批准核销后，将待核销呆账的账面余额与已计提的资产减值准备一并予以冲减，停止资产负债表内核算，纳入表外资产管理。以贷款的损失为例：进行减值测试后，银行确定贷款发生减值的，按应减记的金额，借记"资产减值损失"科目，贷记"贷款损失准备"科目。同时，借记"贷款——已减值"科目，贷记"贷款——本金、利息调整"科目。

对于确实无法收回的贷款，按管理权限报经批准后作为呆账予以转销，借记"贷款损失准备"科目，贷记"贷款——已减值"科目。已确认并转销的贷款以后又收回的，按原转销的已减值贷款余额，借记"贷款——已减值"科目，贷记"贷款损失准备"科目。按实际收到的金额，借记"吸收存款""存放中央银行款项"等科目，按原转销的已减值贷款余额，贷记"贷款——已减值"科目，按其差额，贷记"资产减值损失"科目。

（七）抵债资产

本科目核算银行依法取得并准备按有关规定进行处置的实物抵债资产的成本。银行依法取得并准备按有关规定进行处置的非实物抵债资产（不含股权投资），也通过本科目核算。本科目可按抵债资产类别及借款人进行明细核算。本科目期末借方余额，反映银行取得的尚未处置的实物抵债资产的成本抵债资产发生减值的，可以单独设置"抵债资产跌价准备"科目，比照"存货跌价准备"科目进行处理。

银行取得的抵债资产，按抵债资产的公允价值，借记本科目，按相关资产已计提的减值准备，借记"贷款损失准备""坏账准备"等科目，按相关资产的账面余额，贷记"贷款""应收手续费及佣金"等科目，按应支付的相关税费，贷记"应交税费"科目，按其差额，借记"营业外支出"科目。如为贷方差额，应贷记"资产减值损失"科目。

抵债资产保管期间取得的收入，借记"库存现金""银行存款""存放中央银行款项"等科目，贷记"其他业务收入"等科目。保管期间发生的直接费用，借记"其他业务成本"等科目，贷记"库存现金""银行存款""存放中央银行款项"等科目。

处置抵债资产时，应按实际收到的金额，借记"库存现金""银行存款""存放中央银行款项"等科目，按应支付的相关税费，贷记"应交税费"科目，按其账面余额，贷记本科目，按其差额，贷记"营业外收入"科目或借记"营业外支出"科目。已计提抵债资产跌价准备的，还应同时结转跌价准备。

取得抵债资产后转为自用的，应在相关手续办妥时，按转换日抵债资产的账面余额，借记"固定资产"等科目，贷记本科目。已计提抵债资产跌价准备的，还应同时结转跌价准备。

二、核算特点

银行业财务会计核算应遵循《企业会计准则》的规定，银行对其分支机构实行统一核算，统一调度资金，分级管理的财务管理制度。由于银行业务的特殊性，银行财务会计核算与其他行业相比，具有以下几个方面的特征：

（一）大数据处理的信息化与系统性

银行从事的交易种类繁多、次数频繁、金额巨大，银行充分利用现代信息技术手段处理跨地区、跨部门、跨产品的数据，大量财务会计核算信息由信息系统自动生成。

1. 商业银行的数据处理

数据是商业银行的战略性资产，商业银行在发展过程中，累积了大量的客户数据、交易记录以及管理数据等，如何安全、有效地处理以及运用这些数据对商业银行来说也存在一定的挑战。同时，通过大量的数据处理分析，也可能为银行带来机遇。由于数据量大且分散，银行一般通过建设相应的核心系统来高效、安全、集中以及统一地处理数据，并且随着业务以及环境的发展，不断更新、开发新的系统或模块。

2. 系统化下的会计核算

目前，我国银行业的财务会计信息系统建设，基本上处于交易与核算耦合性程度较高的阶段。信息化系统的建立有效规范了会计核算流程，实现了数据的集中核算，避免数据集中出现的交叉混乱。

在核算中，数据集中系统可以更高效地对信息统计、数据核算等工作中出现的问题进行分析，一定程度上实现业务的自动化处理和信息的网络化传送。不仅降低了人为核算错误的可能性，还能增强信息处理的及时性和准确性。

3. 现在的银行会计信息化系统建立完善

传统的内控核对形式如账证、账账、账表都发生了很大的变化，转变为更严格的输入控制，如以密码或权限取代传统签章控制。而控制方式也由传统的手工控制转化为组织、手工及程序等控制有机结合的全面控制形式。由人工控制发展为人机控制，控制更加严密，范围更广泛。商业银行在制定会计核算办法时，由总部机构统一明确各会计科目码的核算内容及使用部门。各分支机构以及总部机构的部门按照统一的标准进行核算处理，系统通过相应的核算码匹配，形成财务报表各项目数据，最终形成财务报表。

（二）会计科目设置与财务报表格式具有特殊性

1. 会计科目设置的特殊性

银行是特殊企业，它所核算的内容即会计核算的主要对象是资金，银行设置的会计科目是对银行资金进行分类划分的结果。同时银行的主要业务是吸收存款、发放贷款等，对应的会计科目必然主要通过存贷款业务反映在外部，即反映在广大客户身上，表现形式体现为账号。

商业银行与其他企业在会计科目的设置上，增加了资产负债表共同类科目和表外科目。共同类科目主要有清算资金往来、货币兑换、衍生工具等。同时，商业银行会计科目按其与资产负债表的关系分为表内科目和表外科目。表内科目是用来核算和监督金融企业资金实际增减变化情况并反映在资产负债表和利润表中的科目，表外科目是用以记载不涉及金融企业资金实际增减变化的主要会计事项的科目。例如抵债资产、重要空白凭证、代保管抵押品、银行承兑汇票等科目均为表外科目。表外科目是商业银行根据自身情况和管理的需要自行设置的。

2. 财务报表格式特殊性

根据《企业会计准则第30号——财务报表列报》应用指南中明确，"财务报表格式和附注分别按一般企业、商业银行、保险公司、证券公司等企业类型予以规定。企业应当根据其经营活动的性质，确定本企业适用的财务报表格式和附注"。

商业银行资产负债如表2-1所示。

表 2-1　　　　　　　　　　　商业银行资产负债表

编制单位：　　　　　　　　　　　　年　月　日　　　　　　　　　　　单位：元

资产	期末余额	年初余额	负债和所有者权益（或股东权益）	期末余额	年初余额
资产：			负债：		
现金及存放中央银行款项			向中央银行借款		
存放同业款项			同业及其他金融机构存放款项		
贵金属			拆入资金		
拆出资金			交易性金融负债		
交易性金融资产			衍生金融负债		
衍生金融资产			卖出回购金融资产款		
买入返售金融资产			吸收存款		
应收利息			应付职工薪酬		
发放贷款和垫款			应交税费		
可供出售金融资产			应付利息		
持有至到期投资			预计负债		
长期股权投资			应付债券		
投资性房地产			递延所得税负债		
固定资产			其他负债		
无形资产			负债合计		
递延所得税资产			所有者权益（或股东权益）：		
其他资产			实收资本（或股本）		
			资本公积		
			减：库存股		
			盈余公积		
			一般风险准备		
			未分配利润		
			所有者权益（或股东权益）合计		
资产总计			负债和所有者权益（或股东权益）总计		

三、政府监管现状

（一）监管部门

银行业监管有广义和狭义两种理解。从狭义上讲，银行业监管是指国家金融监管机构对银行业金融机构的组织及其业务活动进行监督和管理的总称。广义的银行业监管则不仅包括国家金融监管机构对银行业金融机构的外部监管或他律监管，也包括银行业金融机构的内部监管或自律监管。

国家金融监督管理总局，是在中国银行保险监督管理委员会基础上组建的国务院直属机构，为正部级。2023年3月，中共中央、国务院印发了《党和国家机构改革方案》，决定在中国银行保险监督管理委员会基础上组建国家金融监督管理总局。不再保留中国银行保险监督管理委员会。5月18日，国家金融监督管理总局揭牌。中国金融监管体系从"一行两会"迈入"一行一总局一会"新格局。

此前，银行业国家监管机构是中国银行业监督管理委员会，简称中国银监会。根据授权，统一监督管理银行、金融资产管理公司、信托投资公司以及其他存款类金融机构，维护银行业的合法、稳健运行。中国银行业监督管理委员会自2003年4月28日起正式履行职责。银监会的成立，使中国金融监管的三驾马车真正齐备，标志着中国"一行三会"（中国人民银行、证监会、保监会、银监会）分业监管的金融格局的正式确立，对于增强银行、证券、保险三大市场的竞争能力、更大范围地防范金融风险起到非常重要的作用。

国家金融监督管理总局负责贯彻落实党中央关于金融工作的方针政策和决策部署，把坚持和加强党中央对金融工作的集中统一领导落实到履行职责过程中。

主要职责是：

（一）依法对除证券业之外的金融业实行统一监督管理，强化机构监管、行为监管、功能监管、穿透式监管、持续监管，维护金融业合法、稳健运行。

（二）对金融业改革开放和监管有效性相关问题开展系统性研究，参与拟订金融业改革发展战略规划。拟订银行业、保险业、金融控股公司等有关法律法规草案，提出制定和修改建议。制定银行业机构、保险业机构、金融控股公司等有关监管制度。

（三）统筹金融消费者权益保护工作。制定金融消费者权益保护发展规划，建立健全金融消费者权益保护制度，研究金融消费者权益保护重大问题，开展金融消费者教育工作，构建金融消费者投诉处理机制和金融消费纠纷多元化解机制。

（四）依法对银行业机构、保险业机构、金融控股公司等实行准入管理，对其公司治理、风险管理、内部控制、资本充足状况、偿付能力、经营行为、信息披露等实施监管。

（五）依法对银行业机构、保险业机构、金融控股公司等实行现场核实与非现场监管，开展风险与合规评估，查处违法违规行为。

（六）统一编制银行业机构、保险业机构、金融控股公司等的监管数据报表,按照国家有关规定予以发布,履行金融业综合统计相关工作职责。

(七)负责银行业机构、保险业机构、金融控股公司等的科技监管,建立科技监管体系,制定科技监管政策,构建监管大数据平台,开展风险监测、分析、评价、预警,充分利用科技手段加强监管、防范风险。

(八)对银行业机构、保险业机构、金融控股公司等实行穿透式监管,制定股权监管制度,依法审查批准股东、实际控制人及股权变更,依法对股东、实际控制人以及一致行动人、最终受益人等开展调查,对违法违规行为采取相关措施或进行处罚。

(九)建立除货币、支付、征信、反洗钱、外汇和证券期货等领域之外的金融稽查体系,建立行政执法与刑事司法衔接机制,依法对违法违规金融活动相关主体进行调查、取证、处理,涉嫌犯罪的,移送司法机关。

(十)建立银行业机构、保险业机构、金融控股公司等的恢复和处置制度,会同相关部门研究提出有关金融机构恢复和处置意见建议并组织实施。

(十一)牵头打击非法金融活动,组织建立非法金融活动监测预警体系,组织协调、指导督促有关部门和地方政府依法开展非法金融活动防范和处置工作。对涉及跨部门跨地区和新业态新产品等非法金融活动,研究提出相关工作建议,按要求组织实施。

(十二)按照建立以中央金融管理部门地方派出机构为主的地方金融监管体制要求,指导和监督地方金融监管相关业务工作,指导协调地方政府履行相关金融风险处置属地责任。

(十三)负责对银行业机构、保险业机构、金融控股公司等与信息技术服务机构等中介机构的信息科技外包等合作行为进行监管,依法对违法违规行为开展调查,并对金融机构采取相关措施。

(十四)参加金融业相关国际组织与国际监管规则制定,开展对外交流与国际合作。

(十五)完成党中央、国务院交办的其他任务。

(二)监管特点

银行业监管是一国金融监管体系的重要组成部分。尽管在不同的历史时期,各国金融监管的内容、手段及程度有所变化,但与其他行业相比,以银行业为主体的金融业从来都是各国管制最严格的行业。究其原因,主要是由金融业本身的特殊性及其在现代市场经济中的重要地位决定的。

首先,在世界经济日益全球化、资本化、电子化的今天,金融已不再扮演简单的"工具"或"中介"角色,而是积极地对各国经济起着促进甚至是先导的作用,成为一国经济发展的关键因素。因此,金融业的稳定与效率直接关系到经济的发展、社会的稳定乃至国家的安全,必须对金融业进行严格的监管,确保金融体系的安全和高效运作。

其次,银行等金融机构面对的都是社会公众,其经营与公众的信任度有着密切关系,带有鲜明的公众性的特点。相对而言,银行是一个非自由竞争的行业,具有一定的垄断性,这必然影响市场机制发挥作用。另外,出于安全或保护客户财务信息机密的需要,银行的信息披露度不高,造成公众获取信息的不对称,使公众难以对金融机构的风险和业绩作出准确判断。因此,需要政府从外部对金融机构的行为进行有效监管,以调节垄断性带来的市场机制相对失灵现象,减轻信息不对称造成的评价和监督困难,达到保护公众利益的目的。

最后,金融业尤其是银行业有着特殊的风险。与一般的工商企业不同,高负债和无抵押负债经营是银行营运的基本特点,存款客户可以随时要求提兑,这种特殊的经营方式容易造成风险的聚集与放大,一旦出现挤兑现象或其他的营运危机,所危及的往往不只是单个银行,还会累及其他银行乃至整个银行体系,引发系统性金融危机。20世纪下半叶以来,金融市场全球化以及金融创新的活跃在促进金融业迅速发展的同时,也大大加剧了金融体系的风险,并对传统的监管制度提出了挑战,对金融监管提出了新的要求。在这种情况下,加强对银行业的监管尤显重要,这已成为各国监管机构及专家学者们的共识。

四、税收征管特点

(一)税收征管难点

商业银行涉及的税收政策多、业务和产品复杂、交易量巨大、信息系统依赖度高。传统的"自下而上"的税务管理方式,无法适应银行,尤其是大型银行税收风险管理的需要,难以形成对银行税收风险的全面、准确判断。

商业银行,尤其是大型商业银行规模庞大,跨地区经营,业务和信息系统复杂,新业务新产品高频出现,数据量巨大,税务局现有的人力资源已难以满足银行业税收管理的需要,并且如果银行业务系统中没有对相关涉税事项进行单独核算,不能从信息系统中抓取相关数据,则很难通过人工手段确定税务调整金额。

银行具有独特的信息系统,财务核算系统与一般企业不同,银行大量的会计凭证由信息系统生成,只强调整体借贷平衡,多借多贷,税务管理难以通过会计凭证追踪和了解企业实际经济业务,给税收监管带来很大困难。

(二) 税收管理建议

为有效做好银行业税收征管和服务、防范税务风险，商业银行总行主管税务局通过加强对银行总行的管理掌握银行整体情况，与分支行主管税务局之间相互配合，共同构建着眼全局、分工合作、信息共享、精确制导的银行业税收风险管理与服务的模式。

1. 加强对创新业务关注

银行业业务种类繁杂，衍生多变，在各种业务发展迅速的当下，税务局利用营改增政策的推行契机摸清该行业业务结构特点，捋清业务结构，剖析创新业务，并结合其本质，将已有的税收政策适用到创新业务中，应对税收政策并未跟进业务衍变而出台相关的政策的现状，变被动为主动，积极对创新业务进行监管。

2. 提高税收分析能力

尽早判断出行业发展以及政策变化所带来的趋势性税收风险点。明确管理重点，严防成本、列支虚增；同时建立合理有效的税企监督与反馈机制，引导企业在应税事务管理方面尽量涵盖税法的要求。达到分析行之有效、管理有的放矢的目的。

3. 积极利用第三方信息

加强与监管机构的沟通，获取相关数据。分析表外资产和收入的基本情况，不仅要防范银行业的税收风险，更应关注表外业务所引发的服务客户的税收风险。

4. 提升自我遵从

商业银行税收管理中，在加强税务核实力度、优化风险应对方法、提高政策确定性和执行一致性的同时，特别强调税企合作的必要性，通过税企高层对话、签订遵从协议、开展政策辅导等方法，进一步加强银行领导层对税收工作的重视程度，自觉优化管理流程、强化信息系统对财务核算和税务处理的支持、前置税收管理环节，不断提升银行自我税收遵从能力。

5. 强化风险管理

银行产品条线和品种繁多、业务量巨大、内部流转手续复杂、牵涉部门广、会计结转科目多，有些业务和产品甚至难以确定股权和债权性质、多种收益混杂。风险应对工作中，税务局应在深入了解企业相关业务流程、内部控制制度、财务核算方法、纳税管理规章的基础上，重点审计制度体系上的薄弱环节和漏洞，发现银行系统性税收风险，并厘清总行与分支行在业务流程和各税种纳税申报上的权责定位，确定风险应对措施；应注意着眼于银行业务收入和成本产生时点，结合业务流程与会计核算，确认价值实现节点，进行纳税义务判定，并将判定结果与银行实际纳税义务履行情况进行比对，进而确定企业具体涉税风险。

第二节　负债业务纳税风险分析

本章结合银行业生产经营特点，在纵向上梳理业务流程，从负债业务、资产业务、中间业务中查找容易产生税收风险的重点节点；在横向上区分风险事项，分别按照重点税收风险事项和一般性税收风险事项分别识别分析。风险点分布如表2-2所示。

表2-2　　　　　　　　　银行业生产经营流程税收风险点分布

生产经营流程	风险数量	重点税收风险	一般性税收风险
负债业务	6	3	3
资产业务	21	18	3
中间业务	4	2	2
风险拨备	6	4	2
其他业务	13	1	12
合计	50	28	22

负债业务主要通过吸收和借入形式筹集资金，是银行最基本、最主要的业务，构成银行经营的基础，包括存款业务和非存款业务。存款业务是指银行以信用方式吸收社会闲置资金的筹资活动，是银行最主要的信贷资金来源。存款业务主要包括为企业交易目的开设的企事业单位存款和为个人积蓄货币取得利息收入开设的居民储蓄存款。银行的非存款业务，是指银行吸收各种非存款资金的业务。一般来说，按照期限长短可分为短期借入资金业务和长期借入资金业务。

一、会计处理

1.银行收到客户存入的款项，会计处理如下：
借：存放中央银行款项
　　贷：吸收存款（本金）
2.资产负债表日，应按摊余成本和实际利率计算确定的存入资金的利息费用，会计处理如下：

借：利息支出
  贷：应付利息

3.支付的存款本金，会计处理如下：

借：吸收存款（本金）
  贷：存放中央银行款项

4.银行申请转贴现或再贴现，会计处理如下：

借：存放中央银行款项
  贴现负债——利息调整
  贷：贴现负债——面值

资产负债表日，按计算确定的利息费用，会计处理如下：

借：利息支出
  贷：贴现负债——利息调整

票据到期，申请转贴现的银行会计处理如下：

借：贴现负债——面值
  利息支出
  贷：存放中央银行款项
    贴现负债——利息调整

向中央银行借款，会计处理如下：

借：存放中央银行款项
  贷：向中央银行借款

资产负债表日，应按计算确定的向央行借款的利息费用，会计处理如下：

借：利息支出
  贷：应付利息

二、一般风险

（一）关联方金融机构间利息支出资本弱化的风险

涉及税种：企业所得税。

风险描述：关联方金融机构间利息支出超过关联方债权性投资与其权益性投资比例，未进行纳税调整。银行在计算应纳税所得额时，实际支付给关联方金融机构等的利息支出，不超过接受关联方债权性投资与其权益性投资为5∶1的比例和相关税法及其实施条例有关规定计算的部分，准予扣除，超过的部分不得在发生当期和以后年度扣除。

但如果能够按照相关税法及其实施条例的有关规定提供相关资料，并证明相关交易活动符合独立交易原则的；或者该企业的实际税负不高于境内关联方的，其实际支付给境内关联方的利息支出，在计算应纳税所得额时准予扣除。

应对指引：核查企业披露的关联方关系和交易，通过审计报告和关联方申报表，核实是否存在关联方借款，核查企业实际支付给关联方的利息支出，是否超过接受关联方债权性投资与其权益性投资的规定比例。如超过接受关联方债权性投资与其权益性投资的规定比例，企业是否有转让定价文档或者其他资料证明该利息支出符合独立交易原则，抑或该企业的实际税负不高于境内关联方。

政策依据：

《财政部 国家税务总局关于企业关联方利息支出税前扣除标准有关税收政策问题的通知》（财税〔2008〕121号）

（二）银行发行的可转换债券的利息支出是否按规定在企业所得税税前扣除

涉及税种：企业所得税。

风险描述：根据《中华人民共和国企业所得税法》第八条规定，企业实际发生的与取得收入有关的、合理的支出，包括成本、费用、税金、损失和其他支出，准予在计算应纳税所得额时扣除。银行发行可转换债券可在企业所得税税前扣除的利息支出，应根据"票面金额""票面利率"及"持有期间"计算确定，即实际发生并支付给可转换债券持有人的利息支出，超出部分应进行纳税调整。

应对指引：审核企业可转债利息支出的核算办法和会计核算科目，以及税务处理。查看银行税前计算扣除的利息支出是否按照"票面金额""票面利率"及"持有期间"计算确定，即实际发生并支付给可转换债券持有人的利息支出。抽查验证是否有对于会计上计提而未实际支付的利息支出在企业所得税税前扣除。

政策依据：

《中华人民共和国企业所得税法》（主席令第六十三号）第八条

《企业所得税法实施条例》（国务院令第512号）第十八条

（三）支付或者到期应支付给未在中国境内设立机构、场所的非居民企业利息或其他所得是否代扣代缴企业所得税

涉及税种：企业所得税。

风险描述：银行发生海外代付业务，向境外代付行支付利息时，未及时代扣缴企业所得税，或向国外软件公司支付软件使用费，如SWIFT（一般指国际资金清算系统）等网络或系统的使用费未及时代扣缴企业所得税。

应对指引： 审核银行提供的向境外支付款项相关管理办法和境外业务的实际情况，核实是否存在未按照规定代扣代缴税收的情况。进行内控制度测试，查看金融机构业务部门与计财部门是否建立定期沟通机制，及时传递涉外业务处理情况，计财部门定时跟踪涉外业务及会计科目的数据动态，及时进行非居民企业利息等收入的代扣缴工作。

政策依据：

《中华人民共和国企业所得税法》（主席令第六十三号）第三条第三款、第十九条、第三十七条

《企业所得税法实施条例》（国务院令第512号）第九十一条、第一百零三条、第一百零四条、第一百零五条

《国家税务总局关于非居民企业所得税管理若干问题的公告》（国家税务总局公告2011年第24号）

三、重点风险

（一）向我国银行的境外分行支付利息是否按规定扣缴企业所得税

涉及税种： 企业所得税。

风险描述： 境外分行即我国银行在境外设立的不具备所在国家（地区）法人资格的分行，所收取的利息如果只是代收性质，例如背对背贷款、银团贷款中行使牵头行职能等情况，据以产生利息的债权不属于境内总行或总行其他境内分行，而属于境外非居民企业，该笔利息收入的实际取得方是境外的非居民企业，境内机构在对外支付该笔利息时，未依法扣缴企业所得税。

应对指引： 审核境外分行是否严格区分从境内收取的利息的实际所有人，对属于境外非居民企业代收情形的，境外分行必须将相关情况告知境内机构，境内机构在对外支付时严格按照税法规定扣缴税款。

为了防止境内银行利用不同国家的税制差异及我国关于税收抵免政策的规定，将本应属于总行或其他境内分行的境内业务及收入转移到境外分行，减少应纳税款，侵蚀我国税基的行为，对于发生形式上由境外分行收取利息的情况，虽然境内机构在对外支付该笔利息时不代扣代缴企业所得税，但要重点核实总行或其他境内分行和境外分行之间是否严格区分此类收入，不得将本应属于总行或其他境内分行的境内业务及收入转移到境外分行。

政策依据：

《国家税务总局关于加强非居民企业来源于我国利息所得扣缴企业所得税工作

的通知》(国税函〔2008〕955号)第一条

《国家税务总局关于境内机构向我国银行的境外分行支付利息扣缴企业所得税有关问题的公告》(国家税务总局公告2015年第47号)第一条至第五条

(二)交通补助和通信补贴等支出,同时存在"一拖二"纳税风险,未在福利费科目限额扣除,也未代扣代缴个人所得税

1. 未代扣代缴个人所得税纳税风险

风险描述:在风险分析工作中发现,银行在"邮电费""车船燃料费"等科目中列支金额较大且为整数的通信和交通费用,可能存在将支付给员工的交通和通信补贴性质的费用,作为银行的生产经营活动而发生的费用列支而未扣缴个人所得税的风险。

政策依据:

《国家税务总局关于个人所得税有关政策问题的通知》(国税发〔1999〕58号)第二条规定:

> 个人因公务用车和通信制度改革而取得的公务用车、通信补贴收入,扣除一定标准的公务费用后,按照"工资、薪金"所得项目计征个人所得税。按月发放的,并入当月"工资、薪金"所得计征个人所得税;不按月发放的,分解到所属月份并与该月份"工资、薪金"所得合并后计征个人所得税。公务费用的扣除标准,由省级地方税务局根据纳税人公务交通、通信费用的实际发生情况调查测算,报经省级人民政府批准后确定,并报国家税务总局备案。

《国家税务总局关于个人因公务用车制度改革取得补贴收入征收个人所得税问题的通知》(国税函〔2006〕245号)规定:

> 一、因公务用车制度改革而以现金、报销等形式向职工个人支付的收入,均应视为个人取得公务用车补贴收入,按照工资、薪金所得项目计征个人所得税。
>
> 二、具体计征方法,按《国家税务总局关于个人所得税有关政策问题的通知》(国税发〔1999〕58号)第二条关于个人取得公务交通、通信补贴收入征税问题的有关规定执行。

2. 员工交通补贴未在福利费限额扣除的企业所得税风险

风险描述： 在风险分析工作中发现，银行在"车船燃料费"科目中列支的员工交通补贴金额较大且多为整数，可能存在将支付给员工的具有职工福利费性质的交通补贴作为银行的生产经营活动而发生的费用在税前全额扣除，未将其列入职工福利费项目在企业所得税前进行限额扣除，存在少缴企业所得税风险。

政策依据：

《企业所得税法实施条例》第三十四条规定：

> 企业发生的合理的工资、薪金支出，准予扣除。前款所称工资、薪金，是指企业每一纳税年度支付给在本企业任职或者受雇的员工的所有现金形式或者非现金形式的劳动报酬，包括基本工资、奖金、津贴、补贴、年终加薪、加班工资，以及与员工任职或者受雇有关的其他支出。

第四十条规定：

> 企业发生的职工福利费支出，不超过工资、薪金总额14%的部分，准予扣除。

《国家税务总局关于企业工资薪金及职工福利费扣除问题的通知》（国税函〔2009〕3号）第三条规定：

> 为职工卫生保健、生活、住房、交通等所发放的各项补贴和非货币性福利，包括企业向职工发放的因公外地就医费用、未实行医疗统筹企业职工医疗费用、职工供养直系亲属医疗补贴、供暖费补贴、职工防暑降温费、职工困难补贴、救济费、职工食堂经费补贴、职工交通补贴等。

第三节 资产业务纳税风险分析

资产业务是指银行运用其吸收的资金从事各种信用活动以获取利润的行为，主要包括贷款业务、投资业务等内容。贷款业务是银行以债权人地位，将货币资金贷给借款人，借款人按约定的利率和期限还本付息的一种信用方式。贷款是商业银行最主要的资产业务。银行主要的投资业务为证券投资业务，证券投资业务是通过金融工具进行的投资活动，是银行除贷款外最重要的资金运用渠道。

一、会计处理

1.企业发放的贷款，会计处理如下：
借：贷款（本金）
　　贷：吸收存款（存放中央银行款项等）
有差额的，借记或贷记"贷款（利息调整）"。
资产负债表日，确定的应收未收利息，会计处理如下：
借：应收利息
　　贷：利息收入
按其差额，借记或贷记"贷款（利息调整）"。

2.收回贷款时，会计处理如下：
借：吸收存款（存放中央银行款项等）
　　贷：应收利息
　　　　贷款（本金）
　　　　利息收入

3.办理贴现时，会计处理如下：
借：贴现资产（面值）
　　贷：存放中央银行款项（吸收存款等）
　　　　贴现资产（利息调整）
资产负债表日，按计算确定的贴现利息收入，会计处理如下：
借：贴现资产（利息调整）
　　贷：利息收入

4.贴现票据到期，会计处理如下：
借：存放中央银行款项（吸收存款等）
　　贷：贴现资产（面值）
　　　　利息收入

5.取得的可供出售金融资产为债券投资的，会计处理如下：
借：可供出售金融资产（成本）
　　应收利息
　　贷：存放中央银行款项
按差额，借记或贷记本科目（利息调整）。

资产负债表日，可供出售债券为分期付息、一次还本债券投资的，会计处理如下：

借：应收利息
　　贷：投资收益

按其差额，借记或贷记可供出售金融资产（利息调整）。

可供出售债券为一次还本付息债券投资的，会计处理如下：

借：可供出售金融资产（应计利息）
　　贷：投资收益

按其差额，借记或贷记本科目（利息调整）。

出售可供出售的金融资产，会计处理如下：

借：存放中央银行款项
　　贷：可供出售的金融资产（成本、公允价值变动、利息调整、应计利息）

借记或贷记"资本公积——其他资本公积"科目，按其差额，贷记或借记"投资收益"科目。

6.取得的持有至到期投资，会计处理如下：

借：持有至到期投资（成本）
　　应收利息
　　贷：存放中央银行款项等

按其差额，借记或贷记持有至到期投资（利息调整）。

资产负债表日，持有至到期投资为分期付息、一次还本债券投资的，会计处理：

借：应收利息
　　贷：投资收益

按其差额，借记或贷记持有至到期投资（利息调整）。

持有至到期投资为一次还本付息债券投资的，会计处理如下：

借：持有至到期投资（应计利息）
　　贷：投资收益

按其差额，借记或贷记本科目（利息调整）。

出售持有至到期投资，会计处理如下：

借：存放中央银行款项等
　　贷：持有至到期投资（成本、利息调整、应计利息）

按其差额，贷记或借记"投资收益"科目。

已计提减值准备的，还应同时结转减值准备。

二、一般风险

(一)将国债转让收入作为利息收入,少缴企业所得税

涉及税种:企业所得税。

风险描述:银行可能存在将国债转让收入作为企业所得税免税收入,造成少缴纳企业所得税的风险。银行投资国债从国务院财政部门取得的国债利息收入,应以国债发行时约定应付利息的日期,确认利息收入的实现。转让国债,应在国债转让收入确认时确认利息收入的实现。企业到期前转让国债或者从非发行者投资购买的国债,其持有期间尚未兑付的国债利息收入,按以下公式计算确定:

国债利息收入=国债金额×(适用年利率÷365)×持有天数

上述公式中的"国债金额",按国债发行面值或发行价格确定;"适用年利率"按国债票面年利率或折合年收益率确定;如企业不同时间多次购买同一品种国债的,"持有天数"可按平均持有天数计算确定。

企业从发行者直接投资购买的国债持有至到期,其从发行者处取得的国债利息收入,全额免征企业所得税。企业到期前转让国债或者从非发行者处投资购买的国债,其按上述计算的国债利息收入,免征企业所得税。

应对指引:审核国债交易交割单、国债交易台账,核实银行有无将应税收入作为免税收入处理,造成少缴纳企业所得税的情况。审核银行投资国债取得国债利息的会计处理和税务处理是否符合文件规定,计算是否准确。

政策依据:

《国家税务总局关于企业国债投资业务企业所得税处理问题的公告》(国家税务总局公告2011年第36号)

(二)股息、红利等权益性投资收益所得不符合免税收入条件

涉及税种:企业所得税。

风险描述:企业所得税免税收入的符合条件的居民企业之间的股息、红利等权益性投资收益,不包括连续持有居民企业公开发行并上市流通的股票不足12个月取得的投资收益。银行可能存在将不符合免税收入条件的投资收益计入了免税收入,造成少缴纳企业所得税的风险。

应对指引:通过"投资收益"下的明细科目核算取得收入,并与科目"交易性金融资产""可供出售金融资产"等科目进行比对分析,核实银行有无将连续持有

居民企业公开发行并上市流通的股票不足12个月取得的投资收益作为免税收入的情况。

政策依据：

《中华人民共和国企业所得税法》（主席令第六十三号）第二十六条

《企业所得税法实施条例》（国务院令第512号）第八十三条

（三）收取滞纳金、罚金等未申报缴纳增值税

涉及税种： 增值税。

风险描述： 银行可能存在未按利息收入的全额（包括罚金、滞纳金、赔偿金等）计征增值税的风险。

应对指引： 审核"营业外收入""其他业务收入""其他应付款"等科目，查看是否存在取得的上述收入未按规定缴纳增值税的问题。

政策依据：

《财政部 国家税务总局关于全面推开营业税改征增值税试点的通知》（财税〔2016〕36号）附件1《增值税改征增值税试点实施办法》

三、重点风险

（一）对未逾期和逾期贷款利息是否按规定确认利息收入，少缴企业所得税风险

涉及税种： 企业所得税。

风险描述： 对未逾期贷款利息的税务处理，可能存在的风险：

1.未按合同利率法或实际利率法计算当期利息收入；

2.未按结算利息的期限计算利息；

3.未对确认利息收入实现时间不同形成的税会差异进行纳税调整；

4.未对会计上按权责发生制不确认收入，但税收上应按应付利息的日期确认收入的差异进行纳税调整。

对逾期贷款前已确认利息收入的税务处理，可能存在的风险：

1.已抵扣当期应纳税所得额的应收未收利息，实际计算逾期时间不符合规定；

2.已抵扣当期应纳税所得额的应收未收利息，会计上仍未冲减当期收入。

对贷款逾期后发生的应收利息的税务处理，可能存在的风险：

1.实际收到利息的，未在实际收到的日期确认收入的实现；

2.虽然未实际收到利息，但会计上已确认收入的，未在会计上确认为利息收入的日期在税收上同时确认收入的实现。

应对指引：通过约谈询问银行总行人员、查阅相关内控管理文件、查看有关信息系统等方式，了解银行关于贷款利息的会计核算办法、会计核算系统规定和设置，了解总行与各分行是否执行统一的政策口径，确认其准确区分逾期贷款与未逾期贷款，按照规定的时间节点或发生行为（逾期贷款利息实际收回）进行贷款利息的收入确认。

政策依据：

《中华人民共和国企业所得税法》（主席令第六十三号）

《国家税务总局关于金融企业贷款利息收入确认问题的公告》（国家税务总局公告2010年第23号）第一条

（二）表外利息收入收回时，是否按规定进行税务处理

涉及税种：企业所得税和增值税等。

风险描述：在表外核算的已冲减了利息收入的应收未收利息，以后年度收回（或虽未实际收回，但会计上已恢复确认收入）时未计入当期应纳税所得额计算纳税。

应对指引：通过约谈，了解银行关于表外利息的会计核算和税务处理，查看银行关于表外核算管理系统中是否有相应的预警提示功能，对已收回逾期贷款利息的情况进行测试，验证其是否按规定计入当期应纳税所得额。

政策依据：

《中华人民共和国企业所得税法》（主席令第六十三号）

《国家税务总局关于金融企业贷款利息收入确认问题的公告》（国家税务总局公告2010年第23号）第三条

（三）票据直贴业务中，对应的贴现期分期确认增值税应税销售额，存在少缴增值税的风险

涉及税种：增值税及附加。

风险描述：银行办理票据直贴业务，在支付对价时即将贴现利息一次性从票面价款中扣除。因此，票据直贴业务增值税纳税义务发生时间为贴现日，纳税人应以收取的贴现利息全额确认增值税应税销售额，计算缴纳增值税。但部分银行根据贴现利息对应的贴现期分期确认增值税应税销售额，存在少缴增值税的风险。

应对指引：通过查阅相关文件、查看有关信息系统等方式，了解银行内部会计核算办法、会计核算系统、增值税管理系统对票据直贴业务的规定和设置，了解总行与各分行是否执行统一的政策口径，确认其是否在贴现日对全部贴现利息收入进行增值税价税分离，并在当期全额申报缴纳税款。抽取一定票据贴现业务进行穿行

测试，查阅相关凭证（原始凭证、记账凭证），验证测试对象的会计、税务处理是否符合政策规定。

政策依据：

《财政部 国家税务总局关于全面推开营业税改征增值税试点的通知》（财税〔2016〕36号）第四十五条

（四）逾期超过90天贷款利息收入，增值税计税依据和纳税义务发生时间的确认是否准确

涉及税种： 增值税。

风险描述： 银行贷款逾期日起至90天以内，是否继续按照合同约定利率在表内核算逾期利息，并确认利息收入计算销项税额。贷款利息逾期90天以上仍未收回的，银行是否将本金及逾期利息全部转入表外进行核算，同时冲减已计提的利息收入及对应的销项税额。

应对指引： 银行应将该部分表内核算的应收未收90天内逾期利息及表外核算的复利确认增值税应税收入，并按6%计算增值税销项税额。待贷款逾期90天后逾期利息转入表外核算时，90天以后新孳生的利息应按照收付实现制在实际收到利息时计算缴纳增值税。

政策依据：

《财政部 国家税务总局关于全面推开营业税改征增值税试点的通知》（财税〔2016〕36号）附件3《营业税改征增值税试点过渡政策的规定》

（五）扩大享受金融机构农户小额贷款的利息收入优惠政策

涉及税种： 增值税、增值税、企业所得税。

风险描述： 银行未按照《财政部 国家税务总局关于延续支持农村金融发展有关税收政策的通知》（财税〔2017〕44号）等相关文件规定，确认农户小额贷款的范围，享受农户小额贷款的利息收入不符合对于"农户"和"小额贷款"的界定，存在扩大享受金融机构农户小额贷款的利息收入优惠政策的风险。

应对指引： 通过约谈银行相关部门人员，查阅银行关于农户小额贷款的认定管理办法和内控制度及财务核算办法，按一定比例抽查金额较大的农户小额贷款合同或协议，查看是否存在有本地户口但举家外出谋生一年以上的住户，无论是否保留承包耕地均不属于农户的情形，以及单笔且该农户贷款余额总额在10万元以上的贷款。对照《财政部 税务总局关于金融企业涉农贷款和中小企业贷款损失准备金税前扣除有关政策的公告》（财政部 税务总局公告2019年第85号）文件，核实银行是否按照税法规定确认农户小额贷款范围。

政策依据：

《财政部 国家税务总局关于农村金融有关税收政策的通知》（财税〔2010〕4号，现已全文废止）第一条、第二条、第五条

《财政部 国家税务总局关于延续并完善支持农村金融发展有关税收政策的通知》（财税〔2014〕102号，现已全文废止）第一条、第二条、第四条

《财政部 国家税务总局关于延续支持农村金融发展有关税收政策的通知》（财税〔2017〕44号）第一条、第二条、第四条

《财政部 税务总局关于金融企业涉农贷款和中小企业贷款损失准备金税前扣除有关政策的公告》（财政部 税务总局公告2019年第85号）

（六）扩大境内金融机构同业往来利息收入免税范围

涉及税种： 增值税。

风险描述： 银行存在将一般贷款利息收入、金融机构相互之间提供的服务等收入作为金融机构往来业务收入未申报缴纳增值税的风险。根据财税〔2016〕36号规定，作为免征增值税的金融机构同业往来利息收入，其中金融机构间的资金往来业务，是指经中国人民银行批准，进入全国银行间同业拆借市场的金融机构之间通过全国统一的同业拆借网络进行的短期（一年以下含一年）无担保资金融通行为。

应对指引： 对"拆放同业利息收入""同业往来"等科目进行审核分析，审核同业之间的资金借用及拆借合同，核实作为免税的同业往来利息收入是否为金融机构间的资金往来，有无将非金融机构的资金往来的利息收进行免税。对于银行的跨境资金拆借，首先应关注区分是财税〔2016〕36号文中关于银行联行往来还是金融机构间资金往来的条件；对于金融机构间资金往来，是否符合金融机构的界定，是否满足通过统一拆借网络。

政策依据：

《财政部 国家税务总局关于全面推开营业税改征增值税试点的通知》（财税〔2016〕36号）附件3《营业税改征增值税试点过渡政策的规定》

（七）跨境金融机构间资金往来不符合联行往来业务利息收入免税规定的风险

涉及税种： 增值税。

风险描述： 营改增实施以来，《财政部 国家税务总局关于金融机构同业往来等增值税政策的补充通知》（财税〔2016〕70号）对于跨境金融机构间进行资金往来可作为免税同业往来的情形进行了规定，明确为境内银行与其境外的总机构、母公司之间，以及境内银行与其境外的分支机构、全资子公司之间的资金往来业务属于《营业税改征增值税试点过渡政策的规定》第一条第（二十三）项第2目所称的银行

联行往来业务。银行存在将不符合财税〔2016〕70号列举的情形，也作为免税的同业收入。

应对指引：对"拆放同业利息收入""同业往来"等科目进行审核分析，审核同业之间的资金借用及拆借合同。对于银行的跨境资金拆借，应根据经济业务实质，审核是否符合财税〔2016〕70号文中列举的银行联行往来业务。同时对于超过关联方债权性投资与其权益性投资比例的关联方利息支出，除能够提供资料证明向关联方借款符合独立交易原则的情况外，不得在企业所得税税前扣除。

政策依据：

《财政部 国家税务总局关于全面推开营业税改征增值税试点的通知》（财税〔2016〕36号）附件3《营业税改征增值税试点过渡政策的规定》

《财政部 国家税务总局关于金融机构同业往来等增值税政策的补充通知》（财税〔2016〕70号）

（八）抵债资产持有期间和处置，是否及时缴纳增值税及附加

涉及税种：增值税。

风险描述：抵债资产若为不动产，持有期间对外出租，存在未缴纳增值税的风险；处置环节存在未缴纳增值税的风险，银行处置抵债资产（动产部分）存在未申报缴纳增值税的风险。

应对指引：审核"抵债资产"等科目，核实是否存在抵债资产持有期间或者转让环节未缴纳增值税风险。审核"抵债资产清理""固定资产清理"等科目，核实是否存在抵债资产（动产部分）处置环节未缴纳增值税的情况。

政策依据：

《中华人民共和国增值税暂行条例》（国务院令2008年第538号）第一条、第二条、第五条

《中华人民共和国增值税暂行条例实施细则》（财政部 国家税务总局第50号令）第二条

《财政部 国家税务总局关于部分货物适用增值税低税率和简易办法征收增值税政策的通知》（财税〔2009〕9号）

《国家税务总局关于一般纳税人销售自己使用过的固定资产增值税有关问题的公告》（国家税务总局公告2012年第1号）

《国家税务总局关于简并增值税征收率有关问题的通知》（国家税务总局公告2014年第36号）

《中华人民共和国物权法》（主席令第六十二号，现已全文废止）第十五条：

当事人之间订立有关设立、变更、转让和消灭不动产物权的合同，除法律另有规定或者合同另有约定外，自合同成立时生效；未办理物权登记的，不影响合同效力。"第二十八条："因人民法院、仲裁委员会的法律文书或者人民政府的征收决定等，导致物权设立、变更、转让或者消灭的，自法律文书或者人民政府的征收决定等生效时发生效力。"

（九）买卖金融商品是否按规定计算缴纳增值税

涉及税种：增值税。

风险描述：金融商品买卖差价存在计算不准确的风险；是否将债券持有期间取得的股票、债券利息收入的余额作为计算差额的扣减项，是否存在跨年度结转金融商品的负差等风险。

应对指引：审核"投资收益"下的明细科目，并与"交易性金融资产""可供出售金融资产"等科目进行比对分析，核实有无上述风险。

政策依据：

《财政部 国家税务总局关于全面推开营业税改征增值税试点的通知》（财税〔2016〕36号）附件2《营业税改征增值税试点有关事项的规定》

（十）揽储性质奖励支出，未做视同销售缴纳相关税费

涉及税种：增值税、企业所得税。

风险描述：银行为了吸收存款、鼓励办卡、刷卡消费等，在开展业务过程中存在以下问题：积分兑换，即客户凭在银行办理业务的积分从银行兑换物品；宣传活动无偿赠送，即银行在开展业务宣传活动的过程中随机对外赠送礼品。增值税方面，银行可能对随机赠送礼物未做视同销售。企业所得税方面，未合理区分业务招待费和广告宣传费。

应对指引：核实银行对于赠送礼物等揽储性质的奖励支出如何进行会计处理和税务处理。结合"业务或管理费"等明细科目，审核其是否合理区分业务招待费和广告费，并相应在企业所得税税前扣除。对于银行在业务宣传过程中对外（公众）随机无偿赠送的礼品应视同销售货物，抽查部分业务，验证其是否计算销项税额。

政策依据：

《中华人民共和国增值税暂行条例实施细则》（财政部 国家税务总局第50号令）第四条

《财政部 国家税务总局关于全面推开营业税改征增值税试点的通知》（财税〔2016〕36号）附件1《营业税改征增值税试点实施办法》第十四条

《国家税务总局关于企业处置资产所得税问题的通知》(国税函〔2008〕828号)

(十一) 抵债不动产持有期间使用,未缴纳房产税和城镇土地使用税风险

银行抵债资产是指银行依法行使债权或担保物权而受偿于债务人、担保人或第三人的实物资产或财产权利。

通过审阅某商业银行股份有限公司的各年度财务报告发现:该银行2022年度会计账目数据记录"抵债资产——房地产"中没有列示相关抵债资产情况,但2023年度财务报告中显示集团公司年初抵债资产——房地产3.32亿元,计提减值准备1.41亿元;年末余额3.35亿元,计提减值准备0.66亿元。该部分抵债资产的用途无法在出租和经营自用之间划分,并且从租赁收入和应交税金方面暂无法准确核实,存在企业取得的抵债资产在持有期间将其进行出租取得收入或经营自用未缴纳相关税费的风险。

如企业用于出租,涉及增值税、房产税、印花税和城镇土地使用税;如企业用于经营自用,涉及房产税和城镇土地使用税。

政策依据:

《中华人民共和国房产税暂行条例》(国发〔1986〕90号,2011年修订)第二条:

> 房产税由产权所有人缴纳。产权属于全民所有的,由经营管理的单位缴纳。产权出典的,由承典人缴纳。产权所有人、承典人不在房产所在地的,或者产权未确定及租典纠纷未解决的,由房产代管人或者使用人缴纳。

第四条:

> 房产税的税率,依照房产余值计算缴纳的,税率为1.2%;依照房产租金收入计算缴纳的,税率为12%。

《财政部 国家税务总局关于房产税 城镇土地使用税有关问题的通知》(财税〔2009〕128号)第一条:

> 无租使用其他单位房产的应税单位和个人,依照房产余值代缴纳房产税。

《中华人民共和国城镇土地使用税暂行条例》(国务院令第483号,2013年修订)第二条:

> 在城市、县城、建制镇、工矿区范围内使用土地的单位和个人,为城镇土地使用税(以下简称土地使用税)的纳税义务人(以下简称纳税人),应当依照本条例的规定缴纳土地使用税。

第四节 中间业务纳税风险分析

中间业务是指不构成银行表内资产、表内负债，形成银行非利息收入的业务，银行不运用或很少运用自己的资产，以中间人的身份替客户办理收付或其他委托事项，收取手续费。

一、会计处理

1.银行确认的手续费及佣金收入，会计处理如下：
借：应收手续费及佣金
　　贷：手续费及佣金收入
2.实际收到手续费及佣金，会计处理如下：
借：存放中央银行款项（吸收存款等）
　　贷：应收手续费及佣金
3.因业务经营或代理等发生各项手续费支出时，会计处理如下：
借：手续费及佣金支出
　　贷：存放中央银行款项

二、一般风险

（一）手续费等其他收入错误参照逾期贷款利息收入进行税务处理

涉及税种： 企业所得税。

风险描述： 将逾期90天仍未收回的非利息收入（如为客户提供各种服务而取得的费用和佣金收入，包括手续费、信托收入、融资租赁收入及表外业务收入等）冲减当期应纳税所得额。

应对指引： 准确区分非利息收入和利息收入，对逾期90天（不含90天）仍未收回的非利息收入不作冲减当期的应纳税所得额处理。

政策依据：

《国家税务总局关于金融企业贷款利息收入确认问题的公告》（国家税务总局公告2010年第23号）

（二）向境外支付服务费是否按规定代扣代缴增值税

涉及税种： 增值税。

风险描述： 银行向境外支付的相关服务费用（如Swift等网络或系统的使用费）等支出，是否代扣代缴相关增值税。

应对指引： 根据上述规定，银行在向境外支付应税服务费等支出时，境外机构的该类收入属于在中国境内消费的劳务，应当根据相关规定，在中国境内缴纳增值税，并由银行代扣代缴。

政策依据：

《财政部 国家税务总局关于全面推开营业税改征增值税试点的通知》（财税〔2016〕36号）附件1《营业税改征增值税试点实施办法》第六条

三、重点风险

（一）逾期90天未收回的信用卡分期付款手续费冲减应纳税所得额

涉及税种： 企业所得税。

风险描述： 逾期90天未收回的信用卡分期付款手续费与逾期90天仍未收回的贷款利息本质不同：一是央行将信用卡业务定性为中间业务，即形成非利息收入的业务；二是各银行信用卡分期付款业务在原银监会的收费标准备案报告明确注明收取手续费而非利息；三是银行信用卡分期付款手续费并非按照《人民币利率管理规定》制定；四是会计核算信用卡分期付款手续费收入的表内科目为手续费收入而非利息收入，年报披露也作为中间业务收入而非利息收入。

故不能将逾期90天未收回的信用卡分期付款业务手续费收入，比照逾期贷款利息收入，按照《国家税务总局关于金融企业贷款利息收入确认问题的公告》（国家税务总局公告2010年第23号）的相关规定抵扣企业所得税应纳税所得额。

银行将逾期90天仍未收回的信用卡分期付款手续费收入抵扣企业所得税应纳税所得额，存在少缴纳企业所得税风险。

应对指引： 查阅银行上报行业监管机构的信用卡分期付款业务收费标准备案资料，确定其手续费的性质。查阅银行的会计核算规程和税务管理办法，了解该银行对于逾期信用卡分期付款手续费的会计处理和税务操作方法。抽取部分信用卡分期付款，测试其对于逾期90天未收回的信用卡分期付款业务手续费收入是否按照贷款利息收入冲减应纳税所得额。

政策依据：

《国家税务总局关于金融企业贷款利息收入确认问题的公告》（国家税务总局公

告2010年第23号）

（二）手续费及佣金收入未包含全部收入

涉及税种： 增值税、企业所得税。

风险描述： 除受托收款业务外，手续费收入应在每一个环节按手续费全额作为应税收入，不得扣减支付下一环节的手续费支出。全部收入中包括价外费用。银行未在申报增值税和企业所得税时，用手续费收入扣减支付给其他合作商户的手续费支出，只开具了业务结算单据，而未计入。

应对指引： 核查利润明细表、业务状况表，了解各项中间业务的名称、范围、收入金额。对照有关合同，核查是否按照权责发生制原则确认收入。核实发票等相关凭证，查看是否将其计入往来科目，而未计收入。

重点核实新开展的中间业务产品和收入比重较大的中间业务。查看是否正确确认收入，是否有坐支收入情形。重点核查银行卡手续费收入的业务内容。银行卡手续费收入名目繁多，应重点核实。核查基本收费，如工本费、年费、账户管理费等，查看其是否全额计入收入。核查卡消费、特约商户结算手续费等是否全额计入收入。

核查时可以结合"手续费及佣金收入""手续费及佣金支出""其他应付款"等会计科目进行分析。

政策依据：

《中华人民共和国企业所得税法》（主席令第六十三号）第九条

《财政部 国家税务总局关于全面推开营业税改征增值税试点的通知》（财税〔2016〕36号）附件2《营业税改征增值税试点有关事项的规定》

第五节 风险拨备纳税风险分析

银行资产管理的核心问题就是风险防范，因此银行建立完善的风险防范体系，其中一项重要内容就是建立以贷款资产减值准备为主、其他资产减值为辅的全面风险拨备制度。

一、会计处理

1.资产负债表日，贷款发生减值的，会计处理如下：

借：资产减值损失

贷：贷款损失准备

对于确实无法收回的各项贷款，按管理权限报经批准后转销各项贷款，会计处理如下：

　　借：贷款损失准备
　　　　贷：贷款（贴现资产、拆出资金等）

已计提贷款损失准备的贷款价值以后又得以恢复，会计处理如下：

　　借：贷款损失准备
　　　　贷：资产减值损失

2.资产负债表日，抵债资产存货发生减值的，会计处理如下：

　　借：资产减值损失
　　　　贷：抵债资产跌价准备

已计提跌价准备的存货价值以后又得以恢复，会计处理如下：

　　借：抵债资产跌价准备
　　　　贷：资产减值损失

资产负债表日，持有至到期投资发生减值的，会计处理如下：

　　借：资产减值损失
　　　　贷：持有至到期投资减值准备

已计提减值准备的持有至到期投资价值以后又得以恢复，会计处理如下：

　　借：持有至到期投资减值准备
　　　　贷：资产减值损失

确定可供出售金融资产发生减值的，会计处理如下：

　　借：资产减值损失
　　　　贷：资本公积——其他资本公积
　　　　　　可供出售金融资产（公允价值变动）

对于已确认减值损失的可供出售金融资产，在随后会计期间内公允价值已上升且客观上与确认原减值损失事项有关的，会计处理如下：

　　借：可供出售金融资产（公允价值变动）
　　　　贷：资产减值损失

二、一般风险

（一）或有事项的预计损失在企业所得税税前扣除

涉及税种： 企业所得税。

风险描述： 银行对于或有事项（商业票据背书或贴现、未决诉讼、未决仲裁）

预计的损失未进行纳税调整，直接进行企业所得在企业所得税税前扣除。

应对指引：查阅银行的税务管理办法，了解该银行对于或有事项的预计损失计提和纳税调整方法。抽查发生预计损失的年度的汇算清缴资料，查看银行就预计损失进行纳税调增处理，在或有事项实际发生后，是否进行纳税调整处理。

政策依据：

《中华人民共和国企业所得税法》（主席令第六十三号）第八条

(二) 扩大计提"准予在企业所得税税前扣除贷款损失准备"的风险资产范围风险

涉及税种：企业所得税。

风险描述：银行对于不属于税法规定的准予提取贷款损失准备的贷款资产范围的资产，主要包括买入返售金融资产、存放同业等，可能计提了贷款损失准备并在企业所得税税前扣除，存在少缴纳企业所得税风险。

应对指引：通过查阅银行的税务管理办法，了解该银行对于贷款损失准备金的计提和调整方法。查看银行对于买入返售金融资产、存放同业等不承担风险资产是否计提贷款减值准备，并测试其对于上述贷款减值准备是否在企业所得税税前扣除。

政策依据：

《财政部 国家税务总局关于金融企业贷款损失准备金企业所得税税前扣除政策的通知》（财税〔2012〕5号，现已全文废止）第三条

《财政部 国家税务总局关于金融企业贷款损失准备金企业所得税税前扣除有关政策的通知》（财税〔2015〕9号，现已全文废止）第三条

《财政部 税务总局关于金融企业贷款损失准备金企业所得税税前扣除有关政策的公告》（财政部 税务总局公告2019年第86号）

三、重点风险

(一) 叠加享受涉农贷款和中小企业贷款损失准备金在企业所得税税前扣除政策与一般贷款损失准备金在企业所得税税前扣除政策

涉及税种：企业所得税。

风险描述：银行针对涉农贷款和中小企业贷款按照"关注类、次级类、可疑类、损失类"各自对应计提比例计提准予在企业所得税税前扣除贷款损失准备，可能同时对"正常类"比照一般贷款按照1%计提贷款损失准备金并在企业所得税税前扣除，存在少缴纳企业所得税风险。

应对指引：通过查阅银行的税务管理办法，了解该银行对于贷款损失准备金的计提和调整方法，掌握银行对于涉农贷款和中小企业贷款计提贷款损失准备金的具

体比例。审核银行提供的年度各类贷款余额、内控制度及财务核算办法，核对银行计提准备金的数额，与企业所得在企业所得税税前扣除准备金比对，核实其是否叠加享受涉农贷款和中小企业贷款损失准备金在企业所得税税前扣除政策与一般贷款损失准备金在企业所得税税前扣除政策。

政策依据：

《关于金融企业贷款损失准备金企业所得税税前扣除政策的通知》（财税〔2012〕5号，现已全文废止）

《财政部 国家税务总局关于金融企业涉农贷款和中小企业贷款损失准备金税前扣除有关问题的通知》（财税〔2015〕3号，现已全文废止）

《财政部 国家税务总局关于金融企业贷款损失准备金企业所得税税前扣除有关政策的通知》（财税〔2015〕9号，现已全文废止）

《财政部 税务总局关于金融企业贷款损失准备金企业所得税税前扣除有关政策的公告》（财政部 税务总局公告2019年第86号）

（二）扩大享受涉农贷款和中小企业贷款损失准备金在企业所得税税前扣除政策

涉及税种： 企业所得税。

风险描述： 涉农贷款界定的风险。财税〔2015〕3号文（现已全文废止）对涉农贷款的界定，是指《涉农贷款专项统计制度》（银发〔2007〕246号）统农户贷款和农村企业及各类组织贷款，并解释以贷款发放时的承贷主体是否属于农户为准。但在实践操作中，由于涉农贷款享有企业所得税上的优惠，而涉农贷款的分类较为复杂，且数量庞大，存在金融机构模糊涉农概念，因此在计算涉农贷款准备金在企业所得税税前扣除比例时不够准确。

中小企业贷款的界定的风险。中小企业贷款，是指金融企业对年销售额和资产总额均不超过2亿元的企业的贷款。此处对中小企业的资产总额文件未有明确规定。在实践操作中，各家银行都是按照银行自身对中小企业的界定，以此计算中小企业贷款准备金在企业所得税税前扣除的标准。此外，由于中小企业的企业规模、贷款金额每年都会发生变化，而很多银行主要依托客户经理对中小企业贷款进行管理，客户经理并没有及时更新中小企业规模等信息，造成银行管理系统在汇算清缴时提取的中小企业贷款信息不够准确。

应对指引： 通过查阅银行关于涉农贷款及中小企业贷款的认定管理办法和内控制度及财务核算办法，查看银行是否对涉农贷款及中小企业贷款进行后续维护和更新，按一定比例抽查金额较大的涉农贷款及中小企业贷款合同或协议，对照财税〔2015〕3号文（现已全文废止），核实银行是否按照税法规定确认涉农贷款及中小企业贷款范围。

政策依据：

《关于金融企业贷款损失准备金企业所得税税前扣除政策的通知》（财税〔2012〕5号，现已全文废止）

《财政部 国家税务总局关于金融企业涉农贷款和中小企业贷款损失准备金税前扣除有关问题的通知》（财税〔2015〕3号，现已全文废止）

《财政部 国家税务总局关于金融企业贷款损失准备金企业所得税税前扣除有关政策的通知》（财税〔2015〕9号，现已全文废止）

《财政部 税务总局关于金融企业贷款损失准备金企业所得税税前扣除有关政策的公告》（财政部 税务总局公告2019年第86号）

（三）票据贴现利息收入计提贷款损失准备金

涉及税种： 企业所得税。

风险描述： 银行办理票据贴现业务时，以低于票据面值的价格从客户方取得票据，在账务处理上，借方以票据面值入账，贷方将票据面值与实付金额的差额计入利息调整或递延收益科目，利息调整或递延收益部分在贴现期间逐期摊销计入利息收入。

根据《财政部 国家税务总局关于金融企业贷款损失准备金企业所得税税前扣除有关政策的通知》（财税〔2015〕9号，现已全文废止）第一条："准予税前提取贷款损失准备金的贷款资产范围包括：（一）贷款（含抵押、质押、担保等贷款）；（二）银行卡透支、贴现、信用贷款（含银行承兑汇票垫款、信用证垫款、担保垫款等）、进出口押汇、同业拆出、应收融资租赁款等各项具有贷款特征的风险资产"，由此可见，可计提准备金的资产仅限于风险资产，即贷款的本金部分。在票据贴现业务中，本金是贴现日银行实际支付的款项，要小于贴现资产的面值或者账面价值。

在计算可在企业所得税税前扣除的贷款损失准备金时，银行可能以票据面值或账面价值作为基数，存在将利息部分计入可税前计提的风险资产，扩大准备金扣除范围，少缴企业所得税的风险。

应对指引： 通过查阅企业内部会计核算办法、会计核算系统，了解对票据直贴业务的会计和税务处理，确认其计提可在企业所得税税前扣除风险资产的口径是否符合要求。结合银行业务状况表，核实银行是否按照票据贴现面值或票据资产的账面价值计提贷款损失准备金。

政策依据：

《财政部 国家税务总局关于金融企业贷款损失准备金企业所得税税前扣除有关政策的通知》（财税〔2015〕9号，现已全文废止）第一条

《财政部 税务总局关于金融企业贷款损失准备金企业所得税税前扣除有关政策的公告》（财政部 税务总局公告2019年第86号）

（四）贷款损失存在未按相关规定报送备案资料或者履行相关程序

涉及税种：企业所得税。

风险描述：银行未按照《财政部 国家税务总局关于金融企业涉农贷款和中小企业贷款损失准备金税前扣除有关问题的通知》（财税〔2015〕3号，现已全文废止）规定执行金融企业涉农贷款和中小企业贷款的分类标准；对于单户贷款余额不超过300万元（含300万元）的涉农贷款、中小企业贷款和单户贷款余额超过300万元至1 000万元（含1 000万元）的涉农贷款、中小企业贷款，未按照《国家税务总局关于金融企业涉农贷款和中小企业贷款损失税前扣除问题的公告》（国家税务总局公告2015年第25号）规定，直接计算扣除；对于单户贷款余额超过1 000万元的涉农贷款、中小企业贷款，未按《国家税务总局关于发布〈企业资产损失所得税税前扣除管理办法〉的公告》（国家税务总局公告2011年第25号）有关规定计算确认损失进行在企业所得税税前扣除。

应对指引：审核企业报送的贷款损失备案资料，与税收文件规定进行比对，核实企业有无按照规定报送资料及履行在企业所得税税前扣除相关程序。

政策依据：

《财政部 国家税务总局关于企业资产损失税前扣除政策的通知》（财税〔2009〕57号）

《国家税务总局关于发布〈企业资产损失所得税税前扣除管理办法〉的公告》（国家税务总局公告2011年第25号）

《国家税务总局关于金融企业涉农贷款和中小企业贷款损失税前扣除问题的公告》（国家税务总局公告2015年第25号）

第六节　其他业务纳税风险分析

一、一般风险

（一）各类奖金、津贴、补贴，未扣缴个人所得税

涉及税种：个人所得税。

风险描述：向职工发放各种补贴补助、组织职工旅游所发生的费用等未与员工

当期的工资薪金合并按照"工资、薪金所得"项目扣缴个人所得税;向职工支付的全年一次性奖金以及季度、半年奖金,是否按规定计算并代扣代缴个人所得税;为员工承担全年一次性奖金税款的,税款部分未纳入员工收入计算缴纳个人所得税。

应对指引:审核"应付职工薪酬""业务或管理费""其他应付款"等科目,并比对企业缴税情况,分析是否存在发放给职工的奖金、津贴、补贴未按规定代扣代缴个人所得税的情况;核实企业每年是否只采用一次年终奖方式申报税款。

政策依据:

《中华人民共和国个人所得税法》(主席令第八十五号)第二条

《中华人民共和国个人所得税法实施条例》(国务院令第707号)第八条

《国家税务总局关于生活补助费范围确定问题的通知》(国税发〔1998〕155号)

《国家税务总局关于雇主为雇员承担全年一次性奖金部分税款有关个人所得税计算方法问题的公告》(国家税务总局公告2011年第28号)

《国家税务总局关于调整个人取得全年一次性奖金等计算征收个人所得税方法问题的通知》(国税发〔2005〕9号)

《国家税务总局关于纳税人取得不含税全年一次性奖金收入计征个人所得税问题的批复》(国税函〔2005〕715号)

(二)劳务派遣工补贴,未扣缴个人所得税

涉及税种:个人所得税。

风险描述:直接发放给劳务派遣工的补贴,未足额申报缴纳个人所得税的风险。

应对指引:审核"应付职工薪酬""其他应付款""业务或管理费"等科目,并比对企业个税扣缴情况,分析是否存在直接发放给劳务派遣工的补贴未按规定代扣代缴个人所得税的风险。

政策依据:

《中华人民共和国个人所得税法》(主席令第八十五号)第二条

《中华人民共和国个人所得税法实施条例》(国务院令第707号)第八条

(三)银行超标准缴付的企业年金,未扣缴个人所得税

涉及税种:个人所得税。

风险描述:超过标准缴付年金的部分,存在未按规定代扣缴个人所得税的风险。

应对指引:审核企业年金制度,查询当地上年度平均工资,并比对企业个税扣缴情况,确定是否存在未按规定扣缴个人所得税的情况。

政策依据:

《财政部 人力资源社会保障部 国家税务总局关于企业年金 职业年金个人所得

税有关问题的通知》（财税〔2013〕103号）

（四）劳务报酬，未扣缴个人所得税

涉及税种：个人所得税。

风险描述：向独立董事、独立监事支付董事费、监事费，存在未按税法规定扣缴个人所得税的风险；发放年终奖时，存在向取得劳务报酬的个人按全年一次性奖金的计算方法申报缴纳个人所得税的风险。

应对指引：审核分析"业务或管理费""其他应付款"等科目，核实向独立董事、独立监事支付董事费、监事费的情况，向领取劳务报酬的个人发放年终奖及纳税的情况，确定是否存在未按税法规定扣缴个人所得税的情况。

政策依据：

《中华人民共和国个人所得税法》（主席令第八十五号）第二条、第三条

《中华人民共和国个人所得税法实施条例》（国务院令第707号）第八条

《国家税务总局关于印发〈征收个人所得税若干问题的规定〉的通知》（国税发〔1994〕89号）第八条

《国家税务总局关于明确个人所得税若干政策执行问题的通知》（国税发〔2009〕121号）第二条

（五）股权激励，未扣缴个人所得税

涉及税种：个人所得税。

风险描述：对员工的股权激励，存在未按规定扣缴个人所得税的风险；同一年度实施两次以上股权激励计划的，存在未合并计算扣缴个人所得税的风险。

应对指引：审核企业是否有股权激励计划以及报备税务机关的资料，核查对员工的股权激励，是否未按规定扣缴个人所得税。

政策依据：

《财政部 国家税务总局关于个人股票期权所得征收个人所得税问题的通知》（财税〔2005〕35号）

《国家税务总局关于个人股票期权所得缴纳个人所得税有关问题的补充通知》（国税函〔2006〕902号）

《财政部 国家税务总局关于股票增值权所得和限制性股票所得征收个人所得税有关问题的通知》（财税〔2009〕5号）

《国家税务总局关于股权激励有关个人所得税问题的通知》（国税函〔2009〕461号）

《国家税务总局关于个人所得税有关问题的公告》（国家税务总局公告2011年第

27号）第一条

《国家税务总局关于股权奖励和转增股本个人所得税征管问题的公告》（国家税务总局公告2015年第80号）

《财政部 国家税务总局关于完善股权激励和技术入股有关所得税政策的通知》（财税〔2016〕101号）第一条、第二条

（六）解除劳动合同一次性补偿，未扣缴个人所得税

涉及税种：个人所得税。

风险描述：员工取得的解除劳动合同一次性补偿是否按规定纳税、享受免税政策。

应对指引：查看解除劳动合同的协议，了解补偿金构成，查询当地上年度职工平均工资、"三险一金"标准，比对个人所得税扣缴情况。

政策依据：

《国家税务总局关于个人因解除劳动合同取得经济补偿金征收个人所得税问题的通知》（国税发〔1999〕178号，现已全文废止）

《财政部 国家税务总局关于个人与用人单位解除劳动关系取得的一次性补偿收入征免个人所得税问题的通知》（财税〔2001〕157号）

《财政部 税务总局关于个人所得税法修改后有关优惠政策衔接问题的通知》（财税〔2018〕164号）

（七）补充保险金事项，未扣缴个人所得税

涉及税种：个人所得税。

风险描述：为员工超标准缴纳基本养老保险费、基本医疗保险费、失业保险费、住房公积金，支付的各类免税之外的保险是否按规定扣缴个人所得税。

应对指引：审核"应付职工薪酬""业务或管理费"等科目，核实企业为员工支付各项免税之外的保险金的情况，查询当地人民政府规定的"三险一金"缴费比例或办法，确定缴费标准，比对企业扣缴个人所得税情况，是否存在未按规定扣缴个人所得税的风险。

政策依据：

《国家税务总局关于单位为员工支付有关保险缴纳个人所得税问题的批复》（国税函〔2005〕318号）

《财政部 国家税务总局关于基本养老保险费、基本医疗保险费、失业保险费、住房公积金有关个人所得税政策的通知》（财税〔2006〕10号）

（八）偶然所得扣缴个人所得税事项

涉及税种： 个人所得税。

风险描述： 银行在各类经营业务、企业庆典等活动中向本单位以外的个人赠送礼品，对个人取得的礼品所得存在未按"偶然所得"税目计算扣缴个人所得税的风险。

应对指引： 审核分析"业务或管理费"等科目，核实在各类经营业务、企业庆典等活动中向本单位以外的个人赠送礼品，对个人取得的礼品所得是否存在未按"其他所得"税目计算扣缴个人所得税的情况。

政策依据：

《中华人民共和国个人所得税法》（主席令第八十五号）第二条、第三条

《中华人民共和国个人所得税法实施条例》（国务院令第707号）第八条

《财政部 国家税务总局关于企业促销展业赠送礼品有关个人所得税问题的通知》（财税〔2011〕50号）

（九）借款合同未足额申报缴纳印花税事项

涉及税种： 印花税。

风险描述： 借款合同存在未足额缴纳印花税的风险。

应对指引： 统计各类贷款本期累计发生额，比对纳税申报表中的实际申报缴纳数额，核实是否存在少申报缴纳借款合同印花税的情况。

政策依据：

《中华人民共和国印花税暂行条例》第二条

《国家税务局关于对借款合同贴花问题的具体规定》（国税地字〔1988〕30号）

《财政部 国家税务总局关于金融机构与小型微型企业签订借款合同免征印花税的通知》（财税〔2014〕78号，现已全文废止）

（十）房屋附属设备和配套设施计征房产税事项

涉及税种： 房产税。

风险描述： 房产改扩建后增加或更新房屋附属设备和配套设施的，存在未将其价值计入房产原值缴纳房产税的风险。

应对指引： 审核固定资产科目明细账，核实在房产改造、扩建等更新改造过程中，房产价值是否发生变化，企业是否按照增加的房产原值计算缴纳房产税。

政策依据：

《国家税务总局关于进一步明确房屋附属设备和配套设施计征房产税有关问题的通知》（国税发〔2005〕173号）

《财政部 国家税务总局关于房产税 城镇土地使用税有关问题的通知》（财税〔2008〕152号）第一条

（十一）持有抵债房产期间缴纳房产税和城镇土地使用税事项

涉及税种：房产税、城镇土地使用税。

风险描述：通过协议或司法、仲裁程序取得的抵债房产在持有期间存在未按照规定申报缴纳房产税及城镇土地使用税的风险。

应对指引：审核"抵债资产""其他业务收入""营业外收入""应交税金"等科目，查阅双方签订的抵债协议，人民法院、仲裁委员会相关的法律文书，明确取得所有权的时间，核实企业持有房产期间该房产的使用情况，是否存在上述风险。

政策依据：

《中华人民共和国物权法》（主席令第六十二号，现已全文废止）第十五条、二十八条

《中华人民共和国房产税暂行条例》（国发〔1986〕90号，2011年修订）第二条、第四条

《中华人民共和国城镇土地使用税暂行条例》（国务院令第17号）第二条、第三条

《财政部 国家税务总局关于房产税 城镇土地使用税有关问题的通知》（财税〔2008〕152号）第三条

《财政部 国家税务总局关于房产税 城镇土地使用税有关问题的通知》（财税〔2009〕128号）第一条

（十二）处置抵债不动产缴纳增值税和土地增值税事项

涉及税种：增值税、土地增值税。

风险描述：企业处置抵债不动产取得收入时，是否按规定缴纳增值税及土地增值税。

应对指引：了解企业处置抵债不动产的业务流程，审核"抵债房产""其他业务收入""营业外收入""应交税费"等科目，明确纳税义务发生时间。查询抵债不动产相关的原始票据和交易价格，确定增值额。

政策依据：

《中华人民共和国土地增值税暂行条例》（国务院令第138号）第二条、第五条、第七条

《中华人民共和国土地增值税暂行条例实施细则》（财法字〔1995〕6号）第二条、第十条

二、重点风险

(一) 在企业所得税税前扣除的不符合税法规定的捐赠支出

涉及税种： 企业所得税。

风险描述： 将直接向受赠人捐赠、未通过公益性社会团体或者县级以上人民政府及其部门的捐赠支出在企业所得税前列支。

应对指引： 约谈询问银行相关部门人员，查阅银行关于对外捐赠的会计处理和税务处理办法，查看其对捐赠支出是否做好区分管理和核算，准确归集符合在企业所得税税前扣除条件的公益性捐赠支出。主要审核捐赠计算的基数、比例是否正确，有无直接捐赠给受赠人并在企业所得税税前扣除的。

政策依据：

《中华人民共和国企业所得税法实施条例》（国务院令第512号）

《关于公益性捐赠税前扣除有关问题的通知》（财税〔2008〕160号，现已全文废止）

《关于公益性捐赠税前扣除有关问题的补充通知》（财税〔2010〕45号，现已全文废止）

《关于通过公益性群众团体的公益性捐赠税前扣除有关问题的通知》（财税〔2009〕124号，现已全文废止）

(二) 非公益性捐赠在企业所得税税前扣除风险

风险描述： 在风险分析工作中发现，企业在"非公益救济性捐赠支出"科目中列支费用，同时在企业所得税申报表中未对该项作纳税调增处理，可能存在扩大在企业所得税税前扣除范围而少缴企业所得税的风险。

政策依据：

《中华人民共和国企业所得税法》第九条：

> 企业发生的公益性捐赠支出，在年度利润总额12%以内的部分，准予在计算应纳税所得额时扣除。

《中华人民共和国企业所得税法实施条例》第五十一条：

> 企业所得税法第九条所称公益性捐赠，是指企业通过公益性社会团体或者

县级以上人民政府及其部门，用于《中华人民共和国公益事业捐赠法》规定的公益事业的捐赠。

第七节 纳税风险分析不是财务分析[①]

税收分析、纳税评估（风险识别）分析和财务分析，是三个范畴，过程或方法存在一致性或共同点，但是分析内容、目的和作用等都是有着本质区别的。纳税评估（风险识别）分析的目的是准确查找涉税疑点指向，核心是是否存在税收流失可能。纳税评估（风险识别）分析质量高低和效率大小，直接影响到纳税评估整体工作的质效。

一、财务分析

（一）财务分析概念

财务分析是以财务报表和其他会计资料为依据，采用一系列专门的技术和方法（最经常用到的是围绕财务指标进行单指标、多指标综合分析），系统分析企业过去和现在的经营成果、财务状况及其变动情况。

财务分析的功能：将大量的报表数据转换为对经营者、投资者、债权人等有用的信息，减少决策的不准确性。

财务分析的目的：是对企业的发展趋势、偿债能力、盈利能力和营运能力作出正确的评价，找出存在的问题，提高管理水平。

财务分析的内容：

1.在财务报告基础上，对财务报表数据进行进一步加工、整理、比较、分析；

2.解释和评价企业财务状况是否健全，经营成果是否优良等；

3.发现企业管理中存在的问题和经营面临的困难；

4.为财务预测、决策和计划提供有用信息；

5.减少对预感、猜测和直觉的依赖，减少决策的不确定性。

[①] 引自贾忠华著《纳税评估理论与实务（上下册）》的下册第六章第四节。

（二）财务分析的方法

1.比率分析法：是通过计算互为相关的经济指标之间的相对数值，得出一系列财务指标，从而考察和衡量企业经营活动效果的分析方法。

比率分析法是财务报表分析的一种重要方法，以财务报表为依据，将彼此相关而性质不同的项目进行对比，求其比率。不同的比率，反映不同的内容。通过比率分析，可以更深入地了解公司的各种情况，同时还可以通过编制比较财务比率报表，做出不同时期的比较，从而更准确、更科学地反映公司的财务状况和经营成果。按照财务分析的不同内容，比率分析通常可分为：①偿债能力；②资产运用效率；③营利能力；④权益性比率。

2.比较分析法：是对不同时期（本期与前期）和空间（同行业之间）的同质财务指标进行对比，以确定其增减差异，显示财务指标变动趋势，从而评价企业经营管理绩效的分析方法。

主要通过分析公司不同年度财务报表同一项目的增减变化，说明公司财务状况及经营状况的变动趋势；通过分析公司同一报表不同项目的比例关系，及其在不同时期的变动，反映公司财务结构及其变动趋势。百分比分析通常采用比较财务报表的方式进行，包括横向分析和纵向分析两种基本方法。

（1）横向分析，是将不同时期财务报表中的同一项目进行比较，列出各个项目变动的金额和百分比。将两个时期的报表进行比较，通常把前一个时期的数字作为基数来计算变动的百分比。然而，如果基数为负数（如损益表中的税后利润以负数表示亏损），则不能以百分比来表示变动。当将两个以上时期的报表作横向比较分析时，可以有两种选择基数的办法：把最早一个时期的数字作为基数，其他时期的数字依次与基数比较；把上一个时期的数字定为基数，后一个时期与前一个时期依次进行环比。假设某公司2011年、2012年、2013年三个年度的总资产分别为10万元、15万元和20万元。在第一种方法下，把2011年的10万元定为基数，则2012年比2011年总资产增长了50%，2013年比2011年增长了100%。在第二种方法下，先以2011年的10万元为基数，2012年比2011年总资产增长50%，再以2012年的15万元为基数，2013年比2012年总资产增长33%。

（2）纵向分析：是同一报表的不同项目进行比较。一般是将资产负债表中的所有项目都表示成总资产的百分比，将损益表中的各项目都表示成销售收入百分比。这样，报表使用者可以更加了解这两种主要报表各个项目的结构关系。

财务分析工具是财务指标，财务指标有多少？绝对不止数十个，数百个是绝对可能，数以千计是有些夸张了。如果直接拿来做纳税评估分析指标，几个不够，十几个足矣！财务分析的对象或依据，是报表！报表又从何而来？账载数据，总账和明细账的数据是根本，是核心。如果账是假账，数据是假数据，分析方法和采用指标就已经都不重要了。

(三) 财务报表之间的关系

净利润通过利润分配形成留存收益和应付利润，分别进入资产负债表的权益和负债。净利润经过现金性和非现金性相关调整，得出经营性现金净流量。现金净流量反映资产负债表中货币资金的变化情况。

例如：净利润与经营性现金净流量的关系。净利润是采用权责发生制会计原则计算的企业经营成果，经营性现金净流量是采用收付实现制计算的企业经营成果。收入费用发生与现金收支之间产生了一个重要的时间差。净利润只是潜在的现金，而经营性现金净流量是企业经营过程中实际发生的现金净流入或者净流出。

(四) 举例：经营状况及变动原因之财务费用分析

某公司2018年本期财务费用1 204万元，同比增加680万元，增加幅度为130%。原因是：

1. 贷款规模增大：本期银行贷款平均规模为10.25亿元，去年同期为4.72亿元，增加了5.53亿元，增幅为117%。

2. 贷款利率提高：自2010年9月存款准备金率上调至7%以来，各家银行普遍出现惜贷现象，该公司的新增贷款不再享受按基准利率下浮10%的优惠利率。

这是财务管理活动的循环，或财务分析的主要环节和内容，对于税收而言也是全覆盖的，如图2-1所示。

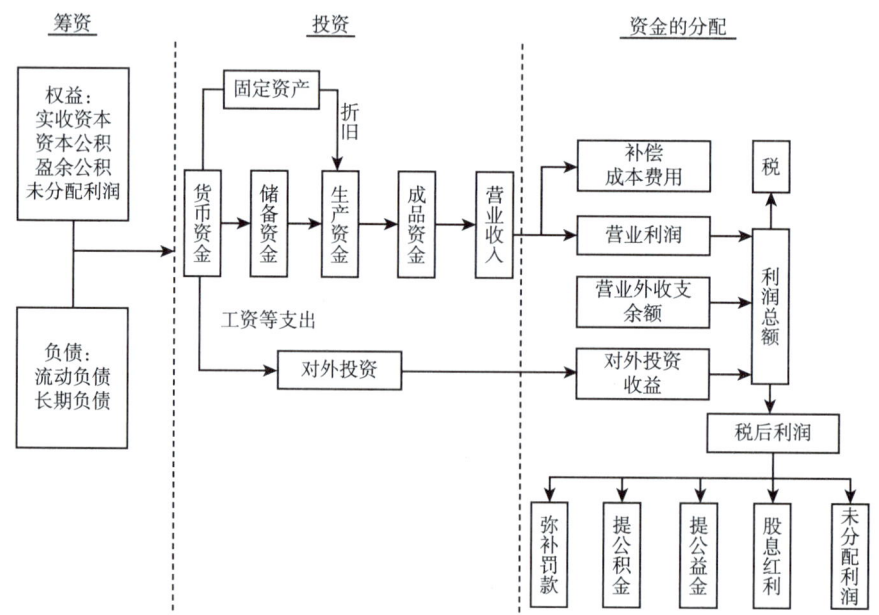

图2-1 财务分析主要环节和内容

二、纳税评估（风险）分析

（一）纳税评估分析概念

纳税评估分析是指根据行业经营特点、税种征管规定及纳税评估资料所载数据的内在关联性，以能对涉税异常情况进行预警的纳税评估指标值为参考依据，由评估人员根据分析结果提出涉税疑点问题或确认指向的过程。

纳税评估分析方法是指评估人员在评估工作中为达到评估工作目的，对涉税信息进行计算机自动分析、人机结合分析，以确定纳税人是否真实、准确申报所采用的一系列分析评估方法。

（二）纳税评估基本方法

纳税评估基本方法可以分为定量分析法和定性分析法。

1. 定量分析法

定量分析，是指评估人员运用数理原理、规则及其特定的、具体的计算，来对评估对象中包含的量进行测定，从而对纳税人的纳税申报的真实性进行判断分析的各种方法。

（1）比较分析法是指评估人员将纳税人实际申报的数据资料或税务部门收集的其他涉税数据与一定的标准进行对比，找出其中的差异，并对差异的合理性或合法性进行分析判断的一种评估分析方法。比较分析法是纳税评估工作中最基本、最常用的一种方法，也是其他分析方法的基础。

（2）相对数（比率）比较分析法是将纳税人（评估对象）的某两项相互关联的涉税绝对指标所构成的比率关系，与同类纳税人该相对指标的平均水平进行比较，揭示其差异并分析有无涉税问题的一种分析方法。超出预警值（绝对预警值）的初步认定有问题，再进一步深入分析。适合这种相对数比较分析方法的有税负率、销售毛利率、销售利润率、收入成本率、收入费用率、投资利润率、资产负债率等。

（3）变动率比较分析法是指将纳税人（评估对象）当期涉税信息某项变动指标（变动率）与同类纳税人的平均水平进行比较，对指标值变动幅度超出正常预警值（变动率相对预警值）的初步认定为疑点问题。

（4）变动率趋势比较分析法是指将纳税人（评估对象）当期涉税信息某项变动指标（变动率）与自身的历史连续若干期平均变动水平进行比较，分析增减变化方向和幅度，确定评估项目数额变动趋势及是否变动异常。对指标值变动幅度超出正常预警值（变动率趋势预警值）的初步认定为疑点问题。适合这种分析方法的主要分析指标有税负率变动率、销售毛利率变动率、销售额变动率、销售成本变动率、销售利润变动率等。

（5）控制评估法是指通过采集的有关纳税人生产经营的物流信息，采用以耗（原料、动力、燃料等）测产、以产定销等方法，测算纳税人销售收入、成本费用、利润或应纳税额，以分析纳税人是否真实申报的方法。

（6）平衡分析法是指根据复式记账原理和会计制度的规定，以及经济活动之间的内在依存制约关系，对相关项目进行计算或测定，以核实其制约关系是否存在，并揭示其中有无问题的一种分析技术。例如，资产负债表中资产与负债和所有者权益之间的平衡关系；现金流量表中的某项目与资产负债表、利润表中的某些项目之间的勾稽关系；投入产出时间、数量与供、产、销的平衡关系等。

（7）因素分析法是指纳税评估时将评估的某一综合经济指标按照一定方法对其分解为相互联系的若干因素，然后分析计算这些因素对综合指标影响的大小，以分析查明该综合指标变动原因的一种分析方法。

2. 定性分析法

定性分析强调感性和理性的结合，是需要综合运用税收政策、评估人员实践经验和逻辑推断，对纳税人的纳税申报的真实性进行判断分析的方法。定性分析方法在判定造成纳税人不真实申报的原因、确定是否故意偷税方面具有定量分析方法所不可替代的作用。定性分析方法可以分为经验分析法和逻辑分析法等。

（1）经验分析法又称直观分析法，是指评估人员凭个人实践经验和专业知识以及集体智慧，对被评估纳税人纳税申报的真实性、合法性进行评估判断的方法。经验分析法一般包括个人经验评估判断法、集合意见法、勘定分析法等。

（2）逻辑分析法是指运用思维的规律对纳税人纳税申报的真实性、合法性进行分析判断的方法。这种分析方法要求评估人员具有扎实的理论基础和评估技能，以及较强的逻辑思维能力和纯熟的判断技巧。逻辑分析法基本方法有如下两种：三段论分析法与排中律分析法。

三、纳税评估与财务分析的关系

无论是分析的目的还是切入点，纳税评估分析和财务分析都是有本质区别的。评估分析是对纳税人的纳税能力和应税收入的分析。

(一)联系

1.纳税评估和财务分析均以会计核算为基础,以企业持续、正常的生产经营为前提。运用比率分析法、比较分析法对企业过去、现在进行评估和分析。

2.财务分析进行到销售收入、成本、费用、利润层次时,即盈利能力财务分析指标与纳税评估内容是大致重合的,几乎所有的分析指标都可以直接支持对增值税、所得税等税种的审核。

3.纳税评估时运用财务分析方法可以有效提高工作效率。从这个意义上说,财务分析是纳税评估的基础。如果选取指标存在问题,对于纳税评估分析工作则是降低质效的。

纳税评估分析和财务分析方法相通,采用的分析指标有交集但有限(占比约25%—35%),比如图2-2所示的盈亏平衡(保本经营)法,就是两者非常完美的结合,对于财务分析和纳税评估分析是通用的。盈亏平衡点销售收入,是共同的核心指标或分析依据。

综合表述,<u>纳税评估分析不是财务分析,大部分财务分析指标是不能单独作为纳税评估分析(税收风险识别分析)评判指标使用。</u>

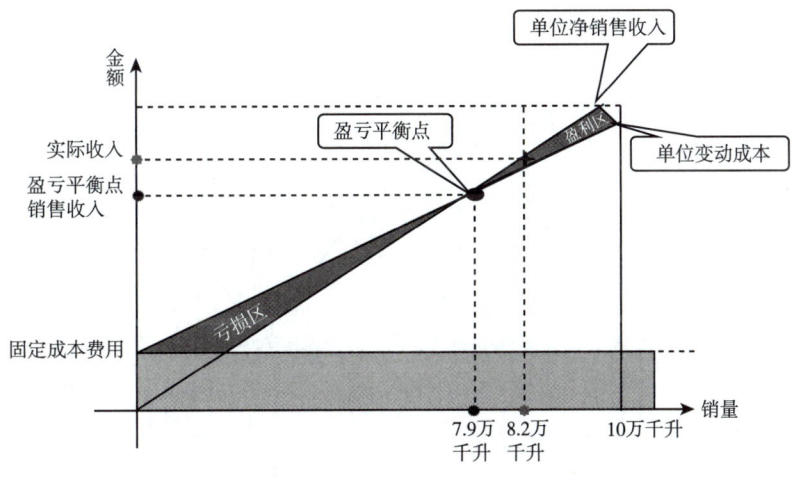

图2-2 ××公司啤酒产品盈亏平衡(保本经营)财务分析图

(二)区别

1.财务分析的目的是为企业的投资者、债权人、经营者及其他关心企业的组织或个人了解企业过去、评价企业现状、预测企业的未来,提供准确的信息或依据,分析的范围和内容相对于纳税评估更广泛、全面。

2.纳税评估的目的是通过评估分析,了解企业的运营情况后,通过指标的计算分析判断企业是否存在涉税疑点。找出企业实际已纳的税额与应该缴纳税额之间的差异，是一种有效的税源监控方法，相对于财务分析更具体、专业。

3.由于两者目的不同，对指标的理解和运用，纳税评估与财务分析还是有较大的差异的。

通过后文图2-3的"隐匿收入"和图2-4的"虚增成本"两个图发现：无论是财务报表还是账载数据，都是不能满足纳税评估分析的需要的。

（三）隐匿收入纳税评估分析（见图2-3）

关于隐匿收入纳税评估分析常用的分析方法：

1.趋势变动分析法，通过收入成本变动趋势分析，若主营业务收入增幅小于主营业务成本增幅，且相差较大；或主营业务收入降幅大于主营业务成本降幅，且相差较大，则初步断定存在隐匿收入问题。

2.复合指标分析法，比较分析核实期资产利润率与上年同期资产利润率，核实期总资产周转率与上年同期总资产周转率。若核实期存货增加不大，即存货变动率≤0，核实期总资产周转率-上年同期总资产周转率≤0，则可能存在隐匿销售收入问题。

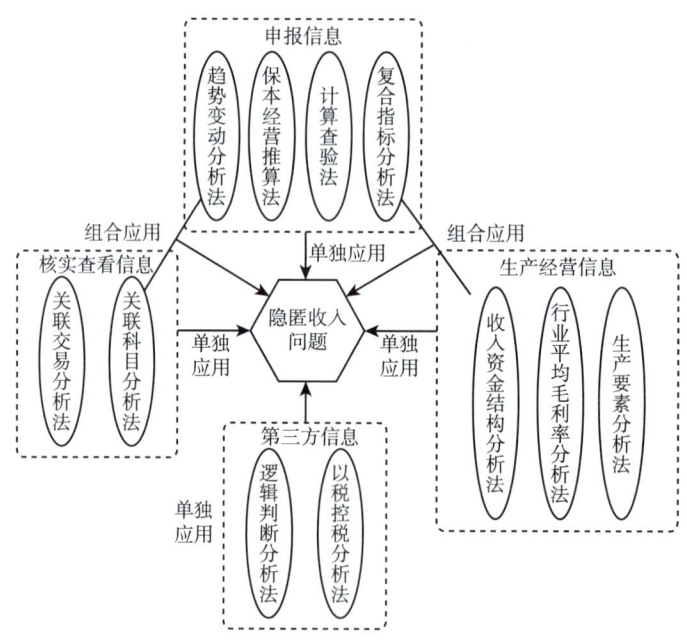

图2-3 隐匿收入纳税评估分析导图

同时可运用：

3.计算查验法，通过主营业务税金及附加，推算企业主营业务收入，若推算的主营业务收入大于申报的主营业务收入，则存在少申报应税收入问题。

4.保本经营推算法，通过维持生产经营必须发生的成本费用，推算企业最低销售收入，若推算的销售收入大于申报的销售（营业）收入，则初步断定存在少申报应税收入问题。

（四）虚增成本纳税评估分析（见图2-4）

1.趋势变动分析法，通过期间费用变动趋势分析，若本期费用发生额与前期相差较大，则初步断定存在虚列营业（管理、财务）费用问题。

2.指标配比分析法，通过成本与利润配比分析，若企业主营业务成本变动率与主营业务利润变动率两者都为正，且比值大于1，则初步断定存在虚列成本的问题；若企业主营业务成本变动率为正，主营业务利润变动率为负，视为异常，则初步断定存在虚列成本、扩大在企业所得税税前扣除范围等问题。

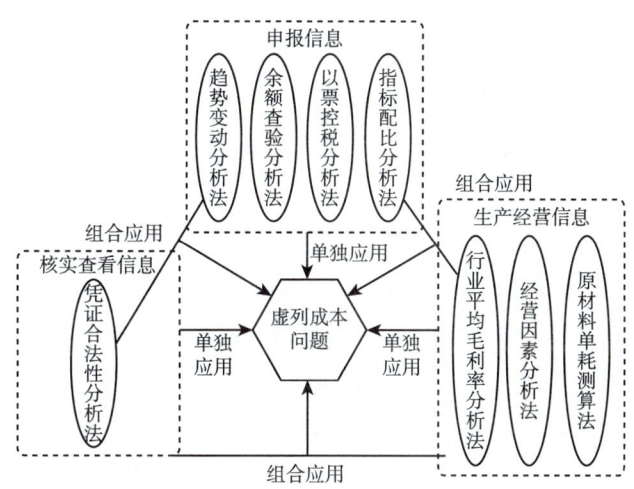

图2-4 虚增成本纳税评估分析导图

3.行业平均毛利率分析法，若企业毛利率水平明显低于同行业、同规模企业毛利率，则初步断定存在虚列成本的问题。

同时可运用：

4.经营因素分析法，若推算的成本费用小于企业申报的销售（营业）成本和期间费用，则初步断定存在虚列成本费用问题。

5.原材料单耗测算法，若单位产成品原材料耗用量大于同行业的单位产品原材料耗用量，则初步断定可能存在虚列、多列生产成本等问题。

三、常用涉税财务分析指标

（一）分类

1.趋势变动指标：主营业务收入（成本）变动率、营业费用（财务费用、管理费用）变动率、应收（付）账款变动率等。

2.偿债能力指标：流动比率、速动比率、资产负债率等。

3.盈利能力指标：销售毛利率、销售利润率、资产利润率、收入费用率等。

4.营运能力指标：总资产的周转率、流动资产周转率、存货周转率、应收账款周转率等。

（二）主要指标与应用举例

1. 获利能力指标——销售毛利率

（1）数据来源：利润表。

（2）计算公式：

销售毛利率＝（主营业务收入－主营业务成本）÷主营业务收入×100%

（3）分析：通过对销售毛利率的分析，可以看出销售收入是否与销售成本配比，是否存在成本多计、收入少计的问题。当计算出毛利率时，应当纵向与企业前期或去年同期比较，横向与同行业毛利率比较。

通过此指标分析，如果发现某企业的销售毛利不正常，可能存在以下问题：销售收入不实造成的（如重记漏记销售收入，金额记错，以及有意弄虚作假，隐匿或虚增销售收入等）；销售成本（商品进价）不准（如乱挤成本、乱摊费用、多转耗料或产品成本等）。当然，影响毛利率变动可能还有由于销售价格变动、销售产品结构变化、购料（进货）提降价格等客观原因造成的。

【案例2-1】某市税务局在纳税评估中提取该市甲行业部分生产企业财务数据及经营数据（单位：万元）。

（1）行业销售毛利率＝（18 780－15 400）÷18 780＝18%

A企业销售毛利率＝（540－490）÷540＝9.26%

B企业销售毛利率＝（650－520）÷650＝20%

（2）行业收入费用率＝1 130÷18 780＝6.02%

A企业收入费用率＝35÷540＝6.48%

B企业收入费用率=84÷650=12.92%

（3）行业能耗=23 100÷18 780=1.23

A企业能耗=650÷540=1.20

B企业能耗=1 320÷650=2.03

通过三个指标与行业均值对比分析发现：

（1）A企业销售毛利率明显低于行业平均水平，而费用和能耗指标与行业水平相当，说明其生产运作正常，可能存在隐瞒销售收入或虚增成本的情况，应进一步对购进成本进行核实；

（2）B企业销售毛利率略高于行业平均水平，从表面看运作正常，但其收入费用率和能耗指标均高于行业平均水平1倍左右，说明运营成本偏高，可能存在账外运作、成本与收益均未记入申报资料的情况，应进一步了解其生产工艺特点和实际经营水平。

2. 获利能力指标——销售利润率

（1）数据来源：利润表。

（2）计算公式：

销售利润率=利润总额÷销售收入净额×100%

（3）分析：将企业本期利润率与上期或上年同期、同行业进行比较，在企业生产经营正常情况下，如果毛利率没有多大变化，利润率却有下降，这可能是费用的问题，应把核查的重点放在费用上；如果期间费用率也没有多大变化，就要看营业外收支，找出影响利润率下降较大的因素作为核查方向。

3. 主营业务收入（成本）及三大期间费用变动率

（1）主营业务收入变动率。

①计算公式：

主营业务收入变动率=（评估期主营业务收入-基期主营业务收入）÷基期主营业务收入×100%

②数据来源：利润表。

（2）主营业务成本变动率。

①计算公式：

主营业务成本变动率=（评估期主营业务成本-基期主营业务成本）÷基期主营业务成本×100%

②数据来源：利润表。

（3）三大期间费用变动率。

①计算公式：

期间费用变动率=（评估期期间费用−基期期间费用）÷基期期间费用×100%

②数据来源：利润表。

综合分析：正常情况下，主营业务收入变动率、主营业务成本变动率二者同向且基本同步增减，比值接近1。若主营业务收入增幅小于主营业务成本增幅，且相差较大；或主营业务收入降幅大于主营业务成本降幅，且相差较大，则初步断定存在隐匿收入问题。

企业的管理费用基本稳定，不会随着收入的增加而增加，管理费用率应该与收入基本呈反向变化。营业费用越大，年营业收入增加，年营业费用率正常情况下应该基本稳定。当计算出收入费用率时，应当与企业前期或去年同期比较，与同行业收入费用率比较，分析企业是否存在成本费用多计、收入少计的问题。

【案例2-2】 成都市××药业有限公司，2013年5月注册成立，系增值税一般纳税人，经营范围为中药提取物和原料药的制造与销售。该公司主管部门为成都市××区国家税务局税源管理一科。该公司在2017年7月前主要以青蒿草为原料生产青蒿素。2017年7月停止生产青蒿素后，主要是买卖青蒿素。2017年7月起，主要以橙皮甙为主要原料生产地奥司明、甲基橙皮甙、甲基橙皮苷查尔酮。

利用现有的系统数据资源，从纳税申报信息层面计算指标进行纳税评估，利用财务报表项目逻辑关系进行涉税分析。该公司最近两年的财务数据如下：2015年末，该公司"存货"借方余额为443 747.54元，"预收账款"贷方余额为648 602元。

通过三个指标变动率对比分析发现：

2015年主营业务收入变动率=−6.97%

2015年主营业务成本变动率=−20.14%

2015年应纳增值税变动率=72.57%

疑点一：2015年主营业务收入比2014年减少6.97%，而2015年主营业务成本比2014年减少20.14%，为何成本比收入下降得快？

疑点二：在主营业务收入下降的情况下，为何应纳增值税上升了72.57%？

疑点三：2015年末有大量的预收账款存在，说明该公司的产品销量好，为何还是有大量的存货积压？

4. 应收账款变动率

（1）数据来源：资产负债表。

（2）计算公式：

应收账款变动率=（期末应收账款−期初应收账款）÷期初应收账款×100%

（3）分析：如果应收账款变动率增大，而销售收入减少，可能存在隐瞒收入、虚增成本的问题。

【案例2-3】 某企业2010年初应收账款为220万元，年末应收账款为420万元，该年度销售收入较上年同期减少100万元，利用应收账款变动率进行纳税评估。

应收账款变动率=（420−220）÷220×100%=90.9%

如果企业的应收账款核算准确，设定正常波动区间为±30%，当应收账款大幅度增加时，而销售收入却减少了，应进一步判断其销售实现和可能发生坏账的情况，以推断出该企业是否存在隐瞒收入、虚增成本等问题。如果是应收账款余额较大，应考虑是否存在关联交易问题。

5. 总资产周转率

（1）数据来源：资产负债表、利润表。

（2）计算公式：

总资产周转率=（利润总额+利息支出）÷资产平均总额×100%

或：总资产周转率=销售收入净额÷资产平均总额×100%

（3）分析：企业资产周转的快慢决定该企业的生产能力，周转越快说明销售能力越强。企业可以采取薄利多销的方式，加速资产周转，带来利润绝对额的增加，从而影响其获利能力。如果总资产周转率加快，而申报应纳税所得额减少，可能存在隐瞒收入、虚增成本的问题。

提示：经常和盈利指标一起使用，全面评价企业的盈利能力。

【案例2-4】 某企业2010年平均总资产为5 000万元，利润总额700万元，利息支出为120万元，申报应纳税所得额为231万元，该企业2009年平均总资产为5 300万元，利润总额为750万元，利息支出为70万元，申报应纳税所得额为247.5万元，利用总资产周转率进行纳税评估。

2010年总资产周转率=（700+120）÷5 000=16.4%

2009年总资产周转率=（750+70）÷5 300=15.5%

以上结果表明，该企业2010年总资产周转加快了，但是应纳税额减少了，企业可能存在隐瞒收入、虚增成本的问题。

6. 总资产周转率、资产利润率、销售利润年率三个指标配比分析

总资产周转率反映了总资产对企业生产的贡献率，是企业生产能力的表现；资产利润率是直接反映了总资产对企业利润的贡献率，是企业获利能力的体现；销售利润率是直接测算利润总额占销售总额的比重，也是企业获利能力的直接体现。

三个指标最终反映了企业的利润水平，将三个指标结合起来分析能更有效地对企业的真实情况作出判断，并能进一步分析企业是否存在少计收入、多列成本费用的问题。

如果总资产周转率提高，资产利润率和销售利润率反而下降，则说明企业可能存在隐匿收入、多列成本费用的问题。

【案例2-5】某企业2019年平均总资产为500万元，销售总额为150万元，利润总额为70万元，利息支出为12万元，申报应纳税所得额为231万元。该企业少上一年度平均总资产为530万元，销售总额为160万元，利润总额为75万元，利息支出为7万元，该年度申报应纳税所得额为275.5万元。利用总资产周转率、资产利润率、销售利润率三个指标进行配比分析。

2019年总资产周转率=（70+12）÷500×100%=16.4%

2018年总资产周转率=（75+7）÷530×100%=15.5%

2019年资产利润率=70÷500×100%=14%

2018年资产利润率=75÷530×100%=14.2%

2019年销售利润率=70÷150×100%=46.7%

2018年销售利润率=75÷160×100%=46.9%

2019年的资产周转率提高，申报应纳税所得额反而下降，说明企业在2019年的纳税申报中可能存在隐匿收入、多列成本费用的问题需要加强分析或进行进一步核实处理。

7. 流动资产周转率

（1）数据来源：资产负债表、利润表。

（2）计算公式：

流动资产周转率=销售收入净额÷流动资产平均占用余额

流动资产平均占用余额=（期初流动资产+期末流动资产）÷2

（3）分析：在一定时期内，流动资产周转率高，表明流动资产利用率越好。流动资产在生产和销售各阶段时占用的时间越短，会相对节约流动资产，相当扩大资产的投入，增强企业的盈利能力；延缓周转速度，需补充流动资金参加周转，形成资产的浪费，降低企业的盈利能力。因此，对流动资产的周转使用情况的分析最能体现纳税人的营运能力，从而推测出其实现收入的状况，有利于分析纳税人申报税额的真实性。

【案例2-6】 某公司2010年销售收入净额3 000万元，流动资产期初数610万元，期末数700万元，本年度申报所得税额50万元，该公司2009年销售收入净额3 100万元，流动资产期初数800万元，本年申报所得税额60万元，试利用流动资产周转率对该公司2010年纳税申报数据进行评估分析如下：

2010年流动资产周转率＝3 000÷[（610+700）÷2]＝458%

2009年流动资产周转率＝3 100÷[（800+610）÷2]＝440%

理论上，流动资产周转率提高会导致应纳所得税额增加。该公司2010年周转率提高但申报所得税额少了，表明该公司可能存在隐瞒收入。

8. 应收账款周转率

（1）数据来源：资产负债表、利润表。

（2）计算公式：

应收账款周转率＝销售收入净额÷平均应收账款（净额）

平均应收账款（净额）＝（期初应收账款净额+期末应收账款净额）÷2

（3）分析：周转率高说明企业资产的流动性强，企业短期债务的偿还能力提高，坏账损失减少；反之则说明企业短期偿债能力不足，资金过多积压在应收账款上，而发生资金周转困难。

特别提示：

应收账款周转率要与企业的经营方式结合分析，以下几种情况指标不能反映企业的实际情况：①季节性经营企业；②大量使用分期收款结算方式销售；③大量使用现金结算方式销售；④年末大量销售企业或年末销售大幅下降；⑤以外汇结算、汇率变动频繁企业。

9. 存货周转率

（1）数据来源：资产负债表、利润表。

（2）计算公式：

存货周转率=销货成本÷平均存货

平均存货=（期初存货总额+期末存货总额）÷2

（3）分析：存货平均水平一定的条件下，存货周转率越高，表明企业的销货成本数额增多，企业的销售能力加强，短期偿债能力增强。

存货周转率低，可能是企业采购过量、产品滞销，还有可能纳税人虚增存货。存货周转率高，说明企业存货周转能力强，但也不排除纳税人有意少记存货成本，虚增销货成本，人为减少利润。

【案例2-7】某企业2010年度申报数据中：期初存货成本为100万元，期末存货成本为180万元，主营业务成本为320万元，本期申报应纳税额为16.5万元；该企业2009年度期初存货成本为160万元，主营业务成本为240万元，该年度申报应纳税额为20万元，利用存货分析指标对其进行纳税评估。

2010年存货周转率=320÷（100+180）÷2=229%

2009年存货周转率=240÷（160+100）÷2=185%

以上结果表明，存货周转率加快了，但应纳税额减少了，则说明该企业可能存在_____？

注意：对存货周转率分析，结合销售收入变动率与存货周转率变动是否匹配来分析，如存货周转率增长较大，销售收入增长偏低，可能存在隐匿销售收入或虚列（增）成本情况。该指标主要适用商业企业和工业加工企业，至少房地产开发经营企业是不适用的。

因此，所以，税收风险管理之风险识别（分析）也不是财务分析！

第三章 __Chapter 3

银行业纳税风险特征库
（税种归集）

第一节　如何建立纳税风险（涉税疑点）特征库[①]

如何建立行业纳税评估（税收风险防控）模型？**模型就是建立标准，如果能建立科学准确的相关模型，就是把财税法规规定的应履行纳税义务进行集中抽象化体现**，换个角度讲，就是税法遵从度90%以上的行业或纳税人应该达到的标准。

建立模型的核心是四库建设［已纳税信息库、分析指标模型库、风险（疑点）特征库和政策法规库］，在已建立四库基础上，加强四库的勾稽衔接或整体综合应用，才能实现建模的目的。**四库中，分析指标预警值库是核心，是价值和技术含量最高的，其次就是涉税疑点（风险）特征库。**

一、什么是涉税疑点（风险）特征库？

对已经采集数据资料，运用相关模型及指标进行纳税评估分析后，分析结果与现行有效的法规政策规定进行评价和判断，形成的可能未按规定履行纳税义务情况，即涉税疑点（风险特征）的集合。

涉税疑点（风险特征）是指进行疑点核实或风险应对的或有事项，应对结果就是两个：存在或不存在不遵从行为。例如：对于纳税人某甲和某乙，甲存在A涉税疑点而不存在B涉税疑点，乙不存在A涉税疑点而存在B涉税疑点，甲乙都存在A涉税疑点而都不存在B涉税疑点等。

二、如何建立涉税疑点（风险）特征库？

1.对历年稽查核实或公安查办案件结果的归纳。定期对稽查核实或公安查办案件结果进行分类统计分析，将所有税收违法行为分别进行搜集和整理，建立查明违法事实的涉税疑点（风险）特征库。

2.对每年实施纳税评估疑点核实或税收风险应对的结果进行整理，分行业（按照经营流程或工艺）、分税种和分事项，分别建立涉税疑点（风险）特征库。

3.税收政策文件中重要事项的具体规定，如企业所得税的税前扣除标准等。

[①] 引自贾忠华著《纳税评估理论与实务（上下册）》的下册第七章第六节。

三、样本

下面首先以金融保险之银行业为例,介绍如何归集和整理各税种风险或涉税疑点;其次以乳制品行业为例,介绍如何按照生产工艺流程来归集和整理涉税疑点(风险);最后是如何建立专题事项涉税疑点(风险)特征库。

(一)税种涉税疑点(风险)特征库

1. 增值税

涉税疑点: 一般纳税人企业盘亏贵金属可能未按规定进项税额转出。

应对指引: 查核"待处理财产损溢""贵金属",联查"应交税金——应交增值税(进项税额转出)"。

政策依据:

《中华人民共和国增值税暂行条例》(国务院令2008年第538号)第十条

2. 消费税

涉税疑点: 在自营贵金属实物销售中销售金银等应税消费品可能未计提缴纳消费税。

政策依据:

《中华人民共和国消费税暂行条例》(国务院令2008年第539号)规定,金银首饰需在零售环节征收5%的消费税,收藏类金银则不属于消费税征收范围。

3. 城市维护建设税

涉税疑点: 查(补)增值税、消费税时,存在可能未同时缴纳城市维护建设税。

应对指引: 重点核查"应交税费"科目,是否存在"两税"未同时缴纳情况,重点核实自查报告及处理决定书,以及补缴城市维护建设税情况,看企业是否在查补增值税后及时补缴城市维护建设税,以前年度损益调整及应交税费。

政策依据:

原《城市维护建设税暂行条例》(国发〔1985〕19号,现已全文废止)第三条
《中华人民共和国城市维护建设税法》(主席令第五十一号)第二条

4. 企业所得税

涉税疑点: 是否按标准提取贷款损失准备金。

税法规定涉农贷款和中小企业贷款损失准备按五级分类提取：正常类贷款（不计提）、关注类贷款（2%）、次级类贷款（25%）、可疑类贷款（50%）、损失类贷款（100%）。

应对指引：查核企业是否按标准提取，有无将正常类贷款提取了准备金。

政策依据：

《财政部 国家税务总局关于金融企业涉农贷款和中小企业贷款损失准备金税前扣除政策的通知》（财税〔2009〕99号，现已全文废止）

《财政部 国家税务总局关于延长金融企业涉农贷款和中小企业贷款损失准备金税前扣除政策执行期限的通知》（财税〔2011〕104号，现已全文废止）

5. 个人所得税

涉税疑点：企业为职工缴纳的补充养老保险（年金）是否存在未按规定代扣代缴个人所得税的情况。

应对指引：重点核查"应付职工薪酬——补充养老保险（年金）"看是否存在企业为职工缴纳的年金未按规定代扣代缴个人所得税的问题。

政策依据：

《国家税务总局关于企业年金个人所得税征收管理有关问题的通知》（国税函〔2009〕694号，现已全文废止）

《国家税务总局关于单位为员工支付有关保险缴纳个人所得税问题的批复》（国税函〔2005〕318号）

《国家税务总局关于企业年金个人所得税有关问题补充规定的公告》（国家税务总局公告2011年第9号，现已全文废止）

《财政部 人力资源社会保障部 国家税务总局关于企业年金 职业年金个人所得税有关问题的通知》（财税〔2013〕103号）

6. 印花税

涉税疑点：银行及其他非银行金融机构对中国人民银行各级机构向其发放的各种期限的贷款（不包括日拆性贷款即二十天内的贷款）不属于银行同业拆借，在签订时可能未按借款金额依"借款合同"税目计税贴花。

应对指引：查核银行及其他非银行金融机构对中国人民银行各级机构向其发放的各种期限的贷款（不包括日拆性贷款即二十天内的贷款）不属于银行同业拆借，除另有规定外，在签订时是否按借款金额依"借款合同"税目计税贴花。

政策依据：

《国家税务局关于中国人民银行向专业银行发放贷款所签合同征免印花税问题的批复》（国税函发〔1993〕705号，现已全文废止）

《国家税务总局关于实施〈中华人民共和国印花税法〉等有关事项的公告》（国家税务总局公告2022年第14号）

7. 房产税

涉税疑点：具备房屋功能的地下建筑是否按税法规定申报缴纳房产税。

应对指引：查核企业所有的、使用的在房产税征税范围内具备房屋功能的地下建筑，包括与地上房屋相连的地下建筑以及完全建在地面以下的建筑、地下人防设施等（如房屋的地下室、地下停车场、商场的地下部分等，应将地下部分与地上房屋视为一个整体，按照地上房屋建筑的有关规定计算征收房产税），除免税外是否按税法规定申报缴纳房产税。

上述具备房屋功能的地下建筑是指有屋面和维护结构，能够遮风避雨，可供人们在其中生产、经营、工作、学习、娱乐、居住或储藏物资的场所。

政策依据：

《财政部 国家税务总局关于具备房屋功能的地下建筑征收房产税的通知》（财税〔2005〕181号）第一条

8. 城镇土地使用税

涉税疑点：直接承租房屋土地，其土地属集体土地是否按规定申报城镇土地使用税。

按规定在城镇土地使用税征税范围内第一承租使用应税集体所有建设用地、未办理土地使用权流转手续的，由第一承租使用集体土地的单位纳税。

应对指引：核查承租房屋土地的合同，其土地是否属集体土地、集体所有建设用地或未办理土地使用权流转手续的，由第一承租使用集体土地的银行机构纳税。

政策依据：

《财政部 国家税务总局关于集体土地城镇土地使用税有关政策的通知》（财税〔2006〕56号）

9. 土地增值税

涉税疑点：以土地（房地产）作价入股进行投资或联营的，凡所投资、联营的企业从事房地产开发的是否未缴纳土地增值税。

应对指引：重点核查"投资性房地产""长期投资"科目，是否存在未依照法律、法规纳税情况。

政策依据：

《中华人民共和国土地增值税暂行条例》（国务院令第138号）

《财政部 国家税务总局关于土地增值税若干问题的通知》（财税〔2006〕21号）第五条

10. 契税

涉税疑点：将抵债入账的土地使用权转为自用，申报缴纳契税计税依据明显低于抵债入账价值，可能少缴纳契税。

应对指引：审阅"抵债资产——土地使用权"明细账，是否存在土地使用权减少的同时固定资产增加。发生契税纳税义务，是否按规定向土地、房屋所在地的契税征收机关办理纳税申报，并在契税征收机关核定的期限内缴纳税款。

政策依据：

《中华人民共和国契税法》（主席令第五十二号）

《财政部 国家税务总局关于土地使用权转让契税计税依据的批复》（财税〔2007〕162号，现已全文废止）

《财政部 税务总局关于贯彻实施契税法若干事项执行口径的公告》（财政部 税务总局公告2021年第23号）

（二）经营流程或工艺涉税疑点（风险特征）库

1. 乳制品行业原料采购环节涉税疑点

企业取得购进的农产品原材料一次性做进项税抵扣，是否未按农产品增值税进项税额核定扣除办法计算抵扣进项税额风险。

涉及税种：增值税、城市维护建设税及教育费附加。

风险描述：以购进农产品为原料生产销售液体乳及乳制品的增值税一般纳税人，其购进农产品无论是否用于生产上述产品，均应按相关规定核定扣除抵扣进项税额。部分乳制品企业可能存在未按农产品增值税进项税额核定扣除办法计算抵扣进项税风险。

应对指引：审核原奶购进记账凭证、原始凭证及"原材料""应交税金——应交增值税（进项税额）"科目，核查是否存在未按含税价将进项税额计入采购成本，而是一次性抵扣进项税额的情形。

政策依据：

《财政部 国家税务总局关于在部分行业试行农产品增值税进项税额核定扣除办法的通知》（财税〔2012〕38号，相关扣除率有调整）

《财政部 国家税务总局关于扩大农产品增值税进项税额核定扣除试点行业范围的通知》（财税〔2013〕57号）

《财政部 国家税务总局关于简并增值税税率有关政策的通知》（财税〔2017〕37号）

《财政部关于贯彻执行〈中华人民共和国城市维护建设税暂行条例〉几个具体

问题的规定》(财税〔1985〕69号)第七条

《国务院关于修改〈征收教育费附加的暂行规定〉的决定》(国务院令第448号)第三条

2. 乳制品行业产品生产环节涉税疑点

(1) 企业可能涉及增值税进项税额未转出的风险。

风险描述：

①用于简易计税方法计税项目、免征增值税项目、集体福利或者个人消费的购进货物、加工修理修配劳务、服务、无形资产和不动产。其中涉及的固定资产、无形资产、不动产，仅指专用于上述项目的固定资产、无形资产（不包括其他权益性无形资产）、不动产；

②非正常损失的购进货物，以及相关的加工修理修配劳务和相关服务；

③非正常损失的在产品、产成品所耗用的购进货物、加工修理修配劳务和相关服务；

④购进贷款服务、餐饮服务、居民日常服务和娱乐服务；

⑤财政部和国家税务总局规定的其他情形。

应对指引： 审核"应交税费——应交增值税（进项税额转出）"科目，结合增值税申报表分析是否按照规定做进项税额转出；结合增值税专用发票抵扣联备查簿，筛选出可能用于上述项目的进项税发票，询问其具体用途。

政策依据：

《财政部 国家税务总局关于全面推开营业税改征增值税试点的通知》(财税〔2016〕36号)

《财政部关于贯彻执行〈中华人民共和国城市维护建设税暂行条例〉几个具体问题的规定》(财税〔1985〕69号)第七条

《国务院关于修改〈征收教育费附加的暂行规定〉的决定》(国务院令第448号)第三条

(2) 企业发生的资产损失未按相关规定在企业所得税税前扣除的风险。

风险描述： 企业发生的存货等资产损失在企业所得税税前扣除时未按相关规定进行申报等风险。

应对指引： 审核"各类资产科目""其他应收款""管理费用""营业外支出""坏账准备""待处理财产损溢""以前年度损益调整""企业所得税年度申报表（资产损失在企业所得税税前扣除及纳税调整明细表）"等，结合各类资产有关会计核算资料和原始凭证，如资产盘点表、相关经济行为合同、企业内外部鉴定核批资产损失文件资料、对责任人造成损失的责任认定及赔偿情况说明等；确认资产损失证据的真实性、合法合理性；根据年度汇算清缴申报表资产损失申报数据核查资产损失是否属于税法规定允许在企业所得税税前扣除内容；是否存在以后纳税年度收回未计入当期收入影响应纳税所得额情况；是否存在未按要求进行清单或专项申报情况；审核资产损失实际发生年度是否存在不按要求追补损失扣除等情况。

政策依据：

《中华人民共和国企业所得税法》（主席令第六十三号）第八条

《中华人民共和国企业所得税法实施条例》（国务院令第512号）第三十二条

《财政部 国家税务总局关于企业资产损失税前扣除政策的通知》（财税〔2009〕57号）

《国家税务总局关于发布〈企业资产损失所得税税前扣除管理办法〉的公告》（国家税务总局公告2011年第25号）

《国家税务总局关于商业零售企业存货损失税前扣除问题的公告》（国家税务总局公告2014年第3号）

3. 乳制品行业产品销售环节涉税疑点

企业可能存在未按照税法规定及时确认收入的风险。

涉及税种： 企业所得税、增值税、城市维护建设税、教育费附加。

风险描述： 乳制品企业收入主要为销售产品收入，根据商品所有权上的主要风险和报酬转移确认收入。

企业销售商品收入确认时间的具体判断标准：

①公司已将商品所有权上的主要风险和报酬转移给购买方；

②公司既没有保留与所有权相联系的继续管理权，也没有对已售出的商品实施有效控制；

③收入的金额能够可靠地计量；

④相关的经济利益很可能流入企业；

⑤相关的已发生或将发生的成本能够可靠地计量时，确认商品销售收入实现。

而税法规定与会计的不一致，可能导致企业不及时计入收入科目，少缴增值税、所得税。

应对指引： 审核"主营业务收入""营业外收入""库存商品""发出商品""委托代销商品""银行存款""现金""应付账款""预收账款""其他应收款"账面的相关内容进行比对分析核实，查看行业内部考核办法及相关考核数据，企业的银行对账单、现金日记账、仓库实物账、销售合同等相关资料。核实收入是否具备真实性、完整性。重点是各种主营业务收入有无故意压低售价转移收入的行为；有无将已实现的收入长期挂往来账或干脆置于账外而不确认收入的情况；重点审核"发出商品"科目,查看对应的销售方式,通过核查看是否存在未按照规定计提销项税额的情形,有无未按税法规定及时确认收入等。

政策依据:

《企业会计准则第14号——收入》(财会〔2017〕22号)

《中华人民共和国增值税暂行条例》(国务院令第538号)第十九条

《中华人民共和国增值税暂行条例实施细则》(财政部令第65号)第三十八条

《中华人民共和国企业所得税法》(主席令第六十三号)第六条

《中华人民共和国企业所得税法实施条例》(国务院令第512号)第十四条

《国家税务总局关于确认企业所得税收入若干问题的通知》(国税函〔2008〕875号)

《财政部关于贯彻执行〈中华人民共和国城市维护建设税暂行条例〉几个具体问题的规定》(财税字〔1985〕69号)

《国务院关于修改〈征收教育费附加的暂行规定〉的决定》(国务院令第448号)第三条

(三)专题事项涉税疑点(风险)特征库

房地产开发经营企业土地闲置费扣除的税务处理:

1. 土地闲置费用

《闲置土地处置办法》(国土资源部令第5号)第二条规定:

> 本办法所称闲置土地,是指土地使用者依法取得土地使用权后,未经原批准用地的人民政府同意,超过规定的期限未动工开发建设的建设用地。
> 具有下列情形之一的,可以认定为闲置土地:
> (一)国有土地有偿使用合同或者建设用地批准书未规定动工开发建设日期,自国有土地有偿使用合同生效或者土地行政主管部门建设用地批准书颁发之日起满1年未动工开发建设的;
> (二)已动工开发建设,但开发建设的面积占应动工开发建设总面积不足1/3,或者已投资额占总投资额不足25%,且未经批准中止开发建设连续满1年的;
> (三)法律、行政法规规定的其他情形。

2. 土地闲置费用的收费标准

《闲置土地处置办法》第四条规定:

在城市规划区范围内，以出让等有偿使用方式取得土地使用权进行房地产开发的闲置土地，超过出让合同约定的动工开发日期满1年未动工开发的，可以征收相当于土地使用权出让金20%以下的土地闲置费；满2年未动工开发时，可以无偿收回土地使用权。

目前，各地方政府均制定了具体的实施办法。土地闲置费根据土地性质按照不同类别比例收取，例如某市规定，逾期不开发的住宅用地征收土地闲置费为合同地价或者基准地价的8%，逾期不开发的港口、码头、陆路交通运输站场、工业、仓储等工业用地按原合同地价的20%征收土地闲置费。

3. 土地闲置费用的税务处理

房地产企业如果发生了土地闲置费用，在进行企业所得税和土地增值税处理时，需要注意两者的区别。

（1）土地增值税的处理。
《国家税务总局关于土地增值税清算有关问题的通知》（国税函〔2010〕220号）规定：

房地产企业逾期开发缴纳的土地闲置费不得扣除。

（2）企业所得税的处理。
《房地产开发经营业务企业所得税处理办法》（国税发〔2009〕31号）第二十二条规定：

企业因国家无偿收回土地使用权而形成的损失，可作为财产损失按有关规定在企业所得税税前扣除。

第二十七条规定：

开发产品计税成本支出的内容如下：（一）土地征用费及拆迁补偿费。指为取得土地开发使用权（或开发权）而发生的各项费用，主要包括土地买价或出让金、大市政配套费、契税、耕地占用税、土地使用费、土地闲置费、土地变更用途和超面积补交的地价及相关税费、拆迁补偿支出、安置及动迁支出、回迁房建造支出、农作物补偿费、危房补偿费等。

第二节 流转税纳税风险

流转税(commodity turnover tax；goods turnover tax)又称流转课税、流通税，指以纳税人商品生产、流通环节的流转额或者数量以及非商品交易的营业额为征税对象的一类税收。营业税改征增值税后，中国的流转税还有三个税种：增值税、消费税和关税，同时以增值税和消费税已纳税额为计税依据征收城市维护建设税及各项附加。本节是归集整理银行业流转税纳税风险特征库，未穷尽但归集整理典型的纳税风险点共计38个，按照纳税风险事项名称、风险描述、应对指引和政策依据的格式阐述，分别包括增值税纳税风险点35个，消费税纳税风险点1个和城市维护建设税纳税风险点2个，供参考使用。

一、增值税纳税风险

1. 揽储性质的奖励支出，未视同销售缴纳增值税风险。

风险描述：银行为了吸存、贷款、办卡、鼓励刷卡消费，经常采取积分换礼活动，只要客户存贷一定款项或进行刷卡消费就赠送礼品。所以该支出是应视同销售缴纳增值税的。

应对指引：重点查核企业是否对该赠送业务作视同销售缴纳增值税。

政策依据：

《增值税暂行条例实施细则》(财政部令第65号)第四条规定：

> 单位或者个体工商户的下列行为，视同销售货物：
> ……
> (八)将自产、委托加工或者购进的货物无偿赠送其他单位或者个人。

2. 银行开展个人实物黄金交易业务，未按规定缴纳增值税风险。

应对指引：重点核对银行实物黄金销售清单、单价计算并与银行应税收入核对，也可通过系统查销售数量及收入，查明是否有漏报的应税销售收入。

政策依据：

《国家税务总局关于金融机构销售贵金属增值税有关问题的公告》(国家税务总局公告2013年第13号)

《国家税务总局关于金融机构开展个人实物黄金交易业务增值税有关问题的通

知》（国税发〔2005〕178号）

3. 出售自己使用过的固定资产，未按规定缴纳增值税风险。

政策依据：

《财政部 国家税务总局关于全国实施增值税转型改革若干问题的通知》（财税〔2008〕170号）规定：

> 四、自2009年1月1日起，纳税人销售自己使用过的固定资产（以下简称已使用过的固定资产），应区分不同情形征收增值税：
>
> （一）销售自己使用过的2009年1月1日以后购进或者自制的固定资产，按照适用税率征收增值税；
>
> （二）2008年12月31日以前未纳入扩大增值税抵扣范围试点的纳税人，销售自己使用过的2008年12月31日以前购进或者自制的固定资产，按照4%征收率减半征收增值税；[①]
>
> （三）2008年12月31日以前已纳入扩大增值税抵扣范围试点的纳税人，销售自己使用过的在本地区扩大增值税抵扣范围试点以前购进或者自制的固定资产，按照4%征收率减半征收增值税；销售自己使用过的在本地区扩大增值税抵扣范围试点以后购进或者自制的固定资产，按照适用税率征收增值税。
>
> 本通知所称已使用过的固定资产，是指纳税人根据财务会计制度已经计提折旧的固定资产。

《财政部 国家税务总局关于部分货物适用增值税低税率和简易办法征收增值税政策的通知》（财税〔2009〕9号）第二条第（一）项

《国家税务总局关于增值税简易征收政策有关管理问题的通知》（国税函〔2009〕90号）

4. 银行向非居民企业支付应税服务款项，未按规定代扣代缴增值税风险。

应对指引： 核实营改增后银行对外汇款记录中是否存向非居民支付应税服务款项时，未代扣代缴增值税的情况。

政策依据：

《财政部 国家税务总局关于在全国开展交通运输业和部分现代服务业增值税改征增值税试点税收政策的通知》（财税〔2013〕37号，现已全文废止）附件一的第一

[①] 飞狼财税通编注：根据财税〔2014〕57号《财政部 国家税务总局关于简并增值税征收率政策的通知》，本项 "按照简易办法依照4%征收率减半征收增值税" 自2014年7月1日起调整为 "按照简易办法依照3%征收率减按2%征收增值税"。

条和第六条

5. 一般纳税人企业盘亏贵金属，未按规定进项转出风险。

应对指引： 查核"待处理财产损溢""贵金属"，联查"应交税金——应交增值税（进项税额转出）"。

政策依据：

《中华人民共和国增值税暂行条例》（国务院令2008年第538号）第十条

6. 代销贵金属，未视同销售申报缴纳增值税风险。

政策依据：

《中华人民共和国增值税暂行条例实施细则》（财政部令第65号）第四条

7. 一般纳税人处置已抵扣进项税额的动产（如办公设备等）收入，未按税法规定缴纳增值税。

应对指引： 查核"固定资产清理""营业外收入"科目，查核一般纳税人企业处置应税固定资产，是否按规定计缴增值税销项税额。

政策依据：

《财政部 国家税务总局关于全国实施增值税转型若干改革问题的通知》（财税〔2008〕170号）

《国家税务总局关于一般纳税人销售自己使用过的固定资产增值税有关问题的公告》（国家税务总局公告2012年第1号）

《国家税务总局关于营业税改征增值税试点期间有关增值税问题的公告》（国家税务总局公告2015年第90号）规定：

> 纳税人销售自己使用过的固定资产，适用简易办法依照3%征收率减按2%征收增值税政策的，可以放弃减税，按照简易办法依照3%征收率缴纳增值税，并可以开具增值税专用发票。

8. 进项税抵扣不规范，存在少缴增值税风险。

应对指引： 审核不得从销项税额中抵扣的项目，如：用于非增值税应税项目、免征增值税项目、集体福利或者个人消费的购进货物或者应税劳务等。

政策依据：

《国家税务总局关于金融机构销售贵金属增值税有关问题的公告》（国家税务总局公告2013年第13号）

《中华人民共和国增值税暂行条例》（国务院令2008年第538号）规定：

> 第九条 纳税人购进货物、劳务、服务、无形资产、不动产，取得的

增值税扣税凭证不符合法律、行政法规或者国务院税务主管部门有关规定的，其进项税额不得从销项税额中抵扣。

第十条 下列项目的进项税额不得从销项税额中抵扣：

（一）用于简易计税方法计税项目、免征增值税项目、集体福利或者个人消费的购进货物、劳务、服务、无形资产和不动产；

（二）非正常损失的购进货物，以及相关的劳务和交通运输服务；

（三）非正常损失的在产品、产成品所耗用的购进货物（不包括固定资产）、劳务和交通运输服务；

（四）国务院规定的其他项目。

9. 无偿赠送金银制品，未按规定缴纳增值税风险。

政策依据：

《中华人民共和国增值税暂行条例实施细则》（财政部令第65号）第四条

10. 银行业务宣传对外赠送礼品，未视同销售少申报缴纳增值税风险。

政策依据：

《中华人民共和国增值税暂行条例实施细则》（财政部令第65号）第四条规定：

单位或个体经营者的下列行为，视同销售货物：

（一）将货物交付他人代销；（二）销售代销货物；（三）设有两个以上机构并实行统一核算的纳税人，将货物从一个机构移送其他机构用于销售，但相关机构设在同一县（市）的除外；（四）将自产或委托加工的货物用于非应税项目；（五）将自产、委托加工或购买的货物作为投资，提供给其他单位或个体经营者；（六）将自产、委托加工或购买的货物分配给股东或投资者；（七）将自产、委托加工的货物用于集体福利或个人消费；（八）将自产、委托加工或购买的货物无偿赠送他人。

11. 金融机构未按利息收入的全额计征增值税，加息、罚息、罚款等价外费用未计算缴纳增值税风险。

应对指引： 重点核查"应收利息"科目，看金融机构是否按利息收入的全额计征增值税（包括加息、罚息、罚款等价外费用）。

政策依据：

《中华人民共和国增值税暂行条例实施细则》（财政部令第65号）第十二条规定：

条例第六条所称价外费用，是指价外向购买方收取的手续费、补贴、基金、集资费、返还利润、奖励费、违约金（延期付款利息）、包装费、包装物租金、储备费、优质费、运输装卸费、代收款项、代垫款项及其他各种性质的价外收费。

12. 金融企业从事代收业务，如代收电话费、水电煤气费、交通违章罚款等，手续费收入未按税法规定计算缴纳增值税风险。

应对指引：重点核查金融企业从事代收业务，如代收电话费、水电煤气费、交通违章罚款等，是否按税法规定以全部收入减去支付给委托方价款后的余额为营业额。

13. 已冲减了利息收入的应收未收利息，以后年度收回时，未及时计入当期收入计算缴纳增值税。

应对指引：核对企业利息收入中是否包含以前逾期放在表外的利息又收回而未缴增值税。

政策依据：

《国家税务总局关于金融企业贷款利息收入确认问题的公告》（国家税务总局公告2010年第23号）

14. 银行出售抵押房产，未按规定缴纳增值税风险。

应对指引：核实银行营业外收入中是否有出售不动产未纳增值税行为。

15. 将金融机构之间提供服务取得的收入计入金融机构往来收入，未按规定缴纳增值税风险。

应对指引：核实金融机构往来收入中是否混有金融机构之间相互提供服务而取得的收入，从而漏缴增值税。存中央银行存款利息收入、存放同业款项利息收入、拆放同业款项利息收入是免税收入。

政策依据：

《财政部 国家税务总局关于金融业若干征税问题的通知》（财税〔2000〕191号）

16. 向储户收取的账户年费、信用卡年费等，未按规定缴纳增值税风险。

政策依据：

《中华人民共和国增值税暂行条例实施细则》（财政部令第65号）第十二条

17. 营业机构取得的支票、结算凭证、U盾数字证书等销售收入之间冲减了营业经费，未计收入缴纳增值税风险。

政策依据：

《中华人民共和国增值税暂行条例实施细则》（财政部令第65号）第十二条

18. 将ATM机、POS机手续费收入冲减了支付银联费用或POS机租金后计算收入额，存在少缴增值税风险。

政策依据：

《中华人民共和国增值税暂行条例实施细则》（财政部令第65号）规定：

第十二条　条例第六条第一款所称价外费用，包括价外向购买方收取的手续费、补贴、基金、集资费、返还利润、奖励费、违约金、滞纳金、延期付款利息、赔偿金、代收款项、代垫款项、包装费、包装物租金、储备费、优质费、运输装卸费以及其他各种性质的价外收费。但下列项目不包括在内：

（一）受托加工应征消费税的消费品所代收代缴的消费税。

（二）同时符合以下条件的代垫运输费用：

1. 承运部门的运输费用发票开具给购买方的；

2. 纳税人将该项发票转交给购买方的。

（三）同时符合以下条件代为收取的政府性基金或者行政事业性收费：

1. 由国务院或者财政部批准设立的政府性基金，由国务院或者省级人民政府及其财政、价格主管部门批准设立的行政事业性收费；

2. 收取时开具省级以上财政部门印制的财政票据；

3. 所收款项全额上缴财政。

（四）销售货物的同时代办保险等而向购买方收取的保险费，以及向购买方收取的代购买方缴纳的车辆购置税、车辆牌照费。

19. 将一般贷款的利息收入混入助学贷款利息收入，存在少缴增值税风险。

应对指引： 逐笔核实助学贷款合同是否手续齐全，并核实其利息收入入账情况。

政策依据：

《财政部 国家税务总局关于全面推开营业税改征增值税试点的通知》（财税〔2016〕36号）附件3《营业税改征增值税试点过渡政策的规定》规定：

提供国家助学贷款获得的利息收入，免征增值税。

20. 将一般贷款的利息收入混入专项国债转贷利息收入，存在少缴增值税风险。

应对指引： 逐笔核实专项国债转贷合同是否手续齐全，并核实贷款利息收入科目。

政策依据：

《财政部 国家税务总局关于国债转贷利息收入免征营业税的通知》（财税〔1999〕220号，营改增后，增值税免税政策平移）

21. 将一般贷款的利息收入混入农户小额贷款利息收入，存在少缴增值税风险。

应对指引：农户小额贷款必须有单独软件区分出单笔或累计不超过5万元的贷款，可以免税，否则征税。

政策依据：

《财政部 国家税务总局关于农村金融有关税收政策的通知》（财税〔2010〕4号，现已全文废止）

22. 金融机构出租固定资产、出租无形资产的租金收入（如POS机终端出租租赁收入），未按税法规定及时缴纳增值税风险。

应对指引：查核金融机构是否有出租固定资产、出租无形资产的租金收入（如POS机终端出租租赁收入）未按税法规定及时缴纳增值税。

政策依据：

《国家税务总局关于发布〈纳税人提供不动产经营租赁服务增值税征收管理暂行办法〉的公告》（国家税务总局公告2016年第16号）

23. 企业的价外费用未并入营业额，未缴纳增值税风险。

应对指引：包括收取的手续费、补贴、基金、集资费、返还利润、奖励费、违约金、滞纳金、延期付款利息、赔偿金、代收款项、代垫款项、罚息及其他各种性质的价外收费，核查企业应收账款及应收滞纳科目收到时的确认方式。

政策依据：

《中华人民共和国增值税暂行条例实施细则》（财政部令第65号）第十二条

24. 收取的会员费、席位费、资格保证金和其他类似费用款项，没有按收讫款项或者取得索取这些费用款项凭据的当天确认收入，存在未及时缴增值税（滞纳金）风险。

政策依据：

《中华人民共和国增值税暂行条例实施细则》（财政部令第65号）第十二条

25. 未在金融商品所有权转移之日确认转让金融商品的收入，存在未及时缴纳增值税（滞纳金）风险。

应对指引：核实企业是否按期确认增值税纳税义务发生时间，是否按期缴纳增值税。债券投资买卖损益、股权投资买卖损益、贵金属买卖损益、衍生金融工具损益、其他投资收益、汇兑损益等。

政策依据：

《国家税务总局关于印发〈金融保险业营业税申报管理办法〉的通知》（国税发

〔2002〕9号，现已全文废止，依据此文件确定增值税纳税义务发生时间）

26. 国债提前支取手续费收入，未及时计算缴纳增值税风险。

应对指引：重点核查"手续费及佣金收入"明细科目，看是否足额缴纳增值税。

政策依据：

《财政部 国家税务总局关于金融业若干征税问题的通知》（财税字〔2000〕191号）规定：

> 银行代发行国债取得的手续费收入，由各银行总行按向财政部收取的手续费全额缴纳增值税，对各分支机构来自于上级行的手续费收入不再征收增值税。

27. 未准确区分国家助学贷款利息收入和商业助学贷款利息收入，导致少计应税收入，存在少缴增值税风险。

应对指引：重点核查"各项贷款利息收入"明细科目，看是否足额缴纳增值税。

政策依据：

《财政部 国家税务总局关于全面推开营业税改征增值税试点的通知》（财税〔2016〕36号）附件3《营业税改征增值税试点过渡政策的规定》规定：

> 提供国家助学贷款获得的利息收入，免征增值税。

28. 银行业代理国债发行与兑付手续费收入，未计缴增值税风险。

应对指引：重点核查"手续费及佣金收入"明细科目，看是否足额缴纳增值税。

政策依据：

《财政部 国家税务总局关于对银行代发行国债手续费收入征收营业税执行时间的批复》（财税〔2001〕12号，据此文件确定增值税纳税义务发生时间）

29. 银行业提前还贷违约金收入，未按规定计缴增值税风险。

政策依据：

《中华人民共和国增值税暂行条例实施细则》（财政部令第65号）第十二条

30. 以其他名义收取的利息费用或其他价外收费，未按规定计缴增值税风险。

政策依据：

《中华人民共和国增值税暂行条例实施细则》（财政部令第65号）第十二条

31. 金融机构未按合同约定的利率和应收利息时间（即结息日）计算确认利息收入申报缴纳增值税风险。

应对指引：查核金融机构是否按合同约定的利率和应收利息时间（即结息日）计算确认利息收入申报缴纳增值税。如果按会计上以资产负债表日与实际利率法

（不是合同约定的利率）计算确认收入申报缴纳增值税的，会造成税会确认收入的差异，应进行纳税调整。发放贷款后，凡在合同约定结息日起，逾期90天（含90天）以内的应收未收利息，均应按上述规定申报缴纳增值税。

政策依据：
《国家税务总局关于金融企业贷款利息收入确认问题的公告》（国家税务总局公告2010年第23号）规定：

一、金融企业按规定发放的贷款，属于未逾期贷款（含展期，下同），应根据先收利息后收本金的原则，按贷款合同确认的利率和结算利息的期限计算利息，并于债务人应付利息的日期确认收入的实现；属于逾期贷款，其逾期后发生的应收利息，应于实际收到的日期，或者虽未实际收到，但会计上确认为利息收入的日期，确认收入的实现。

二、金融企业已确认为利息收入的应收利息，逾期90天仍未收回，且会计上已冲减了当期利息收入的，准予抵扣当期应纳税所得额。

三、金融企业已冲减了利息收入的应收未收利息，以后年度收回时，应计入当期应纳税所得额计算纳税。

32. 金融机构发放贷款后，贷款应收利息在合同约定结息日起，逾期超过90天应收未收利息或贷款本金到期（含展期）后尚未收回产生的应收未收利息，在表外核算的，实际收到利息时，未按照税法规定及时申报缴纳增值税风险。

应对指引：查核金融机构发放贷款后，贷款应收利息在合同约定结息日起，逾期超过90天应收未收利息或贷款本金到期（含展期）后尚未收回产生的应收未收利息，在表外核算（包括表外核算的应收未收利息的复利）的，实际收到利息时是否按照税法规定及时申报缴纳增值税，有无长期挂账未申报缴纳增值税。

政策依据：
同上。

33. 金融机构以货币资金投资但收取固定利润或保底利润的行为，也属于贷款业务，未按税法规定计征增值税风险。

应对指引：查核金融机构以货币资金投资但收取固定利润或保底利润的行为，也属于贷款业务，是否按税法规定计征增值税。

政策依据：
《国家税务总局关于印发〈金融保险业营业税申报管理办法〉的通知》（国税发〔2002〕9号，现已全文废止）第五条

34. 金融机构取得再贴现、转贴现业务利息收入，计征增值税，多缴增值税。

应对指引：查核金融机构是否有再贴现、转贴现业务混入贴现业务，把转贴现业务利息收入计征增值税。按税法规定，金融机构从事再贴现、转贴现业务取得的收入，属于金融机构往来，暂不征收增值税。

政策依据：

《财政部 国家税务总局关于金融业征收营业税有关问题的通知》（财税字〔1995〕79号）第一条

《财政部 国家税务总局关于转发〈国务院关于调整金融保险业税收政策有关问题的通知〉的通知》（财税字〔1997〕45号）第六条

35. 金融机构金融商品转让业务，未按卖出价减买入价后的余额为增值税的计税依据缴纳增值税风险。

应对指引：查核金融机构金融商品转让业务是否按卖出价减买入价后的余额为增值税的计税依据。卖出价和买入价分别是指卖出原价和买入原价，买入原价不得包括购进过程中支付的各种费用和税金，卖出原价不得扣除卖出过程中支付的任何费用和税金。重点查核股票和债券买入价是否依照财务会计制度规定，以股票、债券的购入原价减去股票、债券持有期间取得的股票、债券红利收入的余额确定（即股票、债券持有期间取得的股息、红利、利息收入是否按规定缴纳增值税）。

政策依据：

《国家税务总局关于印发〈金融保险业营业税申报管理办法〉的通知》（国税发〔2002〕9号，现已全文废止）第十四条

《财政部 国家税务总局关于营业税若干政策问题的通知》（财税〔2003〕16号）第三条第（八）项

《财政部 国家税务总局关于国有独资商业银行承购金融资产管理公司发行的专项债券利息收入免征税收问题的通知》（财税〔2001〕152号，现已全文废止）。

二、消费税

金银首饰在零售环节征收消费税，银行的零售金银视作金银首饰销售，存在未计缴消费税风险。

应对指引：企业存在金银首饰等消费税应税商品销售业务的情况下，重点核实销售收入或其他业务收入、应交税费等科目，看是否正确计算申报缴纳消费税。

政策依据：

《中华人民共和国消费税暂行条例》（国务院令第539号）规定，金银首饰需在零售环节征收5%的消费税，收藏类金银则不属于消费税征收范围。

《财政部 国家税务总局关于调整金银首饰消费税纳税环节有关问题的通知》（财税〔1994〕95号）

《财政部 国家税务总局关于公布废止和失效的消费税规范性文件目录的通知》（财税〔2009〕18号）

财政部 国家税务总局关于调整金银首饰消费税纳税环节有关问题的通知

财税〔1994〕95号

经国务院批准，金银首饰消费税由生产销售环节征收改为零售环节征收。现将有关规定通知如下：

一、改为零售环节征收消费税的金银首饰范围

这次改为零售环节征收消费税的金银首饰范围仅限于：金、银和金基、银基合金首饰，以及金、银和金基、银基合金的镶嵌首饰（以下简称金银首饰）。

不属于上述范围的应征消费税的首饰（以下简称非金银首饰），仍在生产销售环节征收消费税。[①]

对既销售金银首饰，又销售非金银首饰的生产、经营单位，应将两类商品划分清楚，分别核算销售额。凡划分不清楚或不能分别核算的，在生产环节销售的，一律从高适用税率征收消费税；在零售环节销售的，一律按金银首饰征收消费税。

金银首饰与其他产品组成成套消费品销售的，应按销售额全额征收消费税。

二、税率

金银首饰消费税税率为5%。

三、纳税义务人

在中华人民共和国境内从事金银首饰零售业务的单位和个人，为金银首饰消费税的纳税义务人（以下简称纳税人），应按本通知的规定缴纳消费税。委托加工（另有规定者除外）、委托代销金银首饰的，受托方也是纳税人。

四、纳税环节

纳税人销售（指零售，下同）的金银首饰（含以旧换新），于销售时纳税；用于馈赠、赞助、集资、广告、样品、职工福利、奖励等方面的金银首饰，于移送时纳税；带料加工、翻新改制的金银首饰，于受托方交货时纳税。

五、纳税义务发生时间

纳税人销售金银首饰，其纳税义务发生时间为收讫销货款或取得索取

[①] 飞狼财税通编注：根据财税〔2009〕18号《财政部 国家税务总局关于公布废止和失效的消费税规范性文件目录的通知》，本文第一条第二款自2009年1月1日起废止。

销货凭据的当天；用于馈赠、赞助、集资、广告、样品、职工福利、奖励等方面的金银首饰，其纳税义务发生时间为移送的当天；带料加工、翻新改制的金银首饰，其纳税义务发生时间为受托方交货的当天。

六、金银首饰消费税改变征税环节后，经营单位进口金银首饰的消费税，由进口环节征收改为零售环节征收；出口金银首饰由出口退税改为出口不退消费税。个人携带、邮寄金银首饰进境，仍按海关现行规定征税。

七、计税依据

1. 纳税人销售金银首饰，其计税依据为不含增值税的销售额。如果纳税人销售金银首饰的销售额中未扣除增值税税款，在计算消费税时，应按以下公式换算为不含增值税税款的销售额。

金银首饰的销售额=含增值税的销售额÷（1+增值税税率或征收率）

2. 金银首饰连同包装物销售的，无论包装是否单独计价，也无论会计上如何核算，均应并入金银首饰的销售额，计征消费税。

3. 带料加工的金银首饰，应按受托方销售同类金银首饰的销售价格确定计税依据征收消费税。没有同类金银首饰销售价格的，按照组成计税价格计算纳税。组成计税价格的计算公式为：

组成计税价格=（材料成本+加工费）÷（1-金银首饰消费税税率）

4. 纳税人采用以旧换新（含翻新改制）方式销售的金银首饰，应按实际收取的不含增值税的全部价款确定计税依据征收消费税。

5. 生产、批发、零售单位用于馈赠、赞助、集资、广告、样品、职工福利、奖励等方面的金银首饰，应按纳税人销售同类金银首饰的销售价格确定计税依据征收消费税；没有同类金银首饰销售价格的，按照组成计税价格计算纳税。组成计税价格的计算公式为：

组成计税价格=购进原价×（1+利润）÷（1-金银首饰消费税税率）

纳税人为生产企业时，公式中的"购进原价"为生产成本。公式中的"利润率"一律定为6%。

八、纳税人应向其核算地主管国家税务局申报纳税。

九、金银首饰消费税改变纳税环节以后，用已税珠宝玉石生产的本通知范围内的镶嵌首饰，在计税时一律不得扣除买价或已纳的消费税税款。

十、对改变征税环节后，商业零售企业销售以前年度库存的金银首饰，按调整后的税率照章征收消费税。

十一、金银首饰消费税征收管理办法，由国家税务总局另行制定。

十二、本通知于1995年1月1日起执行。

三、城市维护建设税

1. 查（补）增值税和消费税时，存在违反法律、行政法规未同时缴纳城市维护建设税风险。

应对指引：重点核查"应交税费"科目，是否存在未与"两税"同时缴纳的风险。

重点核实自查报告及处理决定书，以及补缴城市维护建设税情况，看企业是否在查补增值税后及时补缴城市维护建设税。以前年度损益调整及应交税费。

政策依据：

《中华人民共和国城市维护建设税法》（主席令第五十一号）

《财政部 税务总局关于城市维护建设税计税依据确定办法等事项的公告》（财政部 税务总局公告2021年第28号）

《国家税务总局关于城市维护建设税征收管理有关事项的公告》（国家税务总局公告2021年第26号）

2. 城市维护建设税存在未按期及时缴纳和适用低税率的风险。

应对指引：重点核查：①城市维护建设税时适用税率错误；②税务局查补增值税、消费税后，纳税人未申报相应的城市维护建设税。

结合增值税、消费税"两税"纳税申报表、"生产企业出口货物免、抵、退税申报汇总表"的"当期免抵税额"与"城市维护建设税纳税申报表"进行核对，查实是否相符。

政策依据：

《中华人民共和国城市维护建设税法》（主席令第五十一号）

《财政部 税务总局关于城市维护建设税计税依据确定办法等事项的公告》（财政部 税务总局公告2021年第28号）

《国家税务总局关于城市维护建设税征收管理有关事项的公告》（国家税务总局公告2021年第26号）

《财政部 国家税务总局关于生产企业出口货物实行免抵退税办法后有关城市维护建设税 教育费附加政策的通知》（财税〔2005〕25号）

中华人民共和国城市维护建设税法

（2020年8月11日第十三届全国人民代表大会常务委员会第二十一次会议通过）

第一条 在中华人民共和国境内缴纳增值税、消费税的单位和个人，为城市维护建设税的纳税人，应当依照本法规定缴纳城市维护建设税。

第二条　城市维护建设税以纳税人依法实际缴纳的增值税、消费税税额为计税依据。

城市维护建设税的计税依据应当按照规定扣除期末留抵退税退还的增值税税额。

城市维护建设税计税依据的具体确定办法，由国务院依据本法和有关税收法律、行政法规规定，报全国人民代表大会常务委员会备案。①

第三条　对进口货物或者境外单位和个人向境内销售劳务、服务、无形资产缴纳的增值税、消费税税额，不征收城市维护建设税。

第四条　城市维护建设税税率如下：

（一）纳税人所在地在市区的，税率为百分之七；

（二）纳税人所在地在县城、镇的，税率为百分之五；

（三）纳税人所在地不在市区、县城或者镇的，税率为百分之一。

前款所称纳税人所在地，是指纳税人住所地或者与纳税人生产经营活动相关的其他地点，具体地点由省、自治区、直辖市确定。

第五条　城市维护建设税的应纳税额按照计税依据乘以具体适用税率计算。

第六条　根据国民经济和社会发展的需要，国务院对重大公共基础设施建设、特殊产业和群体以及重大突发事件应对等情形可以规定减征或者免征城市维护建设税，报全国人民代表大会常务委员会备案。

第七条　城市维护建设税的纳税义务发生时间与增值税、消费税的纳税义务发生时间一致，分别与增值税、消费税同时缴纳。

第八条　城市维护建设税的扣缴义务人为负有增值税、消费税扣缴义务的单位和个人，在扣缴增值税、消费税的同时扣缴城市维护建设税。

第九条　城市维护建设税由税务机关依照本法和《中华人民共和国税收征收管理法》的规定征收管理。

第十条　纳税人、税务机关及其工作人员违反本法规定的，依照《中华人民共和国税收征收管理法》和有关法律法规的规定追究法律责任。

第十一条　本法自2021年9月1日起施行。1985年2月8日国务院发布的《中华人民共和国城市维护建设税暂行条例》同时废止。

---

① 飞狼财税通编注：财政部、税务总局联合发布《关于城市维护建设税计税依据确定办法等事项的公告》，自2021年9月1日起施行，详见：财政部 税务总局公告2021年第28号。

财政部 税务总局关于继续执行的城市维护建设税优惠政策的公告

财政部 税务总局公告2021年第27号

《中华人民共和国城市维护建设税法》已由第十三届全国人民代表大会常务委员会第二十一次会议于2020年8月11日通过，自2021年9月1日起施行。为贯彻落实城市维护建设税法，现将税法施行后继续执行的城市维护建设税优惠政策公告如下：

1.对黄金交易所会员单位通过黄金交易所销售且发生实物交割的标准黄金，免征城市维护建设税。具体操作按照《财政部 国家税务总局关于黄金税收政策问题的通知》（财税〔2002〕142号）有关规定执行。

2.对上海期货交易所会员和客户通过上海期货交易所销售且发生实物交割并已出库的标准黄金，免征城市维护建设税。具体操作按照《财政部 国家税务总局关于黄金期货交易有关税收政策的通知》（财税〔2008〕5号）有关规定执行。

3.对国家重大水利工程建设基金免征城市维护建设税。具体操作按照《财政部 国家税务总局关于免征国家重大水利工程建设基金的城市维护建设税和教育费附加的通知》（财税〔2010〕44号）有关规定执行。

4.自2019年1月1日至2021年12月31日，对增值税小规模纳税人可以在50%的税额幅度内减征城市维护建设税。具体操作按照《财政部 税务总局关于实施小微企业普惠性税收减免政策的通知》（财税〔2019〕13号）有关规定执行。

5.自2019年1月1日至2021年12月31日，实施扶持自主就业退役士兵创业就业城市维护建设税减免。具体操作按照《财政部 税务总局 退役军人部关于进一步扶持自主就业退役士兵创业就业有关税收政策的通知》（财税〔2019〕21号）有关规定执行。

6.自2019年1月1日至2025年12月31日，实施支持和促进重点群体创业就业城市维护建设税减免。具体操作按照《财政部 税务总局 人力资源社会保障部 国务院扶贫办关于进一步支持和促进重点群体创业就业有关税收政策的通知》（财税〔2019〕22号）、《财政部 税务总局 人力资源和社会保障部 国家乡村振兴局关于延长部分扶贫税收优惠政策执行期限的公告》（财政部 税务总局 人力资源和社会保障部 国家乡村振兴局公告2021年第18号）有关规定执行。

第三节　所得税纳税风险

所得税又称所得课税、收益税，指国家对法人、自然人和其他经济组织在一定时期内的各种所得征收的一类税收。本节是归集整理银行业所得税纳税风险特征库，未穷尽但归集整理典型的纳税风险点共计102个，包括企业所得税纳税风险点82个和个人所得税纳税风险点20个。

一、企业所得税

(一) 收入类纳税风险

1. 代客理财业务收入，是否全额确认收入。

应对指引：(1)审查业务状况表，查看是否有代客理财业务。(2)审阅理财产品说明书和合同，了解理财产品的名称、类型、发行期数、约定收益率、到期时间、会计核算方法、理财收益的实际发放情况等。(3)核对纳税申报情况。

政策依据：

《企业所得税法实施条例》(国务院令第512号)第十五条规定：

> 企业所得税法第六条第(二)项所称提供劳务收入，是指企业从事建筑安装、修理修配、交通运输、仓储租赁、金融保险、邮电通信、咨询经纪、文化体育、科学研究、技术服务、教育培训、餐饮住宿、中介代理、卫生保健、社区服务、旅游、娱乐、加工以及其他劳务服务活动取得的收入。

2. "银团贷款"手续费及佣金收入，是否混在金融机构往来收入中。

应对指引：核查时如发现"银团贷款"科目发生额或余额或者"贷款"科目中有银团贷款的核算，即应向企业索要合同，通过对利息收入、金融机构往来收入的核查，查看是否将银团贷款的利息收入混在金融机构往来收入中，对牵头行还应核查取得的手续费收入是否及时入账。

政策依据：

《中华人民共和国企业所得税法》(主席令第六十三号)第六条第(五)项

《中华人民共和国企业所得税法实施条例》(国务院令第512号)第十八条

《国家税务总局关于金融企业贷款利息收入确认问题的公告》(国家税务总局公

告2010年第23号）第一条

3. 经销、代销国债的手续费及佣金收入。

应对指引： 查核企业经销、代销国债所取得的代办手续费收入，是否计入应税收入，按规定计算缴纳企业所得税，否则应调增应纳税所得额。

政策依据：

《中华人民共和国企业所得税法实施条例》（国务院令第512号）第九条规定：

> 企业应纳税所得额的计算，以权责发生制为原则，属于当期的收入和费用，不论款项是否收付，均作为当期的收入和费用；不属于当期的收入和费用，即使款项已经在当期收付，均不作为当期的收入和费用。本条例和国务院财政、税务主管部门另有规定的除外。

4. 债券投资收入，是否作为转让财产收入核算。

应对指引： 查核企业取得的国债转让收入的确认时间。企业转让国债应在转让国债合同、协议生效的日期，或者国债移交时确认转让收入的实现。企业投资购买国债，到期兑付的，应在国债发行时约定的应付利息的日期，确认国债转让收入的实现。

查核企业转让国债，是否作为转让财产，其取得的收益（损失）是否作为企业应纳税所得额计算纳税。

政策依据：

《国家税务总局关于企业国债投资业务企业所得税处理问题的公告》（国家税务总局公告2011年第36号）

5. 债券投资利息收入中，是否准确区分免税收入和应税收入。

应对指引： 查核金融企业债券投资利息收入是否分国债利息收入（免税收入）和其他债券利息收入单独核算，有无将应税债券利息收入混入免税利息收入，如果有，应调增应纳税所得额。

政策依据：

《中华人民共和国企业所得税法》（主席令第六十三号）第二十六条第（一）项

《中华人民共和国企业所得税法实施条例》（国务院令第512号）第八十二条

6. 债券投资利息收入，是否按合同约定利率和应付利息日期确认。

应对指引： 查核金融企业债券投资利息收入是否按合同约定利率和应付利息日期确认的利息收入作为所得税收入，否则应进行应纳税所得额调整。

与会计上按资产负债表日与实际利率法（不是合同约定的利率）计算确认收入计征所得税，存在税会差异，应进行应纳税所得额调整。

政策依据：

《中华人民共和国企业所得税法》（主席令第六十三号）第六条第（五）项

《中华人民共和国企业所得税法实施条例》（国务院令第512号）第十八条规定：

> 第十八条　企业所得税法第六条第（五）项所称利息收入，是指企业将资金提供他人使用但不构成权益性投资，或者因他人占用本企业资金取得的收入，包括存款利息、贷款利息、债券利息、欠款利息等收入。
>
> 利息收入，按照合同约定的债务人应付利息的日期确认收入的实现。

7. 票据贴现利息收入，是否在贴现日确认全部票据贴现利息收入。

应对指引： 查核金融企业票据贴现利息收入是否在贴现日确认全部票据贴现利息收入作为所得税收入，否则应进行应纳税所得额调整。与会计上以资产负债表日分期份额确认收入，存在税会差异，应进行应纳税所得额调整。

政策依据：

《中华人民共和国企业所得税法》（主席令第六十三号）第六条第（五）项

《中华人民共和国企业所得税法实施条例》（国务院令第512号）第十八条

8. 逾期90天的利息收入核算是否准确。

应对指引： 查核已确认为利息收入的应收利息，逾期90天仍未收回，且会计上已冲减了当期利息收入的（即按金融企业会计制度在表外核算的），准予抵扣当期应纳税所得额。以后年度收回时，是否计入当期应纳税所得额计算纳税。有无将未逾期90天仍未收回应收未收利息抵扣当期应纳税所得额，如有不得抵扣应调增应纳税所得额。

政策依据：

《国家税务总局关于金融企业贷款利息收入确认问题的公告》（国家税务总局公告2010年第23号）第二条、第三条

9. 手续费及佣金收入是否及时全额计收入。

应对指引：（1）对照合同，核查是否按权责发生制确认收入。（2）重点核查新开展的中间业务和收入比重较大的业务，如委托住房公积金贷款业务、代发行债券、基金业务、代销售保险产品业务等。查看是否正确确认收入。（3）核查有关发票（收款收据），查看是否将收入计入往来科目。（4）核查冲减手续费的业务内容，如：基本收费中的工本费、年费、账户管理费、挂失费、异地取款费等，还有卡消费、特约商户结算手续费是否全额计入收入，有无将手续费收入直接冲抵支出或账外经营情况。重点关注发卡回扣是否入账。（5）核查"委托贷款""吸收存款""其他应付款""手续费及佣金收入"等科目，查看合同。

政策依据：

《中华人民共和国企业所得税法》（主席令第六十三号）第六条第（二）项

《中华人民共和国企业所得税法实施条例》（国务院令第512号）第十五条

10. 银团贷款利息收入是否及时全额计收入，是否将银团贷款利息收入混在金融机构往来收入中；手续费是否及时入账。

应对指引： 关注"银团贷款"科目有发生额或余额或"贷款"科目中有银团贷款的核算，查看合同，核查利息收入、金融机构往来收入。

政策依据：

《中华人民共和国企业所得税法》（主席令第六十三号）第六条第（五）项

《中华人民共和国企业所得税法实施条例》（国务院令第512号）第十八条

11. 票据贴现、押汇，是否及时全额计收入。

应对指引： 核查在贴现业务发生时，是否直接全额计贴现利息收入；对押汇合同进行审核，看是否及时、全额结转利息收入。

政策依据：

《中华人民共和国企业所得税法》（主席令第六十三号）第六条第（五）项

《中华人民共和国企业所得税法实施条例》（国务院令第512号）第十八条

12. 普通贷款利息收入是否存在不计、少计、冲减的情况。

应对指引：（1）是否按照合同约定的利率和时间确认利息收入。区分各种贷款的性质，是否按国家规定的贷款利息计算利息收入，有无降低利率少计利息收入现象。逾期利息冲销是否正确。（2）普通贷款和委托贷款是否分别核算。对贷款利息收入是否按企业所得税法规定处理，减少利息收入。对委托贷款利息收入，是否进行源泉扣缴。（3）银行收回已核销的呆账，是否按照规定计收入。（4）收回表外应收未收利息是否确认当期收入。（5）已核销资产收回利息时是否确认当期收入。

核对贷款合同、表外项目、呆账收回情况，计算不计、少计和冲减利息收入的数额。具体核查"贷款"明细科目及有关的记账凭证、原始凭证、结息清单等，分清短期和中长期贷款的界限，并结合"应收利息"和"利息收入"明细账及相关凭证，查看是否按各类贷款利率及本金按税法规定计提利息。

政策依据：

《中华人民共和国企业所得税法实施条例》（国务院令第512号）第十八条

《关于金融企业贷款利息收入确认问题的公告》（国家税务总局公告2010年第23号）

《国家税务总局关于企业国债投资业务企业所得税处理问题的公告》（国家税务总局公告〔2011〕36号）

13. 其他业务收入，是否及时全额计收入。

应对指引： 企业撤销的网点、闲置的房屋对外出租取得的收入，挂往来账户，不计入应税收入，或以现金取得租金收入不在账面反映收入。

重点核实企业固定资产账簿、库存现金及银行存款日记账，审核固定资产的使用情况，并询问企业是否有对外出租闲置的房屋情况，取得的租金是否有计收入。

政策依据：

《中华人民共和国企业所得税法》（主席令第六十三号）第六条

14. 是否存在收到国家开发银行、国家进出口银行的英航债券利息收入计入国债利息收入，调减应纳税所得额。

应对指引： 核实纳税调减项目，查阅具体国债利息收入项目。

政策依据：

《中华人民共和国企业所得税法实施条例》（国务院令第512号）第十八条：

> 企业所得税法第六条第（五）项所称利息收入，是指企业将资金提供他人使用但不构成权益性投资，或者因他人占用本企业资金取得的收入，包括存款利息、贷款利息、债券利息、欠款利息等收入。

15. 是否存在销售网银盾未确认收入。

应对指引： 重点核查"其他应付款"及明细账，是否存在销售网银盾等不计收入的情况。

政策依据：

《中华人民共和国企业所得税法》（主席令第六十三号）第六条

16. 租金收入是否按照合同约定的承租人应付租金的日期确认收入的实现。

应对指引： 重点审核"固定资产""无形资产""其他业务收入""营业外收入"、往来科目等账户，看是否将取得的租赁收入计入应纳税所得额。

政策依据：

《中华人民共和国企业所得税法实施条例》（国务院令第512号）第六条

《关于企业所得税若干税务事项衔接问题的通知》（国税函〔2009〕98号）

17. 代客理财业务收入是否按规定纳税。

应对指引：（1）审查业务状况表，查看是否有代客理财业务；（2）审阅理财产品说明书和合同，了解理财产品名称、类型、发行期数、约定收益率、到期时间、会计核算方法、理财收益的实际发放情况等；（3）核对纳税申报情况。

政策依据：

《中华人民共和国企业所得税法》（主席令第六十三号）

《中华人民共和国企业所得税法实施条例》（国务院令第512号）第六条

18. 营业外收入是否按照税收规定计收入。

应对指引：（1）核查经营业务范围和各项收入属性，分清营业收入和营业外收入，结合财务报表有关收入项目数据，查看有无收入不入账行为；（2）审查"营业外收入"明细账及有关记账凭证和原始凭证，查看是否有不计、少计收入情况；（3）审查往来科目，查看取得营业外收入是否有长期挂账的情况；（4）查看是否有收取抵债资产、抵贷货物不入账，形成账外资产及小金库的情况。

政策依据：
《中华人民共和国企业所得税法》（主席令第六十三号）
《中华人民共和国企业所得税法实施条例》（国务院令第512号）第十二条规定：

企业所得税法第六条所称企业取得收入的货币形式，包括现金、存款、应收账款、应收票据、准备持有至到期的债券投资以及债务的豁免等。

企业所得税法第六条所称企业取得收入的非货币形式，包括固定资产、生物资产、无形资产、股权投资、存货、不准备持有至到期的债券投资、劳务以及有关权益等。

19. 投资收益，由于会计制度和税法的差异，对股票股利获得的收入不入会计账目，造成税款流失。

应对指引：减持其代个人持有的限售股应缴纳企业所得税。

政策依据：
《中华人民共和国企业所得税法》（主席令第六十三号）第六条第（四）项
《国家税务总局关于企业转让上市公司限售股有关所得税问题的公告》（国家税务总局公告2011年第39号）规定：

三、企业在限售股解禁前转让限售股征税问题
企业在限售股解禁前将其持有的限售股转让给其他企业或个人（以下简称受让方），其企业所得税问题按以下规定处理：
（一）企业应按减持在证券登记结算机构登记的限售股取得的全部收入，计入企业当年度应税收入计算纳税。
（二）企业持有的限售股在解禁前已签订协议转让给受让方，但未变更股权登记、仍由企业持有的，企业实际减持该限售股取得的收入，依照本条第一项规定纳税后，其余额转付给受让方的，受让方不再纳税。

20. 将金融债券、企业债券及其他债券所取得的利息收入混入国债利息收入、地方政府债券和中国铁路建设债券中申报免税。

应对指引：在案头分析中重点分析投资收益变动率是否异常，并审核银行填报的"税收优惠明细表"中相关免税收入数据及税收优惠备案资料，在实地核查中重点核查银行的认购债券原始凭证。

政策依据：

《财政部 国家税务总局关于铁路建设债券利息收入企业所得税政策的通知》（财税〔2011〕99号）

《财政部 国家税务总局关于地方政府债券利息所得免征所得税问题的通知》（财税〔2011〕76号）

《国家税务总局关于企业国债投资业务企业所得税处理问题的公告》（国家税务总局公告2011年第36号）

《财政部 国家税务总局关于地方政府债券利息免征所得税问题的通知》（财税〔2013〕5号）第一条规定：

> 对企业和个人取得的2012年及以后年度发行的地方政府债券利息收入，免征企业所得税和个人所得税。

21. 收回表外应收未收利息是否按规定确认当期收入。

应对指引：重点核实利息收入变动率是否异常，核查银行风险管理部门的贷款户欠息台账、不能收息户明细表、贷款台账等相关业务记录，并与业务状况表中"表外应收未收利息"的借方发生额核对。

政策依据：

《国家税务总局关于金融企业贷款利息收入确认问题的公告》（国家税务总局公告2010年第23号）规定：

一、金融企业按规定发放的贷款，属于未逾期贷款（含展期，下同），应根据先收利息后收本金的原则，按贷款合同确认的利率和结算利息的期限计算利息，并于债务人应付利息的日期确认收入的实现；属于逾期贷款，其逾期后发生的应收利息，应于实际收到的日期，或者虽未实际收到，但会计上确认为利息收入的日期，确认收入的实现。

二、金融企业已确认为利息收入的应收利息，逾期90天仍未收回，且会计上已冲减了当期利息收入的，准予抵扣当期应纳税所得额。

三、金融企业已冲减了利息收入的应收未收利息，以后年度收回时，应计入当期应纳税所得额计算纳税。

22. 利息收入不按规定结转，转入表外核算应收利息不符合税法规定。

应对指引： 重点分析利息收入变动率是否异常，核查"应收利息"会计科目借方对应的贷方科目是否为"个人贷款利息收入""单位贷款利息收入""国际贸易融资利息收入""垫款利息收入""买入返售资产利息收入"等利息收入类会计科目，是否存在贷方记入往来账户，或冲减经营费用。

抽查对应的贷款合同及银行风险管理部门对转表外核算的审批资料，并与业务状况表中的"表外应收未收利息"相关数据进行核对，核查银行应收利息转入表外核算是否符合税法规定。

政策依据：

《国家税务总局关于金融企业贷款利息收入确认问题的公告》（国家税务总局公告2010年第23号）第一条、第二条

23. 其他营业收入和营业外收入，是否将一些费用直接冲减了收入或直接冲减营业费用的收入是否按规定计税。营业外收入主要是一些逾期罚款、罚息、加息收入、空头支票罚款等是否全额计税。

应对指引： 银行发生的其他营业收入通过"其他营业收入"科目核算，发生额计入贷方，平时借方没有发生额，无余额在贷方，期末结转本年利润，本科目无余额。银行发生营业外收入时，贷记"营业外收入"科目，期末结转本年利润无余额。

政策依据：

《中华人民共和国企业所得税法》（主席令第六十三号）第六条

24. 金融机构往来收入，有无少计或不计金融经纪、结算业务等的手续费收入情况（如代理发行国库券、代理结算、代理保险等的手续费收入）。特别注意代发行、代兑付国债所取得的手续费是否列入计税收入。

应对指引： 审查有无将返还给大户的证券买卖手续费和上缴交易所的手续费直接从手续费收入科目中用红字冲减，审核金融经纪、结算业务等的手续费收入是否为全额收入，有无将各项手续费收入直接抵冲支出，或长期挂"其他应付款"科目账外核算。

政策依据：

《银行业增值税纳税申报代理业务指引（试行）》（中税协发〔2019〕40号附件）第九条

25. 应收利息、红字冲减利息、逾期贷款、呆滞贷款、表外科目、抵债资产的收回的处理，是否存在未按规定纳税风险。

应对指引： 重点对"应收利息"科目进行核查，计提应收利息的总平均余额和

总积数以及计算催收贷款利息的本金和总积数均以元为计算起点。不论借款合同中对贷款期限和结息方式如何规定，各种贷款（催收贷款除外）一律按季计提应收利息。一般商业银行均按照中国人民银行的规定在季末20日。

应重点对企业应收利息科目核算的利息收入的时限、方法进行核实比对，通过对其贷款合同、表外项目、呆账收回、经营费用、管理费用、财务费用以及一些长期应付账款等往来科目进行仔细核实，看是否有不计、少计、漏计利息收入以及冲减、冲抵收入等问题。

政策依据：

《中华人民共和国企业所得税法》（主席令第六十三号）第九条

《中华人民共和国企业所得税法实施条例》第十八条规定确定的原则：贷款的利息收入，应在合同约定的债务人应付利息的日期，以合同约定利率确定的利息金额作为计税收入。

26. 转让财产收入是否存在未按规定缴纳企业所得税。

应对指引： 金融企业购买（包括二级市场购买）的国债未到兑付期而销售所取得的收入，未计入应税收入，未按规定缴纳企业所得税。查核企业转让或到期兑付国债，是否按税法规定作为转让财产，其取得的收益（损失）作为企业应纳税所得额计算纳税。

政策依据：

《国家税务总局关于金融保险企业所得税若干问题的通知》（国税函〔2000〕906号，现已全文废止）

《国家税务总局关于企业国债投资业务企业所得税处理问题的公告》（国家税务总局公告2011年第36号）

27. 抵债资产变现处置是否正确，是否存在未按规定缴纳企业所得税。

应对指引：（1）查核抵债资产当期发生额、结存额，银行是否存在表外核算的抵债资产；（2）银行持有抵债资产期间取得的收入是否按规定计入其他业务收入；（3）抵债资产处置收益（损失）是否按规定计入营业外收入（营业外支出）。处置的抵债资产为土地、房屋的，应查看转让协议、法院判决书、拍卖清单等资料，确认该抵债资产的入账价值和变现收入。尤其要关注银行在取得抵债资产时，该抵债资产的评估价格等于或很接近相应的债权金额；在处置该抵债资产时，取得的价款明显低于原先的评估价格，且出售给原债务人的关联方。

政策依据：

《中华人民共和国企业所得税法》（主席令第六十三号）

28. 农户小额贷款的利息收入计算是否准确。

应对指引： 查核银行农户小额贷款的利息收入，减按90%计入收入总额征税，是否符合税法规定的农户小额贷款条件且农户小额贷款利息收入进行单独核算，如不符合农户小额贷款条件，或农户小额贷款利息收入不能单独核算，不得享受减按90%计入收入总额征税优惠，应调增应纳税所得额。

政策依据：

《财政部 国家税务总局关于农村金融有关税收政策的通知》（财税〔2010〕4号，现已全文废止）第二条

《财政部 国家税务总局关于延续并完善支持农村金融发展有关税收政策的通知》（财税〔2014〕102号）

《财政部 国家税务总局关于延续支持农村金融发展有关税收政策的通知》（财税〔2017〕44号）

29. 票据贴现收入的确认时间与税法不一致风险。

应对指引： 了解企业票据贴现业务核算规则，抽查企业票据贴现业务的会计处理，看业务发生时取得的贴现收入是否及时全额计入收入。

政策依据：

《中华人民共和国企业所得税法实施条例》（国务院令第512号）第十八条

30. 营业外收入是否按时确认收入。

应对指引： 将政府补贴、补偿款、违约金、无法支付的押金等计入"其他应收款"等往来科目，未按时确认收入。重点核查应收账款等各项往来科目，看是否存在将《企业所得税法》要求确认的收入长期挂账的情况。

政策依据：

《中华人民共和国企业所得税法实施条例》（国务院令第512号）规定：

第二十二条　企业所得税法第六条第（九）项所称其他收入，是指企业取得的除企业所得税法第六条第（一）项至第（八）项规定的收入外的其他收入，包括企业资产溢余收入、逾期未退包装物押金收入、确实无法偿付的应付款项、已作坏账损失处理后又收回的应收款项、债务重组收入、补贴收入、违约金收入、汇兑收益等。

31. 银行收回已核销呆账时是否按规定确认当期应纳税所得额。

应对指引： 核查"贷款——已减值""贷款损失准备"科目，看是否存在收回已核销呆账时未按规定确认当期应纳税所得额的情况。

政策依据：

《中华人民共和国企业所得税法》（主席令第六十三号）第六条

《中华人民共和国企业所得税法实施条例》第二十二条

32. 银行计算所得税时未按合同约定的利率和时间确认利息收入，收回表外应收未收利息、已核销资产收回利息时未确认当期收入。

应对指引：核查"贷款"明细科目及有关记账凭证、原始凭证、结息清单等，并结合"应收利息"和"利息收入"明细账及有关记账凭证，查看银行是否存在未就各类贷款利率及本金按税法规定计算利息，重点贷款利息收入的税会差异。

政策依据：

《中华人民共和国企业所得税法》（主席令第六十三号）第九条

《中华人民共和国企业所得税法实施条例》第十八条

《国家税务总局关于金融企业贷款利息收入确认问题的公告》（国家税务总局公告2010年第23号）

33. 补贴收入是否未按文件执行，未按规定缴纳企业所得税。

应对指引：查看减免或返还流转税、财政补贴和其他补贴的批文。财政补贴或者其他补贴收入，有明确规定不计入应纳税所得额的，其不征税收入对应的成本、费用也不应计入在企业所得税税前扣除项目。

政策依据：

《中华人民共和国企业所得税法实施条例》（国务院令第512号）第六条

《财政部 国家税务总局关于专项用途财政性资金有关企业所得税处理问题的通知》（财税〔2009〕87号，现已全文废止）

《财政部 国家税务总局关于专项用途财政性资金企业所得税处理问题的通知》（财税〔2011〕70号）

《国家税务总局关于企业所得税若干政策征管口径问题的公告》（国家税务总局公告2021年第17号）

（二）成本费用扣除类纳税风险

34. 捐赠支出是否有超标准列支。

应对指引：税法规定企业发生的公益性捐赠支出，在年度利润总额12%以内准予扣除。查核企业是否有超标准列支，是否有将直接捐赠的支出列支未作纳税调整。

政策依据：

《中华人民共和国企业所得税法》（主席令第六十三号）第九条

《中华人民共和国企业所得税法实施条例》（国务院令第512号）第五十一条至第五十三条

《财政部 国家税务总局 民政部关于公益性捐赠税前扣除有关问题的通知》（财税〔2008〕160号，现已全文废止）

《财政部 税务总局 民政部关于公益性捐赠税前扣除有关事项的公告》（财政部 税务总局 民政部公告2020年第27号）

35. 罚款及滞纳金支出是否在企业所得税税前扣除。

应对指引：税法规定银行按照经济合同规定支付的违约金和诉讼费可以在企业所得税税前扣除，因违反法律、行政法规而缴纳的罚款、罚金、滞纳金和被没收财务的损失不得在企业所得税税前扣除。查核是否混淆罚款、罚金、滞纳金与违约金的性质，扩大扣除范围未作纳税调整。

政策依据：

《中华人民共和国企业所得税法》（主席令第六十三号）规定：

> 第十条 在计算应纳税所得额时，下列支出不得扣除：
> （一）向投资者支付的股息、红利等权益性投资收益款项；（二）企业所得税税款；（三）税收滞纳金；（四）罚金、罚款和被没收财物的损失；（五）本法第九条规定以外的捐赠支出；（六）赞助支出；（七）未经核定的准备金支出；（八）与取得收入无关的其他支出。

36. 赞助支出是否在企业所得税税前扣除。

应对指引：税法规定赞助支出不得扣除。查核企业是否将赞助支出在企业所得税税前扣除，特别关注广告费和业务宣传费与赞助费的区分，有无混淆。

政策依据：

《中华人民共和国企业所得税法》（主席令第六十三号）第十条

《中华人民共和国企业所得税法实施条例》（国务院令第512号）规定：

> 第五十四条 企业所得税法第十条第（六）项所称赞助支出，是指企业发生的与生产经营活动无关的各种非广告性质支出。

37. 经营租赁支出是否按标准在企业所得税税前扣除。

应对指引：税法规定按照租赁期限均匀扣除，若与会计确认租金方法不一致，则需要进行纳税调整。查核企业有无进行纳税调整。

政策依据：

《企业所得税法实施条例》（国务院令第512号）规定：

> 第四十七条 企业根据生产经营活动的需要租入固定资产支付的租赁费，按照以下方法扣除：（一）以经营租赁方式租入固定资产发生的租赁费支出，按照租赁期限均匀扣除；（二）以融资租赁方式租入固定资产发生的

租赁费支出，按照规定构成融资租入固定资产价值的部分应当提取折旧费用，分期扣除。

38. 为职工个人支付的费用是否在企业所得税税前扣除。

应对指引：按税法规定，银行已出售给职工的住房，自职工取得产权证之日，或职工停止向其缴纳房租之日起，凡为职工住房交纳诸如物业费、水电费、维修费、折旧费等费用，均不得在企业所得税税前扣除。查核相关费用有无在企业列支。

政策依据：

《中华人民共和国企业所得税法》（主席令第六十三号）规定：

第八条　企业实际发生的与取得收入有关的、合理的支出，包括成本、费用、税金、损失和其他支出，准予在计算应纳税所得额时扣除。

39. 会议费和差旅费等各费用是否按标准在企业所得税税前扣除。

应对指引：查核企业是否列支不符合扣除标准的会议费、差旅费等。

政策依据：

《中华人民共和国企业所得税法》（主席令第六十三号）第八条，同上。

40. 劳动保护支出是否按规定在企业所得税税前扣除。

应对指引：税法规定企业发生的合理的劳动保护支出准予扣除。查核企业是否有将非因工作需要和带有普遍福利性质的支出作为劳动保护支出。

政策依据：

《中华人民共和国企业所得税法实施条例》（国务院令第512号）第三十四条

第三十四条　企业发生的合理的工资薪金支出，准予扣除。

前款所称工资薪金，是指企业每一纳税年度支付给在本企业任职或者受雇的员工的所有现金形式或者非现金形式的劳动报酬，包括基本工资、奖金、津贴、补贴、年终加薪、加班工资，以及与员工任职或者受雇有关的其他支出。

41. 揽储性质的奖励支出是否属于业务招待费、广告费和业务宣传费的范围。

应对指引：银行为了吸存、贷款、办卡、鼓励刷卡消费，经常采取积分换礼活动，只要客户存贷一定款项或进行刷卡消费就赠送礼品。应根据奖励支出的对象、形式，正确区分是否属于业务招待费、广告费和业务宣传费的范围。查核企业是否将业务招待费与广告费和业务宣传费混淆。

政策依据：

《中华人民共和国企业所得税法实施条例》（国务院令第512号）规定：

第四十四条 企业发生的符合条件的广告费和业务宣传费支出，除国务院财政、税务主管部门另有规定外，不超过当年销售（营业）收入15%的部分，准予扣除；超过部分，准予在以后纳税年度结转扣除。

42. 业务招待费是否按标准在企业所得税税前扣除。

应对指引： 税法规定业务招待费限额扣除，而会议费及其他办公经费全额扣除，查核银行是否存在将应计入业务招待费的费用混淆计入会议费及其他办公经费的风险。

政策依据：

《中华人民共和国企业所得税法实施条例》（国务院令第512号）第四十三条

43. 劳务派遣支出是否符合在企业所得税税前扣除条件。

应对指引： 查阅企业接受劳务派遣用工的合同，了解派遣单位与用工单位在派遣费用支付和发票开具的处理方式，明确哪些属于工资薪金、哪些属于直接计入业务或管理费。特别关注派遣单位和用工单位双方有无重复计入工资薪金基数的情况。

政策依据：

《国家税务总局关于企业所得税应纳税所得额若干税务处理问题的公告》（国家税务总局公告2012年第15号）

《国家税务总局关于企业工资薪金和职工福利费等支出税前扣除问题的公告》（国家税务总局公告2015年第34号）

44. 住房公积金列支是否按标准在企业所得税税前扣除。

应对指引： 税法规定企业依照国务院有关主管部门或者省级人民政府规定的范围和标准为职工缴纳的住房公积金，准予扣除。查核企业是否超标准列支住房公积金。

政策依据：

《中华人民共和国企业所得税法实施条例》（国务院令第512号）第三十五条

45. 为职工支付的商业保险费是否在企业所得税税前扣除。

应对指引： 税法规定企业为投资者或者职工支付的商业保险费不得在企业所得税税前扣除。查核企业是否超范围列支商业保险。

政策依据：

《中华人民共和国企业所得税法实施条例》（国务院令第512号）第三十六条

46. 为职工支付的相关保险费是否按标准在企业所得税税前扣除。

应对指引： 税法规定企业为员工支付的补充养老保险费、补充医疗保险费，分别在不超过职工工资总额5%标准内的部分准予扣除；超过的部分，不予扣除。查核企业是否超标准列支补充养老保险、补充医疗保险。

政策依据：

《财政部 国家税务总局关于补充养老保险费 补充医疗保险费有关企业所得税政策问题的通知》（财税〔2009〕27号）规定：

> 根据《中华人民共和国企业所得税法》及其实施条例的有关规定，现就补充养老保险费、补充医疗保险费有关企业所得税政策问题通知如下：
>
> 自2008年1月1日起，企业根据国家有关政策规定，为在本企业任职或者受雇的全体员工支付的补充养老保险费、补充医疗保险费，分别在不超过职工工资总额5%标准内的部分，在计算应纳税所得额时准予扣除；超过的部分，不予扣除。

47. 职工福利费是否按标准在企业所得税税前扣除。

应对指引： 税法规定，企业内设福利部门所发生的设备、设施和人员费用，包括职工食堂、职工浴室、理发室、医务所、托儿所、疗养院等集体福利部门的设备、设施及维修保养费用和福利部门工作人员的工资薪金、社会保险费、住房公积金、劳务费等。查核企业有无将应计入职工福利费的费用直接计入业务或管理费。

政策依据：

《中华人民共和国企业所得税法实施条例》（国务院令第512号）第四十条

《国家税务总局关于企业工资薪金及职工福利费扣除问题的通知》（国税函〔2009〕3号）第三条、第四条

《国家税务总局关于企业工资薪金和职工福利费等支出税前扣除问题的公告》（国家税务总局公告2015年第34号）

48. 职工教育经费和工会经费是否按标准在企业所得税税前扣除。

应对指引： 查核企业职工教育经费、工会经费的列支是否超过税法规定的限额，超过部分有无作纳税调整。

政策依据：

《中华人民共和国企业所得税法实施条例》（国务院令第512号）第四十条至第四十二条规定：

> 第四十条　企业发生的职工福利费支出，不超过工资、薪金总额14%

的部分，准予扣除。

第四十一条　企业拨缴的工会经费，不超过工资、薪金总额2%的部分，准予扣除。

第四十二条　除国务院财政、税务主管部门另有规定外，企业发生的职工教育经费支出，不超过工资、薪金总额2.5%的部分，准予扣除；超过部分，准予在以后纳税年度结转扣除。

49. 辞退福利是否符合在企业所得税税前扣除条件。

应对指引：辞退福利产生的预计负债，在符合会计准则规定的确认条件计入当期费用时，税法不允许列支，企业应作纳税调增；在实际支付时再做相应的调减。查核企业有无将预计负债的费用未做调增的情况。

政策依据：

《中华人民共和国企业所得税法实施条例》(国务院令第512号)第三十四条

50. 工资薪金支出是否按标准在企业所得税税前扣除。

应对指引：税法规定企业发生的合理的工资薪金准予扣除，会计上已计提但未发放的工资薪金(12月份除外)，税法不允许列支。查核企业是否做纳税调增。

政策依据：

《中华人民共和国企业所得税法实施条例》(国务院令第512号)第三十四条

《国家税务总局关于企业工资薪金及职工福利费扣除问题的通知》(国税函〔2009〕3号)规定：

一、关于合理工资薪金问题[①]

《实施条例》第三十四条所称的"合理工资薪金"，是指企业按照股东大会、董事会、薪酬委员会或相关管理机构制订的工资薪金制度规定实际发放给员工的工资薪金。税务机关在对工资薪金进行合理性确认时，可按以下原则掌握：

(一)企业制订了较为规范的员工工资薪金制度；

(二)企业所制订的工资薪金制度符合行业及地区水平；

(三)企业在一定时期所发放的工资薪金是相对固定的，工资薪金的调整是有序进行的；

(四)企业对实际发放的工资薪金，已依法履行了代扣代缴个人所得税

---

① 飞狼财税通编注：2015年5月8日，国家税务总局发布《关于企业工资薪金和职工福利费等支出税前扣除问题的公告》(国家税务总局公告2015年第34号)，对是否符合本条条件的企业福利性补贴支出税前扣除问题进行了明确。

义务；

（五）有关工资薪金的安排，不以减少或逃避税款为目的。

二、关于工资薪金总额问题

《实施条例》第四十、四十一、四十二条所称的"工资薪金总额"，是指企业按照本通知第一条规定实际发放的工资薪金总和，不包括企业的职工福利费、职工教育经费、工会经费以及养老保险费、医疗保险费、失业保险费、工伤保险费、生育保险费等社会保险费和住房公积金。属于国有性质的企业，其工资薪金，不得超过政府有关部门给予的限定数额；超过部分，不得计入企业工资薪金总额，也不得在计算企业应纳税所得额时扣除。

51. 利息支出是否符合在企业所得税税前扣除条件。

应对指引： 查核企业是否按照合同利率确认利息支出，对会计上采取实际利率法计算的利息支出，应进行纳税调整，特别是定期存款当年提前支取的，对其支取前会计上按资产负债表日计提的应付息与提前支取时按合同约定利率计算实际支付利息，之间存在差异，是否按合同约定的计结息规则计息，进行纳税调整。

政策依据：

《中华人民共和国企业所得税法实施条例》（国务院令第512号）规定：

第三十八条 企业在生产经营活动中发生的下列利息支出，准予扣除：

（一）非金融企业向金融企业借款的利息支出、金融企业的各项存款利息支出和同业拆借利息支出、企业经批准发行债券的利息支出；

（二）非金融企业向非金融企业借款的利息支出，不超过按照金融企业同期同类贷款利率计算的数额的部分。

52. 不征税收入所对应的成本和费用是否在企业所得税税前扣除。

应对指引： 应向银行索取减免或返还流转税、财政补贴和其他补贴的批文，审核银行是否按文件规定执行。银行财政补贴或其他补贴收入，有明确规定不计入应纳税所得额的，其不征税收入所对应的成本和费用也不应计入在企业所得税税前扣除。

政策依据：

《中华人民共和国企业所得税法实施条例》（国务院令第512号）第二十六条

《财政部 国家税务总局关于专项用途财政性资金有关企业所得税处理问题的通知》（财税〔2009〕87号，现已全文废止）

《财政部 国家税务总局关于专项用途财政性资金企业所得税处理问题的通知》（财税〔2011〕70号）

53. 成本费用——手续费及佣金是否未按限额在企业所得税税前扣除。

应对指引：手续费及佣金支出未按所签订的服务协议或合同确认的收入金额计算手续费及佣金的限额在企业所得税税前扣除，超过限额部分的手续费及佣金支出未按税法规定调整应纳税所得额，支付的手续费及佣金直接冲减服务协议或合同金额，不如实入账。结合企业相关服务协议或合同的收入金额核查手续费及佣金科目与纳税申报表，看是否按规定限额在企业所得税税前扣除。结合企业相关服务协议或合同核查手续费及佣金科目，看是否按规定在企业所得税税前扣除。

政策依据：

《财政部 国家税务总局关于企业手续费及佣金支出在企业所得税税前扣除政策的通知》（财税〔2009〕29号）规定：

> 按与具有合法经营资格中介服务机构或个人（不含交易双方及其雇员、代理人和代表人等）所签订服务协议或合同确认的收入金额的5%计算限额。

54. 汇兑损益是否及时、全额计算正负差并正确申报纳税。

应对指引：关注是否存在不按会计准则的规定来选择或变更记账本位币，以达到规避税收目的的情况。

政策依据：

《中华人民共和国企业所得税法》（主席令第六十三号）

《中华人民共和国企业所得税法实施条例》（国务院令第512号）规定：

> 第三十九条 企业在货币交易中，以及纳税年度终了时将人民币以外的货币性资产、负债按照期末即期人民币汇率中间价折算为人民币时产生的汇兑损失，除已经计入有关资产成本以及与向所有者进行利润分配相关的部分外，准予扣除。

55. 贷款损失的核销是否准确。

应对指引：银行发生的贷款损失，按规定报经税务局审核确认后，应先冲抵在企业所得税税前扣除的贷款损失准备，不足冲抵部分据实在企业所得税税前扣除。应重点核查：（1）银行是否采取了所有可能的措施和实施了必要的程序；（2）报送的资料是否真实有效。

政策依据：

《国家税务总局关于发布〈企业资产损失所得税税前扣除管理办法〉的公告》（国家税务总局公告 2011 年第 25 号）

《财政部 国家税务总局关于企业资产损失税前扣除政策的通知》（财税〔2009〕57 号）

《国家税务总局关于发布〈企业资产损失所得税税前扣除管理办法〉的公告》（国家税务总局公告 2011 年第 25 号）

56. 贷款损失的收回是否缴纳所得税（重点关注）。

应对指引：银行收回已在企业所得税税前扣除的贷款损失，应计入收回当期的应纳税所得额缴纳企业所得税。

政策依据：

《中华人民共和国企业所得税法》（主席令第六十三号）第六条

57. 除贷款损失以外的其他财产损失，是否符合在企业所得税税前扣除要求。

应对指引：银行因自然灾害等不可抗力或者人为管理责任导致现金、银行存款、存货、短期投资、固定资产等按规定可以在企业所得税税前扣除的各项资产损失是否符合在企业所得税税前扣除要求。

政策依据：

《国家税务总局关于发布〈企业资产损失所得税在企业所得税税前扣除管理办法〉的公告》（国家税务总局公告 2011 年第 25 号）

58. 税法规定不得摊销的无形资产是否纳税调增。

应对指引："自行开发的支出已经在计算应纳税所得额时扣除的无形资产"和"与经营活动无关的无形资产"，会计上可以进行摊销，但税法规定不得扣除，应调增应纳税所得额。

政策依据：

《中华人民共和国企业所得税法》（主席令第六十三号）第十二条

59. 无形资产摊销年限是否符合税法规定。

应对指引：税法规定无形资产的摊销年限不得低于 10 年；作为投资或者受让的无形资产，有关法律规定或者合同约定了使用年限的，可以按照规定或者约定的使用年限分期摊销。

政策依据：

《中华人民共和国企业所得税法实施条例》（国务院令第 512 号）第六十七条

60. 固定资产计提折旧最低年限是否符合税法规定。

应对指引：税法规定固定资产计算折旧最低年限：（1）房屋、建筑物，为 20 年；（2）飞机、火车、轮船、机器、机械和其他生产设备，为 10 年；（3）与生产经营活动有关的器具、工具、家具等，为5年；（4）飞机、火车、轮船以外的运输工具，为4年；（5）电子设备，为3年。

政策依据：

《中华人民共和国企业所得税法实施条例》（国务院令第512号）第六十条

61. 固定资产计提折旧范围是否准确。

应对指引： 下列固定资产不得计算折旧扣除：（1）房屋、建筑物以外未投入使用的固定资产；（2）以经营租赁方式租入的固定资产；（3）以融资租赁方式租出的固定资产；（4）已足额提取折旧仍继续使用的固定资产；（5）与经营活动无关的固定资产；（6）单独估价作为固定资产入账的土地；（7）其他不得计算折旧扣除的固定资产。

政策依据：

《中华人民共和国企业所得税法》（主席令第六十三号）第十一条

62. 金融资产、金融负债、抵债资产和投资性房地产的计税基础是否准确。

应对指引： 企业以公允价值计量的金融资产、金融负债、抵债资产以及投资性房地产等，持有期间公允价值的变动不计入应纳税所得额，在实际处置或结算时，处置取得的价款扣除其历史成本后的差额应计入处置或结算期间的应纳税所得额。

政策依据：

《中华人民共和国企业所得税法实施条例》（国务院令第512号）规定：

第五十六条　企业的各项资产，包括固定资产、生物资产、无形资产、长期待摊费用、投资资产、存货等，以历史成本为计税基础。

前款所称历史成本，是指企业取得该项资产时实际发生的支出。

企业持有各项资产期间资产增值或者减值，除国务院财政、税务主管部门规定可以确认损益外，不得调整该资产的计税基础。

63. 固定资产修理费（装修费）是否符合税法规定。

应对指引： 金融保险企业不得预提固定资产修理费（装修费）；企业发生的已足额提取折旧的固定资产的改建支出、租入固定资产的改建支出、固定资产的大修理支出，作为长期待摊费用，按照规定摊销。企业发生的已提足折旧的固定资产改建支出，按照固定资产预计尚可使用年限分期摊销；租入固定资产的改建支出，按照合同约定的剩余租赁期限分期摊销。固定资产的改建支出，是指改变房屋或者建筑物结构、延长使用年限等发生的支出。只有同时符合"（一）修理支出达到取得固定资产时的计税基础50%以上；（二）修理后固定资产的使用年限延长2年以上"的后续支出，作为长期待摊费用，按规定在固定资产尚可使用年限内，分期摊销并在企业所得税税前扣除。

对不符合上述条件的后续支出则须一次性计入当期损益。金融保险企业的办公楼、营业厅一次装修工程支出在10万元以上的，报经主管税务局审核同意后，按上述规定扣除。未经主管税务局审核同意的，一律作为资本性支出，不得在企业所得税税前扣除。核查人员应通过审核合同、发票、支出金额及占固定资产比例、费用发生时间及入账时间等内容，对改建支出、大修理支出、日常修理（装修）支出分别进行审核。

政策依据：

《中华人民共和国企业所得税法》（主席令第六十三号）第十三条

《中华人民共和国企业所得税法实施条例》（国务院令第512号）第六十八条、第六十九条

64. 成本费用——损失扣除，银行按税法规定可计提在企业所得税税前扣除贷款损失准备的贷款资产范围是否符合规定。

应对指引： 查核金融企业的委托贷款、代理贷款、国债投资、应收股利、上交央行准备金以及金融企业剥离的债权和股权、应收财政贴息、央行款项等不承担风险和损失的资产，是否提取贷款损失准备金并在企业所得税税前扣除。税法规定上述不承担风险和损失的资产，不得提取贷款损失准备金在企业所得税税前扣除。

政策依据：

《财政部 国家税务总局关于金融企业贷款损失准备金企业所得税税前扣除政策的通知》（财税〔2012〕5号，现已全文废止）第三条

《财政部 国家税务总局关于金融企业贷款损失准备金企业所得税税前扣除有关政策的通知》（财税〔2015〕9号，现已全文废止）

《财政部 税务总局关于金融企业贷款损失准备金企业所得税税前扣除有关政策的公告》（财政部 税务总局公告2019年第86号）

65. 成本费用——损失扣除，对中小企业贷款和涉农贷款的性质把握和准备金提取的计算是否准确。

应对指引： 银行对中小企业贷款和涉农贷款的性质把握和准备金提取的计算方法上缺乏有效控制，重点关注：（1）是否存在将对自然人的贷款归集为中小企业贷款；（2）是否在涉农贷款的归类把握上对农户性质的鉴定和区分缺乏有力的依据，仅简单地以户籍区域进行划分且缺少相应的依据资料积累存档；（3）是否对涉农贷款和中小企业贷款专项损失准备金提取的计算方法上存在理解误区，在将关注类、次级类、可疑类、损失类贷款按"五级分类"的要求分别提取了准备金的同时，又将正常类贷款按年末余额的1%计提呆账损失准备。

政策依据：

《财政部 国家税务总局下发关于金融企业涉农贷款和中小企业贷款损失准备金税前扣除政策的通知》（财税〔2009〕99号，现已全文废止）

《财政部 国家税务总局关于金融企业涉农贷款和中小企业贷款损失准备金税前扣除有关问题的通知》（财税〔2015〕3号，现已全文废止）

《财政部 税务总局关于金融企业涉农贷款和中小企业贷款损失准备金税前扣除有关政策的公告》（财政部 税务总局公告2019年第85号）

66. 成本费用——职工工资是否存在未按规定企业所得税前扣除。

应对指引： 预提工资长期未发放；工资薪金发放不合理；对股权激励预计的工资费用核查应付职工薪酬科目，掌握年度工资的计提和结转情况，看是否存在长期挂账未支付的工资；了解企业股权激励方案及实施情况，对资产负债表日权益工具公允价值变动对应计入相关成本费用的情况开展排查，看股份支付相关的预计费用列支情况；全面了解工薪制度和工薪结构，对比同行业同地区企业情况，判断工资薪金发放是否合理。

政策依据：

《中华人民共和国企业所得税法实施条例》（国务院令第512号）第三十四条

《国家税务总局关于企业工资薪金及职工福利费扣除问题的通知》（国税函〔2009〕3号）

《国家税务总局关于企业工资薪金和职工福利费等支出税前扣除问题的公告》（国家税务总局公告2015年第34号）

67. 银行将非自用抵债资产折旧在企业所得税税前扣除。

应对指引： 核查固定资产——抵债资产明细，看是否有对非自用抵债资产计提折旧，如果是房产，应缴纳房产税和城镇土地使用税。

政策依据：

《中华人民共和国企业所得税法》（主席令第六十三号）第八条和第十一条

68. 银行总行及分支机构间的管理费是否在企业所得税税前扣除。

应对指引： 审核管理费用科目明细，看银行是否将向总行支付的管理费用列入成本费用税前扣除。

政策依据：

《中华人民共和国企业所得税法实施条例》（国务院令第512号）第四十九条规定：

> 企业之间支付的管理费、企业内营业机构之间支付的租金和特许权使用费，以及非银行企业内营业机构之间支付的利息，不得扣除。

69. 是否存在因违反法律、行政法规而缴纳的罚款、罚金、滞纳金支出，在企业所得税税前扣除。

应对指引：银行在计算企业所得税时，存在企业所得税税前扣除违反法律、行政法规而缴纳的罚款、罚金、滞纳金的情况。重点核查"营业外支出"科目，是否存在因违反法律、行政法规而缴纳的罚款、罚金、滞纳金支出在企业所得税税前扣除的情况。

政策依据：

《中华人民共和国企业所得税法》（主席令第六十三号）第十条

70. 是否对改建支出、大修理支出、日常修理严格区分分别处理。

应对指引：银行计算所得税时将改建支出、大修理支出作为日常修理在当期一次性扣除。核查装修合同、发票、支出金额及占固定资产比例、费用发生时间及入账时间等内容，看银行是否对改建支出、大修理支出、日常修理严格区分并分别处理。

政策依据：

《中华人民共和国企业所得税法》（主席令第六十三号）第十三条

71. 资产损失——债权性投资损失是否在企业所得税税前扣除。

应对指引：银行系统的核销条件与涉税核销条件不一致，如呆账损失涉及抵押之类的，税法规定损失确定须清偿抵押标的物后确认，而银行系统则无须满足此条件。

因不需审批和备案，企业须进行申报，应在汇缴结束后审核申报情况，如有此类扣除，则审核申报材料是否符合税收规定。

政策依据：

《国家税务总局关于发布〈企业资产损失所得税税前扣除管理办法〉的公告》（国家税务总局公告2011第25号）

《国家税务总局关于企业因国务院决定事项形成的资产损失税前扣除问题的公告》（国家税务总局公告2014年第18号）

(三) 预提费用类纳税风险

72. 涉农贷款和中小企业贷款损失准备金的计算是否准确。

应对指引：税法规定涉农贷款和中小企业贷款损失准备按五级分类提取，正常类贷款（不计提）、关注类贷款（2%）、次级类贷款（25%）、可疑类贷款（50%）、损失类贷款（100%）。查核企业是否按标准提取，有无将正常类贷款提取了准备金。

政策依据：

《财政部 国家税务总局关于金融企业涉农贷款和中小企业贷款损失准备金税前

扣除政策的通知》（财税〔2009〕99号，现已全文废止）

《财政部 国家税务总局关于延长金融企业涉农贷款和中小企业贷款损失准备金税前扣除政策执行期限的通知》（财税〔2011〕104号，现已全文废止）

《财政部 国家税务总局关于金融企业涉农贷款和中小企业贷款损失准备金税前扣除有关问题的通知》（财税〔2015〕3号，现已全文废止）

《财政部 国家税务总局关于金融企业涉农贷款和中小企业贷款损失准备金税前扣除有关政策的公告》（财政部 税务总局公告2019年第85号）

73. 贷款损失准备金的基数和比例是否准确。

应对指引：税法规定了准予提取贷款损失准备的贷款资产范围和提取比例（1%）。查核企业提取准备金的基数和比例是否准确，有无将不承担风险和还贷责任的委托贷款及代理贷款提取了准备金。

政策依据：

《财政部 国家税务总局关于金融企业贷款损失准备金企业所得税税前扣除有关问题的通知》（财税〔2009〕64号，现已全文废止）

《财政部 国家税务总局关于金融企业贷款损失准备金企业所得税税前扣除政策的通知》（财税〔2012〕5号，现已全文废止）

《财政部 国家税务总局关于金融企业贷款损失准备金企业所得税税前扣除有关政策的通知》（财税〔2015〕9号，现已全文废止）

《财政部 税务总局关于金融企业贷款损失准备金企业所得税税前扣除有关政策的公告》（财政部 税务总局公告2019年第86号）

74. 成本费用——资产损失，企业在计算企业所得税时，是否存在优惠贷款违规提取准备金的情况。

应对指引：重点核查"资产损失、贷款损失准备金"科目，通过计算，核实是否有中小企业、涉农贷款等税收优惠贷款对象违规提取准备金的情况。

政策依据：

《财政部 税务总局关于金融企业贷款损失准备金企业所得税税前扣除有关政策的公告》（财政部 税务总局公告2019年第86号）

《财政部 税务总局关于金融企业涉农贷款和中小企业贷款损失准备金税前扣除有关政策的公告》（财政部 税务总局公告2019年第85号）

75. 违反实际发生原则，税前列支预提职工工作制服费用。

应对指引：根据甲行家提出的企业所得税税前扣除"禁止预提原则"，核查是否存在预提事前费用。

政策依据：

《中华人民共和国企业所得税法》（主席令第六十三号）第八条规定：

企业实际发生的与取得收入有关的、合理的支出，包括成本、费用、税金、损失和其他支出，准予在计算应纳税所得额时扣除。

76. 成本费用——损失扣除，银行准予当年计提在企业所得税税前扣除的贷款损失准备是否有误。

应对指引：查核金融企业准予当年在企业所得税税前扣除的贷款损失准备金，是否符合如下计算公式：准予当年在企业所得税税前扣除的贷款损失准备金=本年末准予提取贷款损失准备金的贷款资产余额×1%－截至上年末已在企业所得税税前扣除的贷款损失准备金的余额。结果如为负数，是否相应调增当年应纳税所得额。

政策依据：

《财政部 国家税务总局关于金融企业贷款损失准备金企业所得税税前扣除政策的通知》（财税〔2012〕5号，现已全文废止）第二条

《财政部 国家税务总局关于金融企业贷款损失准备金企业所得税税前扣除有关政策的通知》（财税〔2015〕9号，现已全文废止）

《财政部 税务总局关于金融企业贷款损失准备金企业所得税税前扣除有关政策的公告》（财政部 税务总局公告2019年第86号）

77. 成本费用——贷款准备金，金融企业超标准、超范围提取贷款损失准备，是否按规定纳税调增。

应对指引：将无风险资产计入贷款损失准备计提基数，扩大准备金在企业所得税税前扣除金额核查企业所得税税前扣除准备金计算情况，对比资产负债表相关科目，看是否将委托贷款、代理贷款、国债投资、应收股利、上交央行准备金以及金融企业剥离的债权和股权、应收财政贴息、央行款项等不承担风险和损失的资产作为风险资产计提准备金。

重点核查是否按规定计算准予在企业所得税税前扣除的贷款损失准备金，是否存在已按涉农贷款和中小企业贷款损失准备金企业所得税税前扣除办法执行的贷款，重复计算扣除限额的情况。

政策依据：

《财政部 国家税务总局关于金融企业贷款损失准备金企业所得税税前扣除政策的通知》（财税〔2012〕5号，现已全文废止）

《财政部 国家税务总局关于金融企业贷款损失准备金企业所得税税前扣除有关问题的通知》（财税〔2009〕64号，现已全文废止）

《财政部 国家税务总局关于金融企业贷款损失准备金企业所得税税前扣除有关政策的通知》（财税〔2015〕9号，现已全文废止）

《财政部 税务总局关于金融企业贷款损失准备金企业所得税税前扣除有关政策

的公告》(财政部 税务总局公告2019年第86号)

(四)其他类纳税风险

78. 税前是否列支不符合资产损失认定条件的损失。

应对指引:尤其是债权性投资损失的认定不符合规定。围绕贷款项目,重点核查"资产减值损失""营业外支出"等科目,掌握当年度资产损失列支情况;核实纳税申报情况,看会计损失与企业所得税税前扣除损失是否一致;核实资产损失在企业所得税税前扣除申报情况,看税前列支的损失是否按规定办理了申报手续;抽查资产损失认定资料,看是否符合现行认定标准。

政策依据:

《国家税务总局关于发布〈企业资产损失所得税税前扣除管理办法〉的公告》(国家税务总局公告2011年第25号)

《国家税务总局关于企业所得税资产损失资料留存备查有关事项的公告》(国家税务总局公告2018年第15号)

79. 是否将不符合公益性捐赠条件的捐赠支出在企业所得税税前扣除。

应对指引:将不属于捐赠的摊派支出等计入捐赠,计算所得税时未做调整;将不符合公益性捐赠条件的捐赠支出在企业所得税税前扣除,未做纳税调整。

重点核查"营业外支出——捐赠"等科目,看捐赠支出是否符合在企业所得税税前扣除的公益性捐赠条件,包括捐赠对象是否属于公益性团体、县级以上政府部门;是否取得符合规定的票据等。

政策依据:

《中华人民共和国企业所得税法实施条例》(国务院令第512号)第五十一条至第五十三条

《财政部 国家税务总局 民政部关于公益性捐赠税前扣除有关问题的通知》(财税〔2008〕160号,现已全文废止)

《财政部 国家税务总局关于通过公益性群众团体的公益性捐赠税前扣除有关问题的通知》(财税〔2009〕124号,现已全文废止)

《财政部 国家税务总局关于公益性捐赠税前扣除有关问题的补充通知》(财税〔2010〕45号,现已全文废止)

《财政部 税务总局 民政部关于公益性捐赠税前扣除有关事项的公告》(财政部 税务总局 民政部公告2020年第27号)

还有财政部和国家税务总局对各年度公益性捐赠资格的认定文件。

80. 企业所得税——代扣代缴,海外代付业务未按期代扣代缴企业所得税。

应对指引:核实银行对外汇款记录,看是否存在海外代付业务未按期代扣代缴企业所得税的情况。

政策依据：

《国家税务总局关于印发〈非居民企业所得税源泉扣缴管理暂行办法〉的通知》（国税发〔2009〕3号，现已全文废止）规定：

> 第三条 对非居民企业取得来源于中国境内的股息、红利等权益性投资收益和利息、租金、特许权使用费所得、转让财产所得以及其他所得应当缴纳的企业所得税，实行源泉扣缴，以依照有关法律规定或者合同约定对非居民企业直接负有支付相关款项义务的单位或者个人为扣缴义务人。

接力文件《国家税务总局关于非居民企业所得税源泉扣缴有关问题的公告》（国家税务总局公告2017年第37号）

81. 或有负债调增调减项。

应对指引： 或有事项指过去的交易或事项形成的一种状况，其结果须通过未来不确定事项的发生或不发生予以证实。按照现行准则规定，企业或有事项确认的负债在资产负债表中单独反映，而与所确认负债有关的费用或支出，应在扣除时确认补偿金额后，在利润表中反映。

但税法规定，在企业所得税税前扣除的确认一般应遵循五项原则，即权责发生制原则、配比原则、有关性原则、确定性原则、合理性原则。其中确定性原则是指纳税人可扣除的费用不论何时支付，其金额必须是确定的。由于或有损失只是当时很可能导致经济利益流出企业时进行的合理估计金额，在确认或有损失时违背了企业所得税税前扣除的确定性原则。因此，对于会计上确认的或有损失不得在企业所得税税前扣除。但是，当未来不确定事项的发生或不发生予以证实时，则应当按照实际发生的金额进行企业所得税税前扣除。

政策依据：

《中华人民共和国企业所得税法》（主席令第六十三号）

《企业会计准则》

82. 代扣代缴企业所得税义务。

应对指引： 中国香港上市的银行企业在向境外非居民股东派发股息的时候是否按规定代扣代缴企业所得税。根据企业当年的所有者权益报表核查利润分配情况，核实是否代扣代缴相关企业所得税。

政策依据：

《中华人民共和国企业所得税法实施条例》（国务院令第512号）第一百零三条

《国家税务总局关于中国居民企业向境外H股非居民企业股东派发股息代扣代

缴企业所得税有关问题的通知》（国税函〔2008〕897号）规定：

> 根据《中华人民共和国企业所得税法》及其实施条例的规定，现就中国居民企业向境外H股非居民企业股东派发股息代扣代缴企业所得税的有关问题通知如下：
>
> 一、中国居民企业向境外H股非居民企业股东派发2008年及以后年度股息时，统一按10%的税率代扣代缴企业所得税。
>
> 二、非居民企业股东在获得股息之后，可以自行或通过委托代理人或代扣代缴义务人，向主管税务机关提出享受税收协定（安排）待遇的申请，提供证明自己为符合税收协定（安排）规定的实际受益所有人的资料。主管税务机关审核无误后，应就已征税款和根据税收协定（安排）规定税率计算的应纳税款的差额予以退税。
>
> 三、各地应加强对我国境外上市企业派发股息情况的了解，并发挥售付汇凭证的作用，确保代扣代缴税款及时足额入库。

二、个人所得税

1. 综合所得——工资薪金所得，企业对不同级别员工制定不同的个人交通费和通信费补助标准，上述员工的补助收入是否应并入工资薪金所得一并缴纳个人所得税。

应对指引：查验"管理费用""应付职工薪酬——应付福利费"列支情况，在对企业的调研中，发现企业员工存在一定金额的话费补助，人均300元左右，以及交通费补助，未计入个人收入。

政策依据：

《中华人民共和国个人所得税法》（主席令第九号，2018年版）第二条第（一）项和第十一条，第十一条规定：

> 第十一条　居民个人取得综合所得，按年计算个人所得税；有扣缴义务人的，由扣缴义务人按月或者按次预扣预缴税款；需要办理汇算清缴的，应当在取得所得的次年三月一日至六月三十日内办理汇算清缴。预扣预缴办法由国务院税务主管部门制定。
>
> 居民个人向扣缴义务人提供专项附加扣除信息的，扣缴义务人按月预扣预缴税款时应当按照规定予以扣除，不得拒绝。
>
> 非居民个人取得工资、薪金所得，劳务报酬所得，稿酬所得和特许权使用费所得，有扣缴义务人的，由扣缴义务人按月或者按次代扣代缴税款，

不办理汇算清缴。

2. 综合所得——工资薪金所得，企业是否将超过规定标准发放给员工的取暖费（供暖费补贴）以及防暑降温费等，未扣缴个人所得税。

应对指引： 查验"营业成本""管理费用""应付职工薪酬——应付福利费"列支情况，与工资薪金明细表比对。

政策依据：

《国家税务总局关于企业工资薪金及职工福利费扣除问题的通知》（国税函〔2009〕3号）规定：

> 《企业所得税法实施条例》第四十条规定的企业职工福利费，包括以下内容：
> （一）尚未实行分离办社会职能的企业，其内设福利部门所发生的设备、设施和人员费用，包括职工食堂、职工浴室、理发室、医务所、托儿所、疗养院等集体福利部门的设备、设施及维修保养费用和福利部门工作人员的工资薪金、社会保险费、住房公积金、劳务费等。
> （二）为职工卫生保健、生活、住房、交通等所发放的各项补贴和非货币性福利，包括企业向职工发放的因公外地就医费用、未实行医疗统筹企业职工医疗费用、职工供养直系亲属医疗补贴、供暖费补贴、职工防暑降温费、职工困难补贴、救济费、职工食堂经费补贴、职工交通补贴等。
> （三）按照其他规定发生的其他职工福利费，包括丧葬补助费、抚恤费、安家费、探亲假路费等。

3. 综合所得——工资薪金所得，离退休人员除按规定领取退休工资或养老金外，其从原任职单位取得的各类补贴、奖金、实物，是否按规定扣缴个人所得税。

应对指引： 查验"管理费用""应付职工薪酬——应付福利费"列支情况，并比对企业已代扣代缴个人所得税税款情况

政策依据：

《国家税务总局关于离退休人员取得单位发放离退休工资以外奖金补贴征收个人所得税的批复》（国税函〔2008〕723号）规定：

> 离退休人员除按规定领取离退休工资或养老金外，另从原任职单位取得的各类补贴、奖金、实物，不属于《中华人民共和国个人所得税法》第四条规定可以免税的退休工资、离休工资、离休生活补助费。

> 根据《中华人民共和国个人所得税法》及其实施条例的有关规定，离退休人员从原任职单位取得的各类补贴、奖金、实物，应在减除费用扣除标准后，按"工资、薪金所得"应税项目缴纳个人所得税。

4.综合所得——工资薪金所得，企业是否将为员工缴纳的超过国家标准的"五险一金"并入工资薪金所得扣缴个人所得税。

应对指引：查验"营业成本""管理费用""应付职工薪酬——应付福利费"列支情况，与工资薪金明细表比对

政策依据：

《国家税务总局关于单位为员工支付有关保险缴纳个人所得税问题的批复》（国税函〔2005〕318号）规定：

> 依据《中华人民共和国个人所得税法》及有关规定，对企业为员工支付各项免税之外的保险金，应在企业向保险公司缴付时（即该保险落到被保险人的保险账户）并入员工当期的工资收入，按"工资、薪金所得"项目计征个人所得税，税款由企业负责代扣代缴。

《财政部 国家税务总局关于个人所得税有关问题的批复》（财税〔2005〕94号）规定：

> 一、关于单位为个人办理补充养老保险退保后个人所得税及企业所得税的处理问题
> 单位为职工个人购买商业性补充养老保险等，在办理投保手续时应作为个人所得税的"工资、薪金所得"项目，按税法规定缴纳个人所得税；因各种原因退保，个人未取得实际收入的，已缴纳的个人所得税应予以退回。

《财政部 国家税务总局关于基本养老保险费、基本医疗保险费、失业保险费、住房公积金有关个人所得税政策的通知》（财税〔2006〕10号）

5.综合所得——工资薪金所得，企业是否将员工缴纳的各项免税之外的各种商业保险并入工资薪金所得扣缴个人所得税。

应对指引：查验"营业成本""管理费用""应付职工薪酬——应付福利费"列支情况，与工资薪金明细表比对

政策依据：

《国家税务总局关于单位为员工支付有关保险缴纳个人所得税问题的批复》（国

税函〔2005〕318号）

《财政部 国家税务总局关于个人所得税有关问题的批复》（财税〔2005〕94号）

6. 综合所得——工资薪金所得，企业是否对从福利费、工会经费中支付给个人的各种补贴补助未按规定扣缴个人所得税。

应对指引： 查验"管理费用""应付职工薪酬——应付福利费"列支情况，与工资薪金明细表比对

政策依据：

《国家税务总局关于生活补助费范围确定问题的通知》（国税发〔1998〕155号）的规定：

一、上述所称生活补助费，是指由于某些特定事件或原因而给纳税人本人或其家庭的正常生活造成一定困难，其任职单位按国家规定从提留的福利费或者工会经费中向其支付的临时性生活困难补助。

二、下列收入不属于免税的福利费范围，应当并入纳税人的工资、薪金收入计征个人所得税：

（一）从超出国家规定的比例或基数计提的福利费、工会经费中支付给个人的各种补贴、补助；

（二）从福利费和工会经费中支付给本单位职工的人人有份的补贴、补助；

（三）单位为个人购买汽车、住房、电子计算机等不属于临时性生活困难补助性质的支出。

7. 综合所得——工资薪金所得，未将发放给个人的实物计入工资薪金总额扣缴个人所得税。

应对指引： 查验"营业成本""管理费用""应付职工薪酬——应付福利费"列支情况，是否列支了发放给员工的实物。

政策依据：

《中华人民共和国个人所得税法实施条例》（国务院令第707号）规定：

第八条 个人所得的形式，包括现金、实物、有价证券和其他形式的经济利益；所得为实物的，应当按照取得的凭证上所注明的价格计算应纳税所得额，无凭证的实物或者凭证上所注明的价格明显偏低的，参照市场价格核定应纳税所得额；所得为有价证券的，根据票面价格和市场价格核定应纳税所得额；所得为其他形式的经济利益的，参照市场价格核定应纳税所得额。

8. 综合所得——劳务报酬所得，发放各类信用卡、会员卡，对持卡人进行现金或实物奖励，未扣缴个人所得税。

应对指引：查验"营业费用""应付职工薪酬"列支情况，是否列支向职工发放各类信用卡、会员卡，对持卡人进行现金或实物奖励，劳务报酬的实质是代办服务。

政策依据：

《中华人民共和国个人所得税法实施条例》（国务院令第707号）第六条第（二）项规定：

（二）劳务报酬所得，是指个人从事劳务取得的所得，包括从事设计、装潢、安装、制图、化验、测试、医疗、法律、会计、咨询、讲学、翻译、审稿、书画、雕刻、影视、录音、录像、演出、表演、广告、展览、技术服务、介绍服务、经纪服务、代办服务以及其他劳务取得的所得。

9. 综合所得——劳务报酬所得，向客户经理、部门主管发放的业务推广费，未扣缴个人所得税。

应对指引：查验"营业费用""应付职工薪酬"列支情况，是否列支向客户经理、部门主管发放的业务推广费。

政策依据：

同上。

10. 综合所得——工资薪金所得，向职工发放的代发行债券手续费奖励，未扣缴个人所得税；向内部职工发放揽储性质奖励，未与员工当期的工资薪金合并，未按照"工资、薪金所得"项目扣缴个人所得税。

应对指引：查验"营业费用""应付职工薪酬"列支情况，是否列支向职工发放的代发行债券手续费奖励，实质是代办服务，因为是内部职工则为工资薪金。

政策依据：

同上。

11. 对员工提前退休而取得的一次性补贴收入，是否按规定方法计算并代扣代缴个人所得税。

应对指引：查验企业"应付职工薪酬"科目，并比对企业扣缴税情况。

政策依据：

《国家税务总局关于个人提前退休取得补贴收入个人所得税问题的公告》（国家税务总局公告2011年第6号）的规定：

根据《中华人民共和国个人所得税法》及其实施条例的规定，现对个人提前退休取得一次性补贴收入征收个人所得税问题公告如下：

一、机关、企事业单位对未达到法定退休年龄、正式办理提前退休手续的个人，按照统一标准向提前退休工作人员支付一次性补贴，不属于免税的离退休工资收入，应按照"工资、薪金所得"项目征收个人所得税。

《财政部 国家税务总局关于个人所得税法修改后有关优惠政策衔接问题的通知》（财税〔2018〕164号，期限延长至2023年12月31日）规定：

五、关于解除劳动关系、提前退休、内部退养的一次性补偿收入的政策

（一）个人与用人单位解除劳动关系取得一次性补偿收入（包括用人单位发放的经济补偿金、生活补助费和其他补助费），在当地上年职工平均工资3倍数额以内的部分，免征个人所得税；超过3倍数额的部分，不并入当年综合所得，单独适用综合所得税率表，计算纳税。

（二）个人办理提前退休手续而取得的一次性补贴收入，应按照办理提前退休手续至法定离退休年龄之间实际年度数平均分摊，确定适用税率和速算扣除数，单独适用综合所得税率表，计算纳税。计算公式：

应纳税额={〔（一次性补贴收入÷办理提前退休手续至法定退休年龄的实际年度数）−费用扣除标准〕×适用税率−速算扣除数}×办理提前退休手续至法定退休年龄的实际年度数

（三）个人办理内部退养手续而取得的一次性补贴收入，按照《国家税务总局关于个人所得税有关政策问题的通知》（国税发〔1999〕58号）规定计算纳税。

12. 与员工解除劳动关系而支付给员工的一次性补偿，未就超过当地上年职工平均工资3倍的部分扣缴个人所得税。

应对指引：查验企业"应付职工薪酬"科目，并比对企业缴税情况。

政策依据：

《财政部 国家税务总局关于个人与用人单位解除劳动关系取得的一次性补偿收入征免个人所得税问题的通知》（财税〔2001〕157号）规定：

个人领取一次性补偿收入时按照国家和地方政府规定的比例实际缴纳的住房公积金、医疗保险费、基本养老保险费、失业保险费，可以在计征其一次性补偿收入的个人所得税时予以扣除。

《财政部 国家税务总局关于个人所得税法修改后有关优惠政策衔接问题的通知》

（财税〔2018〕164号，期限延长至2023年12月31日）第五条

13. 在一个纳税年度内超过一次使用全年一次性奖金分解计算方法扣缴个人所得税。

应对指引：查验"管理费用""应付职工薪酬"列支情况，并比对企业缴税情况，确认企业每年只用一次年终奖方式申报税款。

政策依据：

《国家税务总局关于雇主为雇员承担全年一次性奖金部分税款有关个人所得税计算方法问题的公告》（国家税务总局公告2011年第28号）

《中华人民共和国个人所得税法》（主席令第八十五号）

《国家税务总局关于雇主为其雇员负担个人所得税税款计征问题的通知》（国税发〔1996〕199号）

《国家税务总局关于调整个人取得全年一次性奖金等计算征收个人所得税方法问题的通知》（国税发〔2005〕9号）

《财政部 国家税务总局关于个人所得税法修改后有关优惠政策衔接问题的通知》（财税〔2018〕164号）

《财政部 税务总局关于非居民个人和无住所居民个人有关个人所得税政策的公告》（财政部 税务总局公告2019年第35号）

《财政部 税务总局关于延续实施全年一次性奖金个人所得税政策的公告》（财政部 税务总局公告2023年第30号）：延续实施全年一次性奖金个人所得税政策至2027年12月31日

14. 偶然所得，开展有奖储蓄而支付给个人的各种形式的中奖所得，是否扣缴个人所得税。

应对指引：查验"营业费用"列支情况。

政策依据：

《国家税务总局关于有奖储蓄中奖收入征收个人所得税问题的批复》（国税函〔1995〕98号）规定：

> 个人参加有奖储蓄取得的各种形式的中奖所得，属于机遇性的所得，应按照个人所得税法中"偶然所得"应税项目的规定征收个人所得税。虽然这种中奖所得具有银行储蓄利息的二次分配的特点，但对中奖个人而言，已不属于按照国家规定利率标准取得的存款利息所得性质。
>
> 支付该项所得的各级银行部门是税法规定的代扣代缴义务人，在其向个人支付有奖储蓄中奖所得时应当按照"偶然所得"应税项目扣缴个人所得税税款。

15. 偶然所得——银行及金融机构开展经营业务、企业庆典等活动中向本单位以外的个人赠送礼品，对个人取得的礼品所得应按"偶然所得"税目代扣代缴个人所得税。

应对指引： 企业向客户刷卡积分换礼品，购买礼品的费用以办公用品名义开出，在营业费用中列支，未按照"偶然所得"项目计算扣缴个人所得税。查核银行在各类经营业务、企业庆典等活动中向本单位以外的个人赠送礼品，对个人取得的礼品所得是否按"偶然所得"税目计算扣缴个人所得税。查核企业向客户刷卡积分换礼品，购买礼品的费用以办公用品名义开出，在营业费用中列支，是否按照"偶然所得"项目计算扣缴个人所得税。

政策依据：

《中华人民共和国企业所得税法实施条例》（国务院令第707号）

《中华人民共和国个人所得税法》（主席令第八十五号）

《财政 国家税务总局关于企业促销展业赠送礼品有关个人所得税问题的通知》（财税〔2011〕50号）第一条和第三条

《财政部 税务总局关于个人取得有关收入适用个人所得税应税所得项目的公告》（财政部、税务总局公告2019年第74号）

16. 个人所得税——利息、股息、红利所得，股份制银行从税后利润中提取的法定公积金和任意公积金转增注册资本，未扣缴个人所得税。

应对指引： 查核股份制银行从税后利润中提取的法定公积金和任意公积金转增注册资本，是否按照"利息、股息、红利所得"项目扣缴个人所得税。

政策依据：

《国家税务总局关于转增注册资本征收个人所得税问题的批复》（国税函〔1998〕333号）

17. 银行向独立董事、监事支付董事费、监事费，未按规定扣缴个人所得税。

应对指引： 查核商业银行向独立董事、独立监事支付董事费、监事费，是否按税法规定扣缴个人所得税。

政策依据：

《国家税务总局关于印发〈征收个人所得税若干问题的规定〉的通知》（国税发〔1994〕089号）规定：

八、关于董事费的征税问题[①]

个人由于担任董事职务所取得的董事费收入，属于劳务报酬所得性质，按照劳务报酬所得项目征收个人所得税。

---

① 飞狼财税通编注：2009年8月17日，国税发〔2009〕121号《国家税务总局关于明确个人所得税若干政策执行问题的通知》规定，国税发〔1994〕89号第八条董事费按劳务报酬所得项目征税方法，仅适用于个人担任公司董事、监事，且不在公司任职、受雇的情形。

《国家税务总局关于明确个人所得税若干政策执行问题的通知》（国税发〔2009〕121号）第二条第（二）项

18.企业的年金按季、半年或年度缴纳企业缴费的，未正确计算扣缴个人所得税。

应对指引：查核企业的年金按季、半年或年度缴纳企业缴费的，是否正确计算扣缴个人所得税。

政策依据：

《国家税务总局关于企业年金个人所得税有关问题补充规定的公告》（国家税务总局公告2011年第9号，现已全文废止）

《国家税务总局关于企业年金个人所得税征收管理有关问题的通知》（国税函〔2009〕694号，现已全文废止）第二条

《财政部 人力资源社会保障部 国家税务总局关于企业年金 职业年金个人所得税有关问题的通知》（财税〔2013〕103号）

19.企业为职工缴纳的补充养老保险（年金）是否存在未按规定代扣代缴个人所得税的情况。

应对指引：重点核查"应付职工薪酬——补充养老保险（年金）"，看是否存在企业为职工缴纳的年金未按规定代扣代缴个人所得税的问题。

政策依据：

《国家税务总局关于企业年金个人所得税征收管理有关问题的通知》（国税函〔2009〕694号，现已全文废止）

《国家税务总局关于单位为员工支付有关保险缴纳个人所得税问题的批复》（国税函〔2005〕318号）

《国家税务总局关于企业年金个人所得税有关问题补充规定的公告》（国家税务总局公告2011年第9号，现已全文废止）

《财政部 人力资源社会保障部 国家税务总局关于企业年金 职业年金个人所得税有关问题的通知》（财税〔2013〕103号）

20.管理费用中列支个人费用，在管理费用或公杂费中列支的"个人业务拓展费"，以油票、修理费、办公费、飞机票等实物报销形式发放的职工奖金；组织职工旅游所发生的费用等是否存在未按规定代扣代缴个人所得税的情况。

应对指引：重点核查"管理费用"看是否存在管理费用或公杂费中列支的"个人业务拓展费"，以油票、修理费、办公费、飞机票等实物报销形式发放的职工奖金；组织职工旅游所发生的费用等是否存在未按规定代扣代缴个人所得税的问题。

政策依据：

《中华人民共和国个人所得税法实施条例》（国务院令第707号）第八条

第四节　房产税和城镇土地使用税纳税风险

房产税是以房屋为征税对象，按房屋的计税余值或租赁收入为计税依据，向产权所有人征收的一种财产税。现行的房产税是第二步利改税以后开征的，1986年9月15日，国务院正式发布了《中华人民共和国房产税暂行条例》，从1986年10月1日开始实施。2023年12月15日，财政部公布数据，2023年1—11月累计，全国一般公共预算收入200 131亿元，同比增长7.9%。其中主要税收收入项目情况显示，房产税3 606亿元，同比增长10.5%。

城镇土地使用税是指国家在城市、县城、建制镇、工矿区范围内，对使用土地的单位和个人，以其实际占用的土地面积为计税依据，按照规定的税额计算征收的一种税。

本节是归集整理银行业房产税和城镇土地使用税的纳税风险特征库，未穷尽但归集整理典型的纳税风险点共计17个，包括房产税纳税风险点12个和城镇土地使用税纳税风险点5个。

一、房产税

1. 除免税外是否按税法规定申报缴纳房产税。

应对指引：查核企业所有、使用的在房产税征税范围内具备房屋功能的地下建筑，包括与地上房屋相连的地下建筑以及完全建在地面以下的建筑、地下人防设施等（如房屋的地下室、地下停车场、商场的地下部分等，应将地下部分与地上房屋视为一个整体，按照地上房屋建筑的有关规定计算征收房产税），除免税外是否按税法规定申报缴纳房产税（上述具备房屋功能的地下建筑是指有屋面和维护结构，能够遮风避雨，可供人们在其中生产、经营、工作、学习、娱乐、居住或储藏物资的场所）。

政策依据：

《财政部 国家税务总局关于具备房屋功能的地下建筑征收房产税的通知》（财税〔2005〕181号）规定：

> 为了统一税收政策，规范税收管理，现将具备房屋功能的地下建筑的房产税政策明确如下：
>
> 一、凡在房产税征收范围内的具备房屋功能的地下建筑，包括与地上房屋相连的地下建筑以及完全建在地面以下的建筑、地下人防设施等，均应当依照有关规定征收房产税。

上述具备房屋功能的地下建筑是指有屋面和维护结构，能够遮风避雨，可供人们在其中生产、经营、工作、学习、娱乐、居住或储藏物资的场所。

二、自用的地下建筑，按以下方式计税：

1.工业用途房产，以房屋原价的50%-60%作为应税房产原值。

应纳房产税的税额=应税房产原值×〔1-（10%-30%）〕×1.2%

2.商业和其他用途房产，以房屋原价的70%-80%作为应税房产原值。

应纳房产税的税额=应税房产原值×〔1-（10%-30%）〕×1.2%

房屋原价折算为应税房产原值的具体比例，由各省、自治区、直辖市和计划单列市财政和地方税务部门在上述幅度内自行确定。

3.对于与地上房屋相连的地下建筑，如房屋的地下室、地下停车场、商场的地下部分等，应将地下部分与地上房屋视为一个整体按照地上房屋建筑的有关规定计算征收房产税。

三、出租的地下建筑，按照出租地上房屋建筑的有关规定计算征收房产税。

四、本通知自2006年1月1日起执行。

2.无租使用其他单位房产的，除免税外是否依照房产余值代缴纳房产税。

应对指引： 核查企业无租使用其他单位房产纳税情况。

政策依据：

《财政部 国家税务总局关于房产税 城镇土地使用税有关问题的通知》（财税〔2009〕128号）规定：

一、关于无租使用其他单位房产的房产税问题

无租使用其他单位房产的应税单位和个人，依照房产余值代缴纳房产税。

二、关于出典房产的房产税问题

产权出典的房产，由承典人依照房产余值缴纳房产税。

三、关于融资租赁房产的房产税问题

融资租赁的房产，由承租人自融资租赁合同约定开始日的次月起依照房产余值缴纳房产税。合同未约定开始日的，由承租人自合同签订的次月起依照房产余值缴纳房产税。

3.企业与免征房产税企业共用房产的，是否按各自使用的部分准确划分，分别征收或免征房产税。

政策依据：

《关于房产税若干具体问题的解释和暂行法规》（财税地字〔1986〕8号）规定：

二十五、关于纳税单位与免税单位共同使用的房屋，如何征收房产税？

纳税单位与免税单位共同使用的房屋，按各自使用的部分划分，分别征收或免征房产税。

4. 房产原值是否均包含地价，准确计算缴纳房产税。

应对指引： 查核企业按照房产原值计税的房产，无论会计上如何核算，房产原值是否均包含地价，包括为取得土地使用权支付的价款、开发土地发生的成本费用等。土地容积率低于0.5的，按房产建筑面积的2倍计算土地面积并据此确定计入房产原值的地价。查看企业购地合同、土地出让金收据、契税、印花税及开发土地成本费用凭证，并根据规划报告确定土地容积率以确定计入房产原值的土地价款。

政策依据：

《财政部 国家税务总局关于安置残疾人就业单位城镇土地使用税等政策的通知》（财税〔2010〕121号）第三条

5. 免收租金期间产权所有人是否按照房产原值缴纳房产税。

应对指引： 查核企业出租房产，租赁双方签订的租赁合同约定有免收租金期限的，免收租金期间产权所有人是否按照房产原值缴纳房产税。

政策依据：

《财政部 国家税务总局关于安置残疾人就业单位城镇土地使用税等政策的通知》（财税〔2010〕121号）第二条

6. 更换房屋附属设备和配套设施，是否按税法规定将其价值计入房产原值。

应对指引： 查核企业更换房屋附属设备和配套设施的，除附属设备和配套设施中易损坏、需要经常更换的零配件，更新后不再计入房产原值外，是否按税法规定将其价值计入房产原值，并可扣减原来相应设备和设施的价值后计征房产税。

政策依据：

《财政部 国家税务总局关于房产税和车船使用税几个业务问题的解释与规定》（财税地字〔1987〕3号）规定：①

一、关于"房产"的解释

"房产"是以房屋形态表现的财产。房屋是指有屋面和围护结构（有墙或两边有柱），能够遮风避雨，可供人们在其中生产、工作、学习、娱乐、居住或储藏物资的场所。

独立于房屋之外的建筑物，如围墙、烟囱、水塔、变电塔、油池油柜、

---

① 飞狼财税通编注：2005年10月21日，国家税务总局发布《关于进一步明确房屋附属设备和配套设施计征房产税有关问题的通知》（国税发〔2005〕173号），自2006年1月1日起执行。

酒窖菜窖、酒精池、糖蜜池、室外游泳池、玻璃暖房、砖瓦石灰窑以及各种油气罐等，不属于房产。

根据总局[1986]财税地字第008号文规定，"原产原值是指纳税人按照会计制度规定，在账簿'固定资产'科目中记载的房屋原价"。因此，凡按会计制度规定在账簿中记载有房屋原价的，即应以房屋原价按规定减除一定比例后作为房产余值计征房产税；没有记载房屋原价的，按照上述原则，并参照同类房屋，确定房产原值，计征房产税。

二、关于房屋附属设备的解释

房产原值应包括与房屋不可分割的各种附属设备或一般不单独计算价值的配套设施。主要有：暖气、卫生、通风、照明、煤气等设备；各种管线，如蒸气、压缩空气、石油、给水排水等管道及电力、电讯、电缆导线；电梯、升降机、过道、晒台等。

属于房屋附属设备的水管、下水道、暖气管、煤气管等从最近的探视井或三通管算起。电灯网、照明线从进线盒联接管算起。

《国家税务总局关于进一步明确房屋附属设备和配套设施计征房产税有关问题的通知》（国税发〔2005〕173号）

7. 企业是否存在在建工程已投入使用却未计征房产税的情况。

应对指引： 核查资产负债表"在建工程"栏数据变化情况和会计科目期初期末数额，如果超过三年长期无贷方转出发生额，应进行实地调查核实。

政策依据：

《财政部 国家税务总局关于房产税城镇土地使用税有关问题的通知》（财税〔2008〕152号）规定[①]：

一、关于房产原值如何确定问题：

对依照房产原值计税的房产，不论是否记载在会计账簿固定资产科目中，均应按照房屋原价计算缴纳房产税。房屋原价应根据国家有关会计制度规定进行核算。对纳税人未按国家会计制度规定核算并记载的，应按规定予以调整或重新评估。

---

① 飞狼财税通编注：2010年12月21日，财政部、国家税务总局发布《关于安置残疾人就业单位城镇土地使用税等政策的通知》（财税〔2010〕121号），规定自2010年12月21日起"对按照房产原值计税的房产，无论会计上如何核算，房产原值均应包含地价，包括为取得土地使用权支付的价款、开发土地发生的成本费用等。宗地容积率低于0.5的，按房产建筑面积的2倍计算土地面积并据此确定计入房产原值的地价"。

《财政部税务总局关于房产税若干具体问题的解释和暂行规定》(财税地字〔1986〕8号)第十五条同时废止。

8. 企业自建的房屋，是否自建成之次月起计征房产税

应对指引：查核企业自建、出租、出借房产，是否自投入使用房产之次月起计征房产税，使用的标志是有固定时间段的水费电费支出发生。

政策依据：

《关于房产税若干具体问题的解释和暂行法规》(财税地字〔1986〕8号)规定：

十九、关于新建的房屋如何征税？

纳税人自建的房屋，自建成之次月起征收房产税。

纳税人委托施工企业建设的房屋，从办理验收手续之次月起征收房产税。

纳税人在办理验收手续前已使用或出租、出借的新建房屋，应按规定征收房产税。

9. 金融机构取得的抵债房产，在持有期间，是否未按规定申报缴纳房产税。

政策依据：

《中华人民共和国房产税暂行条例》(国务院令第588号)第二条

10. 房屋装修费，是否存在未按规定把房屋装修增加价值增加计入房产原值计税。

应对指引：（1）未将与房屋不可分割的各种附属设备或不单独计算价值的配套设施（如暖气、下水管等）从房产原值剥离出来单独记账；（2）已投入使用并竣工验收后未进行纳税申报。关注在建自有营业用房装修，是否将投入使用前的装修工程费、电梯、内部照明设施等单独核算；计算缴纳房产税时，达到固定资产改良支出标准未并入房产原值缴税。重点核查"固定资产""长期待摊费用""在建工程""管理费用"等科目。

政策依据：

《中华人民共和国房产税暂行条例》(国务院令第588号)第一条、第二条、第三条、第四条

《财政部 税务总局关于安置残疾人就业单位城镇土地使用税等政策的通知》(财税〔2010〕121号)第二条

《国家税务总局关于进一步明确房屋附属设备和配套设施计征房产税有关问题的通知》(国税发〔2005〕173号)第一条

11. 已入账的抵债资产，未按时申报纳税；将抵债资产用于出租，隐匿收入，按从价计征房产税；将抵债取得的房产委托物业公司经营，或租赁给原房产使用人，

在收取租赁费时,是否扣除了有关房产的维护费用;抵押给银行的房产及银行利息抵房租的情况。

应对指引:指标分析有异常,审阅"抵债资产"台账,资产数量是否有增减变动,是否有相关收入与抵债资产相关联,确定产权所有人。

政策依据:

《中华人民共和国房产税暂行条例》(国务院令第588号)第一条、第二条、第三条、第四条

《财政部 税务总局关于安置残疾人就业单位城镇土地使用税等政策的通知》(财税〔2010〕121号)

12. 将自有房产出租给关联企业使用,收取的租金明显偏低;把自有营业用房提供给分支机构无租使用,是否按规定申报纳税,少缴房产税。

应对指引:审核其房产租用情况,无租使用免税房产的,是否缴纳房产税。在核实房产用途的基础上,核实"其他业务收入"账户的贷方发生额,核实有无房产租金收入。结合"其他业务支出"等费用账户或往来账户,核实有无以收抵支或转移租金收入的情况。

政策依据:

《中华人民共和国房产税暂行条例》(国务院令第588号)第一条、第二条、第三条、第四条

《国家税务总局关于房产税、城镇土地使用税有关政策规定的通知》(国税发〔2003〕89号)第二条第一款、第二款、第三款

《财政部 税务总局关于安置残疾人就业单位城镇土地使用税等政策的通知》(财税〔2010〕121号)规定:

财政部、国家税务总局关于安置残疾人就业单位城镇土地使用税等政策的通知

财税〔2010〕121号 发布日期:2010-12-21

各省、自治区、直辖市、计划单列市财政厅(局)、地方税务局,西藏、青海、宁夏省(自治区)国家税务局,新疆生产建设兵团财务局:

经研究,现将安置残疾人就业单位城镇土地使用税等政策通知如下:

一、关于安置残疾人就业单位的城镇土地使用税问题

对在一个纳税年度内月平均实际安置残疾人就业人数占单位在职职工总数的比例高于25%(含25%)且实际安置残疾人人数高于10人(含10人)的单位,可减征或免征该年度城镇土地使用税。具体减免税比例及管理办法由省、自治区、直辖市财税主管部门确定。

《国家税务局关于土地使用税若干具体问题的解释和暂行规定》(国税

地字〔1988〕15号）第十八条第四项同时废止。

二、关于出租房产免收租金期间房产税问题

对出租房产，租赁双方签订的租赁合同约定有免收租金期限的，免收租金期间由产权所有人按照房产原值缴纳房产税。

三、关于将地价计入房产原值征收房产税问题

对按照房产原值计税的房产，无论会计上如何核算，房产原值均应包含地价，包括为取得土地使用权支付的价款、开发土地发生的成本费用等。宗地容积率低于0.5的，按房产建筑面积的2倍计算土地面积并据此确定计入房产原值的地价。

本通知自发文之日起执行。此前规定与本通知不一致的，按本通知执行。各地财税部门要加强对政策执行情况的跟踪了解，对执行中发现的问题，及时上报财政部和国家税务总局。

二、城镇土地使用税

1. 是否按实际占用的土地面积作为计税依据计算申报。

应对指引：查核计征城镇土地使用税，是否按实际占用的土地面积作为计税依据计算申报的，查看企业土地权证及其他证明土地面积的凭证与实际纳税情况比对。

政策依据：

《中华人民共和国城镇土地使用税暂行条例》（国务院令第483号）第三条规定：

> 土地使用税以纳税人实际占用的土地面积为计税依据，依照规定税额计算征收。

2. 是否在取得土地次月，即开始申报缴纳城镇土地使用税。

应对指引：查看企业购地合同、土地出让金收据或其他凭证判定纳税时间。

政策依据：

《中华人民共和国城镇土地使用税暂行条例》（国务院令第483号）第九条第（二）项《财政部 国家税务总局关于房产税 城镇土地使用税有关政策的通知》（财税〔2006〕186号）规定：

> 二、关于有偿取得土地使用权城镇土地使用税纳税义务发生时间问题
>
> 以出让或转让方式有偿取得土地使用权的，应由受让方从合同约定交付土地时间的次月起缴纳城镇土地使用税；合同未约定交付土地时间的，

由受让方从合同签订的次月起缴纳城镇土地使用税。

3. 计征城镇土地使用税，是否准确适用单位税额。

应对指引： 企业土地的坐落位置与实际缴纳土地使用税的等级不一致，应适用较高单位税额的错按低的单位税额少计征城镇土地使用税，少缴税。

政策依据：

《中华人民共和国城镇土地使用税暂行条例》（国务院令第483号）规定：

> 第四条 土地使用税每平方米年税额如下：
> （一）大城市1.5元至30元；
> （二）中等城市1.2元至24元；
> （三）小城市0.9元至18元；
> （四）县城、建制镇、工矿区0.6元至12元。

4. 抵债土地是否按税法规定缴纳土地使用税。

应对指引： 查核金融机构取得的抵债土地，在持有期间是否按规定纳税。

与银行签订了以土地使用权抵债的协议，逾期贷款后，由于该地块银行尚未处置，银行未对该笔抵债事项进行账务处理，应申报缴纳土地使用税。

政策依据：

《中华人民共和国城镇土地使用税暂行条例》（国务院令第483号）第二条

5. 承租房屋土地，其土地属集体土地，是否按规定申报城镇土地使用税。

应对指引： 按规定在城镇土地使用税征税范围内实际使用应税集体所有建设用地、未办理土地使用权流转手续的，由实际使用集体土地的单位纳税。

核查承租房屋土地的合同，其土地是否属集体土地，属集体所有建设用地或未办理土地使用权流转手续的，由实际使用集体土地的银行机构纳税。

政策依据：

《财政部 国家税务总局关于集体土地城镇土地使用税有关政策的通知》（财税〔2006〕56号）

《财政部 税务总局关于承租集体土地城镇土地使用税有关政策的通知》（财税〔2017〕29号）规定：

> 在城镇土地使用税征税范围内，承租集体所有建设用地的，由直接从集体经济组织承租土地的单位和个人，缴纳城镇土地使用税。

第五节　印花税和契税纳税风险

行为税是国家为了对某些特定行为进行限制或开辟某些财源而课征的一类税收。中国现行行为税共三种，分别是印花税、城市维护建设税、烟叶税。

印花税是对在经济活动和经济交往中书立、领受具有法律效力的凭证的行为征收的一种税。其因采用在应税凭证上粘贴印花税票作为完税的标志而得名。印花税法是调整印花税征纳关系的法律规范的总称。2021年6月10日，第十三届全国人民代表大会常务委员会第二十九次会议通过《中华人民共和国印花税法》，自2022年7月1日起施行。1988年8月6日国务院发布的《中华人民共和国印花税暂行条例》同时废止。

2022年6月，国家知识产权局发布公告：《中华人民共和国印花税法》征收范围不包括"权利、许可证照"，国家知识产权局将自2022年7月1日起终止印花税代征业务。

财产税是对法人或自然人在某一时点占有或可支配财产课征的一类税收的统称。所谓财产，是指法人或自然人在某一时点所占有及可支配的经济资源，如房屋、土地、物资、有价证券等。现行财产税主要有房产税和契税。

契税是指不动产（土地、房屋）产权发生转移变动时，就当事人所订契约按产价的一定比例向新业主（产权承受人）征收的一次性税收。

契税除与其他税收有相同的性质和作用外，还具有其自身的特征：（1）征收契税的宗旨是为了保障不动产所有人的合法权益。通过征税，契税征收机关便以政府名义发给契证，作为合法的产权凭证，政府即承担保证产权的责任。因此，契税又带有规费性质，这是契税不同于其他税收的主要特点。（2）纳税人是产权承受人。当发生房屋买卖、典当、赠与或交换行为时，按转移变动的价值，对产权承受人可征一次性契税。（3）契税采用比例税率，即在房屋产权发生转移变动行为时，对纳税人依一定比例的税率可征。

2021年9月1日起，《中华人民共和国契税法》施行，1997年7月7日国务院发布的《中华人民共和国契税暂行条例》同时废止。

一、印花税

1.是否存在已粘贴的印花税票未注销或未画销风险。

应对指引：重点核查"合同""账簿"等。

政策依据：

《中华人民共和国印花税法》（主席令第八十九号）第十七条第二款

《国家税务总局关于印花税违章处罚有关问题的通知（国税发〔2004〕15号，现已全文废止）规定：

印花税纳税人有下列行为之一的，由税务机关根据情节轻重予以处罚：
一、在应纳税凭证上未贴或者少贴印花税票的或者已粘贴在应税凭证上的印花税票未注销或者未画销的，适用《税收征管法》第六十四条的处罚规定。
二、已贴用的印花税票揭下重用造成未缴或少缴印花税的，适用《税收征管法》第六十三条的处罚规定。
三、伪造印花税票的，适用《税收征管法实施细则》第九十一条的处罚规定。

2. 企业已贴花的凭证，修改后所载金额增加的，是否对其增加部分补贴印花税票。
应对指引： 核查企业签订后进行修改过的合同和具有合同性质的凭证。
政策依据：
《财政部 税务总局关于印花税若干事项政策执行口径的公告》（财政部 税务总局公告2022年第22号）第三条（二）项规定：

（二）应税合同、应税产权转移书据所列的金额与实际结算金额不一致，不变更应税凭证所列金额的，以所列金额为计税依据；变更应税凭证所列金额的，以变更后的所列金额为计税依据。已缴纳印花税的应税凭证，变更后所列金额增加的，纳税人应当就增加部分的金额补缴印花税；变更后所列金额减少的，纳税人可以就减少部分的金额向税务机关申请退还或者抵缴印花税。

3. 同一应税凭证，因载有两个或者两个以上经济事项而适用不同税目税率，如分别记载金额的，是否分别计算应纳税额，相加后按合计税额贴花；如未分别记载金额的，是否按税率高的计税贴花。
应对指引： 核查企业载有两个或者两个以上经济事项的应税凭证。
政策依据：
《中华人民共和国印花税法》（主席令第八十九号）第九条规定：

同一应税凭证载有两个以上税目事项并分别列明金额的，按照各自适用的税目税率分别计算应纳税额；未分别列明金额的，从高适用税率。

4. 银行及其金融机构经营的融资租赁业务签订的融资租赁合同，未按合同所载资金总额按"借款合同"计税贴花。

政策依据：

《国家税务局关于对借款合同贴花问题的具体规定》（国税地〔1988〕30号）规定：

> 四、关于对融资租赁合同的贴花问题。银行及其金融机构经营的融资租赁业务，是一种以融物方式达到融资目的的业务，实际上是分期偿还的固定资金借贷。因此，对融资租赁合同，可据合同所载的租金总额暂按"借款合同"计税贴花。①

5. 借款合同中既有应税金额又有免税金额的，对不能划分清楚的，未按借款总金额计税贴花。

政策依据：

《国家税务局关于对借款合同贴花问题的具体规定》（国税地〔1988〕30号）第五条

6. 银行及其他非银行金融机构之间签订的"同业拆借合同"未贴花的，除符合税法规定的按相关同业拆借管理规定的同业拆借期限和利率签订的同业拆借合同，不得免税。企业是否补贴花。

应对指引：查核银行及其他非银行金融机构之间签订的"同业拆借合同"未贴花的，是否符合税法规定的按相关同业拆借管理规定的同业拆借期限和利率签订的同业拆借合同，否则不得免税，应补贴花。

政策依据：

《国家税务局关于印花税若干具体问题的解释和规定的通知》（国税发〔1991〕155号，现已全文废止）第八条

《国家税务总局关于实施〈中华人民共和国印花税法〉等有关事项的公告》（国家税务总局公告2022年第14号）的印花税税源明细表，第7项子目：借款合同：银行业金融机构借款合同、其他金融机构借款合同。

---

① 飞狼财税通编注：《财政部 国家税务总局关于融资租赁合同有关印花税政策的通知》（财税〔2015〕144号）规定自2015年12月24日起对开展融资租赁业务签订的融资租赁合同（含融资性售后回租），统一按照其所载明的租金总额依照"借款合同"税目，按万分之零点五的税率计税贴花。在融资性售后回租业务中，对承租人、出租人因出售租赁资产及购回租赁资产所签订的合同，不征收印花税。

7. 金融机构与不符合《工业和信息化部 国家统计局 国家发展和改革委员会 财政部关于印发中小企业划型标准规定的通知》（工信部联企业〔2011〕300号）认定的小型、微型企业签订的借款合同，在签订时未按借款金额依"借款合同"税目计税贴花。

政策依据：

《财政部 国家税务总局关于金融机构与小型微型企业签订借款合同免征印花税的通知》（财税〔2011〕105号，现已全文废止）

《财政部 国家税务总局关于金融机构与小型微型企业签订借款合同免征印花税的通知》（财税〔2014〕78号，现已全文废止）

《财政部 税务总局关于支持小微企业融资有关税收政策的通知》（财税〔2017〕77号，期限延长至2023年12月31日）

8. 金融机构有建设工程发包或其他设备安装，签订建筑合同或者安装合同时，未按建筑安装工程承包合同税目计税贴花。

应对指引： 查核金融机构有建设工程发包或其他设备安装，签订建筑合同或者安装合同时，是否按建筑安装工程承包合同税目纳税。

9. 金融机构有房产等财产出租或者租入情况，签订财产租赁合同或协议时，未按财产租赁合同税目计税贴花。

应对指引： 查核金融机构有房产等财产出租或者租入情况，签订财产租赁合同或协议时，是否按财产租赁合同税目纳税。

10. 金融机构有财产投保、责任、保证、信用等，与保险公司签订保险合同时，未按财产保险合同税目计税贴花。

应对指引： 查核金融机构有财产投保、责任、保证、信用等，与保险公司签订保险合同时，是否按财产保险合同税目纳税。

11. 金融机构有土地、房产等财产转让，签订转让合同或协议时，未按产权转移书据税目计税贴花。

应对指引： 查核金融机构有土地、房产等财产转让，签订转让合同或协议时，是否按产权转移书据税目纳税。

政策依据：

上述第8—11风险点的适用法规：

《中华人民共和国印花税法》（主席令第八十九号）第四条

《国家税务总局关于实施〈中华人民共和国印花税法〉等有关事项的公告》（国家税务总局公告2022年第14号）的印花税税源明细表，第7项子目：

填写对应税目的征收子目，产权转移书据税目对应的子目必填，其他应税合同税目对应子目选填，其中融资租赁合同、买卖合同、保管合同、仓储合同、财产保险合同、营业账簿不需要填写子目。税目与子目对应关系如下：

借款合同：银行业金融机构借款合同、其他金融机构借款合同；承揽合同：加工合同、定作合同、修理合同、复制合同、测试合同、检验合同；建设工程合同：工程勘察合同、工程设计合同、工程施工合同；运输合同：公路货物运输合同、水路货物运输合同、航空货物运输合同、铁路货物运输合同、多式联运合同；技术合同：技术开发合同、技术许可合同、技术咨询合同、技术服务合同；租赁合同：房屋租赁合同、其他租赁合同；产权转移书据：土地使用权出让书据、土地使用权转让书据、房屋等建筑物和构筑物所有权转让书据（不包括土地承包经营权和土地经营权转移）、股权转让书据（不包括应缴纳证券交易印花税的）、商标专用权转让书据、著作权转让书据、专利权转让书据、专有技术使用权转让书据。

12. 取得抵债资产，是否存在未按规定缴纳印花税的情况。

应对指引： 重点核查"待处理抵债资产"科目，看是否存在取得抵债资产时未按规定缴纳印花税问题。

政策依据：

《财政部 税务总局关于银行业金融机构、金融资产管理公司不良债权以物抵债有关税收政策的公告》（财政部 税务总局公告2022年第31号）

《财政部 税务总局关于继续实施银行业金融机构、金融资产管理公司不良债权以物抵债有关税收政策的公告》（财政部 税务总局公告2023年第35号）

二、契税

1. 将抵债入账的土地使用权转为自用，申报缴纳契税计税依据明显低于抵债入账价值，少缴纳契税。

应对指引： 审阅"抵债资产——土地使用权"明细账，是否存在土地使用权减少的同时固定资产增加。发生契税纳税义务，是否按规定向土地、房屋所在地的契税征收机关办理纳税申报，并在契税征收机关核定的期限内缴纳税款。

政策依据：

《中华人民共和国契税法》（主席令第五十二号）第二条、第三条、第四条、第五条、第六条

《财政部 税务总局关于贯彻实施契税法若干事项执行口径的公告》（财政部 税务总局公告2021年第23号）

《国家税务总局关于契税纳税服务和征收管理若干事项的公告》(国家税务总局公告2021年第25号)

2. 将抵债入账的房产转为自用,申报缴纳契税计税依据明显低于抵债入账价值,或者虚报成交价格,少缴纳契税,或未在规定时限内申报缴纳契税。

应对指引:当指标异常时,进一步审阅"抵债资产"明细账是否因延缓纳税义务发生时间或入账价值偏低造成少缴税款。

政策依据:

《中华人民共和国契税法》(主席令第五十二号)第二条、第三条、第四条、第五条、第六条

其余相关文件同上。

3. 购入房产、国有土地使用权,申报缴纳契税计税依据明显低于成交价(将土地使用权出让,房屋买卖的成交价格中所包含的行政事业性收费,从中剔除)少缴纳契税;互换房屋,未按差额缴纳契税。

应对指引:当存在异常时调阅相关的国有土地出让合同,房产、土地使用权转让合同,联建协议、置换协议等,看申报缴纳契税的计税依据是否为合同确定的成交价格中包含的所有价款。

政策依据:

《中华人民共和国契税法》(主席令第五十二号)第二条、第三条、第四条、第五条、第六条

《国家税务总局关于契税纳税服务与征收管理若干事项的公告》(国家税务总局公告2021年第25号)

4. 商业银行承受非关闭、破产企业抵债土地、房屋需要缴纳契税。

应对指引:重点核查"待处理抵债资产"。

政策依据:

《中华人民共和国契税法》(主席令第五十二号)第二条、第三条、第四条

《财政部 国家税务总局关于国有土地所有权出让等有关契税问题的通知》(财税〔2004〕134号,现已全文废止)第一条第二款

《财政部 税务总局关于契税法实施后有关优惠政策衔接问题的公告》(财政部 税务总局公告2021年第29号)规定:

继续执行的契税优惠政策文件及条款目录

序号	文件标题及条款	文号
1	《财政部 国家税务总局关于免征军队离退休干部住房移交地方政府管理所涉及契税的通知》	财税字〔2000〕176号

续表

序号	文件标题及条款	文号
2	《财政部 国家税务总局关于中国信达等4家金融资产管理公司税收政策问题的通知》第三条第3项	财税〔2001〕10号
3	《财政部 国家税务总局关于4家资产管理公司接收资本金项下的资产在办理过户时有关税收政策问题的通知》第一条中关于契税的政策	财税〔2003〕21号
4	《财政部 国家税务总局关于被撤销金融机构有关税收政策问题的通知》第二条第3项	财税〔2003〕141号
5	《财政部 国家税务总局关于中国东方资产管理公司处置港澳国际（集团）有限公司有关资产税收政策问题的通知》第二条第2项、第三条第3项、第四条第3项	财税〔2003〕212号
6	《财政部 国家税务总局关于银监会各级派出机构从中国人民银行各分支行划转房屋土地有关税收问题的函》第一条	财税〔2005〕149号
7	《财政部 国家税务总局关于青藏铁路公司运营期间有关税收等政策问题的通知》第四条	财税〔2007〕11号
8	《财政部 国家税务总局关于廉租住房经济适用住房和住房租赁有关税收政策的通知》第一条第（五）项中关于经济适用住房的契税政策、第（六）项	财税〔2008〕24号
9	《财政部 国家税务总局关于企业以售后回租方式进行融资等有关契税政策的通知》第一条、第五条、第六条	财税〔2012〕82号
10	《财政部 国家税务总局关于棚户区改造有关税收政策的通知》第三条、第四条以及第五条中关于契税的政策	财税〔2013〕101号
11	《财政部 国家税务总局 住房城乡建设部关于调整房地产交易环节契税营业税优惠政策的通知》第一条、第三条中关于契税的政策	财税〔2016〕23号
12	《财政部 税务总局关于支持农村集体产权制度改革有关税收政策的通知》第一条、第二条第一款、第三条	财税〔2017〕55号
13	《财政部 税务总局关于易地扶贫搬迁税收优惠政策的通知》第一条第（二）项以及第二条第（一）（四）（五）项中关于契税的政策	财税〔2018〕135号
14	《财政部 税务总局关于公共租赁住房税收优惠政策的公告》第三条中关于契税的政策	财政部 税务总局公告2019年第61号
15	《财政部 税务总局关于继续实行农村饮水安全工程税收优惠政策的公告》第一条以及第六条第二款中关于契税的政策	财政部 税务总局公告2019年第67号
16	《财政部 税务总局 发展改革委 民政部 商务部 卫生健康委关于养老、托育、家政等社区家庭服务业税费优惠政策的公告》第一条第（三）项	财政部 税务总局 发展改革委 民政部 商务部 卫生健康委公告2019年第76号
17	《财政部 税务总局关于延长部分税收优惠政策执行期限的公告》中关于契税的政策	财政部 税务总局公告2021年第6号
18	《财政部 税务总局关于继续执行企业事业单位改制重组有关契税政策的公告》	财政部 税务总局公告2021年第17号

第四章 __Chapter 4

纳税风险应对指引

第一节　税务约谈是核心应对措施[①]

网络查询到的约谈释义：相约而谈，即约定之后就特定事情进行商谈。这是字面理解，但对于税务约谈是不确切的，应表述为"相约而谈，即约定之后就特定事项进行座谈"，实质是就特定事项进行质证。税务约谈不是商谈更不是谈判。税务约谈是纳税评估工作的核心环节，是税务行政管理行为，不是税务行政执法行为。税务约谈的核心是纳税人举证。

一、税务约谈概念

自2004年8月，国家税务总局明确提出"建立健全税收管理员制度"开展纳税评估和税务约谈工作以来，对于什么是税务约谈，并没有给出确切的定义。只有在《纳税评估管理办法（试行）》（国税发〔2005〕43号）第五条和第十九条中规定如下：

> 第五条　纳税评估主要工作内容包括：根据宏观税收分析和行业税负监控结果以及相关数据设立评估指标及其预警值；综合运用各类对比分析方法筛选评估对象；对所筛选出的异常情况进行深入分析并作出定性和定量的判断；对评估分析中发现的问题分别采取税务约谈、调查核实、处理处罚、提出管理建议、移交稽查部门查处等方法进行处理；维护更新税源管理数据，为税收宏观分析和行业税负监控提供基础信息等。
>
> 第十九条　对纳税评估中发现的需要提请纳税人进行陈述说明、补充提供举证资料等问题，应由主管税务机关约谈纳税人。税务约谈要经所在税源管理部门批准并事先发出《税务约谈通知书》，提前通知纳税人。税务约谈的对象主要是企业财务会计人员。因评估工作需要，必须约谈企业其他相关人员的，应经税源管理部门批准并通过企业财务部门进行安排。
>
> 纳税人因特殊困难不能按时接受税务约谈的，可向税务机关说明情况，经批准后延期进行。
>
> 纳税人可以委托具有执业资格的税务代理人进行税务约谈。税务代理人代表纳税人进行税务约谈时，应向税务机关提交纳税人委托代理合法证明。

[①] 引自贾忠华著《纳税评估理论与实务（上下册）》的上册第一章第五节。

根据网络释义：税务约谈制度是指税务机关在税收征管过程中，根据自行收集的资料以及案头分析所发现的问题和线索，约请纳税人、扣缴义务人沟通相关信息，并就所掌握的情况以及纳税人可以享受的豁免权与之谈判，并对涉税违法行为、违章行为进行处理和处罚的税收行政管理制度。

因此，结合工作实际，税务约谈也称为税务质疑约谈，是指税务部门对纳税人、扣缴义务人的纳税申报及相关资料进行指标分析和审核后发现异常，对异常现象提出质疑并给予政策性宣传和辅导，约请纳税人、扣缴义务人到税务部门进行陈述说明或补充举证，责成纳税人、扣缴义务人自查自纠的一项税务管理工作制度。

评估人员明确被评估对象存在涉税疑点或问题后，根据疑点或问题制定税务约谈提纲，纳税评估工作转入约谈质证环节（即纳税人举证）。税务约谈是纳税评估工作的核心环节，是对评估分析中发现的涉税疑点或问题进行处理的主要方式，是税务行政管理行为，不是行政执法行为。税务约谈的实质是帮助纳税人自查自纠，引导其主动遵从税法履行纳税义务。一般情况下采取约请纳税人到税务部门面谈的方式进行税务约谈；日常评估直接进行单户约谈，如果是开展行业专项评估或对存在共性且涉税问题比较单一的多个纳税人可以采取集体约谈的方式。此外，税务部门根据实际工作需要可采取其他便捷有效的方式进行税务约谈。

实施税务约谈时，评估人员一般不少于两名。

二、税务约谈对象与内容

对纳税评估中发现的需要提请纳税人进行陈述说明、补充提供举证资料等问题，一般情况下，由主管税务部门约谈纳税人。纳税人因特殊困难不能按时接受税务约谈的，可以说明情况，经批准后延期进行。

（一）约谈对象

1. 被约谈人员原则上为评估对象的财务会计人员。因评估工作需要，约谈其他相关人员的，应通过企业财务部门进行安排。
2. 纳税人可以委托具有执业资格的税务代理人进行税务约谈。税务代理人代表纳税人进行税务约谈时，应向税务机关提交纳税人委托代理合法证明。
3. 对存在共性问题的多个纳税人，可以采取集体约谈的方式进行。

（二）约谈内容

1. 生产经营情况：如企业的经营范围、人员、资产等基本情况；企业的生产工艺基本情况；企业的水、电、汽等能耗情况；企业产供销的变化情况；企业的联营投资情况。

2.纳税申报情况：企业各税种的申报情况和发票管理及税款缴纳情况以及通过审核发现的纳税申报疑点。

3.会计核算情况：包括会计制度的使用、货款回收情况、应缴税金的计算。

4.进行纳税辅导，如纳税义务发生时间、计税依据、应纳税款计算方法等。

三、税务约谈原则

税务约谈的原则是税务约谈制度在构建、实施、完善中应该遵循的法则，也是衡量一个制度好坏的标准。

1. 依法行政原则

税务部门应当依据国家税收法律、行政法规行使约谈权，并在法律、法规的授权范围内明确税务约谈制度的约谈对象、约谈方式、约谈内容以及征纳双方在约谈中的权利和义务等关键性要素；同时，在约谈纳税人过程中必须以依法行政为前提（严格按照流程和权限审批后实施），强化依法约谈，防范执法风险，建立健全对约谈工作的审核、监督、复查机制。坚持依法约谈是税务部门实施约谈工作的灵魂和基本原则，绝不能单纯以提高行政效率为借口，损害或牺牲纳税人合法权利，或从中谋取私利。

2. 信赖保护原则

在征纳双方间构建互信机制，税务部门在尚无确凿证据证明纳税人有税务违法行为存在的情况下，应首先假定纳税人是诚实申报其真实收入，纳税人也应该信赖税务部门的决定是公正和准确的。税务部门开展税务约谈，不得干涉影响到纳税人的正常生产经营活动，要畅通纳税人的权利救济渠道，建立对税务约谈行为的责任追究制度。

3. 程序正当原则

税务部门要改变"重实体、轻程序"的观念，增强程序意识，在全国范围内对税务约谈程序进行统一，使之制度化、具体化、规范化，具有可操作性，并在实践活动中严格遵守和全面执行。接受纳税人对约谈程序执行情况的监督，追究违反法定程序者的法律责任。

4. 公平、公正、公开原则

公平原则要求税务部门要依法、合理确定约谈对象，减少随意性和盲目性；公正原则要求税务部门在涉税问题的处理上一视同仁，相同问题相同处理；公开原则要求税务部门将有关税务约谈的制度、流程等向纳税人公开，约谈处理结果要向约谈对象公开，接受各方面的监督。

5. 高效便民原则

税务部门要转变行政管理理念，坚持以人为本。在税务约谈中，尽可能选择方便纳税人的约谈方式，严格按法定期限履行职责，进一步优化纳税服务，广泛开展政策宣传和业务咨询辅导。

四、税务约谈流程

（一）约谈准备

详见下文"五、税务约谈准备"。

（二）实施约谈

1. 通知。评估人员应当在约谈前书面通知纳税人或扣缴义务人，约谈通知应当载明约谈的时间、地点、附列需要由纳税人说明的有关情况的资料、拒不参加约谈的法律后果。

2. 约谈。在约谈过程中，约谈人员提出涉税疑点或问题，要求纳税人或扣缴义务人解释，纳税人可以进行陈述释疑和举证资料。对于纳税人因为不了解政策和税收法规而导致的涉税问题，约谈人员则应该给予必要的宣传和辅导。

税务约谈流程图如图4-1所示。

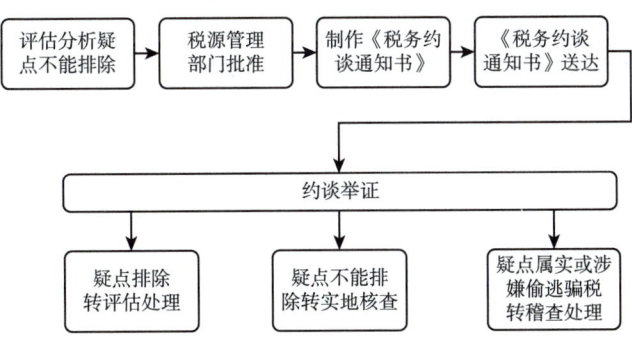

图4-1 税务约谈流程图

（三）结果审查

约谈结束后，税务部门应该给予纳税人或扣缴义务人必要的时间自查自纠。在自查自纠后，纳税人要向税务部门提交书面报告、相关证据资料和"纳税情况报告表"，税务部门在审查后，可根据不同情况采取以下措施：

1.如纳税人所涉及的问题已经得到解决的，作出纳税评估结案决定并实施结果处理；

2.如纳税人所涉及的纳税问题已经得到解决但仍然存在问题的，可以要求限期整改；

3.如纳税人拒绝纠正有关纳税问题，依法移交税务稽查立案查处。

（四）纳税评估结果处理

约谈结束后，不需要实施实地调查核实的，转入评估结果处理。

五、税务约谈准备

在约谈开始前，要做好约谈准备工作。具体应包括：

（一）内部准备

一是筛选确定疑点，选择疑点要准确，要运用所掌握的税收法规政策、财务会计等方面知识，结合纳税人生产经营状况等实际情况，精心筛选，详细真实。

二是确定约谈人员。应选用精通税收政策、财会、法律和礼仪等知识，了解被约谈企业的行业特点和生产经营情况，工作经验丰富的人员组成约谈小组，进行合理化分工，有序开展税务约谈。

一般应由两名或两名以上评估人员参加。

三是拟定约谈提纲。约谈前，税务约谈人员应向企业参加的被约谈人讲明目的，向纳税人告知有关事项。根据情况制定约谈内容提纲，包括准确提出的问题及顺序，以及约谈中可能出现的情况及其应对措施。

四是查找政策文件依据。对约谈对象涉及的涉税疑点或问题的相关税收政策依据要做到清楚、准确。

（二）外部准备

一是确定约谈对象。了解被约谈企业的基本情况，包括生产经营范围、经营规模、经营特点和财务报表情况等；根据疑点情况确定是法人、财会人员还是业务人员，或者共同作为约谈对象。

二是弄清业务和会计核算流程。要清楚企业存在疑点的会计科目核算过程，并能对账务处理错误进行调整等。

三是约谈要符合法律程序，税务约谈要经所在税源管理部门批准并事先发出《税务约谈（事项）通知书》，提前通知纳税人。《税务约谈（事项）通知书》中应告知其参加约谈的人员、时间、地点等。税务约谈通知书送达后，应留存《税务文书送达回证》。

四是为保证税务约谈工作的效率，送达《税务约谈（事项）通知书》的同时要告知纳税人相关疑点问题，便于其准备好税务约谈需要和携带的涉税资料，使约谈有的放矢。同时，对纳税人的举证材料，要认真审核归档。

六、税务约谈技巧与方法

约谈应具有一定的方法和技巧，关键是如何通过约谈，尽量掌握该企业的主营业务、财务核算及履行纳税义务情况，判别涉税疑点或问题是否存在。

（一）技巧

1.营造良好的谈话氛围：依法行政，说明事由及法律依据；热情服务，积极宣传税收法律政策；放松情绪，给对方营造一个和谐的氛围。

2.围绕主要疑点开展约谈：根据不同阶段的企业制定不同的约谈提纲，例如对房地产开发与经营企业实施约谈：取得土地阶段以城镇土地使用税、个人所得税为主；施工阶段以印花税、城镇土地使用税、个人所得税等为主；预售阶段以增值税、预缴土地增值税和企业所得税为主；租售阶段以土地增值税、企业所得税和个人所得税为主等。

3.按照"纳税人提供举证资料为主、税务约谈记录为辅"的原则，先做好企业举证资料的签收、归档等工作，再做好约谈记录，同时注意对企业经营信息的保密工作。

4.约谈应对纳税人进行有针对性的税法宣传和辅导，可以要求纳税人针对涉税疑点补充提供有关资料或提交自查情况说明。对纳税人在政策理解、财务核算、申报纳税及其他涉税事项方面存在错误或需调整、改进情形的，可向纳税人提出纳税评估建议，并给予一定期限提请纳税人进行自我改正。在约谈和纳税人自查过程中，纳税人对税收政策的具体执行或有关问题有争议的，应将有争议的问题逐级上报县、地市、省局相关部门请示如何处理。

(二) 方法

由于税务约谈是针对涉税疑点或问题与纳税人进行的沟通谈话，同时体现优化纳税服务、促进税法遵从的理念，因此，在交谈中要灵活运用技巧和方法，提高效果。

1. 要善于运用纳税服务用语

纳税评估约谈的过程，既是排除涉税疑点、了解企业情况的过程，也是展现税务人员政策水平和良好素质的过程。在谈话中广泛运用纳税服务文明用语，如"请客户对评估中发现的疑点问题进行说明"既体现了税务部门对纳税人依法享有权利的尊重，又表现出了税务部门主动听取纳税人说明的诚意，往往会收到事半功倍的效果。

2. 要围绕预定目的开展约谈

在税收约谈中，要向纳税人表明想要了解的内容，给纳税人一个谈话的中心，使整个谈话过程都围绕着谈话目的进行，避免纳税人搪塞敷衍、漫无边际地回答。

3. 要尽量采取答辩式谈话模式

谈话时，应尽量采取一问一答式，对于提出的疑点问题，应注意听取纳税人的逐项解释，对纳税人的解释不清楚或者又产生新的疑点的，要记录下来，统一再提请纳税人进行说明。切记在纳税人的陈述过程中，尽量避免随意打断纳税人的回答，或者与纳税人进行无秩序的辩论。

4. 要力戒先入为主的观念

在评估分析和税务约谈中，要本着客观的态度，被约谈人员不是嫌疑人，对其所说明的解释是否合理，如果没有确凿的证据，不要轻易否定，要在充分判断的基础上，给纳税人一个客观公正无偏的评价。

5. 辅导和帮助纳税人化解申报风险

除要求纳税人自查补缴税款、滞纳金外，更重要的是辅导和帮助纳税人进行账务调整，化解申报风险。约谈过程中，对纳税观点、纳税意识较淡薄的企业，要注意做好思想转化教育工作，并从关心纳税人的角度出发，尽量缩小征纳双方的距离，融洽感情，使用语言要规范，同时结合税收政策的宣传，建议企业进行自查并分析异常申报的原因，使纳税人积极配合，主动自查纠正和举证。

七、税务约谈记录与证明资料

对经评估发现同一涉税疑点或问题只下发一份《税务约谈通知书》，可以进行多次约谈，每次都要有约谈记录。

在约谈过程中，如能从被约谈人的回答中发现新线索，要灵活机动，抓住新线索进行约谈，不能轻易放过，防止因机械按照拟定的提纲而扼杀。不能直接有"根据分析你单位有某偷税行为"的言语，因为指标分析理论性很强，分析的疑点带有一定的假设，只有通过约谈举证后才能验证其结果。

规范制作约谈记录，详细记录疑点问题是否排除以及解释是否合理。在约谈过程中，问问题一定要紧紧围绕底稿中的疑点，逐个落实，环环紧扣，必须运用辩证思维的方法，突出重点和难点，抓住主要证据。约谈记录制作完后，应让被约谈人过目，没有阅读能力的，向其宣读，如果约谈人认为记录有遗漏和差错，应允许其补正或改正。

税务约谈不是询问，作好《税务约谈记录》必须注意以下要求：正确区分《税务约谈记录》与《询问笔录》的不同；谈话气氛平等融洽，不是质问；用叙述性语言将约谈内容记录清楚，不用一字一句的全部记录；约谈过程中收集的相关证据材料和《税务约谈记录》共同构成纳税评估报告核实结果的主要内容。《税务约谈记录》与《询问笔录》是有本质区别的，具体内容在本书"第五章纳税评估实务（一）的第三节税务约谈不是询问"中阐述。

实施集体约谈，必须注意以下要求：每户都必须有纳税评估报告，按规定审批后分别送达《税务约谈通知书》，同时约谈做一份集体约谈纪录，分户归档时使用复印件。

八、税务约谈结果处理

税务约谈处理是指在纳税人自查后，由约谈人员对约谈的情况进行分析处理的过程。约谈结束后，经纳税人、扣缴义务人自查自纠能够解释并说明税务部门所提出的有关涉税质疑的，经税务部门审核认可后，不再实施实地调查或税务稽查；纳税人、扣缴义务人拒绝质疑约谈、逾期不进行自查自纠或税务部门对自查自纠结果不予认可的，税务部门将实施实地调查、日常核实或进入稽查程序立案查处。

约谈过程中，纳税人对涉税疑点能作出合理解释，并符合税收法律、行政法规规定的，由约谈人员制作《税务约谈工作报告》或填写《纳税评估报告》，报审核后，立卷归档。被约谈人能对评估分析中发现的问题进行充分说明，并提供相关的证明资料，或者承认评估分析中发现的问题事实存在，并愿意接受评估处理的，此时约谈人员结束谈话应当是结论性的，应当告知被约谈人如何进行自查、调账、补缴税款和滞纳金。或者在约谈辅导后，约谈人员对纳税人报送的"纳税情况自查报告表"及自查情况说明等相关资料进行审核，如认为纳税人的自查符合有关法律、法规规定，并能及时纠正差错，补缴税款和滞纳金的，应制作《税务约谈工作报告》或填写《纳税评估报告》，报审核批准后，立卷归档。

在约谈和纳税人自查过程中，纳税人对税收政策的具体执行或有关问题有争议的，评估或约谈人员应将有争议的问题上报上级税务局相关部门，由其根据税收政策的规定进行正确的认定。

第二节 税务约谈不是询问[①]

税务约谈是以人为本的税务管理模式下，税务部门为实现"简捷、高效"的工作目标，在依法行政过程中采取的一项工作制度，或称为新的行政管理方式。税务约谈，是在依法纳税诚信经营的前提下，充分体现对纳税人和扣缴义务人（以下简称"纳税人"）权利的尊重，不是以对纳税人的"偷逃骗"税等犯罪为假设的，是提醒纳税人进行解释说明和举证，不仅促使纳税人对行政管理的认同，减少工作阻力，而且降低行政执法成本，大大提高行政效率和纳税人的遵从度。实际工作中，很多税务干部都在混淆税务约谈和税务询问，税务约谈是行政管理行为，不是行政执法行为，是提示（醒）纳税人举证，不是税务询问。

一、询问

通过网络搜索"询问""询问证人"的结果是：

讯问与询问是侦查人员、检察人员和审判人员依照法定程序，为查明案情而采取的侦查或调查方法。询问是指司法机关对证人进行的查询和诘问。讯问和询问都要写入笔录，在被讯问人或被询问人确认无误后签名或盖章。

询问证人是指侦查人员依照法定程序以言词方式向证人调查了解案件情况的一种侦查行为。询问证人有助于侦查人员发现、收集证据和核实证据，查明案件事实

---

① 引自贾忠华著《纳税评估理论与实务（上下册）》上册第五章第三节。

真相、查获犯罪嫌疑人，揭露、证实犯罪，保障无罪的人不受刑事追究。

所谓证人，就是指凡知道案件情况而被通知到案作证的人，但生理上、精神上有缺陷或者年幼，不能辨别是非，不能正确表达的人，不能作为证人。询问证人的程序和方式有：

1. 询问证人只能由侦查人员进行。侦查人员不得少于二人。

2. 侦查人员询问证人，可以到证人的所在单位或者住处进行，但是必须出示公安机关或者人民检察院的证明文件。

《刑事诉讼法》第一百二十四条规定："侦查人员询问证人，可以在现场进行，也可以到证人所在单位、住处或者证人提出的地点进行，在必要的时候，可以通知证人到人民检察院或者公安机关提供证言"。

3. 询问证人应当个别进行。

4. 为了保证证人如实提供证据，询问证人时，应当告知他应当如实地提供证据、证言和有意作伪证或者隐匿罪证要负的法律责任。

5. 询问不满18岁的证人，可以通知其法定代理人到场。

6. 询问证人，一般应先让证人就他所知道的情况作连续的详细叙述，并问明所叙述的事实的来源，然后根据其叙述结合案件中应当判明的事实和有关情节，向证人提出问题，让证人回答。

7. 对证人的叙述，应当制作笔录，交证人核对或者向他宣读。

二、询问笔录

询问笔录（record of question），又称"询问证人笔录"，是司法人员在刑事诉讼活动中，就询问证人、被害人的过程及内容所作的文字记录。询问笔录可以作为证据。法律规定，询问证人、被害人应当制作笔录。

询问笔录要如实地、完整地记载证人、被害人的陈述。询问笔录的处理办法同讯问被告人笔录的处理办法一样，要交给证人、被害人核对，并允许其改正其中的错误。证人、被害人要求自己亲笔书写证词的，要允许书写，必要时，也可以让证人、被害人亲笔书写证词。询问笔录的顺序应该符合实际的询问顺序。证人或被害人以及询问人员都应该在询问笔录上签名。

询问笔录作为记载证人所提供的证言，具有法律的严肃性。根据《中华人民共和国刑事诉讼法》第一百二十条：

> 讯问笔录应当交犯罪嫌疑人核对，对于没有阅读能力的，应当向他宣读。如果记载有遗漏或者差错，犯罪嫌疑人可以提出补充或者改正。犯罪

嫌疑人承认笔录没有错误后，应当签名或者盖章。侦查人员也应当在笔录上签名。犯罪嫌疑人请求自行书写供述的，应当准许。必要的时候，侦查人员也可以要犯罪嫌疑人亲笔书写供词。

《公安机关办理刑事案件程序规定》对笔录的相关规定：

第二百零五条 侦查人员应当将问话和犯罪嫌疑人的供述或者辩解如实地记录清楚。制作讯问笔录应当使用能够长期保持字迹的材料。

第二百零六条 讯问笔录应当交犯罪嫌疑人核对；对于没有阅读能力的，应当向他宣读。如果记录有遗漏或者差错，应当允许犯罪嫌疑人补充或者更正，并捺指印。笔录经犯罪嫌疑人核对无误后，应当由其在笔录上逐页签名、捺指印，并在末页写明"以上笔录我看过（或向我宣读过），和我说的相符"。拒绝签名、捺指印的，侦查人员应当在笔录上注明。

讯问笔录上所列项目，应当按照规定填写齐全。侦查人员、翻译人员应当在讯问笔录上签名。

询问笔录有统一印制的笔录纸，由以下几部分组成：
（1）标题。为"询问笔录"。
（2）询问简况。按规定栏目，逐项记载询问时间、地点，询问人、记录人的姓名及其工作单位，被询问人的姓名、性别、年龄、家庭住址、工作单位。如询问时另有在场人，也应作出记载。
（3）询问内容。采用问答式，如实记录被询问人所提供的证言。
（4）核对笔录记载。询问结束后，记录人应将笔录让被询问人过目或向其宣读，如有出入应允许更正，在确认无误后，由被询问人在笔录上写上"以上记录已经我看过（或已向我宣读），没有出入"字样。
（5）被询问人、询问人、记录人依次签名。

询问笔录（第　　次）

时间____年__月__日__时__分至__年__月__日__时__分
地点：_____
询问人（签名）_____　工作单位_____
记录人（签名）_____　工作单位_____
被询问人_____　性别____　年龄____　出生日期_____
身份证件种类及号码_____是　否　人大代表

现住址_____ 联系方式_____
户籍所在地_____
（口头传唤/被扭送/自动投案的被询问于 ___月 ___日 ___时 ___分到达，
___月 ___日 ___时 ___分离开，本人签名：_____）
问：_____
_____
答：_____
_____
（以下为末页内容）
_____
_____
本记录我已看过（或向我宣读过），同我讲的一致。
被询问人：_____

注：询问笔录用于记录证人，被害人证言时使用。以一人一次为单位制作。询问笔录应交被询问人核对，如有差错、遗漏，允许被询问人更正补充。经核对无误后，由被询问人写明核对结果并签名、盖章。本文书1份，存检察正卷。

三、税务约谈

税务约谈是税务部门根据纳税人报送的纳税申报资料，以及日常掌握的各种涉税信息资料和纳税评估工作底稿中各项指标的疑点和问题，约请纳税人向主管税务部门就评估分析发现的疑点问题进行解释说明，并提供相关的合同、账簿、凭证等举证资料，要求纳税人进行举证的一种税务管理过程。

税务约谈，也称为约谈说明或约谈举证，是指税务部门对纳税人、扣缴义务人的纳税申报及相关资料进行指标分析和审核后发现异常，对异常现象提出质疑并给予政策性宣传和辅导，约请纳税人、扣缴义务人到税务部门进行陈述说明或补充举证，责成纳税人、扣缴义务人自查自纠的一项工作制度。

约谈结束后，经纳税人、扣缴义务人自查自纠能够解释并说明税务机关所提出的有关涉税质疑的，经审核认可后，不再实施实地调查或税务稽查；纳税人、扣缴义务人拒绝质疑约谈、逾期不进行自查自纠或税务机关对自查自纠结果不予认可的，税务部门将实施实地调查或进入稽查程序立案查处。

实行税务约谈，将有利于税务部门减少稽查的随意性、盲目性，降低执法成本和风险，提高工作效率，同时减轻纳税人负担，营造依法纳税、诚信纳税的良好税收环境。

但是，哪些类型的纳税人不适用税务约谈？如果存在以下情况，不能进行税务约谈：

署名举报以及有具体线索或翔实材料的匿名举报案件；上级交办及有关部门转办的案件；按规定对税务稽查案件进行复查的案件；进行质疑约谈可能有碍税务核实的其他案件；发现涉嫌偷税、逃避追缴欠税、骗取出口退税以及涉嫌骗购、虚开、倒卖增值税专用发票，或涉嫌伪造、倒卖其他发票的案件。

(一) 税务约谈工作流程(见图 4-1)

1.对纳税人进行税务约谈须经所在税源管理部门批准。税务约谈之前，应事先发出《税务约谈通知书》，提前通知纳税人。

2.《税务约谈通知书》中应告知其参加约谈的人员、时间、地点等。税务约谈通知书送达后，应取得《文书送达回证》，并由受送达人或者本细则规定的其他签收人在送达回证上记明收到日期，签名或者盖章。

3.约谈过程中，应有2名以上评估人员同时参加并做好约谈记录。

4.约谈应对纳税人进行有针对性的税法宣传和辅导，可要求纳税人针对涉税疑点补充提供有关资料或提交自查情况说明。

5.对纳税人在政策理解、财务核算、申报纳税及其他涉税事项方面存在错误或须调整、改进情形的，可向纳税人提出纳税评估建议，并给予一定期限提请纳税人进行自我改正。

6.根据税务约谈结果，区别不同情况分别处理：疑点全部被排除，未发现新的疑点的，直接制作评估结论；发现评估对象明显存在错误或税收违法、违章行为的转入评估处理环节；经税务约谈疑点不能排除，须进一步深入调查的，应转入实地调查环节。

(二) 税务约谈注意事项

1.筛选确定疑点。选择疑点要准确，要运用所掌握的税收业务、财务会计等方面知识，结合纳税人生产经营状况等实际情况，精心筛选，做到具体明了、详细真实、选好目标。

2.确定约谈人员。要选择精通税收政策、熟悉了解行业经营情况、善谈具有亲和力、工作经验比较丰富的税务人员组成约谈小组，进行合理化分工，有序开展约谈。一般应由两名或两名以上税务人员参加。

3.拟定约谈方案。正式约谈前，税务人员应向约谈参加人讲明约谈的目的，向纳税人告知有关事项。税务约谈方案中应明确时间、地点、方式和方法，并提出约谈内容提纲，包括准确提出的问题及顺序，以及约谈中可能出现的情况及其应对措施。

4.约谈时间由征纳双方协商确定。纳税人因特殊困难不能按时接受税务约谈的，可向税务机关说明情况，经批准后延期进行。

5.确定约谈对象。根据疑点情况确定法人还是财会人员，或者兼而有之，或者其他人员作为约谈对象。

6.向纳税人送达《约谈通知书》。告知时间、地点、被询问人，被询问人应为企业法人代表或法人代表授权的财务负责人或其他有关人员。

7.为保证税务约谈工作的效率，送达《约谈通知书》的同时要告知纳税人就疑点问题进行税务约谈须准备和携带的涉税资料，使约谈有的放矢。同时，对纳税人的举证材料，要认真审核，如当时不能确定，则须进一步审核。

（三）税务约谈记录

约谈记录不是询问笔录，做约谈记录的要求：内容全面、描述准确、书写规范。例如：

1.生产经营情况：如企业的经营范围、人员、资产等基本情况；企业的生产工艺基本情况；企业的水、电、汽等能耗情况；企业产供销的变化情况；企业的联营投资情况。

2.纳税申报情况：企业各税种的申报情况和发票管理及税款缴纳情况以及通过审核发现的纳税申报疑点。

3.会计核算情况：包括会计制度的使用、货款回收情况、应缴税金的计算。

4.约谈笔录应由记录人用钢笔书写，字迹要求规范清楚，也可打印。

5.约谈笔录制作完后，须被约谈人确认，如果被约谈人认为笔录有遗漏和差错，应补证或改正，而后由纳税人签章或被约谈人签字。记录描述内容要真实、准确、详细、具体，和被约谈人意思一致，约谈记录不是谈话记录，可以不是被约谈人的原话，但不得修饰和形容。

四、税务约谈不是询问

（一）税务约谈的定位

税务管理工作，作为国家参与经济发展和社会剩余价值再分配的重要组成部分，是税务部门代表国家实施行政管理的过程。实施税务约谈前，日常征管中已经自觉或不自觉地运用约谈办法来处置税收管理事宜，只是方式随意、过程简单、缺乏监督、难以控制，事后又无据可查，缺乏严肃性，往往不被纳税人所重视，没有取得预期的效果。税务约谈，就是将原有的征管工作进行整合而形成的一个系统规范的符合程序的行政管理方式。从行政管理学的角度来看，税务约谈充分体现两个转变：一是行政执法由以行政部门为中心的"事后处罚型"模式向站在纳税人角度考虑问题的"事先辅导型"模式的转变。二是授予纳税人自我救济的权利，保障纳税人在纳税过程中的知情权，日常征收管理由被动的"监督打击型"向主动的"管理服务型"转变。

税务约谈制度的出台，使日常税收征管工作实现了程序上的"有章可循"，使日常征收管理的整体控制得到完善，实现了"事先服务""事中控制"和"事后处罚"的协调与统一。税务约谈，充分体现对纳税人权利的尊重，不仅促使纳税人对行政管理的认同，减少工作阻力，而且降低行政执法成本，大大提高行政效率和纳税人的遵从度。

（二）税务约谈的目的

税务约谈是税务部门在约定时间、地点、对象的情况下，就有关涉税事项与纳税人进行的有针对性的沟通，是实现税源专业化管理的一项重要举措。

税务约谈的目的：主要解决纳税人非主观原因造成的滞、漏税款问题：即纳税人缺乏对税收法律、法规的全面了解或是对某些税收法律、法规具体条款在理解上产生歧义，因而未全面履行纳税义务，其主观上没有偷税意图。总之，通过与约谈对象的直接交流，在平等和融洽中相互促进，以简捷的方式解决日常管理问题、提高行政效率、营造诚信纳税环境。

（三）税务约谈的作用

1. 坚持"以人为本"的理念，融洽的方式、有效的沟通，共同促进"诚信纳税、依法治税"的体系建设

在实施税务约谈之前，在日常征管过程中，征纳双方之间客观存在着以诚信为基础的缓冲区域（或称模糊区域），税务约谈将有力地推动着"诚信纳税、依法治税"体系建设向纵深方向发展。因为，税务约谈是以税务部门为主体、纳税人为客体的双方互动交流过程，建立诚信的首要条件就是双方行为的统一，税务约谈是具备的。

在实施约谈后，通过面谈能够使办税人员和税务干部以对涉税疑点问题进行解释和举证为切入点，展开有针对性的"对话"，使税务部门更多地掌握纳税人的情况和需要，而且更好地向纳税人提供有关税收政策法规的宣传和辅导等服务；通过这种融洽的方式、有效的沟通，既保证税务机关公正执法、依法治税，又为纳税人"深入、透彻地掌握政策、明明白白缴纳税款"创造优质的税收征管环境。

换个角度来看，实行规范化的税务约谈更体现了行政执法由"事后处罚"向"事先服务"的人性化转变，充分体现税务行政执法教育与惩戒相结合的原则，使

行政公信力得到进一步提升。

2.能够节约税务管理成本、提高行政效率和降低行政执法风险

目前的征管状况：税务部门与纳税人发生实质性接触几乎都是稽查阶段，而稽查工作存在：

（1）以调账核实为主的核实方式不利于加强税企之间的沟通，使稽查核实的"宣传、教育职能"受到限制。

（2）严谨的工作程序使稽查核实的工作效率与希望达到的效果相距较远，每年实施核实的覆盖面与总的"管户"数量之间比例失衡。

（3）由于受到数量的限制，通过稽查核实发现征管问题、促进改进征管措施的作用和对日常征管的监督制约作用不能充分、有效地发挥。

面对"纳税户多，稽查覆盖面小，税源管理薄弱，整体征管质量不高"的现状，实行税务约谈后，能够节约税务管理成本、提高行政效率，特别是采用集体约谈的效果将更加突出。因为，这是由约谈工作特点决定的：

（1）约谈工作是设置在实施稽查核实工作之前实施的，随着纳税评估、函告和约谈制度的完善和规范，以高质量的纳税评估为依托，形成以高效率的约谈工作为面和高质量的稽查工作为点的科学征管模式，约谈的覆盖范围逐渐扩大，同时加强各部门之间的相互配合和协作，必将全面提高整体征管工作效率和质量。

（2）约谈的程序简单灵活，实施方式单一，经过实践的完善后会显现突出的效果，约谈的覆盖面将是稽查核实的几倍甚至十几倍，为发现更多的需要完善的征管问题提供机会。

（3）约谈制度的确立，提出了"为纳税人提供深层次的服务"的人文理念，标志更深层次服务理念的诞生，约谈的方式更易于接受，约谈的纳税宣传和辅导作用将更加突出。

税务执法风险是指因税务机关执法不当、执法错误或行政不作为而引起的行政复议、行政诉讼和行政赔偿等（准）司法行为发生的可能性。近年来，随着依法治税工作的不断推进，征纳双方的权利和义务进一步得到明确，纳税人依法保护自己合法权益的意识日渐增强，对依法行政的要求越来越高。为防范执法风险，除严格税收执法程序和提高执法人员的综合素质与执法能力外，通过税务约谈激发纳税人自律、自醒、诚信，在平等和融洽的氛围中解决问题，能够达到最大限度降低税收执法风险。所以，开展税务约谈是解决和规避税收执法风险的最有效手段。

3.建立税企互动平台，完善纳税人自纠机制，促进整体征管质量提高

"谈话的气氛很融洽，和税务干部在一个平台上沟通，可以把问题讲明白，把

税法搞清楚。"这是接受约谈的办税人员的反馈。由于在对税收政策的理解上存在偏差，纳税人容易出现少缴或漏缴的现象。实施税务约谈，税务部门能够分辨主观恶意偷税和因过失未按规定纳税两种情况，对纳税人区别对待的做法既体现了依法治税，又体现了人性化的管理。

以纳税人为本，不仅是在平等和融洽中交流，畅通信息沟通渠道，更具有实质意义的是建立纳税人自纠机制，实现了从"过错推定"向"无过错推定"的转变，建立了一种促使纳税人自觉纳税的有效激励机制，为提高整体征管质量搭建起平台。因为，征纳关系是双方行为，良好的税收征管环境和高质量的整体征管工作是由双方共同努力才能实现的。税务约谈促进了纳税人主体地位的确立，体现对纳税人人格的尊重，激发纳税人对行政管理的认同感，为共建良好的税收征管环境创造条件。

对于同行业、同规模、同一税种涉税疑点问题或同一涉税事项（如追缴欠税、执行补税等）建议积极采用集体约谈！

第三节　风险应对实务（一）

税收风险分析的目的是对被评估对象或事项进行税法遵从度判断过程中，发现其存在的未纳税申报的违法事项或可能存在的涉税问题，再根据风险等级由低、中、高不同等级而采取提示提醒、税务约谈、税务稽查等不同应对方式，核实处理。本节内容是在实务中，在对某商业银行信用卡中心2021年至2023年度纳税情况进行风险识别和纳税风险分析时，发现以下主要税收风险问题和待核实疑点情况，比较具有代表性，具体内容如下。

一、增值税可能存在问题

（一）部分营业外收入款项应计入其他业务收入计算缴纳增值税

银行存在处置抵债资产、财产租赁、转让不动产及无形资产等应税行为，相关款项计入营业外收入（其他营业外收入）等科目，可能存在未按规定申报缴纳增值税风险。通过对营业外收入科目明细分析发现：

1.存在一笔处置有价证券抵偿债务事项，应缴纳增值税，是否申报纳税待核实。

2.存在房屋租赁收入232 547元，计入了其他营业外收入科目，未申报缴纳增值税及附加税费。

3.不存在处置抵债资产、转让不动产及无形资产等的行为。该行纳税风险分析期间内存在一笔处置不动产，相关手续齐全，各种税费已足额申报缴纳。

（二）未将直接赠送客户的礼品作视同销售处理计算缴纳增值税

"营业费用——业务招待费"科目，存在将礼品无偿赠送给其他单位或个人，但未作视同销售计入增值税应税收入中，根据《中华人民共和国增值税暂行条例实施细则》第四条第（八）项，自产、委托加工或者购进的货物无偿赠送其他单位或者个人的，应当视同销售。此项风险点涉及的补税金额为1 389 379.6元。

二、企业所得税可能存在问题

（一）少计利息收入风险

少计利息收入风险，主要集中在表外利息收入未计入应纳税所得额。

根据《中华人民共和国企业所得税法实施条例》第十八条规定，利息收入应按照合同约定的债务人应付利息的日期确认收入的实现。《国家税务总局关于金融企业贷款利息收入确认问题的公告》第二条规定：

> 金融企业已确认为利息收入的应收利息，逾期90天仍未收回，且会计上已冲减了当期利息收入的，准予抵扣当期应纳税所得额。

此条款自2010年12月起实施，因此逾期90天转至表外的利息收入应计入应纳税所得额，应进一步核实其转至表外的利息收入是否已确认。

2021年至2023年，三年共计表外利息收入总额169 409 481.1元，其中2021年857 118.62元，2022年49 003 655.61元，2023年119 548 706.87元。

（二）递延收益未结转至收入

该信用卡中心开展有关递延收益相关业务时，分为中间业务递延收益、客户积分递延收益、信用卡分期付款递延收益三项业务板块。将递延收益计入"递延收益"科目，在持有期间分期结转计入"中间业务收入——其他银行卡业务收入"，在纳税申报时以"中间业务收入——其他银行卡业务收入"当期发生额，作为计征企业所得税的计税基础。

该中心2019年、2020年没有发生递延收益，2021年的客户积分递延收益为31 700 000元，2022年为17 300 000元、2023年为28 670 573元。2019年至2023年客户积分递延收益，存在没有按期结转企业所得税应税收入，获得奖励积分的客户满足条件时，在积分奖励环节应全额确认为当期收入计算企业所得税。按照企业所得税相关政策规定，分期销售货物或劳务，按照合同约定的日期确认收入。即企业在销售产品或提供劳务的同时授予客户奖励积分的，应将销售取得的货物或应收货款在商品销售或劳务提供产生的收入与奖励积分之间进行分配，与奖励积分相关的部分应首先作为递延收益，在客户兑换奖励积分时，企业将原计入递延收益的与所兑换积分相关的部分确认为收入。

因此，该信用卡中心应将2021年到2023年客户积分部分的递延收益，将客户实际兑换的金额，按期结转到中间业务收入，计算缴纳企业所得税，此项风险点涉及计税金额共计7 670 573元。

(三) 中间业务收入存在负数冲减情况

"中间业务收入"科目下二级科目均存在以负数冲减情况，以2023年度"信用卡分期付款手续费收入"为例，其负数冲减所在记账凭证的摘要信息为"分期付款收入返还""中间业务收入调整批量"，金额合计为16.07亿元，应要求该信用卡中心提供负数冲减收入的详细情况及具体证据，核查是否存在不应冲减而侵蚀税基的行为。

(四) 资产折旧或摊销违规风险

资产折旧或摊销违规风险，主要集中于固定资产与低值易耗品科目混淆、固定资产累计折旧年限不符合税法规定及固定资产大修理支出列入收益性支出风险。

固定资产与低值易耗品科目混淆风险方面，企业购置的按税法规定符合"固定资产"定义的固定资产，企业购进时直接计入"营业费用——低值易耗品购置"科目，《企业所得税法》第十一条所称固定资产，是指企业为生产产品、提供劳务、出租或者经营管理而持有的、使用时间超过12个月的非货币性资产，包括房屋、建筑物、机器、机械、运输工具以及其他与生产经营活动有关的设备、器具、工具等的规定。列入低值易耗品的项目应属于固定资产，不能一次计入费用应通过折旧分期计入费用，应做所得税纳税调增，此项风险涉及的计税金额为19 141 718.88元。

固定资产累计折旧年限不符合税法规定风险方面，企业通过"固定资产"科目核算和反映该中心所有固定资产原值的情况，通过"累计折旧"科目核算和反映该中心固定资产按期计提的累计折旧情况。根据《中华人民共和国企业所得税法实施条例》第六十条规定：

除国务院、财政、税务主管部门另有规定外,固定资产计算折旧的最低年限如下:(一)房屋、建筑物,为20年。(二)飞机、火车、轮船、机器、机械和其他生产设备,为10年。(三)与生产经营活动有关的器具、工具、家具等,为5年。(四)飞机、火车、轮船以外的运输工具,为4年。(五)电子设备,为3年。

经查各年度的企业凭证账目,无法具体到单一资产进行折旧对比分析,对于企业会计确认的固定资产折旧年限是否低于税法规定的最低年限,有待在约谈中进一步核查。

固定资产大修理支出列入收益性支出风险方面,企业通过"营业费用——维修费"科目核算其自有或租入的固定资产和低值易耗品恢复或保持原有状态和功能而发生的修理、维护支出费用,根据《中华人民共和国企业所得税法实施条例》第二十八条规定,企业发生的支出应当区分收益性支出和资本性支出。资产大额修理费属于资本性支出,应当分期扣除或者计入有关资产成本,不得在发生当期直接扣除,此项风险点涉及的计税金额为18 256 690.88元。

"其他待摊费用"用于核算和反映企业已支出,但应由本期和以后各期分别负担的分摊期限在1年(含)以内的各项费用。经查,在各会计核算年度,该中心在"待摊费用"和"长期待摊费用"科目中核算报刊和杂志费用,该问题有待进一步核实。根据《中华人民共和国企业所得税法》第十三条的规定和《中华人民共和国企业所得税法实施条例》第六十八条和第六十九条关于长期待摊费用的规定,该企业应按照法律法规的规定,在"宣教费"科目中核算报刊和杂志费用,而不应该在"待摊费用"和"长期待摊费用"科目中核算报刊和杂志费用,此项风险涉及的计税金额为1 773 840.68元。

(五)营业费用违规列支风险

营业费用超标准税前扣除风险,主要集中于职工福利费、通信费、租赁费、宣教费、安全防卫费、业务宣传费及劳动及待业保险费违规列支。

职工福利费方面,企业通过"营业费用——职工福利费"科目核算福利个税,根据《中华人民共和国企业所得税法实施条例》第三十三条:

企业所得税法第八条所称其他支出,是指除成本、费用、税金、损失外,企业在生产经营活动中发生的与生产经营活动有关的、合理的支出的规定。

代扣代缴个税不属于职工福利费列支范围，不应计入职工福利费，应做所得税纳税调增，此项风险点涉及的计税金额为 8 573 772.68 元。

此外，"职工福利费"用于核算和反映企业根据工资总额，按规定比例提取的用于职工医药费及职工集体福利等方面的开支。经查，在各会计核算年度，该中心在"职工福利费"科目中核算职工活动费，该问题有待进一步核实。根据《中华人民共和国企业所得税法实施条例》第四十条的规定、《国家税务总局关于企业工资薪金及职工福利费扣除问题的通知》（国税函〔2009〕3号）关于企业职工福利费的规定和《中华人民共和国工会法》的相关规定，企业职工福利费包括尚未实行分离办社会职能的企业，其内设福利部门所发生的设备、设施和人员费用；为职工卫生保健、生活、住房、交通等所发放的各项补贴和非货币性福利；按照其他规定发生的其他职工福利费，包括丧葬补助费、抚恤费、安家费、探亲假路费等。该企业应按照法律法规的规定，在"工会经费"科目中核算职工活动费，而不应该在"职工福利费"科目中核算职工活动费。如果核实该问题，将涉及账载金额 16 292 310.86 元。

通信费方面，"营业费用——通信费"用于核算和反映该行支付的与业务经营管理有关的各种通信费用。不包括员工通信补贴。经查，该中心的几笔通信费金额较大，且未注明该通信费用究竟是由于企业实际发生的与业务经营管理产生的，还是属于发放给企业员工的通信补贴，该问题有待进一步核实，此项风险点涉及金额为 1 855 424.88 元。

租赁费方面，"营业费用——租赁费"用于核算和反映租赁营业、办公房屋、车辆、电子设备等项目支付的租费列支情况，企业职工福利费包括为职工住房所发放的各项补贴和非货币性福利。该中心在"租赁费"科目中核算宿舍房租费用，该问题有待进一步核实。根据《中华人民共和国企业所得税法实施条例》第四十条的规定和《国家税务总局关于企业工资薪金及职工福利费扣除问题的通知》（国税函〔2009〕3号）关于企业职工福利费的规定，企业职工福利费包括为职工住房所发放的各项补贴和非货币性福利。该企业应按照法律法规的规定，在"职工福利费"科目中核算宿舍房租费用，而不应该在"租赁费"科目中核算宿舍房租费用。如果核实该问题，将涉及账载金额 8 967 358 元。

宣教费方面，"营业费用——宣教费"用于核算和反映企业职工政治学习，统一购买的书籍、订阅的报刊、资料以及党、团工作费用列支情况。经对账载数据分析，该中心将报刊和杂志费用进行税前列支，应做所得税纳税调增。该问题有待进一步核实。根据《中华人民共和国企业所得税法》第八条规定，企业实际发生的与取得收入有关的、合理的支出，准予在计算应纳税所得额时扣除。报刊和杂志费用与企业取得收入无关，不允许税前列支，应做所得税纳税调增。须核实该问题，涉及账载金额 1 943 734.88 元。

安全防卫费方面，根据《中华人民共和国企业所得税法实施条例》第四十二条的规定，企业发生的职工教育经费支出，不超过工资薪金总额2.5%的部分，准予扣除。该中心应按照法律法规的规定，在"营业费用"科目中核算"消防安全培训费"，而不应该在"安全防卫费"科目中核算"消防安全培训费"，该问题有待进一步核实。如果核实该问题，将涉及账载金额 66 800 元。

业务宣传费方面，"营业费用——业务宣传费"是指企业开展业务宣传活动支付的费用，主要是指未通过媒体传播的广告性支出，包括企业发放的印有企业标志的礼品、纪念品等。"文艺晚会制作费"应属于税法规定不予扣除的赞助支出，根据《中华人民共和国企业所得税法》第十条规定，赞助支出在计算应纳税所得额时不得扣除，应进行应纳税所得额调增。对此问题建议现场核查时查清该项费用的具体性质。如果核实该问题，将涉及应纳税所得额 80 万元。

劳动及待业保险费方面，企业将不属于劳动及待业保险费的工会经费、劳务人员费用、伤残费、抚恤金及离退休人员相关费用计入此科目。其中"工会经费"主要用于为职工服务和工会活动，"劳动及待业保险费"中列支的老干部活动费，应属于工会经费，并做所得税纳税调整；"劳动及待业保险费"中列支的相关费用，其摘要为"劳务人员"，应何时属于劳务人员的何种费用须分情况分析，如属于劳务人员工资及福利费等项目，应做所得税纳税调整；"劳动及待业保险费"科目中的伤残费、抚恤金、遗嘱等应该归为"职工福利费"科目，并做所得税纳税调整；离退休人员的报刊费、体检费等福利支出不属于与企业生产经营相关的支出项目，不能在企业所得税税前扣除，应做所得税纳税调整，此项风险点涉及的计税金额为 82 649 939.68 元。

（六）营业外支出违规列支风险

营业外支出违规列支风险主要集中在营业外支出与其他科目混淆等方面。

营业外支出与其他科目混淆方面，根据《国家税务总局关于企业工资薪金及职工福利费扣除问题的通知》（国税函〔2009〕3号）第三条第（二）项：

> 为职工卫生保健、生活、住房、交通等所发放的各项补贴和非货币性福利，包括企业向职工发放的因公外地就医费用、未实行医疗统筹企业职工医疗费用、职工供养直系亲属医疗补贴、供暖费补贴、职工防暑降温费、职工困难补贴、救济费、职工食堂经费补贴、职工交通补贴等。

上述支出应合并为职工福利费进行限额扣除。但该信用卡中心的总行本部将应计入职工福利费的职工供暖费支出计入营业外支出并在企业所得税税前扣除，此项风险点涉及的计税金额为138 081.86元。

（七）手续费支出违规列支风险

手续费支出违规列支风险主要集中在其他手续费支出违规列支。

企业在"其他手续费支出"科目中核算劳务人员用工管理费。根据《中华人民共和国企业所得税法实施条例》第三十四条的规定，工资薪金是指企业每一纳税年度支付给在本企业任职或者受雇的员工的所有现金形式或者非现金形式的劳动报酬，以及《国家税务总局关于企业工资薪金及职工福利费扣除问题的通知》（国税函〔2009〕3号）关于"合理工资薪金"的规定，该中心应按照法律法规的规定，在"营业费用"科目中核算劳务人员用工管理费，而不应该在"手续费支出"科目中核算劳务人员用工管理费，该问题有待进一步核实。需要核实该问题，将涉及账载金额815 580元。

三、个人所得税可能存在问题

（一）向客户个人赠送礼品，未扣缴个人所得税

在各类展业、企业庆典等活动中，信用卡中心普遍存在向本单位以外的个人赠送礼品，对个人取得的礼品所得，适用"偶然所得"税目，应计算扣缴20%的个人所得税。

通过风险分析后发现，该中心通过各种活动发放给个人的各类礼品和招待用品未按规定缴纳个人所得税，存在较大的税收风险，其中业务招待费中列支礼品1 966 249.58元，业务宣传费中列支宣传用品2 078 680元，均应代扣代缴个人所得税，合计涉及税款80余万元。

（二）向职工个人发放交通补贴（加油卡）及通信补贴，可能未扣缴个人所得税

信用卡中心存在工资薪金以外单独增加发放给职工个人的交通、通信补贴收入，有的交通补贴、通信费不光发放现金，还按在职职工的级别报销费用、充值油卡，信用卡中心对该部分个人取得的收入存在未足额纳入扣缴个人所得税风险。

通过风险分析后发现，该中心发放给职工个人的交通、通信补贴按月计入工资薪金缴纳个人所得税。该中心发放给职工个人的实物福利如食品、服装等已经并入工资薪金缴纳个人所得税。

(三) 内部职工福利，未按规定代扣代缴个人所得税

该信用卡中心通过"营业费用"科目下"职工福利费""会议费""低值易耗品""福利补贴"及"业务宣传费"等二级会计科目以现金或实物形式发放福利或补贴，存在未按规定代扣代缴个人所得税风险。其主要内容为以会议费的形式发放的各种福利、在节日期间以食品形式发放的慰问品、为职工购买的各类补充性保险、向员工发放各类实物福利、住房补贴、发放给员工的餐补、供暖费、饭补等。该风险点涉及的计税金额为2 107 970.88元。该行发放给职工个人电影卡合计157 878.86元，未计入工资薪金缴纳个人所得税，涉及个税31 575.86元。

(四) 个人所得税重点关注事项

1. 各类奖金、津贴、补贴扣缴个人所得税事项

风险描述：向职工发放各种补贴补助、组织职工旅游所发生的费用等未与员工当期的工资薪金合并按照"工资、薪金所得"项目扣缴个人所得税；向职工支付的全年一次性奖金以及季度、半年奖金，未按规定计算并代扣代缴个人所得税；为员工承担全年一次性奖金税款的，税款部分未纳入员工收入计算缴纳个人所得税。

风险应对：重点审核"应付职工薪酬""业务或管理费""其他应付款"等科目，并比对企业缴税情况，分析是否存在发放给职工的奖金、津贴、补贴未按规定代扣代缴个人所得税的情况；核实企业每年是否只采用一次年终奖方式申报税款。

政策依据：

《国家税务总局关于生活补助费范围确定问题的通知》（国税发〔1998〕155号）

《国家税务总局关于雇主为雇员承担全年一次性奖金部分税款有关个人所得税计算方法问题的公告》（国家税务总局公告2011年第28号）

《国家税务总局关于调整个人取得全年一次性奖金等计算征收个人所得税方法问题的通知》（国税发〔2005〕9号）

《国家税务总局关于纳税人取得不含税全年一次性奖金收入计征个人所得税问题的批复》（国税函〔2005〕715号）

2. 劳务派遣工补贴扣缴个人所得税事项

风险描述：存在将直接发放给劳务派遣工的补贴未足额申报缴纳个人所得税的风险。

风险应对：审核"应付职工薪酬""其他应付款""业务或管理费"等科目，并比对企业个人所得税扣缴情况，分析是否存在直接发放给劳务派遣工的补贴未按规定代扣代缴个人所得税的风险。

3. 企业年金扣缴个人所得税事项

风险描述：超过标准缴付年金的部分，存在未按规定代扣缴个人所得税的风险。

风险应对：审核企业年金制度，查询当地上年度平均工资，并比对企业个人所得税扣缴情况，确定是否存在未按规定扣缴个人所得税的情况。

政策依据：

《财政部 人力资源社会保障部 国家税务总局 关于企业年金 职业年金个人所得税有关问题的通知》（财税〔2013〕103号）

4. 劳务报酬扣缴个人所得税事项

风险描述：向独立董事、独立监事支付董事费、监事费，存在未按税法规定扣缴个人所得税的风险；发放年终奖时，存在向取得劳务报酬的个人按全年一次性奖金的计算方法申报缴纳个人所得税的风险。

风险应对：审核分析"业务或管理费""其他应付款"等科目，核实向独立董事、独立监事支付董事费、监事费的情况；向领取劳务报酬的个人发放年终奖及纳税的情况，是否存在未按税法规定扣缴个人所得税的情况。

政策依据：

《中华人民共和国个人所得税法》（主席令第八十五号）第二条、第三条

《中华人民共和国个人所得税法实施条例》（国务院令第707号）第八条

《国家税务总局关于印发〈征收个人所得税若干问题的规定〉的通知》（国税发〔1994〕089号）第八条

《国家税务总局关于明确个人所得税若干政策执行问题的通知》（国税发〔2009〕121号）第二条

5. 股权激励扣缴个人所得税事项

风险描述：对员工的股权激励，存在未按规定扣缴个人所得税的风险；同一年度实施两次以上股权激励计划的，存在未合并计算扣缴个人所得税的风险。

风险应对：审核企业是否有股权激励计划以及报备税务机关的资料，核查对员工的股权激励，是否未按规定扣缴个人所得税。

政策依据：

《财政部 国家税务总局关于个人股票期权所得征收个人所得税问题的通知》（财税〔2005〕35号）

《国家税务总局关于个人股票期权所得缴纳个人所得税有关问题的补充通知》（国税函〔2006〕902号）

《财政部 国家税务总局关于股票增值权所得和限制性股票所得征收个人所得税有关问题的通知》（财税〔2009〕5号）

《国家税务总局关于股权激励有关个人所得税问题的通知》（国税函〔2009〕461号）

《国家税务总局关于个人所得税有关问题的公告》（国家税务总局公告2011年第27号）第一条

《国家税务总局关于股权奖励和转增股本个人所得税征管问题的公告》（国家税务总局公告2015年第80号）

《财政部 国家税务总局关于完善股权激励和技术入股有关所得税政策的通知》（财税〔2016〕101号）第一条、第二条

6. 解除劳动合同一次性补偿事项

风险描述：员工取得的解除劳动合同一次性补偿是否按规定纳税、享受免税政策。

风险应对：查看解除劳动合同的协议，了解补偿金构成，查询当地上年度职工平均工资、"三险一金"标准，比对个人所得税扣缴情况。

政策依据：

《国家税务总局关于个人因解除劳动合同取得经济补偿金征收个人所得税问题的通知》（国税发〔1999〕178号，现已全文废止）

《财政部 国家税务总局关于个人与用人单位解除劳动关系取得的一次性补偿收入征免个人所得税问题的通知》（财税〔2001〕157号）

7. 补充保险金事项

风险描述：为员工超标准缴纳基本养老保险费、基本医疗保险费、失业保险费、住房公积金，支付的各类免税之外的保险未按规定扣缴个人所得税。

风险应对：审核"应付职工薪酬""业务或管理费"等科目，核实企业为员工支付各项免税之外的保险金的情况，查询当地人民政府规定的"三险一金"缴费比例或办法，确定缴费标准，比对企业扣缴个人所得税情况，是否存在未按规定扣缴个人所得税的风险。

政策依据：

《国家税务总局关于单位为员工支付有关保险缴纳个人所得税问题的批复》（国税函〔2005〕318号）

《财政部 国家税务总局关于基本养老保险费、基本医疗保险费、失业保险费、住房公积金有关个人所得税政策的通知》（财税〔2006〕10号）

四、房产税等财行税可能存在问题

(一) 在建工程未转至固定资产及房租收入未缴房产税风险

该信用卡中心通过"在建工程"科目核算其在建工程金额,企业可能存在未及时将在建工程转至固定资产而未缴纳房产税风险。

该中心通过"营业外收入"科目计算房屋租赁收入,根据《中华人民共和国房产税暂行条例》(国发〔1986〕90号,国务院令第588号修订)第三条"房产出租的,以房产租金收入为房产税的计税依据"和第四条"房产税的税率,依照房产余值计算缴纳的,税率为1.2%;依照房产租金收入计算缴纳的,税率为12%"的规定,该中心可能存在房屋租赁收入未缴房产税风险。

上述风险点涉及的计税金额为129万余元。

(二) 房屋附属设备和配套设施计征房产税事项

房产改扩建后增加或更新房屋附属设备和配套设施的,存在未将其价值计入房产原值缴纳房产税的风险。

审核固定资产科目明细账,核实在房产改造、扩建等更新改造过程中,房产价值是否发生变化,企业是否按照增加的房产原值计算缴纳房产税。

政策依据:

《国家税务总局关于进一步明确房屋附属设备和配套设施计征房产税有关问题的通知》(国税发〔2005〕173号)

《财政部 国家税务总局关于房产税 城镇土地使用税有关问题的通知》(财税〔2008〕152号)第一条

(三) 印花税风险点

1. 具有合同的或者具有调拨单等合同性质的凭证,应按购销合同缴纳印花税

该中心通过"营业费用——低值易耗品"科目中涉及购销行为并具有合同的,应该购销合同缴纳税。根据相关规定:商业企业开具的要货成交单据,是当事人之间建立供需关系,以明确供需各方责任的常用业务凭证,属于合同性质的凭证,应按规定贴花;工业、商业、物资、外贸等部门使用的调拨但凡属于明确双方供需关

系，据以供货和结算，具有合同性质的凭证，应按规定贴花。以上涉及应纳税金额2 762余万元，该中心通过"营业费用——电子设备运转费"科目中涉及购销行为并具有合同的，应按购销合同缴税。涉及应纳税金额2 146余万元，均需要进一步核实处理。

2.具有合同的，应按加工承揽缴纳印花税

"营业费用——印刷费"科目，涉及金额5 234余万元，以上问题需要实地核实后进一步计算税款。

"营业费用——修理费"科目，涉及金额2 374余万元，以上问题需要实地核实后进一步计算税款。

3.具有合同的，应按财产租赁缴纳印花税

"营业费用——租赁费"科目，租入资产涉及金额438余万元，以上问题需要实地核实后进一步计算税款。

4.其他营业外收入中包含房租收入

"营业外收入——其他营业外收入"科目中包含房租收入，应按照规定计征印花税，涉税金额共计232余万元。

五、房产税和印花税的核实情况

（一）房产税

1.风险分析提示的风险点是企业2022年的"在建工程——在建工程"新增金额1 291 727 492.85元，在建工程是否及时转入固定资产缴纳房产税。经查看企业账簿、会计凭证和询问财务人员并取得相应证据资料，核实情况如下：2022年5月，信用卡中心与××投资控股有限公司签订"××大厦买卖合同"，合同签订购房总价为28 000余万元，信用卡中心于2022年6月和10月分两次支付购房款12 541万元，2022年9月，缴纳第一批房屋的契税3 762万元，合计16 303万元，记入"在建工程——在建工程"科目。信用卡中心2022年4月取得第一批房屋产权证书，因此该项2021年以前不涉及缴纳房产税。

2.风险分析提示的风险点是企业2022年的"营业外收入——其他营业外收入"科目中包含房租收入，涉及金额2 325 476元，是否有应纳税房产。经查看企业账簿、会计凭证相应证据资料，核实情况如下：根据房屋买卖合同约定，信用卡中心支付房款，××公司交付房屋后，原承租户租期未到期的，其租金由信用卡中心收取。2022年末，信用卡中心收取这部分的房屋租金及车位租金2 325 476元，记入"营业外收入——其他营业外收入"科目。信用卡中心购置的房屋产权证书，在2022年4月以后陆续取得，2021年不涉及缴纳房产税。

(二) 印花税

1.风险分析提示的风险点是"营业外收入——其他营业外收入"科目中包含房租收入，涉及金额2 325 476元，是否有租赁合同。

2.风险分析提示的风险点是"营业费用——租赁费"涉及金额4 381 590.52元，是否有租赁合同。

3.风险分析提示的风险点是"营业费用——修理费"涉及金额23 743 525.48元，是否有加工承揽合同。

4.风险分析提示的风险点是"营业费用——印刷费"涉及金额52 346 233.64元，是否有加工承揽合同。

5.风险分析提示的风险点是"营业费用——电子设备运转费"涉及金额21 467 326.03元，是否有购销合同和运输合同。

6.风险分析提示的风险点是"营业费用——低值易耗品购置"涉及金额27 629 186.84元，是否有购销合同。

第四节　风险应对实务（二）

一、必做风险分析的风险点

1.列入低值易耗品的项目应属于固定资产，不能一次计入费用，应通过折旧分期计入成本或费用，应做企业所得税纳税调增。

2.银行在管理费用科目列支为职工发放休假补贴，应当按工资总额的14%进行纳税调整。

3.列支职工个人报销的取暖费、高速公路费及汽油费、个人通信费属于职工福利费，应当按工资总额的14%进行纳税调整。

4.列支属于培训学校的燃油费、通行费、水费、电费、通信费、其他费应计入职工教育经费。

5.职工食堂、职工宿舍租赁费应计入职工福利费，应当按工资总额的14%进行纳税调整。

6.不符要求的业务宣传费，应列入业务招待费。

7.通过"福利费""劳动及待业保险费"核算职工活动费，应在"工会经费"中核算。

8.列入待摊费用中的应属于固定资产项目（广告牌等），摊销期短于折旧期，时间性差异，应做企业所得税纳税调增。

9.列入待摊费用中的年金，应属于补充医疗保险列入劳动及待业保险，应做企业所得税纳税调整。

10."其他长期待摊费用"科目下发生摘要为"男、女员工工作服"。企业可能为避免"福利费"超额而将此费用放在"其他长期待摊费用"科目下核算。

11.超限定数据列支工资薪金未做纳税调整。上级拨付的工资总额包括了正式工、合同工、临时工所有人员的工资和五险一金，但税法上的工资总额不包括五险一金。故实际支付工资与上级拨付工资总额比对时，上级拨付部分须剔除五险一金。

12.安全防卫费中的保安费、代办费中的大堂经理外包费是否属于劳务派遣用工费用。

13.计提年金个税记入劳动及待业保险费核算，可能存在单位为员工承担个人所得税在企业所得税税前扣除的风险。

14.计提福利品个税记入职工福利费核算，可能存在单位为员工承担个人所得税在企业所得税税前扣除的风险。

15.营业外支出中列支离退休人员费用、滞纳金及罚款，应不允许在企业所得税税前扣除，做企业所得税纳税调整。

16.营业外支出中列支职工补偿金，应属于劳动及待业保险费，做企业所得税纳税调整。

17.劳动及待业保险费科目核算项目复杂，包括允许扣除的职工五险，但是其他项目多数需要调整，包括伤残费、抚恤金、遗嘱等应该归为职工福利，离退休人员的报刊费、体检费等福利支出不能在企业所得税税前扣除，差旅费等需要调整相关会计科目。

18.银行实际折旧计提数小于税法规定的扣除，自行进行纳税调减；会计确认的固定资产折旧年限低于税法规定的最低年限。

19.超标准的劳动保护费，或者列入劳动保护费的不属于劳动保护的物品，如蜂蜜等降温品；职工福利费中列支实物福利，各种补贴；通过食品、办公用品、运动服等发票列支各类员工福利费用、存在发放给个人体育用品通过"营业费用——低值易耗品购置"科目列支的情况。上述等情况应代扣代缴个人所得税，可能少计个人所得税，并做企业所得税纳税调整。

20. 处置固定资产、抵债资产未缴纳增值税。

21. 业务宣传费或业务招待费中列支礼品，客户积分兑换费用，属于增值税视同销售，可能少计增值税。

22. 银行系统内部各增值税独立纳税主体之间互相提供应税劳务，如总行与下属分行在系统内往来核算的，总行向系统内用户行收取的成本分摊收入，存在卡行代理业务的支行从总行银行卡中心取得的互为代理、相互计价银行卡收支分配收入等，可能存在少缴税风险。

23. 由政府给予银行涉农、民贸等贷款贴息的利差补贴收入，以及作为非交易类债券资产投资收益核算的应收财政补贴产生的利息收入，未并入应税营业额，可能存在少缴税风险。

24. 出售凭证、密码器在往来科目核算，可能存在少缴税风险。

25. 发放年金、补充养老保险及补充医疗保险未按规定扣缴个人所得税。

26. 列支的住房公积金超标未计入计税依据计算代扣代缴个人所得税。

27. 资金被盗、克隆卡等赔偿支出，以及预计负债确认计入"营业外支出——赔偿支出"，需要审核记账依据和原始单据是否合法、预计负债确认是否符合税法规定条件。

28. 大额修理费一次性扣除，一些项目需要调整，例如办公楼防水维修、亮化工程、地面硬化等。

29. 代办业务手续费、服务费在递延收益科目核算，未按税法规定时间全额计税，延迟缴纳增值税。

30. 支付给外聘专家或讲师的课酬是否按劳务报酬所得足额代扣代缴个人所得税。

31. 部分房屋租赁收入未按规定申报缴纳房产税。

32. 从价计征的房产税计税依据未包含土地价款。

33. 部分房屋购置及转让未按规定申报缴纳印花税。

34. 签署各类合同未按规定申报缴印花税。

35. 购置房地产未按规定申报缴纳契税，未按规定时间缴纳印花税。

36. 处置资产（自有、抵债）可能存在少缴纳土地增值税。

二、典型风险点分析（对比分析）

对比分析法是指将两个或两个以上的数据进行比较，分析它们的差异，从而揭示这些数据所代表的事物发展变化情况和规律性。这是最基本最常用的纳税风险分析方法。

对比分析法的特点是：可以非常直观地看出事物某方面的变化或差距，并且可以准确、量化地表示出这种变化或差距是多少。

对比分析法或者比较分析法，是通过实际数与基数的对比来揭示实际数与基数之间的差异，借以了解经济活动的成绩和问题的一种分析方法。

（一）企业所得税

1. 企业所得税之营业费用——低值易耗品，可能存在资本性支出"费化"风险。

风险描述： 企业通过"营业费用——低值易耗品购置"科目列支资本性支出。

涉及会计科目： 营业费用——低值易耗品购置。

政策依据：

根据《中华人民共和国企业所得税法实施条例》（国务院令第512号）第五十七条"企业所得税法第十一条所称固定资产，是指企业为生产产品、提供劳务、出租或者经营管理而持有的、使用时间超过12个月的非货币性资产，包括房屋、建筑物、机器、机械、运输工具以及其他与生产经营活动有关的设备、器具、工具等"的规定，企业列入该项目的部分支出应属于固定资产，不能一次计入费用，应通过折旧分期计入费用，应做所得税纳税调整。

涉及金额：

案例所涉金额如表4-1所示。

表4-1　　　　　　　　　　　　案例所涉金额

2022年	2021年	2020年	2019年	2018年	均值/年
579 622.64元	1 429 464元	1 527 350元	2 068 721.77元	2 961 758.96元	171.33万元

2019年和2018年，明显偏离均值，存在明显异常，需要进行进一步核实。

2. 企业所得税之营业外支出——其他营业外支出，可能存在属于福利费的补贴。

风险描述： 企业通过"营业外支出——其他营业外支出"科目列支取暖费。

涉及会计科目： 营业外支出——其他营业外支出。

政策依据：

根据《国家税务总局关于企业工资薪金及职工福利费扣除问题的通知》（国税函〔2009〕3号）规定，企业向职工发放的取暖费补贴属于福利费范畴，应予以调整。

涉及金额：

案例所涉金额如表4-2所示。

表4-2　　　　　　　　　　　　　　案例所涉金额

2022年	2021年	2020年	2019年	2018年	均值/年
1 364 235.03元	923 321.05元	1 116 087.94元	1 144 567.43元	1 209 034.07元	115.14万元

2022年和2018年，明显偏离均值，存在异常，需要进行进一步核实。

3. 企业所得税之营业费用——业务宣传费，可能扣除属于业务招待费的费用。

风险描述： 企业通过"营业费用——业务宣传费"核算应属于业务招待费的费用

涉及会计科目： 营业费用——业务宣传费。

政策依据：

根据《中华人民共和国企业所得税法实施条例》（国务院令第512号），"营业费用——业务宣传费"是指企业开展业务宣传活动支付的费用，主要是指未通过媒体传播的广告性支出，包括企业发放的印有企业标志的礼品、纪念品等。单位购买礼品送给客户的行为不符合业务宣传费的要求，应列入"业务招待费"科目中。

涉及金额：

案例所涉金额如表4-3所示。

表4-3　　　　　　　　　　　　　　案例所涉金额

2022年	2021年	2020年	2019年	2018年	均值/年
2 942 341.21元	3 160 339.37元	2 652 766.65元	1 857 632.62元	1 490 694.29元	242.08万元

2022年、2021年和2020年，逐年递增且明显偏离均值，存在明显异常，需要进行进一步核实。

4. 企业所得税之应付职工薪酬——应付内退人员费用。

风险描述： 企业通过"应付职工薪酬——应付内退人员费用"科目核算内退人员保险费及公积金。

涉及会计科目： 应付职工薪酬——应付内退人员费用。

政策依据：

企业通过"应付职工薪酬——应付内退人员费用"科目核算内退人员保险费及公积金，根据《中华人民共和国企业所得税法实施条例》（国务院令第512号）第三十四条规定：

> 前款所称工资薪金，是指企业每一纳税年度支付给在本企业任职或者受雇的员工的所有现金形式或者非现金形式的劳动报酬，包括基本工资、奖金、津贴、补贴、年终加薪、加班工资以及与员工任职或者受雇有关的其他支出。

因此应核实企业"应付职工薪酬——应付内退人员费用"科目下摘要为"公积金""补充医疗保险""养老保险""失业保险""工伤保险"及"生育保险"项目结转科目，上述项目不属于企业工资薪金支出。

涉及金额：

案例所涉金额如表4-4所示。

表4-4　　　　　　　　　　　案例所涉金额　　　　　　　　　　　单位：元

2022年	2021年	2020年	2019年	2018年	累计发生额
4 686 598.97	4 767 154.3	4 533 295.43	4 583 046.3	4 203 429.95	22 773 525.03

5. 企业所得税之营业费用——安全防卫费、营业费用——代办费，五险一金和非工资薪金项目，包含在工资薪金中且企业所得税税前扣除。

风险描述： 超限定数据列支工资薪金未作纳税调整。

涉及会计科目： 营业费用——安全防卫费、营业费用——代办费。

政策依据：

据企业介绍，上级拨付的工资总额包括了正式工、合同工、临时工所有人员的工资和五险一金，但根据《中华人民共和国企业所得税法实施条例》（国务院令第512号），工资总额不包括五险一金。故实际支付工资与上级拨付工资总额比对时，上级拨付部分中是须剔除相对应的五险一金数额的。

同时，安全防卫费中的保安费、代办费中的大堂经理外包费是否应属于劳务派遣用工费用，需要进一步核实。

涉及金额：

案例所涉金额如表4-5所示。

表4-5　　　　　　　　　　　案例所涉金额　　　　　　　　　　　单位：元

2022年	2021年	2020年	2019年	2018年	累计发生额
3 654 000	3 132 000	3 796 200	2 091 600	1 455 200	14 129 000

6. 企业所得税之营业费用——职工福利费，代替应扣缴个税客户支付个人所得税税款不能在企业所得税前扣除。

风险描述： 企业通过"营业费用——职工福利费"列支福利品个税。

涉及会计科目： 营业费用——职工福利费。

政策依据：

根据《中华人民共和国企业所得税法实施条例》（国务院令第512号）第三十三条：

企业所得税法第八条所称其他支出，是指除成本、费用、税金、损失外，企业在生产经营活动中发生的与生产经营活动有关的、合理的支出。

福利品个税不应纳入"营业费用——职工福利费"核算，应进行所得税纳税调整。

涉及金额：

案例所涉金额如表4-6所示。

表4-6　　　　　　　　　　　案例所涉金额　　　　　　　　　　　单位：元

2022年	2021年	2020年	2019年	2018年	累计发生额
0	269 582.64	769 393.34	329 624.86	584 048.45	1 952 649.29

7. 企业所得税之营业外支出——其他营业外支出，核算离退休人员薪酬。

风险描述： 企业通过"营业外支出——其他营业外支出"科目核算离退休人员薪酬。

涉及会计科目： 营业外支出——其他营业外支出。

政策依据：

根据《中华人民共和国企业所得税法实施条例》（国务院令第512号）第三十三条规定：

企业所得税法第八条所称其他支出，是指除成本、费用、税金、损失外，企业在生产经营活动中发生的与生产经营活动有关的、合理的支出。

然而，离退休人员的费用属于与生产经营无关的支出，不应在税前列支。

涉及金额：

案例所涉金额如表4-7所示。

表4-7　　　　　　　　　　　案例所涉金额　　　　　　　　　　　单位：元

2022年	2021年	2020年	2019年	2018年	合计
114 172.9	24 692.4	24 692.4	24 692.4	0	188 250.1

8. 企业所得税之营业外支出——解除劳动合同人员补偿，应纳税调整而未纳税调整在企业所得税前扣除。

风险描述： 企业通过"营业外支出——解除劳动合同人员补偿"列支职工补偿金。

涉及会计科目： 营业外支出——解除劳动合同人员补偿。

政策依据：

企业通过"营业外支出——解除劳动合同人员补偿"列支职工补偿金，根据《国务院关于建立城镇职工基本医疗保险制度的决定》（国发〔1998〕44号）和《企业年金试行管理办法》（劳动和社会保障部令第20号，现已全文废止，接力文件：《企业年金办法》人力资源和社会保障部 财政部令第36号）规定，职工补偿金应属于劳动及待业保险费，应做所得税纳税调整。

涉及金额：

案例所涉金额如表4-8所示。

表4-8　　　　　　　　　　　案例所涉金额　　　　　　　　　　单位：元

2022年	2021年	2020年	2019年	2018年	合计
0	0	0	227 928	119 592	347 520

9. 企业所得税之营业费用——劳动及待业保险费。

风险描述： 企业通过"营业费用——劳动及待业保险费"科目列支：遗属补贴、抚恤金、离退休人员相关费用等。

涉及会计科目： 营业费用——劳动及待业保险费。

政策依据：

根据《国家税务总局关于企业工资薪金及职工福利费扣除问题的通知》（国税函〔2009〕3号）的规定，《企业所得税法实施条例》第四十条规定的企业职工福利费，包括：

（三）按照其他规定发生的其他职工福利费，包括丧葬补助费、抚恤费、安家费、探亲假路费等。

遗属补贴、抚恤金应属于职工福利费，应进行所得税纳税调整。

根据《中华人民共和国企业所得税法实施条例》（国务院令第512号）第三十三条规定：

企业所得税法第八条所称其他支出，是指除成本、费用、税金、损失外，企业在生产经营活动中发生的与生产经营活动有关的、合理的支出。

离退休人员的费用属于与生产经营无关的支出，不应在税前列支。

涉及金额：

案例所涉金额如表4-9第二行所示。

表4-9　案例所涉金额　　　　　　　　　　　　　　　　　　　　　单位：元

2022年	2021年	2020年	2019年	2018年	合计
0	6 600	36 247	35 733.6	20 453.3	99 033.9
552 398.57	231 594.50	301 844.2	104 745.2	60 754.4	1 251 336.87

10. 企业所得税之营业费用——劳动保护费。

风险描述：企业通过"营业费用——劳动保护费"科目列支大量高档服装、头花、领带、丝巾等。

涉及会计科目：营业费用——劳动保护费。

政策依据：

《中华人民共和国企业所得税法实施条例》（国务院令第512号）第四十八条规定的劳动保护支出，是限于因工作需要配备的工作服、手套、安全保护用品等非现金支出，企业该科目中列支的高档服装、个人洗化用品不符合劳动保护费定义，应予以调整。

涉及金额：

案例所涉金额如表4-10所示。

表4-10　案例所涉金额　　　　　　　　　　　　　　　　　　　　　单位：元

2022年	2021年	2020年	2019年	2018年	合计
448 906	643 048	384 043	1 756 646	493 713	3 726 356

（二）增值税

1. 增值税之固定资产清理、抵债资产处理，应缴纳但未缴纳增值税。

风险描述：企业在"固定资产清理"科目中核算处置、报废的固定资产，部分应缴纳但未缴纳增值税。

涉及会计科目：固定资产清理、抵债资产处理。

政策依据：

《财政部　国家税务总局关于旧货和旧机动车增值税政策的通知》（财税〔2002〕29号，现已全文废止）

《财政部　国家税务总局关于部分货物适用增值税低税率和简易办法征收增值税政策的通知》（财税〔2009〕9号）

2. 增值税之营业费用——业务宣传费，礼品未视同销售申报缴纳增值税。

风险描述：企业通过"营业费用——业务宣传费"科目列支礼品。

涉及会计科目：营业费用——业务宣传费。

政策依据：

根据《中华人民共和国增值税暂行条例实施细则》（财政部令第65号）第四条第（八）项规定：单位或个体工商户将自产、委托加工或购进的货物无偿赠送其他单位或个人的行为视同销售。

《中华人民共和国企业所得税法实施条例》（国务院令第512号）第二十五条规定：

> 企业发生非货币性资产交换，以及将货物、财产、劳务用于捐赠、偿债、赞助、集资、广告、样品、职工福利和利润分配等用途的，应当视同销售货物、转让财产和提供劳务，但国务院财政、税务主管部门另有规定的除外。

涉及金额：

案例所涉金额如表4-11所示。

表4-11　　案例所涉金额　　单位：元

2022年	2021年	2020年	2019年	2018年	合计
2 942 341.2	3 160 339.37	2 652 766.65	1 857 632.62	1 490 694.29	12 103 774.14

3. 增值税之营业费用——业务招待费，礼品未视同销售申报缴纳增值税。

风险描述： 企业通过"营业费用——业务招待费"科目列支礼品。

涉及会计科目： 营业费用——业务招待费。

政策依据：

根据《中华人民共和国增值税暂行条例实施细则》（财政部令第512号）第四条第（八）项规定：单位或个体工商户将自产、委托加工、或购进的货物无偿赠送其他单位或个人的行为视同销售。

《中华人民共和国企业所得税法实施条例》（国务院令第512号）第二十五条规定：

> 企业发生非货币性资产交换，以及将货物、财产、劳务用于捐赠、偿债、赞助、集资、广告、样品、职工福利和利润分配等用途的，应当视同销售货物、转让财产和提供劳务，但国务院财政、税务主管部门另有规定的除外。

涉及金额：

案例所涉金额如表4-12第二行所示。

表4-12　案例所涉金额　单位：元

2022年	2021年	2020年	2019年	2018年	合计
1 140 428.35	230 755.85	894 084.07	153 158.12	78 883.11	2 497 309.5

4. 增值税之递延收益——中间业务递延收益，延迟缴纳增值税。

风险描述： 代办业务手续费、服务费在递延收益科目核算，可能未按税法规定时间全额计税，延迟缴纳增值税。

涉及会计科目： 其他应收款——出售凭证印刷费垫款。

政策依据：

根据《中华人民共和国营业税暂行条例》（国务院令第540号，现已全文废止）第十二条：

> 营业税纳税义务发生时间为纳税人提供应税劳务、转让无形资产或者销售不动产并收讫营业收入款项或者取得索取营业收入款项凭据的当天。国务院财政、税务主管部门另有规定的，从其规定。营业税扣缴义务发生时间为纳税人营业税纳税义务发生的当天。

《中华人民共和国营业税暂行条例实施细则》（财政部　税务总局令2008年第52号，现已全文废止）第二十四条：

> 条例第十二条所称收讫营业收入款项，是指纳税人应税行为发生过程中或者完成后收取的款项。条例第十二条所称取得索取营业收入款项凭据的当天，为书面合同确定的付款日期的当天；未签订书面合同或者书面合同未确定付款日期的，为应税行为完成的当天。

涉及金额：

案例所涉金额如表4-13所示。

表4-13　案例所涉金额　单位：元

2022年	2021年	2020年	2019年	2018年	合计
254 729.05	205 239.84	502 981.84	9 788 027.96	344 336.93	11 095 315.62

（三）个人所得税

1. 个人所得税之营业费用——超标准支付的住房公积金应并入工资薪金扣缴个税。

风险描述： 单位和个人超过规定比例和标准缴付的住房公积金，应将超过部分并入个人当期的工资、薪金收入，计征个人所得税。

涉及会计科目：营业费用——住房公积金。

政策依据：

根据《财政部 国家税务总局关于基本养老保险费基本医疗保险费失业保险费住房公积金有关个人所得税政策的通知》（财税〔2006〕10号）第二条规定：

> 根据《住房公积金管理条例》《建设部 财政部 中国人民银行关于住房公积金管理若干具体问题的指导意见》（建金管〔2005〕5号）等规定精神，单位和个人分别在不超过职工本人上一年度月平均工资12%的幅度内，其实际缴存的住房公积金，允许在个人应纳税所得额中扣除。单位和职工个人缴存住房公积金的月平均工资不得超过职工工作地所在设区城市上一年度职工月平均工资的3倍，具体标准按照各地有关规定执行。

涉及金额：

案例所涉金额如表4-14所示。

表4-14　　　　　　　　　　　案例所涉金额　　　　　　　　　　　　单位：元

2022年	2021年	2020年	2019年	2018年	合计
5 215 043	7 446 274	9 487 113	12 640 723	15 319 667	50 108 820

2. 个人所得税之营业费用——劳动及待业保险费，发放年金和补充医疗保险

风险描述： 企业通过"营业费用——劳动及待业保险费"科目发放年金和补充医疗保险，未将超过部分并入个人当期的工资、薪金收入，代扣代缴个人所得税。

涉及会计科目： 营业费用——劳动及待业保险费。

政策依据：

根据《财政部 国家税务总局关于基本养老保险费基本医疗保险费 失业保险费住房公积金有关个人所得税政策的通知》（财税〔2006〕10号）第一条规定：企事业单位和个人超过规定的比例和标准缴付的基本养老保险费、基本医疗保险费和失业保险费，应将超过部分并入个人当期的工资、薪金收入，计征个人所得税。

《关于企业年金个人所得税征收管理有关问题的通知》（国税函〔2009〕694号，现已全文废止）第二条规定：

> 企业年金的企业缴费计入个人账户的部分（以下简称企业缴费）是个人因任职或受雇而取得的所得，属于个人所得税应税收入，在计入个人账户时，应视为个人一个月的工资、薪金（不与正常工资、薪金合并），不扣除任何费用，按照"工资、薪金所得"项目计算当期应纳个人所得税款，并由企业在缴费时代扣代缴。

对企业按季度、半年或年度缴纳企业缴费的，在计税时不得还原至所属月份，均作为一个月的工资、薪金，不扣除任何费用，按照适用税率计算扣缴个人所得税。

《财政部 人力资源社会保障部 国家税务总局关于企业年金 职业年金个人所得税有关问题的通知》（财税〔2013〕103号）

涉及金额：

案例所涉金额如表4-15所示。

表4-15 案例所涉金额 单位：元

2022年	2021年	2020年	2019年	2018年	合计
2 907 418.5	3 839 394.72	4 365 473.76	5 319 852.55	5 761 756.96	22 193 896.49

3. 个人所得税之营业费用——业务宣传费（业务招待费），向本单位以外的个人赠送礼品，应按照"偶然所得"项目扣缴个人所得税。

风险描述： 业务宣传费中已经发放给个人的部分应按20%的税率计征个人所得税。

涉及会计科目： 营业费用——业务宣传费（业务招待费）。

政策依据：

根据《财政部 国家税务总局关于企业促销展业赠送礼品有关个人所得税问题的通知》（财税〔2011〕50号）：

企业在业务宣传、广告等活动中，随机向本单位以外的个人赠送礼品，对个人取得的礼品所得，按照"偶然所得"项目，全额适用20%的税率缴纳个人所得税（该条款现已废止）。

涉及金额：

案例所涉金额如表4-16第二行所示。

表4-16 案例所涉金额 单位：元

2022年	2021年	2020年	2019年	2018年	合计
1 490 694.29	1 857 632.62	2 652 766.65	3 160 339.37	2 942 341.21	12 103 774.14
78 883.11	153 158.12	894 084.07	230 755.85	1 140 428.35	2 497 309.5

（四）房产税

1. 房产税之营业外收入——其他营业外收入。

风险描述： 企业在"营业外收入——其他营业外收入"中核算房屋租赁收入。

涉及会计科目： 营业外收入——其他营业外收入。

政策依据：

根据《中华人民共和国房产税暂行条例》（国税发〔1986〕90号）第二条规定：

> 房产税由产权所有人缴纳。产权属于全民所有的，由经营管理的单位缴纳，产权出典的，由承典人缴纳。产权所有人、承典人不在房产所在地的，或者产权未确定及租典纠纷未解决的，由房产代管人或者使用人缴纳。

涉及金额：

案例所涉金额如表4-17所示。

表4-17　　　　　　　　　　案例所涉金额　　　　　　　　　　单位：元

2022年	2021年	2020年	2019年	2018年	合计
5 860.32	54 484.37	4 960.32	4 960.32	110 061.83	180 327.33

2. 房产税之固定资产——房地产，可能存在购入部分房屋少缴纳房产税

涉及会计科目： 固定资产——房地产。

政策依据：

根据《中华人民共和国印花税暂行条例》（国务院令第11号）、《财政部 国家税务总局关于安置残疾人就业单位城镇土地使用税等政策的通知》（财税〔2010〕121号）的规定，企业在取得房屋时，从价计征的房产税计税依据可能未包含土地价款。

3. 房产税之无形资产——土地使用权，应计入房产原值缴纳房产税。

涉及会计科目： 无形资产——土地使用权。

政策依据：

根据《财政部 国家税务总局关于安置残疾人就业单位城镇土地使用税等政策的通知》（财税〔2010〕121号）第三条规定，对按照房产原值计税的房产，无论会计上如何核算，房产原值均应包含地价，包括为取得土地使用权支付的价款、开发土地发生的成本费用等。应按原值计入缴纳房产税。

4. 房产税之在建工程——房屋，部分新建房屋未及时转入固定资产，少缴纳房产税。

涉及会计科目： 固定资产——房地产。

政策依据：

根据《财政部 国家税务总局关于印花税若干政策的通知》（财税〔2006〕162号）的规定，应核实是否存在已完工但未及时转入固定资产缴纳房产税的情况。

（五）印花税

风险描述：部分房屋购置及转让少缴纳印花税。

涉及会计科目：固定资产——房地产。

政策依据：

根据《中华人民共和国印花税法》（主席令第八十九号）、《财政部 国家税务总局关于安置残疾人就业单位城镇土地使用税等政策的通知》（财税〔2010〕121号）的规定，企业在取得房屋时，可能在签署合同时少缴印花税。

（六）土地增值税

风险描述：抵债资产清理，抵债的房屋土地进行拍卖或变卖处理时，可能存在少缴纳土地增值税风险。

涉及会计科目：抵债资产清理，固定资产清理——其他固定资产清理。

政策依据：

根据《中华人民共和国土地增值税暂行条例》（国务院令第138号）第二条的规定：

> 转让国有土地使用权、地上的建筑物及其附着物（以下简称转让房地产）并取得收入的单位和个人，为土地增值税的纳税义务人（以下简称纳税人），应依照本条例缴纳土地增值税。

涉及金额：

案例所涉金额如表4-18所示。

表4-18　案例所涉金额　　　　　　　　　　　　　　　　单位：元

2022年	2021年	2020年	2019年	2018年	合计
0	13 464 325	0	0	0	13 464 325

（七）其余风险点分析

1. 经核实排除的风险点

（1）该行房产税按照房产原值缴纳，土地价款已并入房产原值缴纳房产税。

（2）该行出租的房屋按照房产原值缴纳房产税。

（3）该行超出标准缴纳的住房公积金已合并个人工资缴纳个人所得税。

（4）固定资产清理中房产转让及资产处理没有增值额，不需缴纳土地增值税。

（5）签订的装修合同、保险合同、租赁合同均已按规定贴花。

（6）其他应收款中出售凭证印刷费垫付科目为支行相关业务购置成本，非出售收入，不应缴纳增值税。

（7）其他应付款中涉及出售凭证、密码器收入，均定期转入5110中间业务收入相应科目，计算并缴纳增值税，不存在少缴税款情况。

2. 经核实确认的风险点

福利费中为个人报销的取暖费未缴纳个人所得税，同意补缴税款，税款正在计算中。

3. 存在疑问的风险点

（1）对业务招待费、宣传费中的礼品须缴纳个人所得税，认为不应由企业承担。一是性质认定，企业认为客户只有购买了银行的产品同时才会获得相应物品或服务的赠送，实质是一种促销行为，不应缴纳个人所得税；二是发放数量大，计算困难；三是金额较多，承担不起。基于以上三点，企业对该风险点存在疑问，认为不应缴纳个人所得税。

（2）企业缴纳的补充医疗保险未合并个人工资缴纳个人所得税，但企业不予认可，认为没有到个人账户，不应缴纳个人所得税。

（3）对递延收益缴纳增值税时点问题存在异议，认为不存在少缴税款情况。该行认为：按照《企业会计准则——基本准则》规定，企业会计的确认、计量和报告应当以权责发生制为基础。权责发生制基础要求，凡是当期已经实现的收入和已经发生或应当负担的费用，无论款项是否收付，都应当作为当期的收入和费用，计入利润表；凡是不属于当期的收入和费用，即使款项已在当期收付，也不应当作为当期的收入和费用。按照此要求，该行对不属于当期的手续费收入进行了递延处理，在受益期内逐月确认收入，体现了会计准则收益与风险匹配的原则，而且转入收入均缴纳增值税，不存在少缴税款情况。

三、国债免税收入事项

（一）业务介绍

国债免税利息收入是指银行所得税纳税申报表附表五所包括的国债收入、地方政府债券收入、华融资产债券利息收入、央行资产剥离票据利息收入、特别国债利息收入和铁路建设债券收入。从各分行来看，国债免税利息收入一般包括储蓄式国债、地方政府债券收入和中国铁路建设债券等。

1. 储蓄式国债业务

工商银行是财政部 国债（储蓄式）承销团队成员（银行），财政部规定承销团队成员代销储蓄式国债（凭证式国债和电子式国债），并负责对国债投资人（居民个人）提前兑付国债业务。银行按照投资人实际持有期间适用国债利率（低利率）向国债投资人提前兑付本金和利息，并持有至满期向财政部 满期兑付票面（高利率）利息和本金。

各分行核算的国债基本属于这种类型，在资产类科目1721可供出售类债券资产，收益类科目512303可供出售类债券资产利息收入，512304可供出售类债券资产价差收益核算。

2. 地方政府债券业务

银行职能部门投资地方政府债券，此类债券面向机构投资者，是非交易类债券。在512305持有至到期类债券资产利息收益科目核算。

3. 中国铁路建设债券业务

银行职能部门投资中国铁路建设债券，此类债券面向机构投资者，是非交易类债券。在512305持有至到期类债券资产利息收益科目核算。

（二）税法规定

1. 国债征免规定

《财政部 国家税务总局关于试行国债净价交易后有关国债利息征免企业所得税问题的通知》（财税〔2002〕48号，现已全文废止）规定：

一、自试行国债净价交易之日起，纳税人在付息日或买入国债后持有到期时取得的利息收入，免征企业所得税；在付息日或持有国债到期之前交易取得的利息收入，按其成交后交割单列明的应计利息额免征企业所得税。纳税人在申报国债利息收入免税事宜时，应向主管税务机关提供国债净利价交易成功后的交割单（适用2008—2010年）。

《国家税务总局关于企业国债投资业务企业所得税处理问题的公告》（国家税务总局公告2011年第36号，适用2011—2012年）规定：

国债利息收入＝国债金额×（适用年利率÷365）×持有天数

根据企业所得税法实施条例第十六条规定，企业转让国债，应作为转让财产，其取得的收益（损失）应作为企业应纳税所得额计算纳税。

2. 地方政府债券征免规定

《财政部 国家税务总局关于地方政府债券利息所得免征所得税问题的通知》（财税〔2011〕76号）第一条规定：

> 对企业和个人取得的2009年、2010年和2011年发行的地方政府债券利息所得，免征企业所得税和个人所得税。

3. 铁路建设债券征免税规定

《财政部 国家税务总局关于铁路建设债券利息收入企业所得税政策的通知》（财税〔2011〕99号）第一条规定：

> 对企业持有2011—2013年发行的中国铁路建设债券取得的利息收入，减半征收企业所得税。

（三）风险点（税会处理差异）

1. 储蓄式国债利息收入纳税调整

根据《国家税务总局关于企业国债投资业务企业所得税处理问题的公告》（国家税务总局公告2011年第36号），国债投资人持有期间利息收入免税，买卖国债发生的收入不予免税。银行2011年、2012年国债利息收入应按持有期间利息收入和向原国债投资人提前兑付产生的所得划分。根据对银行几个分行的账套和年度纳税申报表比对，发现有的分行在有的年度将经营储蓄式国债业务利息收入和价差收入全作为免税收入在纳税年度汇算清缴中纳税调减。建议应对核实时应将作为免税收入的可出售债券价差收益，或者超过可出售债券利息收入的部分，补缴企业所得税。

2. 地方政府债券纳税调整

对银行取得的2009年、2010年和2011年发行的地方政府债券利息所得，免征企业所得税。2012年地方政府债券业务收入不免税。

3. 铁路建设债券纳税调整

对银行2011—2013年取得的中国铁路建设债券取得的利息收入，减半征收企业所得税。

第五节 分析及应对典型案例

一、典型案例一：××银行股份有限公司风险分析案例

【案例引言】

银行资产管理的核心问题就是风险防范，因此银行建立完善的风险防范体系，其中一项重要内容就是建立以贷款资产减值准备为主、其他资产减值为辅的全面风险拨备制度。贷款损失准备金是银行业会计核算的重要内容，也是企业所得税税前扣除重要项目。银行根据监管机构、会计准则以及内控制度确认、计提贷款准备金，包括涉农贷款和中小企业贷款损失准备金。在实际征管工作中，既要关注银行计算在企业所得税税前扣除贷款损失准备金的贷款资产的性质和范围，也要关注涉农贷款和中小企业贷款的特殊性政策及其适用性。

(一) 企业基本情况

A银行股份有限公司，注册资本为2 000亿元人民币。登记注册类型是股份有限公司。机构类型为总机构，分支机构为A银行股份有限公司北京市分行等。经营范围是：吸收人民币存款；发放短期、中期和长期贷款；办理结算；办理票据贴现；发行金融债券；代理发行、代理兑换、承销政府债券；买卖政府债券；从事同业拆借；提供信用证服务及担保；代理收付款项；提供保管箱服务；外汇存款；外汇贷款；外汇汇款；外币兑换；国际结算；同业外汇拆借；外汇票据的承兑和贴现；外汇借款；外汇担保；结汇、售汇；发行和代理发行股票以外的外币有价证券；买卖和代理买卖股票以外的外币有价证券；自营外汇买卖；代客外汇买卖；外汇信用卡的发行和代理国外信用卡的发行及付款；资信调查、咨询、见证业务；组织或参加银团贷款；国际贵金属买卖；海外分支机构经营当地法律许可的一切银行业务；在港澳地区的分行依据当地法令可发行或参与代理发行当地货币；经A银行业监督管理委员会等监管部门批准的其他业务；保险兼业代理。

在税务局登记税种有增值税、企业所得税等。其中增值税税率17%，营业税税率为5%，企业所得税税率为25%。该企业2009年8月被认定为增值税一般纳税人（A级）。财务软件为A银行统一设置开发的财务系统。

截至2015年末，该企业共有员工30万人，一级分行共计34家、直属分行3家、二级分行314家、基层分支机构10 341家，在内地以及41个国家和地区设立了机

构,香港、澳门、台湾地区及其他国家的商业银行机构总数587家。

(二) 风险分析

调取了该银行2012—2014年度的营业税纳税申报表、企业所得税纳税申报表、增值税申报表、财务报表、纸质财务明细账、凭证等资料,通过增值税防伪税控系统对企业抄报税、认证信息进行了查询,并对有关人员进行了询问,并通过外网对企业基本情况进行了解,结合企业行业特点、业务特点,对企业涉税疑点进行分析,并逐项核实。

1. 买入返售金融资产不应税前计提准备金问题

该银行将买入返售金融资产当作贷款资产处理,并按照买入返售金融资产总额1%的比例计提了贷款损失准备金且在企业所得税税前扣除。该银行2012年末买入返售金融资产准备金余额714 839 294.07元;2013年末买入返售金融资产准备金余额2 509 875 027.62元;2014年末买入返售金融资产准备金余额781 996 797.71元。

2. 中小涉农贷款是否按规定比例税前计提准备金问题

该银行将涉农贷款和中小企业贷款划分为正常、关注、次级、可疑、损失五类。2011年至2013年期间对五类贷款全部余额按1%比例计提贷款损失准备金,在企业所得税前进行扣除;又对其中的非正常类(关注、次级、可疑、损失)贷款余额按非正常类贷款对应比率补充计提(1%、24%、49%、99%)贷款损失准备金,又在企业所得税税前扣除。

3. 预收息贷款利息不应税前计提准备金问题

该银行向客户提供预收息贷款业务,主要包括票据贴现、贸易融资业务。发生贴现和贸易融资业务当日,其按票据和贸易融资的面值入账,将实际发放款项与面值的差额计入递延收益。在到期日之前,按日将递延收益摊销,计入利息收入。每年年末,该单位针对贴现和贸易融资按照1%的比例提取贷款准备金并在企业所得税税前扣除,提取基数为贴现、贸易融资的面值与尚未摊销递延收益的差额,即等于实际发放款项加上已经摊销计入利息收入的递延收益。该单位2012年末贴现、贸易融资尚未摊销的递延收益余额3 092 882 198.50元;2013年末贴现、贸易融资尚未摊销的递延收益余额3 492 957 194.12元;2014年末贴现、贸易融资尚未摊销的递延收益余额4 159 171 842.9元。

(三)风险应对

1. 发现问题

根据发现的疑点问题,以及约谈情况,确定重点分析方向,实际核查,进一步深入。

(1)针对疑点一

通过约谈财务人员,查看银行情况说明,计算分析买入返售金融资产明细表,对照税款预缴入库情况表、预缴税收缴款书等原始凭证进一步分析疑点。

根据《财政部 国家税务总局关于金融企业贷款损失准备金企业所得税税前扣除政策的通知》(财税〔2012〕5号)第一条和《财政部 国家税务总局关于金融企业贷款损失准备金企业所得税税前扣除有关政策的通知》(财税〔2015〕9号)第一条规定,买入返售金融资产不属于上述文件规定的贷款资产的范围,不应该提取贷款损失准备金并在企业所得税税前扣除,应调增应纳税所得额。在调整方法上,建议采取分别调整存量与增量的方式,即2012年末按买入返售金融资产准备金的余额调增2012年度应纳税所得额,在2013年、2014年分别按照当年买入返售金融资产准备金变动额调整当年的应纳税所得额。该银行按照买入返售金融资产总额1%的比例计提贷款损失准备金,调整该银行应纳税所得额。

(2)针对疑点二

通过约谈财务人员,查看银行情况说明,计算分析涉农贷款和中小企业贷款明细,对照税款预缴入库情况表、预缴税收缴款书等原始凭证进一步分析疑点。

该银行2014年10月就该事项选择将涉农贷款和中小企业贷款中按正常类贷款年末余额对应计算的损失准备金在企业所得税税前扣除,将补充计提的非正常类贷款损失准备金进行纳税调增(见表4-19)。

该银行2014年对涉农贷款和中小企业贷款选择只按正常类贷款余额依1%比例计提贷款损失准备金,不再补充计提非正常类贷款损失准备金。

表4-19　　企业2012—2014年涉农贷款和中小企业贷款期末余额　　　　　　　单位:元

类别	2012年期末余额	2013年期末余额	2014年期末余额
正常	884 200 616 229.71	1 040 378 436 797.81	1 019 269 622 161.82
关注	36 979 084 791.61	34 471 526 996.09	36 989 808 718.95
次级	5 576 194 458.82	9 386 557 159.98	12 424 140 104.32
可疑	7 683 521 803.62	6 766 949 346.81	5 143 293 626.45
损失	2 331 868 609.50	2 234 750 920.32	2 765 175 672.57
合计	936 771 285 893.26	1 093 238 221 221.01	1 076 592 040 284.11

根据《财政部 国家税务总局关于金融企业贷款损失准备金企业所得税税前扣除有关政策的通知》(财税〔2015〕9号)：

> 五、金融企业涉农贷款和中小企业贷款损失准备金的在企业所得税税前扣除政策，凡按照《财政部 国家税务总局关于金融企业涉农贷款和中小企业贷款损失准备金税前扣除有关问题的通知》(财税〔2015〕3号)的规定执行的，不再适用本通知第一条至第四条的规定。

该银行2012—2013年度涉农和中小企业贷款中的正常类贷款和非正常类贷款不允许同时计提贷款损失准备金，正常类贷款已按1%计提的准备金应予纳税调增，非正常类贷款计提准备金应予纳税调减。

(3)针对疑点三

通过约谈银行财务人员和查看银行情况说明，计算并复核预收息贷款递延收益明细表，进一步分析疑点。

根据《财政部 国家税务总局关于金融企业贷款损失准备金企业所得税税前扣除政策的通知》(财税〔2015〕9号)第一条和第二条规定，准予提取贷款损失准备金的基数为贷款资产的余额，而利息收入不属于贷款资产，不应计提贷款损失准备金，应调整该企业应纳税所得额。在调整方法上，建议采取分别调整存量与增量的方式，即2012年末按针对预收息贷款利息计提的准备金的余额调增2012年度应纳税所得额，在2013、2014年度分别按照当年针对预收息贷款利息计提的准备金变动额调整当年的应纳税所得额。

2. 处理结果

(1)针对问题一

2012年调增应纳税所得额714 839 294.07元；2013年调增应纳税所得额=2 509 875 027.62-714 839 294.07=1 795 035 733.55元；2014年调减应纳税所得额=2 509 875 027.62-781 996 797.71=1 727 878 229.91元。合计调整应纳税所得额净额为781 996 797.71元。应补缴企业所得税合计净额为195 499 199.43元，其中：2012年补缴企业所得税178 709 823.52元；2013年补缴企业所得税448 758 933.39元；2014年应退企业所得税431 969 557.48元。

(2)针对问题二

涉及补缴企业所得税569 521 697.14元(具体情况见表4-20)。

表4-20　　涉及补缴企业所得税情况　　单位：元

年份	非正常类补充计提准备金 ①	正常类按1%计提准备金 ②	核实涉及当年度调增应纳税所得额 ③=②-①	应补（退）企业所得税 ④=③×25%
2012	7 781 553 125.22	8 842 006 162.30	1 060 453 037.08	265 113 259.27
2013	344 144 454.19	1 561 778 205.68	1 217 633 751.49	304 408 437.87
合计				569 521 697.14

（3）针对问题三

该银行未提供贴现和贸易融资已摊销的收入金额，仅提供了2012—2014每年年末贴现和贸易融资尚未摊销的递延收益金额作为参考，按照此数计算，2012年调增应纳税所得额30 928 821.99元；2013年调增应纳税所得额4 000 749.96元；2014年调增应纳税所得额6 662 146.49元。合计调整应纳税所得额为41 591 718.43元。按该银行提供的参考数据计算，2012年补缴企业所得税7 732 205.50元；2013年补缴企业所得税1 000 187.49元；2014年补缴企业所得税1 665 536.62元。合计应补缴企业所得税税款10 397 929.61元。

（四）行业延伸

1. 潜在风险企业范围

计提贷款资产减值准备是银行风险拨备的核心内容，也是企业所得税税前扣除重要项目。企业确认的准予税前提取贷款损失准备金的贷款资产范围是否准确是企业所得税的重大税收风险。政策性银行、商业银行、财务公司、城乡信用社和金融租赁公司等金融机构提取的贷款损失准备金的企业所得税税前扣除都可能涉及上述风险，应该予以高度关注。

2. 具体核查路径

核实金融机构计算在企业所得税税前扣除贷款损失准备金的贷款资产的性质，是否均属于税法规定的"准予税前提取贷款损失准备金的贷款资产"的范围，重点关注是否包含委托贷款、代理贷款、国债投资、应收股利等。

约谈并查看金融机构信贷系统对于涉农和中小企业贷款的界定，每年更新情况，对涉农和中小企业贷款的管理规则。审核涉农和中小企业贷款准备金的计提基础是否符合税法规定。

重点核查金融机构对涉农贷款已经按照财税〔2015〕3号文规定按四级风险分类分别计算可在企业所得税税前扣除准备金的，对于其"正常类"涉农贷款和中小企业贷款，是否按其金额的1%作为贷款损失准备金在税前计算扣除。

二、典型案例二：××银行股份有限公司风险分析案例

【案例引言】

抵债资产是银行等金融机构依法行使债权或担保物权而受偿于债务人、担保人或第三人的实物资产或财产权利。一旦获得抵债资产，按照《中华人民共和国商业银行法》的规定，需要在不超过2年的时间内处置。持有抵债资产和处置抵债资产期间，会产生不同税种的纳税义务。我国的各商业银行处理抵债资产事项的做法各不相同，产生的税收风险也不尽相同。一般情况下，商业银行接受度较高的担保、抵押资产为不动产，以下以常见的商业银行持有抵债房产和处置抵债房产为例。

（一）企业基本情况

该银行注册类型为股份有限公司，于1998年3月18日在中国北京注册成立。企业经营范围为吸收公众存款、中期和长期贷款；办理国内外结算；办理票据承兑与贴现；发行金融债券；代理发行、代理兑付、承销政府债券；买卖政府债券、金融债券；从事同业拆借；买卖、代理买卖外汇；从事银行卡业务；从事信用服务及担保；代理收付款项；提供保管箱服务；结汇售汇业务；保险兼代理业务；经原中国银行业监督管理委员会批准的其他业务。

（二）风险分析

1. 交通、通信补贴未代扣代缴个人所得税

2014—2015年，该银行每月通过"其他应付款""营业费用"处理金额相当的款项，经核实，该款项为按月向银行管理人员发放的交通、通信补贴，存在是否按规定代扣代缴个人所得税的风险。

2. 增资未缴纳印花税

经查询该银行实收资本和资本公积科目每年期末数，以及缴纳资金账簿印花税的相关凭证数据，发现其存在未按照资金账簿中"实收资本"与"资本公积"的增加额正确计算缴纳印花税的风险。该银行2010年、2014年均有增资行为，其中2010年足额缴纳了印花税75万元，2014年增资20亿元人民币，涉及税款100万元。

3. 未取得产权证书的抵债房产未缴纳房产税和城镇土地使用税

该银行财务报告显示"待处理抵债资产——房产"科目2013年余额3.32亿元，2014年余额4.72亿元，增加了1.4亿元。银行确认了对这部分资产的权利，但由于种种原因，尚未取得该部分房产的产权证书，且未在"应交税费"中显示缴纳该年度的房产税和城镇土地使用税，存在未缴纳未取得产权证书的抵债房产的房产税和城镇土地使用税的风险。

4. 处置抵债房产未缴纳营业税和土地增值税

该银行财务报告显示"待处理抵债资产——房产"科目2014年期末余额4.72亿元，2015年期末余额4.4亿元，即抵债房产减少0.32亿元，但在"应交税费"科目中未显示缴纳了处置抵债房产的营业税和土地增值税，存在处置抵债房产未缴纳营业税和土地增值税的风险。

（三）风险应对

1. 针对风险点一

经过进一步核实发现，该银行按月以现金形式发放分支行管理人员交通补贴和通信补贴，未通过"应付职工薪酬"科目核算，也未在"应交税费"科目显示已代扣代缴个人所得税。根据《中华人民共和国个人所得税法实施条例》第八条的规定，该银行发放给员工的交通、通信补贴应纳入工资薪金所得代扣代缴个人所得税。两年应代扣代缴税款合计1 105万元。

2. 针对风险点二

通过查询该银行入库记录和相关账页，确认2014年增资20亿元人民币的行为未缴纳印花税，根据《国家税务总局关于资金账簿印花税问题的通知》（国税发〔1994〕25号，现已全文废止）的规定，该银行应补缴印花税合计100万元。

3. 针对风险点三

经核实，该银行2014年共计增加11处尚未取得产权证书的抵债房产，原值合计14 049.90万元。银行认为未取得产权证书，不是房产税和城镇土地使用税的纳税义务人，故11处房产均未缴纳房产税和城镇土地使用税。

根据《中华人民共和国物权法》（主席令第六十二号）的规定，自双方签订的合同生效之日起，该不动产物权已变更，未办理物权登记的，不影响合同效力。通过司法程序取得的抵债房产物权，自法律文书生效时发生效力。该银行不应以未取得产权证书为由拒绝缴纳房产税和城镇土地使用税。该银行持有房产期间未发生租赁和自用行为，适用从价计征，2014年应补缴房产税118.02万元，城镇土地使用税1.69万元。

4. 针对风险点四

通过了解该银行处置抵债资产的业务流程，查询2014—2015年度抵债资产的详细情况，综合审查了"抵债房屋及建筑物""抵债资产清理""营业外收入""应交税费"等科目，确认其在2015年处置了部分抵债资产，金额累计3 242万元，根据《中华人民共和国营业税暂行条例》第一条和《中华人民共和国营业税暂行条例实施细则》第三条的规定，应补缴营业税162.10万元，根据《中华人民共和国土地增值税暂行条例》第二条的规定，应补缴土地增值税297.30万元。

(四) 处理结果

该银行共补缴个人所得税1 105万元，印花税100万元，房产税118.02万元，城镇土地使用税1.69万元，营业税162.10万元，土地增值税297.30万元。

(五) 行业延伸

1. 潜在风险企业范围

该银行以现金形式发放通信、交通补贴的风险事项，在各个行业的企业中普遍存在；抵债资产相关的风险事项，在从事融资业务的各类型企业中均有涉及，在发生过资金拆借行为的企业中也有可能存在。

2. 具体核查路径

抵债资产以已变更产权人和未变更产权人的形式存在，除了核查企业的相关科目余额外，还需要借助外部信息，查询涉及企业的司法文书和仲裁文书，确定纳税义务发生时间。

第五章 Chapter 5

行业税收政策法规库

第一节 财税法规库

税收风险模型的建设，就是建立标准和四库建设——"信息采集库——指标模型库——风险特征库——财税法规库"。其中，建立财税法规库是最简单的，其次是风险特征库，再次是信息采集库，最难的是指标模型库和指标预警值测算。

财税法规库的目录，就是行业相关财税法规索引。随着税收政策法规的更新或变动，财税法规库永远在重复一个循环"建库——更新——再更新"。一般情况下，财税法规库是按照"分行业+分税种（费）"归集后，分为"一般财税政策"和"专项财税政策"两部分。

为顺利开展银行业税收风险分析和应对工作，我们汇总、梳理了银行业主要税收政策，供参考使用。对于银行业相关税收政策，各地可登录国家税务总局网站政策法规库查询。下面是截至2024年2月银行行业适用的税收政策法规。

一、银行业相关税收政策索引之一般税收政策

（一）增值税

1.《中华人民共和国增值税暂行条例》（国务院令第691号）

2.《中华人民共和国增值税暂行条例实施细则》（财政部 国家税务总局令第50号）

3.《财政部 国家税务总局关于全面推开营业税改征增值税试点的通知》（财税〔2016〕36号）

4.《财政部关于印发〈增值税会计处理规定〉的通知》（财会〔2016〕22号）

5.《财政部 国家税务总局关于固定资产进项税额抵扣问题的通知》（财税〔2009〕113号）

6.《国家税务总局关于调整增值税扣税凭证抵扣期限有关问题的通知》（国税函〔2009〕617号）

7.《国家税务总局关于折扣额抵减增值税应税销售额问题的通知》（国税函〔2010〕56号）

8.《国家税务总局关于纳税人资产重组有关增值税问题的公告》（国家税务总局公告2011年第13号）

9.《国家税务总局关于增值税纳税义务发生时间有关问题的公告》（国家税务总

局公告2011年第40号）

10.《国家税务总局关于逾期增值税扣税凭证抵扣问题的公告》（国家税务总局公告2011年第50号）

11.《国家税务总局关于未按期申报抵扣增值税扣税凭证有关问题的公告》（国家税务总局公告2011年第78号）

12.《国家税务总局关于一般纳税人销售自己使用过的固定资产增值税有关问题的公告》（国家税务总局公告2012年第1号）

13.《财政部 国家税务总局关于增值税税控系统专用设备和技术维护费用抵减增值税税额有关政策的通知》（财税〔2012〕15号）

14.《国家税务总局关于纳税人资产重组增值税留抵税额处理有关问题的公告》（国家税务总局公告2012年第55号）

15.《国家税务总局关于中央财政补贴增值税有关问题的公告》（国家税务总局公告2013年第3号，现已全文废止，接力文件：国家税务总局公告2019年第45号）

16.《国家税务总局关于纳税人资产重组有关增值税问题的公告》（国家税务总局公告2013年第66号）

17.《财政部 国家税务总局关于简并增值税征收率政策的通知》（财税〔2014〕57号）

18.《国家税务总局关于简并增值税征收率有关问题的公告》（国家税务总局公告2014年第36号）

19.《国家税务总局关于纳税人认定或登记为一般纳税人前进项税额抵扣问题的公告》（国家税务总局公告2015年第59号）

20.《国家税务总局关于异常增值税扣税凭证抵扣问题的通知》（税总发〔2015〕148号，现已全文废止，接力文件：税总发〔2017〕46号）

21.《国家税务总局关于走逃（失联）企业开具增值税专用发票认定处理有关问题的公告》（国家税务总局公告2016年第76号）

22.《国家税务总局关于全面推开营业税改征增值税试点后增值税纳税申报有关事项的公告》（国家税务总局公告2016年第13号）

23.《国家税务总局关于调整增值税纳税申报有关事项的公告》（国家税务总局公告2016年第27号）

24.《国家税务总局关于营业税改征增值税部分试点纳税人增值税纳税申报有关事项调整的公告》（国家税务总局公告2016年第30号，现已全文废止，接力文件：国家税务总局公告2019年第15号）

25.《国家税务总局关于调整增值税一般纳税人留抵税额申报口径的公告》（国家税务总局公告2016年第75号）

26.《国家税务总局关于发布〈纳税人转让不动产增值税征收管理暂行办法〉的公告》（国家税务总局公告2016年第14号）

27.《国家税务总局关于发布〈不动产进项税额分期抵扣暂行办法〉的公告》（国家税务总局公告2016年第15号，现已全文废止，接力文件：国家税务总局公告2019年第14号）

28.《国家税务总局关于发布〈纳税人提供不动产经营租赁服务增值税征收管理暂行办法〉的公告》（国家税务总局公告2016年第16号）

29.《国家税务总局关于营业税改征增值税委托地税机关代征税款和代开增值税发票的公告》（国家税务总局公告2016年第19号）

30.《国家税务总局关于全面推开营业税改征增值税试点有关税收征收管理事项的公告》（国家税务总局公告2016年第23号）

31.《财政部 国家税务总局关于收费公路通行费增值税抵扣有关问题的通知》（财税〔2016〕86号，现已全文废止，接力文件：财税〔2017〕90号）

32.《财政部 国家税务总局关于进一步明确全面推开营改增试点有关劳务派遣服务、收费公路通行费抵扣等政策的通知》（财税〔2016〕47号）

33.《国家税务总局关于营改增试点若干征管问题的公告》（国家税务总局公告2016年第53号）

34.《国家税务总局关于纳税人转让不动产缴纳增值税差额扣除有关问题的公告》（国家税务总局公告2016年第73号）

35.《财政部 国家税务总局关于金融机构同业往来等增值税政策的补充通知》（财税〔2016〕70号）

36.《财政部 国家税务总局关于纳税人异地预缴增值税有关城市维护建设税和教育费附加政策问题的通知》（财税〔2016〕74号）

37.《财政部 国家税务总局关于资管产品增值税政策有关问题的补充通知》（财税〔2017〕2号）

38.《财政部 国家税务总局关于进一步明确全面推开营改增试点金融业有关政策的通知》（财税〔2016〕46号）

39.《国家税务总局关于进一步明确营改增有关征管问题的公告》（国家税务总局公告2017年第11号）

40.《财政部 国家税务总局关于部分货物适用增值税低税率和简易办法征收增值税政策的通知》（财税〔2009〕9号）

41.《国家税务总局关于一般纳税人销售自己使用过的固定资产增值税有关问题的公告》（国家税务总局公告2012年第1号）

42.《国家税务总局关于简并增值税征收率有关问题的通知》（国家税务总局公

告2014年第36号）

43.《财政部 国家税务总局关于资管产品增值税有关问题的通知》（财税〔2017〕56号）

44.《财政部 国家税务总局 海关总署关于北京2022年冬奥会和冬残奥会税收政策的通知》（财税〔2017〕60号）

45.《国家税务总局关于公布符合条件的销售熊猫普制金币纳税人名单（第八批）暨不符合条件的纳税人退出名单（第二批）的公告》（国家税务总局公告2017年第28号）

46.《财政部 税务总局关于金融机构小微企业贷款利息收入免征增值税政策的通知》（财税〔2018〕91号政策延期至2023年12月31日）

47.《财政部 税务总局关于冬奥会和冬残奥会企业赞助有关增值税政策的通知》（财税〔2019〕6号）

48.《财政部 税务总局 海关总署关于深化增值税改革有关政策的公告》（财政部 税务总局 海关总署公告2019年第39号）

49.《财政部 税务总局关于明确国有农用地出租等增值税政策的公告》（财政部 税务总局公告2020年第2号）

50.《财政部 税务总局 海关总署关于杭州2022年亚运会和亚残运会税收政策的公告》（财政部 税务总局 海关总署公告2020年第18号）

51.《财政部 税务总局 海关总署关于第18届世界中学生运动会等三项国际综合运动会税收政策的公告》（财政部 税务总局 海关总署公告2020年第19号）

52.《财政部 税务总局关于明确无偿转让股票等增值税政策的公告》（财政部 税务总局公告2020年第40号）

53.《财政部 税务总局关于银行业金融机构、金融资产管理公司不良债权以物抵债有关税收政策的公告》（财政部 税务总局公告2022年第31号）

54.《财政部 税务总局关于继续实施银行业金融机构、金融资产管理公司不良债权以物抵债有关税收政策的公告》（财政部 税务总局公告2023年第35号）

55.《财政部 税务总局关于金融机构小微企业贷款利息收入免征增值税政策的公告》（财政部 税务总局公告2023年第16号）

56.《财政部 税务总局关于支持小微企业融资有关税收政策的公告》（财政部 税务总局公告2023年第13号）

57.《财政部 税务总局关于延续实施中国邮政储蓄银行三农金融事业部涉农贷款增值税政策的公告》（财政部 税务总局公告2023年第66号）

58.《国家税务总局关于城市维护建设税征收管理有关事项的公告》（国家税务总局公告2021年第26号）

（二）企业所得税

1.《中华人民共和国企业所得税法》（主席令第六十三号）
2.《中华人民共和国企业所得税法实施条例》（国务院令第512号）
3.《国家税务总局关于企业所得税若干问题的公告》（国家税务总局公告2011年第34号）
4.《财政部 国家税务总局关于企业关联方利息支出税前扣除标准有关税收政策问题的通知》（财税〔2008〕121号）
5.《财政部 国家税务总局关于财政性资金、行政事业性收费、政府性基金有关企业所得税政策问题的通知》（财税〔2008〕151号）
6.《财政部 国家税务总局 民政部关于公益性捐赠税前扣除有关问题的通知》（财税〔2008〕160号，现已全文废止，接力文件：财政部 税务总局 民政部公告2020年第27号）
7.《财政部 国家税务总局关于企业所得税若干优惠政策的通知》（财税〔2008〕1号）
8.《国家税务总局关于企业所得税减免税管理问题的通知》（国税发〔2008〕111号，现已全文废止）
9.《国家税务总局关于印发〈企业研究开发费用税前扣除管理办法（试行）〉的通知》（国税发〔2008〕116号，现已全文废止，接力文件：财税〔2015〕119号）
10.《国家税务总局关于印发〈企业所得税核定征收办法（试行）〉的通知》（国税发〔2008〕30号）
11.《国家税务总局关于母子公司间提供服务支付费用有关企业所得税处理问题的通知》（国税发〔2008〕86号）
12.《国家税务总局关于企业处置资产所得税处理问题的通知》（国税函〔2008〕828号）
13.《国家税务总局关于确认企业所得税收入若干问题的通知》（国税函〔2008〕875号）
14.《财政部 国家税务总局关于通过公益性群众团体的公益性捐赠税前扣除有关问题的通知》（财税〔2009〕124号，现已全文废止，接力文件：财政部 税务总局公告2021年第20号）
15.《财政部 国家税务总局关于企业境外所得税收抵免有关问题的通知》（财税〔2009〕125号）
16.《财政部 国家税务总局关于补充养老保险费 补充医疗保险费有关企业所得税政策问题的通知》（财税〔2009〕27号）

17.《财政部 国家税务总局关于企业资产损失税前扣除政策的通知》(财税〔2009〕57号)

18.《财政部 国家税务总局关于企业重组业务企业所得税处理若干问题的通知》(财税〔2009〕59号)

19.《财政部 国家税务总局关于企业清算业务企业所得税处理若干问题的通知》(财税〔2009〕60号)

20.《财政部 国家税务总局关于金融企业贷款损失准备金企业所得税税前扣除有关问题的通知》(财税〔2009〕64号,现已全文废止,接力文件:财政部 税务总局公告2019年第86号)

21.《财政部 国家税务总局关于安置残疾人员就业有关企业所得税优惠政策问题的通知》(财税〔2009〕70号)

22.《财政部 国家税务总局关于专项用途财政性资金有关企业所得税处理问题的通知》(财税〔2009〕87号,现已全文废止,接力文件:财税〔2011〕70号)

23.《国家税务总局关于印发〈特别纳税调整实施办法(试行)〉的通知》(国税发〔2009〕2号)

24.《国家税务总局关于印发〈非居民企业所得税源泉扣缴管理暂行办法〉的通知》(国税发〔2009〕3号,现已全文废止,接力文件:国家税务总局公告2017年第37号)

25.《国家税务总局关于印发〈企业所得税汇算清缴管理办法〉的通知》(国税发〔2009〕79号)

26.《国家税务总局关于企业固定资产加速折旧所得税处理有关问题的通知》(国税发〔2009〕81号)

27.《国家税务总局关于境外注册中资控股企业依据实际管理机构标准认定为居民企业有关问题的通知》(国税发〔2009〕82号)

28.《国家税务总局关于实施创业投资企业所得税优惠问题的通知》(国税发〔2009〕87号)

29.《国家税务总局关于企业所得税执行中若干税务处理问题的通知》(国税函〔2009〕202号)

30.《国家税务总局关于技术转让所得减免企业所得税有关问题的通知》(国税函〔2009〕212号)

31.《国家税务总局关于企业所得税税收优惠管理问题的补充通知(国税函〔2009〕255号,现已全文废止)

32.《国家税务总局关于印发〈中华人民共和国企业清算所得税申报表〉的通知》(国税函〔2009〕388号)

33.《国家税务总局关于企业投资者投资未到位而发生的利息支出企业所得税税前扣除问题的批复》(国税函〔2009〕312号)

34.《国家税务总局关于企业所得税核定征收若干问题的通知》(国税函〔2009〕377号)

35.《国家税务总局关于企业工资薪金及职工福利费扣除问题的通知》(国税函〔2009〕3号)

36.《国家税务总局关于企业清算所得税有关问题的通知》(国税函〔2009〕684号)

37.《国家税务总局关于加强非居民企业股权转让所得企业所得税管理的通知》(国税函〔2009〕698号,现已全文废止,接力文件:国家税务总局公告2017年第37号)

38.《国家税务总局关于企业向自然人借款的利息支出企业所得税税前扣除问题的通知》(国税函〔2009〕777号)

39.《国家税务总局关于企业所得税若干税务事项衔接问题的通知》(国税函〔2009〕98号)

40.《财政部 国家税务总局民政部关于公益性捐赠税前扣除有关问题的补充通知(财税〔2010〕45号,现已全文废止,接力文件:财政部 税务总局 民政部公告2020年第27号)

41.《财政部国家税务总局关于居民企业技术转让有关企业所得税政策问题的通知》(财税〔2010〕111号)

42.《国家税务总局关于融资性售后回租业务中承租方出售资产行为有关税收问题的公告》(国家税务总局公告2010年第13号)

43.《国家税务总局关于企业取得财产转让等所得企业所得税处理问题的公告》(国家税务总局公告2010年第19号)

44.《国家税务总局关于发布〈企业境外所得税收抵免操作指南〉的公告》(国家税务总局公告2010年第1号)

45.《国家税务总局关于查增应纳税所得额弥补以前年度亏损处理问题的公告》(国家税务总局公告2010年第20号)

46.《国家税务总局关于金融企业贷款利息收入确认问题的公告》(国家税务总局公告2010年第23号)

47.《国家税务总局关于工会经费企业所得税税前扣除凭据问题的公告》(国家税务总局公告2010年第24号)

48.《国家税务总局关于发布〈企业重组业务企业所得税管理办法〉的公告》(国家税务总局公告2010年第4号)

49.《国家税务总局关于企业股权投资损失所得税处理问题的公告》（国家税务总局公告2010年第6号）

50.《国家税务总局关于取消合并纳税后以前年度尚未弥补亏损有关企业所得税问题的公告》（国家税务总局公告2010年第7号）

51.《国家税务总局关于贯彻落实企业所得税法若干税收问题的通知》（国税函〔2010〕79号）

52.《财政部 国家税务总局关于专项用途财政性资金企业所得税处理问题的通知》（财税〔2011〕70号）

53.《财政部 国家税务总局关于铁路建设债券利息收入企业所得税政策的通知》（财税〔2011〕99号）

54.《国家税务总局关于非居民企业所得税管理若干问题的公告》（国家税务总局公告2011年第24号）

55.《国家税务总局关于发布〈企业资产损失所得税税前扣除管理办法〉的公告》（国家税务总局公告2011年第25号）

56.《国家税务总局关于雇主为雇员承担全年一次性奖金部分税款有关个人所得税计算方法问题的公告》（国家税务总局公告2011年第28号）

57.《国家税务总局关于税务机关代收工会经费企业所得税税前扣除凭据问题的公告》（国家税务总局公告2011年第30号）

58.《国家税务总局关于企业所得税若干问题的公告》（国家税务总局公告2011年第34号）

59.《国家税务总局关于企业国债投资业务企业所得税处理问题的公告》（国家税务总局公告2011年第36号）

60.《国家税务总局关于企业转让上市公司限售股有关所得税问题的公告》（国家税务总局公告2011年第39号）

61.《国家税务总局关于印发〈境外注册中资控股居民企业所得税管理办法（试行）〉的公告》（国家税务总局公告2011年第45号）

62.《财政部 国家税务总局 中国人民银行关于印发〈跨省市总分机构企业所得税分配及预算管理办法〉的通知》（财预〔2012〕40号）

63.《财政部 国家税务总局关于金融企业贷款损失准备金企业所得税税前扣除政策的通知》（财税〔2012〕5号，现已全文废止，接力文件：财政部 税务总局公告2019年第86号）

64.《财政部 国家税务总局关于进一步鼓励软件产业和集成电路产业发展企业所得税政策的通知》（财税〔2012〕27号）

65.《财政部 国家税务总局关于广告费和业务宣传费支出税前扣除政策的通知》

（财税〔2012〕48号，现已全文废止，接力文件：财税〔2017〕41号）

66.《国家税务总局关于企业所得税应纳税所得额若干税务处理问题的公告》（国家税务总局公告2012年第15号）

67.《国家税务总局关于我国居民企业实行股权激励计划有关企业所得税处理问题的公告》（国家税务总局公告2012年第18号）

68.《国家税务总局关于发布〈企业政策性搬迁所得税管理办法〉的公告》（国家税务总局公告2012年第40号）

69.《国家税务总局关于印发〈跨地区经营汇总纳税企业所得税征收管理办法〉的公告》（国家税务总局公告2012年第57号）

70.《财政部 国家税务总局关于地方政府债券利息免征所得税问题的通知》（财税〔2013〕5号）

71.《财政部 国家税务总局关于研究开发费用税前加计扣除有关政策问题的通知》（财税〔2013〕70号，现已全文废止，接力文件：财税〔2015〕119号）

72.《财政部 国家税务总局关于中国（上海）自由贸易试验区内企业以非货币性资产对外投资等资产重组行为有关企业所得税政策问题的通知》（财税〔2013〕91号）

73.《国家税务总局关于企业政策性搬迁所得税有关问题的公告》（国家税务总局公告2013年第11号）

74.《国家税务总局关于企业混合性投资业务企业所得税处理问题的公告》（国家税务总局公告2013年第41号）

75.《国家税务总局关于技术转让所得减免企业所得税有关问题的公告》（国家税务总局公告2013年第62号）

76.《国家税务总局关于非居民企业股权转让适用特殊性税务处理有关问题的公告》（国家税务总局公告2013年第72号）

77.《国家税务总局关于促进残疾人就业税收优惠政策有关问题的公告》（国家税务总局公告2013年第78号）

78.《财政部 国家税务总局关于2014、2015年铁路建设债券利息收入企业所得税政策的通知》（财税〔2014〕2号）

79.《财政部 国家税务总局关于完善固定资产加速折旧企业所得税政策的通知》（财税〔2014〕75号）

80.《财政部 国家税务总局 证监会关于QFII和RQFII取得中国境内的股票等权益性投资资产转让所得暂免征收企业所得税问题的通知》（财税〔2014〕79号）

81.《财政部 国家税务总局 证监会关于沪港股票市场交易互联互通机制试点有关税收政策的通知》（财税〔2014〕81号）

82.《财政部 国家税务总局关于促进企业重组有关企业所得税处理问题的通知》（财税〔2014〕109号）

83.《财政部 国家税务总局关于非货币性资产投资企业所得税政策问题的通知》（财税〔2014〕116号）

84.《国家税务总局关于企业因国务院决定事项形成的资产损失税前扣除问题的公告》（国家税务总局公告2014年第18号）

85.《国家税务总局关于居民企业报告境外投资和所得信息有关问题的公告》（国家税务总局公告2014年第38号，现已全文废止）

86.《国家税务总局关于固定资产加速折旧税收政策有关问题的公告》（国家税务总局公告2014年第64号）

87.《财政部 国家税务总局关于金融企业涉农贷款和中小企业贷款损失准备金税前扣除有关问题的通知》（财税〔2015〕3号，现已全文废止，接力文件：财政部 税务总局公告2019年第85号）

88.《财政部 国家税务总局关于金融企业贷款损失准备金企业所得税税前扣除有关政策的通知》（财税〔2015〕9号，现已全文废止，接力文件：财政部 税务总局公告2019年第86号）

89.《财政部 国家税务总局 人力资源社会保障部 教育部关于支持和促进重点群体创业就业税收政策有关问题的补充通知》（财税〔2015〕18号，现已全文失效）

90.《财政部 国家税务总局关于进一步完善固定资产加速折旧企业所得税政策的通知》（财税〔2015〕106号）

91.《财政部 国家税务总局 科学技术部关于完善研究开发费用税前加计扣除政策的通知》（财税〔2015〕119号）

92.《国家税务总局关于企业向境外关联方支付费用有关企业所得税问题的公告》（国家税务总局公告2015年第16号，现已全文废止，接力文件：国家税务总局公告2017年第6号）

93.《国家税务总局关于金融企业涉农贷款和中小企业贷款损失税前扣除问题的公告》（国家税务总局公告2015年第25号）

94.《国家税务总局关于非货币性资产投资企业所得税有关征管问题的公告》（国家税务总局公告2015年第33号）

95.《国家税务总局关于企业工资薪金和职工福利费等支出税前扣除问题的公告》（国家税务总局公告2015年第34号）

96.《国家税务总局关于资产（股权）划转企业所得税征管问题的公告》（国家税务总局公告2015年第40号）

97.《国家税务总局关于发布〈税收减免管理办法〉的公告》（国家税务总局公

告2015年第43号，现已全文废止）

98.《国家税务总局关于企业重组业务企业所得税征收管理若干问题的公告》（国家税务总局公告2015年第48号）

99.《国家税务总局关于促进残疾人就业税收优惠政策相关问题的公告》（国家税务总局公告2015年第55号）

100.《国家税务总局关于进一步完善固定资产加速折旧企业所得税政策有关问题的公告》（国家税务总局公告2015年第68号）

101.《国家税务总局关于发布〈企业所得税优惠政策事项办理办法〉的公告》（国家税务总局公告2015年第76号，现已全文废止）

102.《国家税务总局关于有限合伙制创业投资企业法人合伙人企业所得税有关问题的公告》（国家税务总局公告2015年第81号）

103.《国家税务总局关于许可使用权技术转让所得企业所得税有关问题的公告》（国家税务总局公告2015年第82号）

104.《国家税务总局关于企业研究开发费用税前加计扣除政策有关问题的公告》（国家税务总局公告2015年第97号）

105.《国家税务总局关于做好居民企业报告境外投资和所得信息工作的通知》（税总函〔2015〕327号）

106.《财政部 国家税务总局关于公益股权捐赠企业所得税政策问题的通知》（财税〔2016〕45号）

107.《财政部 国家税务总局关于完善股权激励和技术入股有关所得税政策的通知》（财税〔2016〕101号）

108.《国家税务总局关于发布〈特别纳税调查调整及相互协商程序管理办法〉的公告》（国家税务总局公告2017年第6号）

109.《国家税务总局关于2016年度企业研究开发费用税前加计扣除政策企业所得税纳税申报问题的公告》（国家税务总局公告2017年第12号）

110.《国家税务总局关于确认企业所得税收入若干问题的通知（国税函〔2008〕875号）

111.《国家税务总局关于发布修订后的〈企业所得税优惠政策事项办理办法〉的公告》（国家税务总局公告2018年第23号）

112.《财政部 税务总局 科技部关于企业委托境外研究开发费用税前加计扣除有关政策问题的通知》（财税〔2018〕64号）

113.《财政部 税务总局 科技部关于提高研究开发费用税前加计扣除比例的通知》（财税〔2018〕99号）

114.《国家税务总局 财政部 中国人民银行关于非居民企业机构场所汇总缴纳

企业所得税有关问题的公告》(国家税务总局公告2019年第12号)

115.《财政部 税务总局关于永续债企业所得税政策问题的公告》(财政部 税务总局公告2019年第64号)

116.《财政部 税务总局关于金融企业贷款损失准备金企业所得税税前扣除有关政策的公告》(财政部 税务总局公告2019年第86号)

117.《财政部 税务总局关于延长部分税收优惠政策执行期限的公告》(财政部 税务总局公告2021年第6号)

(三) 个人所得税

1.《中华人民共和国个人所得税法》(主席令第九号)

2.《中华人民共和国个人所得税法实施条例》(国务院令第707号)

3.《国家税务总局关于生活补助费范围确定问题的通知》(国税发〔1998〕155号)

4.《国家税务总局关于调整个人取得全年一次性奖金等计算征收个人所得税方法问题的通知》(国税发〔2005〕9号)

5.《国家税务总局关于纳税人取得不含税全年一次性奖金收入计征个人所得税问题的批复》(国税函〔2005〕715号)

6.《国家税务总局关于雇主为雇员承担全年一次性奖金部分税款有关个人所得税计算方法问题的公告》(国家税务总局公告2011年第28号)

7.《国家税务总局关于企业年金个人所得税征收管理有关问题的通知》(国税函〔2009〕694号,现已全文废止,接力文件:财税〔2013〕103号)

8.《国家税务总局关于企业年金个人所得税有关问题补充规定的公告》(国家税务总局公告2011年第9号,现已全文废止,接力文件:财税〔2013〕103号)

9.《财政部 人力资源社会保障部 国家税务总局关于企业年金 职业年金个人所得税有关问题的通知》(财税〔2013〕103号)

10.《国家税务总局关于印发征收个人所得税若干问题的规定的通知》(国税发〔1994〕089号)

11.《国家税务总局关于明确个人所得税若干政策执行问题的通知》(国税发〔2009〕121号)

12.《财政部 国家税务总局关于个人股票期权所得征收个人所得税问题的通知》(财税〔2005〕35号)

13.《国家税务总局关于个人股票期权所得缴纳个人所得税有关问题的补充通知》(国税函〔2006〕902号)

14.《财政部 国家税务总局关于股票增值权所得和限制性股票所得征收个人所

得税有关问题的通知》（财税〔2009〕5号）

15.《国家税务总局关于股权激励有关个人所得税问题的通知》（国税函〔2009〕461号）

16.《国家税务总局关于个人所得税有关问题的公告》（国家税务总局公告2011年第27号）

17.《国家税务总局关于股权奖励和转增股本个人所得税征管问题的公告》（国家税务总局公告2015年第80号）

18.《财政部 国家税务总局关于完善股权激励和技术入股有关所得税政策的通知》（财税〔2016〕101号）

19.《国家税务总局关于个人因解除劳动合同取得经济补偿金征收个人所得税问题的通知》（国税发〔1999〕178号，现已全文废止，接力文件：财税〔2018〕164号）

20.《财政部国家税务总局关于个人与用人单位解除劳动关系取得的一次性补偿收入征免个人所得税问题的通知》（财税〔2001〕157号）

21.《国家税务总局关于境外所得征收个人所得税若干问题的通知》（国税发〔1994〕044号，现已全文废止，接力文件：财政部 税务总局公告2020年第3号）

22.《国家税务总局关于外籍个人取得有关补贴征免个人所得税执行问题的通知》（国税发〔1997〕54号）

23.《国家税务总局关于外籍个人取得的探亲费免征个人所得税有关执行标准问题的通知》（国税函〔2001〕336号）

24.《国家税务总局关于在中国境内担任董事或高层管理职务无住所个人计算个人所得税适用公式的批复》（国税函〔2007〕946号，现已全文废止）

25.《财政部国家税务总局关于企业促销展业赠送礼品有关个人所得税问题的通知》（财税〔2011〕50号）

26.《财政部国家税务总局关于个人提供非有形商品推销、代理等服务活动取得收入征收营业税和个人所得税有关问题的通知》（财税字〔1997〕103号）

27.《财政部国家税务总局关于企业以免费旅游方式提供对营销人员个人奖励有关个人所得税政策的通知》（财税〔2004〕11号）

28.《国家税务总局关于保险营销员取得佣金收入征免个人所得税问题的通知》（国税函〔2006〕454号，现已全文废止，接力文件：财税〔2018〕164号）

29.《财政部 国家税务总局关于基本养老保险费 基本医疗保险费 失业保险费 住房公积金有关个人所得税政策的通知》（财税〔2006〕10号）

30.《财政部 国家税务总局关于上市公司高管人员股票期权所得缴纳个人所得税有关问题的通知》（财税〔2009〕40号，现已全文废止，接力文件：财税〔2016〕101号）

31.《财政部 税务总局 人力资源社会保障部 中国银行保险监督管理委员会 证监会关于开展个人税收递延型商业养老保险试点的通知》(财税〔2018〕22号)

32.《全国人民代表大会常务委员会关于修改〈中华人民共和国个人所得税法〉的决定》(主席令第九号)

33.《国务院关于印发个人所得税专项附加扣除暂行办法的通知》(国发〔2018〕41号)

34.《中华人民共和国个人所得税法实施条例》(国务院令第707号)

35.《财政部 税务总局关于继续有效的个人所得税优惠政策目录的公告》(财政部 税务总局公告2018年第177号)

36.《财政部 税务总局关于个人取得有关收入适用个人所得税应税所得项目的公告》(财政部 税务总局公告2019年第74号)

37.《财政部 税务总局关于公益慈善事业捐赠个人所得税政策的公告》(财政部 税务总局公告2019年第99号)

38.《财政部 税务总局关于境外所得有关个人所得税政策的公告》(财政部 税务总局公告2020年第3号)

39.《国家税务总局关于修订发布〈个人所得税专项附加扣除操作办法(试行)〉的公告》(国家税务总局公告2022年第7号)

40.《财政部 税务总局关于广州南沙个人所得税优惠政策的通知》(财税〔2022〕29号)

41.《财政部 税务总局关于个人养老金有关个人所得税政策的公告》(财政部 税务总局公告2022年第34号)

42.《中国银行保险监督管理委员会关于印发商业银行和理财公司个人养老金业务管理暂行办法的通知》(银保监规〔2022〕16号)

(四)城镇土地使用税

1.《中华人民共和国城镇土地使用税暂行条例》(国务院令第483号)

2.《财政部 国家税务总局关于房产税、城镇土地使用税有关问题的通知》(财税〔2008〕152号)

3.《财政部 国家税务总局关于房产税、城镇土地使用税有关问题的通知》(财税〔2009〕128号)

4.《财政部 税务总局关于银行业金融机构、金融资产管理公司不良债权以物抵债有关税收政策的公告》(财政部、税务总局公告2022年第31号)

5.《财政部 税务总局关于继续实施银行业金融机构、金融资产管理公司不良债权以物抵债有关税收政策的公告》(财政部 税务总局公告2023年第35号)

6.《财政部 国家税务总局关于被撤销金融机构有关税收政策问题的通知》(财税〔2003〕141号)

(五) 印花税

1.《中华人民共和国印花税法》(主席令第八十九号)

2.《财政部关于对外商投资企业、外国公司、企业书立、领受应税凭证、征免印花税的通知》(财税字〔1989〕10号)

3.《国家税务局关于对借款合同贴花问题的具体规定》(国税地字〔1988〕30号)

4.《国家税务总局关于对技术合同征收印花税问题的通知》(国税地字〔1989〕34号)

5.《国家税务局关于印花税若干具体问题的规定》(国税地字〔1988〕25号)

6.《国家税务局关于对金融系统营业账簿贴花问题的具体规定》(国税地字〔1988〕28号)

7.《国家税务局关于印花税若干具体问题的解释和规定的通知》(国税发〔1991〕155号,现已全文废止,接力文件:国家税务总局公告2022年第14号)

8.《国家税务局关于中国银行"三贷"业务申请免征印花税问题的复函》(国税地函发〔1992〕016号)

9.《税收票证管理办法》(国家税务总局令第28号)

10.《国家税务总局关于实施〈税收票证管理办法〉若干问题的公告》(国家税务总局公告2013年第34号)

11.《财政部 国家税务总局关于证券投资基金税收问题的通知》(财税字〔1998〕55号)

12.《国家税务总局关于明确国家开发银行分行营业账簿和贷款合同印花税缴纳方式的通知》(国税函〔2000〕1060号)

13.《财政部 国家税务总局关于4家资产管理公司接收资本金项下的资产在办理过户时有关税收政策问题的通知》(财税〔2003〕21号)

14.《财政部 国家税务总局关于被撤销金融机构有关税收政策问题的通知》(财税〔2003〕141号)

15.《财政部 国家税务总局关于全国社会保障基金有关印花税政策的通知》(财税〔2003〕134号)

16.《国家税务总局关于发行2005年版印花税票的通知》(国税函〔2005〕576号)

17.《财政部 国家税务总局关于中国建银投资有限责任公司有关税收政策问题的通知》(财税〔2005〕160号)

18.《财政部 国家税务总局关于信贷资产证券化有关税收政策问题的通知》(财税〔2006〕5号)

19.《财政部 国家税务总局关于外国银行分行改制为外商独资银行有关税收问题的通知》(财税〔2007〕45号)

20.《国家税务局关于印发〈国务院关于对外贸合同暂缓征收印花税的批复〉的通知》(国税地字〔1989〕102号)

21.《财政部 国家税务总局关于国家开发银行缴纳印花税问题的复函》(财税字〔1995〕47号)

22.《财政部 税务总局关于印花税法实施后有关优惠政策衔接问题的公告》(财政部 税务总局公告2022年第23号)

23.《国家税务总局关于实施〈中华人民共和国印花税法〉等有关事项的公告》(国家税务总局公告2022年第14号)

24.《财政部 税务总局关于继续实施银行业金融机构、金融资产管理公司不良债权以物抵债有关税收政策的公告》(财政部 税务总局公告2023年第35号)

25.《财政部 国家税务总局关于全国社会保障基金有关印花税政策的通知》(财税〔2003〕134号)

26.《国家税务总局关于印制个性印花税票问题的批复》(国税函〔2004〕1012号)

27.《国家税务总局关于明确北京地方特色印花税票式样的通知》(国税函〔2005〕312号)

28.《财政部 国家税务总局关于印花税若干政策的通知》(财税〔2006〕162号)

29.《国家税务总局关于企业集团内部使用的有关凭证征收印花税问题的通知》(国税函〔2009〕9号)

国家税务总局关于企业集团内部使用的有关凭证征收印花税问题的通知

文号:国税函〔2009〕9号 发布日期:2009-01-05

各省、自治区、直辖市和计划单列市地方税务局:

据有关地区和企业反映,一些企业集团内部在经销和调拨商品物资时使用的各种形式的凭证(表、证、单、书、卡等),既有作为企业集团内部执行计划使用的,又有代替合同使用的。根据《中华人民共和国印花税暂行条例》及有关规定,现将企业集团内部使用的有关凭证如何界定征收印花税的问题通知如下:

对于企业集团内具有平等法律地位的主体之间自愿订立、明确双方购销关系、据以供货和结算、具有合同性质的凭证,应按规定征收印花税。

对于企业集团内部执行计划使用的、不具有合同性质的凭证，不征收印花税。

30.《财政部 国家税务总局关于融资租赁合同有关印花税政策的通知》（财税〔2015〕144号）

31.《财政部 税务总局关于印花税若干事项政策执行口径的公告》（财政部 税务总局公告2022年第22号）

（六）房产税

1.《中华人民共和国房产税暂行条例》（国发〔1986〕90号）

2.《财政部 国家税务总局关于房产税、城镇土地使用税有关问题的通知》（财税〔2008〕152号）

3.《财政部 国家税务总局关于房产税、城镇土地使用税有关问题的通知》（财税〔2009〕128号）

4.《财政部 税务总局关于银行业金融机构、金融资产管理公司不良债权以物抵债有关税收政策的公告》（财政部 税务总局公告2022年第31号）

5.《财政部 税务总局关于继续实施银行业金融机构、金融资产管理公司不良债权以物抵债有关税收政策的公告》（财政部 税务总局公告2023年第35号）

6.《财政部 国家税务总局关于被撤销金融机构有关税收政策问题的通知》（财税〔2003〕141号）

7.《财政部 国家税务总局检发〈关于房产税若干具体问题的解释和暂行法规〉〈关于车船使用税若干具体问题的解释和暂行法规〉的通知》（财税地字〔1986〕8号）

8.《财政部关于对银行、保险系统征免房产税的通知》（财税字〔1987〕第36号）

9.《国家税务局关于检发〈关于土地使用税若干具体问题的解释和暂行规定〉的通知》（国税地字〔1988〕第15号）

10.《国家税务总局关于加强对出租房屋房产税征收管理的通知》（国税发〔1998〕196号，现已全文废止）

（七）土地增值税

1.《中华人民共和国土地增值税暂行条例》（国务院令第138号）

2.《中华人民共和国土地增值税暂行条例实施细则》（财法字〔1995〕6号）

3.《财政部 国家税务总局关于中国建银投资有限责任公司有关税收政策问题的

通知》(财税〔2005〕160号)

4.《财政部 国家税务总局关于被撤销金融机构有关税收政策问题的通知》(财税〔2003〕141号)

5.《财政部 国家税务总局关于土地增值税若干问题的通知》(财税〔2006〕21号)

二、银行业相关税收政策索引之专项税收政策

本部分收录的税收政策为截至2017年5月银行业专项税收政策。由于部分税收文件因政策延续或变更等原因失效,本节未囊括此类税收文件,仅收录截至2017年5月现行有效文件,请在参考使用时注意文件的适用期间。

(一)增值税

1.《财政部 国家税务总局关于金融机构同业往来等增值税政策的补充通知》(财税〔2016〕70号)

2.《财政部 国家税务总局关于明确金融房地产开发教育辅助服务等增值税政策的通知》(财税〔2016〕140号)

3.《财政部 国家税务总局关于延续支持农村金融发展有关税收政策的通知》(财税〔2017〕44号)

4.《财政部 国家税务总局关于资管产品增值税政策有关问题的补充通知》(财税〔2017〕2号)

(二)企业所得税

1.《国家税务总局关于企业国债投资业务企业所得税处理问题的公告》(国家税务总局公告2011年第36号)

2.《财政部 国家税务总局关于农村金融有关税收政策的通知》(财税〔2010〕4号)

3.《财政部 国家税务总局关于延续并完善支持农村金融发展有关税收政策的通知》(财税〔2014〕102号)

4.《财政部 国家税务总局关于中国扶贫基金会小额信贷试点项目继续参照执行农村金融有关税收政策的通知》(财税〔2015〕12号)

5.《国家税务总局关于金融企业贷款利息收入确认问题的公告》(国家税务总局公告2010年第23号)

6.《国家税务总局关于印发中国工商银行股份有限公司等企业所属二级分支机

构名单的公告》(国家税务总局公告2010年第21号)

7.《国家税务总局关于中国进出口银行所属二级分支机构名单问题的通知》(国税函〔2011〕549号)

8.《国家税务总局关于中国银行股份有限公司等4家企业二级分支机构名单的公告》(国家税务总局公告2013年第16号)

9.《财政部 国家税务总局关于金融企业涉农贷款和中小企业贷款损失准备金税前扣除有关问题的通知》(财税〔2015〕3号)

10.《财政部 国家税务总局关于金融企业贷款损失准备金企业所得税税前扣除有关政策的通知》(财税〔2015〕9号)

11.《财政部 国家税务总局关于银行业金融机构存款保险保费企业所得税税前扣除有关政策问题的通知》(财税〔2016〕106号)

12.《国家税务总局关于金融企业涉农贷款和中小企业贷款损失税前扣除问题的公告》(国家税务总局公告2015年第25号)

13.《国家税务总局关于加强非居民企业来源于我国利息所得扣缴企业所得税工作的通知》(国税函〔2008〕955号)

14.《国家税务总局关于境内机构向我国银行的境外分行支付利息扣缴企业所得税有关问题的公告》(国家税务总局公告2015年第47号)

(三) 印花税

《财政部 国家税务总局关于金融机构与小型微型企业签订借款合同免征印花税的通知》(财税〔2014〕78号)

(四) 其他各税

1.《中华人民共和国城市维护建设税暂行条例》(国发〔1985〕19号)

2.《财政部 国家税务总局关于增值税、营业税、消费税实行先征后返等办法有关城建税和教育费附加政策的通知》(财税〔2005〕72号)

3.《财政部 国家税务总局关于对外资企业征收城市维护建设税和教育费附加有关问题的通知》(财税〔2010〕103号)

4.《中华人民共和国车船税法》(主席令第四十三号)

5.《中华人民共和国车船税法实施条例》(国务院令第611号)

第二节 税收优惠法规库

税收优惠，是在税收公平主义原则下，因普遍征税出现不公平而给予特定纳税主体的特别照顾，只有在税法遵从度越高和应收尽收率越高的前提下，才能充分体现税收优惠的公平所在，**税收优惠是客观公平，不是潜在公平，更不是人为公平。甲行家的税收优惠理论，可以分为三个层次：免除纳税义务（免税层面）、减少纳税义务（减税层面）和税收饶让降低税负（降税层面）。**

下面内容是甲行家税收筹划系列图书之一《税收优惠》（贾忠华著，2023年6月）的"第三章 流转税类税收优惠""第四章 所得税类税收优惠""第五章 财产行为税类税收优惠"中，银行业涉及的各税种税收优惠事项及文件，即银行业税收优惠法规库。

一、银行业增值税税收优惠

根据《增值税暂行条例》《增值税暂行条例实施细则》和现行有效的相关法规文件的规定，银行业涉及的增值税的减免税政策主要有免税优惠政策24项，减税优惠政策3项。

（一）促进小微企业发展类免税优惠

1.小微企业、个体工商户小额贷款利息，免征增值税优惠（1 000万元以下）。

政策依据：

《财政部 税务总局关于金融机构小微企业贷款利息收入免征增值税政策的通知》（财税〔2018〕91号）

《财政部 税务总局关于延长部分税收优惠政策执行期限的公告》（财政部 税务总局公告2021年第6号）

2.农户小额贷款利息，免征增值税。

3.小微企业、个体工商户小额贷款利息，免征增值税（100万元以下）。

4.农户融资担保、再担保，免征增值税。

5.小微企业、个体工商户融资担保、再担保，免征增值税。

政策依据：

《财政部 税务总局关于支持小微企业融资有关税收政策的通知》（财税〔2017〕77号）

《财政部 税务总局关于租入固定资产进项税额抵扣等增值税政策的通知》（财税

〔2017〕90号）

《财政部 税务总局关于延续实施普惠金融有关税收优惠政策的公告》（财政部 税务总局公告2020年第22号）

（二）支持金融资本市场类免税优惠

1. 社保基金会、社保基金投资管理人在运用社保基金投资过程中，提供贷款服务取得的利息收入和金融商品转让收入，免征增值税。

政策依据：

《财政部 税务总局关于全国社会保障基金有关投资业务税收政策的通知》（财税〔2018〕94号）第一条

2. 社保基金会、养老基金投资管理机构运用养老基金投资过程中，提供贷款服务取得的利息收入和金融商品转让收入，免征增值税。

政策依据：

《财政部 税务总局关于基本养老保险基金有关投资业务税收政策的通知》（财税〔2018〕95号）第一条

3. 被撤销金融机构转让财产，免征增值税。

政策依据：

《财政部 国家税务总局关于被撤销金融机构有关税收政策问题的通知》（财税〔2003〕141号）第二条第4款

4. 被撤销金融机构以货物、不动产、无形资产、有价证券、票据等财产清偿债务，免征增值税。

政策依据：

《财政部 国家税务总局关于全面推开营业税改征增值税试点的通知》（财税〔2016〕36号）附件3第一条第（二十）项

5. 香港市场投资者（包括单位和个人）通过沪港通买卖上海证券交易所上市A股取得的收入，免征增值税。

政策依据：

《财政部 国家税务总局关于全面推开营业税改征增值税试点的通知》（财税〔2016〕36号）附件3第一条第（二十二）项

6. 黄金期货交易，免征增值税。

政策依据：

《财政部 国家税务总局关于黄金期货交易有关税收政策的通知》（财税〔2008〕5号）

7. 上海期货保税交割，免征增值税。

政策依据：

《财政部 国家税务总局关于上海期货交易所开展期货保税交割业务有关增值税问题的通知》（财税〔2010〕108号）

8. 钻石交易，免征增值税。

政策依据：

《财政部 海关总署 国家税务总局关于调整钻石及上海钻石交易所有关税收政策的通知》（财税〔2006〕65号）

9. 国债、地方政府债利息收入，免征增值税。

政策依据：

《财政部 国家税务总局关于全面推开营业税改征增值税试点的通知》（财税〔2016〕36号）附件3第一条第（十九）项第3目

10. 证券投资基金（封闭式证券投资基金，开放式证券投资基金）管理人运用基金买卖股票、债券取得的收入，免征增值税。

政策依据：

《财政部 国家税务总局关于全面推开营业税改征增值税试点的通知》（财税〔2016〕36号）附件3第一条第（二十二）项

11. 合格境外投资者（以下简称QFII）委托境内公司在我国从事证券买卖业务取得的收入，免征增值税。

政策依据：

《财政部 国家税务总局关于全面推开营业税改征增值税试点的通知》（财税〔2016〕36号）附件3第一条第（二十二）款

《财政部 税务总局 证监会关于创新企业境内发行存托凭证试点阶段有关税收政策的公告》（财政部 税务总局 证监会公告2019年第52号）第三条第4款

12. 对境外机构投资境内债券市场取得的债券利息收入，暂免收征增值税。

政策依据：

《财政部 税务总局关于延续境外机构投资境内债券市场企业所得税、增值税政策的公告》（财政部 税务总局公告2021年第34号）

13. 对外开放的货物期货品种保税交割业务，暂免征收增值税。

政策依据：

《财政部 税务总局关于支持货物期货市场对外开放增值税政策的公告》（财政部 税务总局公告2020年第12号）

14. 金融资产管理公司，免征增值税。

政策依据：

《财政部 国家税务总局关于4家资产管理公司接收资本金项下的资产在办理过户时有关税收政策问题的通知》（财税〔2003〕21号）

《财政部 国家税务总局关于中国信达等4家金融资产管理公司税收政策问题的通知》（财税〔2001〕10号）

《财政部 国家税务总局关于中国东方资产管理公司处置港澳国际（集团）有限公司有关资产税收政策问题的通知》（财税〔2003〕212号）第二条第4款、第三条第4款、第四条第4款

《财政部 国家税务总局关于中国信达资产管理股份有限公司等4家金融资产管理公司有关税收政策问题的通知》（财税〔2013〕56号）

15. 熊猫普制金币，免征增值税。

政策依据：

《财政部 国家税务总局关于熊猫普制金币免征增值税政策的通知》（财税〔2012〕97号）

16. 黄金交易，免征增值税。

政策依据：

《财政部 国家税务总局关于黄金税收政策问题的通知》（财税〔2002〕142号）

《国家税务总局关于印发〈黄金交易增值税征收管理办法〉的通知》（国税发明电〔2002〕47号）

17. 对公募证券投资基金管理人运营基金过程中转让创新企业CDR取得的差价收入，三年内暂免征收增值税。

政策依据：

《财政部 税务总局 证监会关于创新企业境内发行存托凭证试点阶段有关税收政策的公告》（财政部 税务总局 证监会公告2019年第52号）第三条第3款

18. 小额贷款公司取得的农户小额贷款利息收入，免征增值税。

政策依据：

《财政部 税务总局关于小额贷款公司有关税收政策的通知》（财税〔2017〕48号）

《财政部 税务总局关于延续实施普惠金融有关税收优惠政策的公告》（财政部 税务总局公告2020年第22号）

19. 金融机构小微企业贷款利息收入，免征增值税。

政策依据：

《财政部 国家税务总局关于金融机构小微企业贷款利息收入免征增值税政策的

通知》(财税〔2018〕91号,政策延期至2023年12月31日)规定:

一、自2018年9月1日至2020年12月31日,对金融机构向小型企业、微型企业和个体工商户发放小额贷款取得的利息收入,免征增值税。金融机构可以选择以下两种方法之一适用免税:

(一)对金融机构向小型企业、微型企业和个体工商户发放的,利率水平不高于人民银行同期贷款基准利率150%(含本数)的单笔小额贷款取得的利息收入,免征增值税;高于人民银行同期贷款基准利率150%的单笔小额贷款取得的利息收入,按照现行政策规定缴纳增值税。

(二)对金融机构向小型企业、微型企业和个体工商户发放单笔小额贷款取得的利息收入中,不高于该笔贷款按照人民银行同期贷款基准利率150%(含本数)计算的利息收入部分,免征增值税;超过部分按照现行政策规定缴纳增值税。金融机构可按会计年度在以上两种方法之间选定其一作为该年的免税适用方法,一经选定,该会计年度内不得变更。

(三)增值税减免类优惠

1. 支持金融资本市场,金融同业往来利息收入增值税优惠。

政策依据:

《财政部 国家税务总局关于进一步明确全面推开营改增试点金融业有关政策的通知》(财税〔2016〕46号)

《财政部 国家税务总局关于金融机构同业往来等增值税政策的补充通知》(财税〔2016〕70号)

2. 支持金融资本市场,黄金期货交易,增值税即征即退。

政策依据:

《财政部 国家税务总局关于黄金期货交易有关税收政策的通知》(财税〔2008〕5号)

3. 有形动产融资租赁服务,增值税即征即退。

政策依据:

《财政部 国家税务总局关于全面推开营业税改征增值税试点的通知》(财税〔2016〕36号)的附件3第二条第(二)项

二、银行业个人所得税优惠

根据《个人所得税法》《个人所得税法实施条例》和现行有效的相关文件法规的规定,银行业涉及的个人所得税的免税政策主要有:个人所得税的法定免税10项,财政部和国家税务总局的文件明确免税12项。

(一)法定所得免税

《个人所得税法》规定:

第四条 下列各项个人所得,免征个人所得税:
(一)省级人民政府、国务院部委和中国人民解放军军以上单位,以及外国组织、国际组织颁发的科学、教育、技术、文化、卫生、体育、环境保护等方面的奖金;
(二)国债和国家发行的金融债券利息;
(三)按照国家统一规定发给的补贴、津贴;
(四)福利费、抚恤金、救济金;
(五)保险赔款;
(六)军人的转业费、复员费、退役金;
(七)按照国家统一规定发给干部、职工的安家费、退职费、基本养老金或者退休费、离休费、离休生活补助费;
(八)依照有关法律规定应予免税的各国驻华使馆、领事馆的外交代表、领事官员和其他人员的所得;
(九)中国政府参加的国际公约、签订的协议中规定免税的所得;
(十)国务院规定的其他免税所得。
前款第十项免税规定,由国务院报全国人民代表大会常务委员会备案。

其中,国债和国家发行的金融债券利息免税,是指个人持有财政部发行的债券和经国务院批准发行的金融债券的利息,免征个人所得税。

按照国家统一规定发给的补贴、津贴,是指按照国务院规定发给的政府特殊津贴(指国家对为社会各项事业的发展作出突出贡献的人员颁发的一项特定津贴,并非泛指国务院批准发放的其他各项补贴、津贴)和国务院规定免税的补贴、津贴(目前仅限于中国科学院和工程院院士津贴、资深院士津贴)。

福利费，即由于某些特定事件或原因而给职工或其家庭的正常生活造成一定困难，企业、事业单位、国家机关、社会团体从其根据国家有关规定提留的福利费或者工会经费中支付给职工的临时性生活困难补助、抚恤金、救济金（指民政部门支付给个人的生活困难补助）。

但是，下列收入不属于免税的福利费，应当并入工资薪金收入计征个人所得税：

1.从超出国家规定的比例或基数计提的福利费、工会经费中支付给个人的各种补贴、补助；

2.从福利费和工会经费中支付给单位职工的人人有份的补贴、津贴；

3.单位为个人购买汽车、住房、电子计算机等不属于临时性生活困难补助性质的支出。

保险赔款是指保险公司支付的保险赔款。

按照国家统一规定发给干部、职工的安家费、退职费，是指个人符合《国务院关于工人退休、退职的暂行办法》规定的退职条件并按该办法规定的标准领取的退职费、退休费、离休工资、离休生活补助费。

（二）其他免税事项及文件

1.奖励见义勇为者的奖金或者奖品，免征个人所得税。

政策依据：

《财政部 国家税务总局关于发给见义勇为者的奖金免征个人所得税问题的通知》（财税字〔1995〕25号）规定：

> 为了鼓励广大人民群众见义勇为，维护社会治安，对乡、镇以上（含乡、镇）人民政府或经县以上（含县）人民政府主管部门批准成立的有机构、有章程的见义勇为基金会或类似组织，奖励见义勇为者的奖金或者奖品，经主管税务机关批准，免征个人所得税。

2.生育津贴和生育医疗费，免征个人所得税。

政策依据：

《财政部 国家税务总局关于生育津贴和生育医疗费有关个人所得税政策的通知》（财税〔2008〕8号）

3.地方政府债券利息，免征个人所得税。

政策依据：

《财政部 国家税务总局关于地方政府债券利息免征所得税问题的通知》（财税〔2013〕5号）

4. 证券资金利息，免征个人所得税。

政策依据：

《财政部 国家税务总局关于证券市场个人投资者证券交易结算资金利息所得有关个人所得税政策的通知》（财税〔2008〕140号）

5. 储蓄存款利息，免征个人所得税。

（1）《国务院对储蓄存款利息所得征收个人所得税的实施办法》（国务院令第272号）第五条规定：

> 对个人取得的教育储蓄利息所得以及财政部门确定的其他专项储蓄存款或者储蓄性专项基金存款的利息所得，免征个人所得税。

（2）按照国家或省级地方政府规定的比例缴付的住房公积金、医疗保险金、基本养老保险金、失业保险基金存入银行个人账户所取得的利息收入，免征个人所得税。

（3）在中国工商银行开设教育存款专户，并享受利率优惠的存款，其所取得的利息免征个人所得税。

政策依据：

《财政部 国家税务总局关于住房公积金医疗保险金、基本养老保险金、失业保险基金个人账户存款利息所得免征个人所得税的通知》（财税字〔1999〕267号）

《国家税务总局关于储蓄存款利息所得征收个人所得税若干业务问题的通知》（国税发〔1999〕180号）

《财政部 国家税务总局关于储蓄存款利息所得有关个人所得税政策的通知》（财税〔2008〕132号）

6. 高级专家延长离退休期间工资薪金，免征个人所得税。

政策依据：

《财政部 国家税务总局关于高级专家延长离休退休期间取得工资薪金所得有关个人所得税问题的通知》（财税〔2008〕7号）

7. 个人领取原提存的住房公积金、失业保险费、医疗保险费、基本养老保险金，免征个人所得税。

《财政部 国家税务总局关于住房公积金、医疗保险金、养老保险金征收个人所得税问题的通知》（财税字〔1997〕144号）规定：

> 企业和个人按照国家或地方政府规定的比例提取并向指定金融机构实际缴纳的住房公积金、失业保险费、医疗保险费、基本养老保险金，不计入个人当期的工资、薪金收入，免征个人所得税。超过国家或地方政府规

定的比例缴付的住房公积金、失业保险费、医疗保险费、基本养老保险金，其超过规定的部分应当并入个人当期工资、薪金收入，计征个人所得税。个人领取原提存的住房公积金、失业保险费、医疗保险费、基本养老保险金时免征个人所得税。

政策依据：

《财政部 国家税务总局关于住房公积金、医疗保险金、基本养老保险金、失业保险基金个人账户存款利息所得免征个人所得税的通知》（财税字〔1999〕267号）

8. 福建平潭综合实验区、广东横琴新区、粤港澳大湾区和深圳前海深港现代服务业合作区，引进的港澳台高端人才和紧缺人才的专项补贴，免征个人所得税。

政策依据：

《财政部 国家税务总局关于福建平潭综合实验区个人所得税优惠政策的通知》（财税〔2014〕24号，政策延期至2025年12月31日）

《财政部 国家税务总局关于广东横琴新区个人所得税优惠政策的通知》（财税〔2014〕23号，现已全文废止）

《财政部 国家税务总局关于深圳前海深港现代服务业合作区个人所得税优惠政策的通知》（财税〔2014〕25号，现已全文废止）

《财政部 税务总局关于粤港澳大湾区个人所得税优惠政策的通知》（财税〔2019〕31号）

9. 外籍专家在我国境内取得的工薪所得，免征个人所得税。

凡符合下列条件之一的外籍专家取得的工资、薪金所得，免征个人所得税：

（1）根据世界银行专项贷款协议，由世界银行直接派往中国工作的外国专家；

（2）联合国组织直接派往中国工作的专家；

（3）为联合国援助项目来华工作的专家；

（4）援助国派往中国专为该国无偿援助项目工作的专家；

（5）根据两国政府签订的文化交流项目来华2年以内的文教专家，其工资、薪金所得由该国负担的；

（6）根据中国大专院校国际交流项目来华工作的专家，其工资、薪金所得由该国负担的；

（7）通过民间科研协定来华工作的专家，其工资、薪金所得由该国负担的。

政策依据：

《财政部 国家税务总局关于个人所得税若干政策问题的通知》（财税字〔1994〕20号）

10. 个人与用人单位解除劳动关系取得的一次性补偿收入（包括用人单位发放的经济补偿金、生活补助费和其他补助费），在当地上年职工平均工资3倍数额以内的部分，免征个人所得税。

政策依据：

《财政部 税务总局关于个人所得税法修改后有关优惠政策衔接问题的通知》（财税〔2018〕164号，政策延期至2023年12月31日）

11. 工伤保险，免征个人所得税。

政策依据：

《财政部 国家税务总局关于工伤职工取得的工伤保险待遇有关个人所得税政策的通知》（财税〔2012〕40号）

12. 发票中奖的奖金，暂免征收个人所得税。

政策依据：

《财政部 国家税务总局关于个人取得有奖发票奖金征免个人所得税问题的通知》（财税〔2007〕34号）

（三）综合所得之专项扣除和专项附加扣除

1. 公益慈善事业捐赠扣除

政策依据：

《个人所得税法》第六条是这样规定的：

> 个人将其所得对教育、扶贫、济困等公益慈善事业进行捐赠，捐赠额未超过纳税人申报的应纳税所得额百分之三十的部分，可以从其应纳税所得额中扣除；国务院规定对公益慈善事业捐赠实行全额在企业所得税税前扣除的，从其规定。

《个人所得税法实施条例》第十九条是这样规定的：

> 个人所得税法第六条第三款所称个人将其所得对教育、扶贫、济困等公益慈善事业进行捐赠，是指个人将其所得通过中国境内的公益性社会组织、国家机关向教育、扶贫、济困等公益慈善事业的捐赠；所称应纳税所得额，是指计算扣除捐赠额之前的应纳税所得额。

2. 其他扣除

政策依据：

《个人所得税法实施条例》第十三条是这样规定的：

个人所得税法第六条第一款第一项所称依法确定的其他扣除，包括个人缴付符合国家规定的企业年金、职业年金，个人购买符合国家规定的商业健康保险、税收递延型商业养老保险的支出，以及国务院规定可以扣除的其他项目。

专项扣除、专项附加扣除和依法确定的其他扣除，以居民个人一个纳税年度的应纳税所得额为限额。一个纳税年度扣除不完的，不结转以后年度扣除。

三、银行业企业所得税优惠

（一）免税收入

1. 国债利息收入，是指企业持有国务院财政部门发行的国债取得的利息收入。
2. 符合条件的居民企业之间的股息、红利等权益性投资收益，是指居民企业直接投资于其他居民企业取得的投资收益。不包括连续持有居民企业公开发行并上市流通的股票不足12个月取得的投资收益。
3. 在中国境内设立机构、场所的非居民企业从居民企业取得与该机构、场所有实际联系的股息、红利等权益性投资收益。
4. 符合条件的非营利组织的收入。

（二）减计收入类优惠

1. 取得的地方政府债券利息收入，免征企业所得税。

政策依据：

《财政部 国家税务总局关于地方政府债券利息所得免征所得税问题的通知》（财税〔2011〕76号）

《财政部 国家税务总局关于地方政府债券利息免征所得税问题的通知》（财税〔2013〕5号）

2. 外国政府利息，免征企业所得税。

政策依据：

《中华人民共和国企业所得税法实施条例》（国务院令第512号）第九十一条第二款

3. 国际金融组织利息，免征企业所得税。

政策依据：

《中华人民共和国企业所得税法实施条例》（国务院令第512号）第九十一条第二款

4. 国债利息收入，免征企业所得税。

企业持有国务院财政部门发行的国债取得的利息收入，免征企业所得税。

政策依据：

《企业所得税法》（主席令第六十三号）第二十六条第一款

《中华人民共和国企业所得税法实施条例》（国务院令第512号）第八十二条

《国家税务总局关于企业国债投资业务企业所得税处理问题的公告》（国家税务总局公告2011年第36号）

5. 符合条件的居民企业之间属于股息、红利性质的永续债利息收入，免征企业所得税。

政策依据：

《财政部 税务总局关于永续债企业所得税政策问题的公告》（财政部 税务总局公告2019年第64号）

6. 金融机构取得的涉农贷款利息，在计算应纳税所得额时减计收入。

7. 保险机构取得的涉农保费收入，在计算应纳税所得额时减计收入。

8. 小额贷款（是指单笔且该农户贷款余额总额在10万元以下的贷款）公司取得的农户小额贷款利息，在计算应纳税所得额时减计收入。

上述第6项、第7项、第8项三项收入，均在计算应纳税所得额时，按90%计入收入总额。

政策依据：

上述第6项、第7项、第8项，均适用《财政部 税务总局关于延续实施普惠金融有关税收优惠政策的公告》（财政部 税务总局公告2020年第22号）

《财政部 税务总局关于延续支持农村金融发展有关税收政策的通知》（财税〔2017〕44号）

《财政部 税务总局关于小额贷款公司有关税收政策的通知》（财税〔2017〕48号）

《财政部 税务总局关于支持小微企业融资有关税收政策的通知》（财税〔2017〕77号，政策延期至2023年12月31日）

《财政部 税务总局关于租入固定资产进项税额抵扣等增值税政策的通知》（财税〔2017〕90号）

9. 取得铁路债券利息收入，减半征收企业所得税。

政策依据：

《财政部 国家税务总局关于2014、2015年铁路建设债券利息收入企业所得税政策的通知》（财税〔2014〕2号）

（三）成本费用扣除类之加计扣除

1. 安置残疾人员所支付的工资，加计扣除。

政策依据：

《企业所得税法》（主席令第六十三号）第三十条第二款

《国家税务总局 民政部 中国残疾人联合会关于促进残疾人就业税收优惠政策征管办法的通知》（国税发〔2007〕67号）

《财政部 国家税务总局关于安置残疾人员就业有关企业所得税优惠政策问题的通知》（财税〔2009〕70号）

2. 企业委托境外研究开发费用，税前加计扣除。

委托境外进行研发活动所发生的费用，按照费用实际发生额的80%计入委托方的委托境外研发费用。委托境外研发费用不超过境内符合条件的研发费用三分之二的部分，可以按规定在企业所得税前加计扣除。

政策依据：

《财政部 税务总局 科技部关于企业委托境外研究开发费用税前加计扣除有关政策问题的通知》（财税〔2018〕64号）

3. 对企业出资给非营利性科研机构、高等学校和政府性自然科学基金用于基础研究的支出，在计算应纳税所得额时可按实际发生额在企业所得税税前扣除，并可按100%在税前加计扣除。

企业投入基础研究在企业所得税税前扣除及加计扣除政策，适用于所有企业。

政策依据：

《财政部 税务总局关于企业投入基础研究税收优惠政策的公告》（财政部 税务总局公告2022年第32号）

4. 固定资产加速折旧或一次性扣除。

自2019年1月1日起，固定资产加速折旧优惠的行业范围，扩大至全部制造业领域。

企业在2018年1月1日至2023年12月31日期间新购进的设备、器具，单位价值不超过500万元的，允许一次性计入当期成本费用在计算应纳税所得额时扣除，不再分年度计算折旧。

政策依据：

《财政部 国家税务总局关于完善固定资产加速折旧企业所得税政策的通知》（财税〔2014〕75号）

《财政部 国家税务总局关于进一步完善固定资产加速折旧企业所得税政策的通知》（财税〔2015〕106号）

《财政部 税务总局关于设备器具扣除有关企业所得税政策的通知》（财税〔2018〕54号，政策延期至2023年12月31日）

《财政部 税务总局关于扩大固定资产加速折旧优惠政策适用范围的公告》（财政部、税务总局公告2019年第66号）

《财政部 税务总局关于延长部分税收优惠政策执行期限的公告》（财政部 税务总局公告2021年第6号）

5. 内地居民企业通过沪港通投资且连续持有H股满12个月取得的股息红利所得，免征企业所得税。

政策依据：

《财政部 国家税务总局 证监会关于沪港股票市场交易互联互通机制试点有关税收政策的通知》（财税〔2014〕81号）

《财政部 国家税务总局 证监会关于深港股票市场交易互联互通机制试点有关税收政策的通知》（财税〔2016〕127号）

（四）应纳税额减免类优惠

1. 扶持自主就业、退役士兵创业就业企业，限额减征企业所得税。

政策依据：

《财政部 税务总局 退役军人部关于进一步扶持自主就业退役士兵创业就业有关税收政策的通知》（财税〔2019〕21号，政策延期至2023年12月31）

《财政部 税务总局关于延长部分税收优惠政策执行期限的公告》（财政部 税务总局公告2022年第4号）

2. 企业招用建档立卡贫困人口就业，扣减企业所得税。

政策依据：

《财政部 税务总局 人力资源社会保障部 国务院扶贫办关于进一步支持和促进重点群体创业就业有关税收政策的通知》（财税〔2019〕22号，政策延期至2025年12月31日）

3. 企业招用登记失业半年以上人员就业，扣减企业所得税。

政策依据：

《财政部 税务总局 人力资源社会保障部 国务院扶贫办关于进一步支持和促进

重点群体创业就业有关税收政策的通知》（财税〔2019〕22号，政策延期至2025年12月31日）

上述第2—3项的后续文件：《财政部 税务总局 人力资源社会保障部 国家乡村振兴局关于延长部分扶贫税收优惠政策执行期限的公告》（财政部 税务总局 人力资源社会保障部 国家乡村振兴局公告2021年第18号）

四、契税减免优惠

企业改制重组类减免优惠：

1. 企业改制后公司承受原企业土地、房屋权属，免征契税。
2. 子公司承受母公司增资土地、房屋权属，免征契税。
3. 公司合并后承受原公司土地、房屋权属，免征契税。
4. 公司分立后承受原公司土地、房屋权属，免征契税。
5. 符合条件的企业承受破产企业抵偿债务的土地、房屋权属，免征契税。
6. 债权转股权后新设公司承受原企业的土地、房屋权属，免征契税。
7. 承受同一投资主体内部划转土地、房屋权属，免征契税。

政策依据：

上述各项，均适用《关于继续执行企业、事业单位改制重组有关契税政策的公告》（财政部 税务总局公告2021年第17号）

《财政部 国家税务总局关于企业改革中有关契税政策的通知》（财税〔2001〕161号，现已全文废止，接力文件：财税〔2003〕184号）

《财政部 国家税务总局关于企业改制重组若干契税政策的通知》（财税〔2003〕184号，现已全文废止，接力文件：财税〔2006〕41号）

《财政部 国家税务总局关于延长企业改制重组若干契税政策执行期限的通知》（财税〔2006〕41号，现已全文废止）

《国家税务总局 农业税征收管理局关于当前契税政策执行中若干具体问题的操作意见》（农便函〔2006〕28号）

《财政部 国家税务总局关于事业单位改制有关契税政策的通知》（财税〔2010〕22号，现已全文废止，接力文件：财政部 税务总局公告2021年第17号）

《财政部 国家税务总局关于继续实施企业、事业单位改制重组有关契税政策的公告》（财政部 税务总局公告2023年第49号）

8. 金融资产公司按规定收购、承接和处置政策性剥离不良资产，免征契税。

政策依据：

《财政部 国家税务总局关于中国信达等4家金融资产管理公司税收政策问题的

通知》(财税〔2001〕10号)

①《财政部 国家税务总局关于4家资产管理公司接收资本金项下的资产在办理过户时有关税收政策问题的通知》(财税〔2003〕21号),第一条

②《财政部 国家税务总局关于中国东方资产管理公司处置港澳国际(集团)有限公司有关资产税收政策问题的通知》(财税〔2003〕212号),第二条第2款,第三条第3款、第四条第3款

9. 农村信用社接收农村合作基金会的房屋、土地使用权,免征契税。

政策依据:

《中国人民银行 农业部 国家发展计划委员会 财政部 国家税务总局关于免缴农村信用社接收农村合作基金会财产产权过户税费的通知》(银发〔2000〕21号)

10. 原银监会各级派出机构,承受中国人民银行各分支行无偿划转土地房屋用于办公设施,免征契税。

政策依据:

《财政部 国家税务总局关于银监会各级派出机构从中国人民银行各分行支行划拨房屋土地有关税收问题的函》(财税〔2005〕149号)

11. 被撤销金融机构接收债务方土地使用权、房屋所有权免征契税。

政策依据:

《财政部 国家税务总局关于被撤销金融机构有关税收政策问题的通知》(财税〔2003〕141号)

12. 按规定改制的外商独资银行承受原外国银行分行的房屋权属,免征契税。

外国银行分行按照《中华人民共和国外资银行管理条例》等相关规定改制为外商独资银行(或其分行),改制后的外商独资银行(或其分行)承受原外国银行分行的房屋权属的,免征契税。

政策依据:

《财政部 税务总局关于契税法实施后有关优惠政策衔接问题的公告》(财政部 税务总局公告2021年第29号)

13. 银行业金融机构、金融资产管理公司接收抵债资产,免征契税。

政策依据:

《财政部 税务总局关于银行业金融机构、金融资产管理公司不良债权以物抵债有关税收政策的公告》(财政部 税务总局公告2022年第31号)

五、城镇土地使用税和房产税的减免优惠

1. 四家金融资产公司处置房地产,免征城镇土地使用税。

政策依据:

《财政部 国家税务总局关于中国信达资产管理股份有限公司等4家金融资产管理公司有关税收政策问题的通知》(财税〔2013〕56号)

《财政部 国家税务总局关于中国信达等4家金融资产管理公司税收政策问题的通知》(财税〔2001〕10号)

2. 地下建筑用地暂按50%征收城镇土地使用税。

政策依据:

《财政部 国家税务总局关于房产税、城镇土地使用税有关问题的通知》(财税〔2009〕128号)

3. 被撤销金融机构清算期间的房地产,免征房产税。

政策依据:

《财政部 国家税务总局关于被撤销金融机构有关税收政策问题的通知》(财税〔2003〕141号)

4. 四家金融资产管理公司及分支机构处置不良资产,免征房产税。

政策依据:

《财政部 国家税务总局关于中国信达资产管理股份有限公司等4家金融资产管理公司有关税收政策问题的通知》(财税〔2013〕56号)

《财政部 国家税务总局关于中国信达等4家金融资产管理公司税收政策问题的通知》(财税〔2001〕10号)

六、印花税减免税优惠

1. 社保基金会、社保基金投资管理人管理的社保基金转让非上市公司股权,免征印花税。

政策依据:

《财政部 税务总局关于全国社会保障基金有关投资业务税收政策的通知》(财税〔2018〕94号)第三条

2. 社保基金会、养老基金投资管理机构管理的养老基金转让非上市公司股权，免征印花税。

政策依据：

《财政部 税务总局关于基本养老保险基金有关投资业务税收政策的通知》（财税〔2018〕95号）第三条

3. 划转非上市公司股份的，对划出方与划入方签订的产权转移书据，免征印花税。

政策依据：

《财政部 人力资源社会保障部 国资委 税务总局 证监会关于全面推开划转部分国有资本充实社保基金工作的通知》（财资〔2019〕49号）附件第五条第（二十四）项

4. 划转上市公司股份和全国中小企业股份转让系统挂牌公司股份的，免征证券交易印花税。

政策依据：

《财政部 人力资源社会保障部 国资委 税务总局 证监会关于全面推开划转部分国有资本充实社保基金工作的通知》（财资〔2019〕49号）附件第五条第（二十四）项

5. 对划入方因承接划转股权而增加的实收资本和资本公积，免征印花税。

政策依据：

《财政部 人力资源社会保障部 国资委 税务总局 证监会关于全面推开划转部分国有资本充实社保基金工作的通知》（财资〔2019〕49号）附件第五条第（二十四）项

6. 对金融机构与小型企业、微型企业签订的借款合同，免征印花税。

政策依据：

《财政部 税务总局关于支持小微企业融资有关税收政策的通知》（财税〔2017〕77号）

《财政部 税务总局关于延长部分税收优惠政策执行期限的公告》（财政部 税务总局2021年第6号）第二条

7. 买卖封闭式证券投资基金，免征印花税。

政策依据：

《财政部 国家税务总局关于对买卖封闭式证券投资基金继续予以免征印花税的通知》（财税〔2004〕173号，现已全文废止，接力文件：财政部 税务总局公告2022年第23号）

8. 贴息贷款合同，免征印花税。

政策依据：

《财政部 国家税务总局关于国家开发银行缴纳印花税问题的复函》（财税字〔1995〕47号）第一条

9. 国有股东向全国社会保障基金理事会转持国有股，免征证券（股票）交易印花税。

政策依据：

《财政部 国家税务总局关于境内证券市场转持部分国有股充实全国社会保障基金有关证券（股票）交易印花税政策的通知》（财税〔2009〕103号）

10. 企业改制、重组过程中印花税予以免征。

政策依据：

《财政部 国家税务总局关于外国银行分行改制为外商独资银行有关税收问题的通知》（财税〔2007〕45号）第三条

11. 信贷资产证券化，免征印花税。

政策依据：

《财政部 国家税务总局关于信贷资产证券化有关税收政策问题的通知》（财税〔2006〕5号）第一条

12. 证券投资者保护基金，免征印花税。

政策依据：

《财政部 国家税务总局关于证券投资者保护基金有关印花税政策的通知》（财税〔2006〕104号）

13. 无息、贴息贷款合同，免征印花税。

政策依据：

《中华人民共和国印花税暂行条例实施细则》（财税字〔1988〕255号，现已全文废止）第十三条第（二）项

14. 被撤销金融机构接收债权、清偿债务签订的产权转移书据，免征印花税。

政策依据：

《财政部 国家税务总局关于被撤销金融机构有关税收政策问题的通知》（财税〔2003〕141号）第二条第（一）项

15. 外国政府或者国际金融组织向我国政府及国家金融机构提供优惠贷款所书立的合同，免征印花税。

政策依据：

《中华人民共和国印花税暂行条例实施细则》（财税字〔1988〕255号，现已全文废止）第十三条第（三）项

16. 国有商业银行划转给金融资产管理公司的资产，免征印花税。

政策依据：

《财政部 国家税务总局关于4家资产管理公司接收资本金项下的资产在办理过户时有关税收政策问题的通知》（财税〔2003〕21号）

17. 金融资产管理公司收购、承接、处置不良资产，免征印花税。

政策依据：

《财政部 国家税务总局关于中国信达等4家金融资产管理公司税收政策问题的通知》（财税〔2001〕10号）

18. 农村信用社接受农村合作基金会财产产权转移书据，免征印花税。

政策依据：

《中国人民银行 农业部 国家发展计划委员会 财政部 国家税务总局关于免缴农村信用社接收农村合作基金会财产产权过户税费的通知》（银发〔2000〕21号）

19. 对中国信达资产管理股份有限公司、中国华融资产管理股份有限公司及其分支机构处置剩余政策性剥离不良资产以及出让上市公司股权，免征印花税。

政策依据：

《财政部 国家税务总局关于中国信达资产管理股份有限公司等4家金融资产管理公司有关税收政策问题的通知》（财税〔2013〕56号）第一条

七、财务会计法规库

1.《财政部关于印发〈企业会计准则第1号——存货〉等38项具体准则的通知》（财会〔2006〕3号）

2.《企业会计准则——基本准则》（财政部令第33号）

3.《企业会计准则——应用指南》（财会〔2006〕18号）

4.《财政部关于印发〈企业会计准则解释第1号〉的通知》（财会〔2007〕14号）

5.《金融企业会财务规则》（财政部令第42号）

6.《金融企业财务规则——实施指南》（财金〔2007〕23号）

7.《中华人民共和国会计法》（主席令第二十四号）

8.《金融企业会计制度》（财会〔2001〕49号，现已全文废止）

9.《财政部关于印发〈信贷资产证券化试点会计处理规定〉的通知》（财会〔2005〕12号）

第三节 附 件

一、企业所得税

1. 财政部 国家税务总局关于企业关联方利息支出税前扣除标准有关税收政策问题的通知（财税〔2008〕121号）

财税〔2008〕121号　全文有效　发布日期：2008-09-19

为规范企业利息支出在企业所得税税前扣除，加强企业所得税管理，根据《中华人民共和国企业所得税法》（以下简称税法）第四十六条和《中华人民共和国企业所得税法实施条例》（国务院令第512号，以下简称实施条例）第一百一十九条的规定，现将企业接受关联方债权性投资利息支出在企业所得税税前扣除的政策问题通知如下：

一、在计算应纳税所得额时，企业实际支付给关联方的利息支出，不超过以下规定比例和税法及其实施条例有关规定计算的部分，准予扣除，超过的部分不得在发生当期和以后年度扣除。

企业实际支付给关联方的利息支出，除符合本通知第二条规定外，其接受关联方债权性投资与其权益性投资比例为：

（一）金融企业，为5∶1；

（二）其他企业，为2∶1。

二、企业如果能够按照税法及其实施条例的有关规定提供相关资料，并证明相关交易活动符合独立交易原则的；或者该企业的实际税负不高于境内关联方的，其实际支付给境内关联方的利息支出，在计算应纳税所得额时准予扣除。

三、企业同时从事金融业务和非金融业务，其实际支付给关联方的利息支出，应按照合理方法分开计算；没有按照合理方法分开计算的，一律按本通知第一条有关其他企业的比例计算准予在企业所得税税前扣除的利息支出。

四、企业自关联方取得的不符合规定的利息收入应按照有关规定缴纳企业所得税。

财政部 国家税务总局
二〇〇八年九月十九日

2. 国家税务总局关于企业处置资产所得税处理问题的通知（国税函〔2008〕828号）

国税函〔2008〕828号　全文有效　发布日期：2008-10-09

根据《中华人民共和国企业所得税法实施条例》第二十五条规定，现就企业处置资产的所得税处理问题通知如下：

一、企业发生下列情形的处置资产，除将资产转移至境外以外，由于资产所有权属在形式和实质上均不发生改变，可作为内部处置资产，不视同销售确认收入，相关资产的计税基础延续计算。

（一）将资产用于生产、制造、加工另一产品；

（二）改变资产形状、结构或性能；

（三）改变资产用途（如，自建商品房转为自用或经营）；

（四）将资产在总机构及其分支机构之间转移；

（五）上述两种或两种以上情形的混合；

（六）其他不改变资产所有权属的用途。

二、企业将资产移送他人的下列情形，因资产所有权属已发生改变而不属于内部处置资产，应按规定视同销售确定收入。

（一）用于市场推广或销售；

（二）用于交际应酬；

（三）用于职工奖励或福利；

（四）用于股息分配；

（五）用于对外捐赠；

（六）其他改变资产所有权属的用途。

三、企业发生本通知第二条规定情形时，属于企业自制的资产，应按企业同类资产同期对外销售价格确定销售收入；属于外购的资产，可按购入时的价格确定销售收入。[①]

四、本通知自2008年1月1日起执行。对2008年1月1日以前发生的处置资产，2008年1月1日以后尚未进行税务处理的，按本通知规定执行。

国家税务总局
二〇〇八年十月九日

---

① 该条款已废止。

3.国家税务总局关于确认企业所得税收入若干问题的通知（国税函〔2008〕875号）

国税函〔2008〕875号　全文有效　发布日期：2008-10-30

根据《中华人民共和国企业所得税法》（以下简称企业所得税法）及《中华人民共和国企业所得税法实施条例》（以下简称实施条例）规定的原则和精神，现对确认企业所得税收入的若干问题通知如下：

一、除企业所得税法及实施条例另有规定外，企业销售收入的确认，必须遵循权责发生制原则和实质重于形式原则。

（一）企业销售商品同时满足下列条件的，应确认收入的实现：

1.商品销售合同已经签订，企业已将商品所有权相关的主要风险和报酬转移给购货方；

2.企业对已售出的商品既没有保留通常与所有权相联系的继续管理权，也没有实施有效控制；

3.收入的金额能够可靠地计量；

4.已发生或将发生的销售方的成本能够可靠地核算。

（二）符合上款收入确认条件，采取下列商品销售方式的，应按以下规定确认收入实现时间：

1.销售商品采用托收承付方式的，在办妥托收手续时确认收入。

2.销售商品采取预收款方式的，在发出商品时确认收入。

3.销售商品需要安装和检验的，在购买方接受商品以及安装和检验完毕时确认收入。如果安装程序比较简单，可在发出商品时确认收入。

4.销售商品采用支付手续费方式委托代销的，在收到代销清单时确认收入。

（三）采用售后回购方式销售商品的，销售的商品按售价确认收入，回购的商品作为购进商品处理。有证据表明不符合销售收入确认条件的，如以销售商品方式进行融资，收到的款项应确认为负债，回购价格大于原售价的，差额应在回购期间确认为利息费用。

（四）销售商品以旧换新的，销售商品应当按照销售商品收入确认条件确认收入，回收的商品作为购进商品处理。

（五）企业为促进商品销售而在商品价格上给予的价格扣除属于商业折扣，商品销售涉及商业折扣的，应当按照扣除商业折扣后的金额确定销售商品收入金额。

债权人为鼓励债务人在规定的期限内付款而向债务人提供的债务扣除

属于现金折扣,销售商品涉及现金折扣的,应当按扣除现金折扣前的金额确定销售商品收入金额,现金折扣在实际发生时作为财务费用扣除。

企业因售出商品的质量不合格等原因而在售价上给的减让属于销售折让;企业因售出商品质量、品种不符合要求等原因而发生的退货属于销售退回。企业已经确认销售收入的售出商品发生销售折让和销售退回,应当在发生当期冲减当期销售商品收入。

二、企业在各个纳税期末,提供劳务交易的结果能够可靠估计的,应采用完工进度(完工百分比)法确认提供劳务收入。

(一)提供劳务交易的结果能够可靠估计,是指同时满足下列条件:

1. 收入的金额能够可靠地计量;
2. 交易的完工进度能够可靠地确定;
3. 交易中已发生和将发生的成本能够可靠地核算。

(二)企业提供劳务完工进度的确定,可选用下列方法:

1. 已完工作的测量;
2. 已提供劳务占劳务总量的比例;
3. 发生成本占总成本的比例。

(三)企业应按照从接受劳务方已收或应收的合同或协议价款确定劳务收入总额,根据纳税期末提供劳务收入总额乘以完工进度扣除以前纳税年度累计已确认提供劳务收入后的金额,确认为当期劳务收入;同时,按照提供劳务估计总成本乘以完工进度扣除以前纳税期间累计已确认劳务成本后的金额,结转为当期劳务成本。

(四)下列提供劳务满足收入确认条件的,应按规定确认收入:

1. 安装费。应根据安装完工进度确认收入。安装工作是商品销售附带条件的,安装费在确认商品销售实现时确认收入。
2. 宣传媒介的收费。应在相关的广告或商业行为出现于公众面前时确认收入。广告的制作费,应根据制作广告的完工进度确认收入。
3. 软件费。为特定客户开发软件的收费,应根据开发的完工进度确认收入。
4. 服务费。包含在商品售价内可区分的服务费,在提供服务的期间分期确认收入。
5. 艺术表演、招待宴会和其他特殊活动的收费。在相关活动发生时确认收入。收费涉及几项活动的,预收的款项应合理分配给每项活动,分别确认收入。
6. 会员费。申请入会或加入会员,只允许取得会籍,所有其他服务或商品都要另行收费的，在取得该会员费时确认收入。申请入会或加入会员后，会员在会员期内不再付费就可得到各种服务或商品，或者以低于非会员的价格销售商品或提供服务的，该会员费应在整个受益期内分期确认收入。

7.特许权费。属于提供设备和其他有形资产的特许权费，在交付资产或转移资产所有权时确认收入；属于提供初始及后续服务的特许权费，在提供服务时确认收入。

8.劳务费。长期为客户提供重复的劳务收取的劳务费，在相关劳务活动发生时确认收入。

三、企业以买一赠一等方式组合销售本企业商品的，不属于捐赠，应将总的销售金额按各项商品的公允价值的比例来分摊确认各项的销售收入。

国家税务总局
二〇〇八年十月三十日

4.财政部 国家税务总局关于补充养老保险费 补充医疗保险费有关企业所得税政策问题的通知（财税〔2009〕27号）

财税〔2009〕27号　全文有效　发布日期：2009-06-02

根据《中华人民共和国企业所得税法》及其实施条例的有关规定，现就补充养老保险费、补充医疗保险费有关企业所得税政策问题通知如下：

自2008年1月1日起，企业根据国家有关政策规定，为在本企业任职或者受雇的全体员工支付的补充养老保险费、补充医疗保险费，分别在不超过职工工资总额5%标准内的部分，在计算应纳税所得额时准予扣除；超过的部分，不予扣除。

财政部 国家税务总局
二〇〇九年六月二日

5.财政部 国家税务总局关于企业手续费及佣金支出税前扣除政策的通知（财税〔2009〕29号）

财税〔2009〕29号　发布日期：2009-03-19

为规范企业所得税在企业所得税税前扣除，加强企业所得税管理，根据《中华人民共和国企业所得税法》和《中华人民共和国企业所得税法实施条例》（以下合称新税法）有关规定，现将企业发生的手续费及佣金支出在企业所得税税前扣除政策问题通知如下：

一、企业发生与生产经营有关的手续费及佣金支出，不超过以下规定计算限额以内的部分，准予扣除；超过部分，不得扣除。

1.保险企业：财产保险企业按当年全部保费收入扣除退保金等后余额的15%（含本数，下同）计算限额；人身保险企业按当年全部保费收入扣除退保金等后余额的10%计算限额。

2.其他企业：按与具有合法经营资格中介服务机构或个人（不含交易双方及其雇员、代理人和代表人等）所签订服务协议或合同确认的收入金额的5%计算限额。

二、企业应与具有合法经营资格中介服务企业或个人签订代办协议或合同，并按国家有关规定支付手续费及佣金。除委托个人代理外，企业以现金等非转账方式支付的手续费及佣金不得在企业所得税税前扣除。企业为发行权益性证券支付给有关证券承销机构的手续费及佣金不得在企业所得税税前扣除。

三、企业不得将手续费及佣金支出计入回扣、业务提成、返利、进场费等费用。

四、企业已计入固定资产、无形资产等相关资产的手续费及佣金支出，应当通过折旧、摊销等方式分期扣除，不得在发生当期直接扣除。

五、企业支付的手续费及佣金不得直接冲减服务协议或合同金额，并如实入账。

六、企业应当如实向当地主管税务机关提供当年手续费及佣金计算分配表和其他相关资料，并依法取得合法真实凭证。①

七、本通知自印发之日起实施。新税法实施之日至本通知印发之日前企业手续费及佣金所得税在企业所得税税前扣除事项按本通知规定处理。

财政部 国家税务总局
二〇〇九年三月十九日

6.财政部 国家税务总局关于企业资产损失税前扣除政策的通知（财税〔2009〕57号）

财税〔2009〕57号　全文有效　发布日期：2009-04-16

根据《中华人民共和国企业所得税法》和《中华人民共和国企业所得税法实施条例》（国务院令第512号）的有关规定，现就企业资产损失在计算

---

① 该条款已废止。

企业所得税应纳税所得额时的扣除政策通知如下：

一、本通知所称资产损失，是指企业在生产经营活动中实际发生的、与取得应税收入有关的资产损失，包括现金损失，存款损失，坏账损失，贷款损失，股权投资损失，固定资产和存货的盘亏、毁损、报废、被盗损失，自然灾害等不可抗力因素造成的损失以及其他损失。

二、企业清查出的现金短缺减除责任人赔偿后的余额，作为现金损失在计算应纳税所得额时扣除。

三、企业将货币性资金存入法定具有吸收存款职能的机构，因该机构依法破产、清算，或者政府责令停业、关闭等原因，确实不能收回的部分，作为存款损失在计算应纳税所得额时扣除。

四、企业除贷款类债权外的应收、预付账款符合下列条件之一的，减除可收回金额后确认的无法收回的应收、预付款项，可以作为坏账损失在计算应纳税所得额时扣除：

（一）债务人依法宣告破产、关闭、解散、被撤销，或者被依法注销、吊销营业执照，其清算财产不足清偿的；

（二）债务人死亡，或者依法被宣告失踪、死亡，其财产或者遗产不足清偿的；

（三）债务人逾期3年以上未清偿，且有确凿证据证明已无力清偿债务的；

（四）与债务人达成债务重组协议或法院批准破产重整计划后，无法追偿的；

（五）因自然灾害、战争等不可抗力导致无法收回的；

（六）国务院财政、税务主管部门规定的其他条件。

五、企业经采取所有可能的措施和实施必要的程序之后，符合下列条件之一的贷款类债权，可以作为贷款损失在计算应纳税所得额时扣除：

（一）借款人和担保人依法宣告破产、关闭、解散、被撤销，并终止法人资格，或者已完全停止经营活动，被依法注销、吊销营业执照，对借款人和担保人进行追偿后，未能收回的债权；

（二）借款人死亡，或者依法被宣告失踪、死亡，依法对其财产或者遗产进行清偿，并对担保人进行追偿后，未能收回的债权；

（三）借款人遭受重大自然灾害或者意外事故，损失巨大且不能获得保险补偿，或者以保险赔偿后，确实无力偿还部分或者全部债务，对借款人财产进行清偿和对担保人进行追偿后，未能收回的债权；

（四）借款人触犯刑律，依法受到制裁，其财产不足归还所借债务，又无其他债务承担者，经追偿后确实无法收回的债权；

（五）由于借款人和担保人不能偿还到期债务，企业诉诸法律，经法院对借款人和担保人强制执行，借款人和担保人均无财产可执行，法院裁定执行程序终结或终止（中止）后，仍无法收回的债权；

（六）由于借款人和担保人不能偿还到期债务，企业诉诸法律后，经法院调解或经债权人会议通过，与借款人和担保人达成和解协议或重整协议，在借款人和担保人履行完还款义务后，无法追偿的剩余债权；

（七）由于上述（一）至（六）项原因借款人不能偿还到期债务，企业依法取得抵债资产，抵债金额小于贷款本息的差额，经追偿后仍无法收回的债权；

（八）开立信用证、办理承兑汇票、开具保函等发生垫款时，凡开证申请人和保证人由于上述（一）至（七）项原因，无法偿还垫款，金融企业经追偿后仍无法收回的垫款；

（九）银行卡持卡人和担保人由于上述（一）至（七）项原因，未能还清透支款项，金融企业经追偿后仍无法收回的透支款项；

（十）助学贷款逾期后，在金融企业确定的有效追索期限内，依法处置助学贷款抵押物（质押物），并向担保人追索连带责任后，仍无法收回的贷款；

（十一）经国务院专案批准核销的贷款类债权；

（十二）国务院财政、税务主管部门规定的其他条件。

六、企业的股权投资符合下列条件之一的，减除可收回金额后确认的无法收回的股权投资，可以作为股权投资损失在计算应纳税所得额时扣除：

（一）被投资方依法宣告破产、关闭、解散、被撤销，或者被依法注销、吊销营业执照的；

（二）被投资方财务状况严重恶化，累计发生巨额亏损，已连续停止经营3年以上，且无重新恢复经营改组计划的；

（三）对被投资方不具有控制权，投资期限届满或者投资期限已超过10年，且被投资单位因连续3年经营亏损导致资不抵债的；

（四）被投资方财务状况严重恶化，累计发生巨额亏损，已完成清算或清算期超过3年以上的；

（五）国务院财政、税务主管部门规定的其他条件。

七、对企业盘亏的固定资产或存货，以该固定资产的账面净值或存货的成本减除责任人赔偿后的余额，作为固定资产或存货盘亏损失在计算应纳税所得额时扣除。

八、对企业毁损、报废的固定资产或存货，以该固定资产的账面净值或存货的成本减除残值、保险赔款和责任人赔偿后的余额，作为固定资产或存货毁损、报废损失在计算应纳税所得额时扣除。

九、对企业被盗的固定资产或存货，以该固定资产的账面净值或存货的成本减除保险赔款和责任人赔偿后的余额，作为固定资产或存货被盗损失在计算应纳税所得额时扣除。

十、企业因存货盘亏、毁损、报废、被盗等原因不得从增值税销项税额中抵扣的进项税额，可以与存货损失一起在计算应纳税所得额时扣除。

十一、企业在计算应纳税所得额时已经扣除的资产损失，在以后纳税年度全部或者部分收回时，其收回部分应当作为收入计入收回当期的应纳税所得额。

十二、企业境内、境外营业机构发生的资产损失应分开核算，对境外营业机构由于发生资产损失而产生的亏损，不得在计算境内应纳税所得额时扣除。

十三、企业对其扣除的各项资产损失，应当提供能够证明资产损失确属已实际发生的合法证据，包括具有法律效力的外部证据、具有法定资质的中介机构的经济鉴证证明、具有法定资质的专业机构的技术鉴定证明等。

十四、本通知自2008年1月1日起执行。

财政部 国家税务总局
二〇〇九年四月十六日

7. 财政部 国家税务总局关于执行企业所得税优惠政策若干问题的通知（财税〔2009〕69号）

财税〔2009〕69号　发布日期：2009-04-24

根据《中华人民共和国企业所得税法》（以下简称企业所得税法）及《中华人民共和国企业所得税法实施条例》（国务院令第512号，以下简称实施条例）的有关规定，现就企业所得税优惠政策执行中有关问题通知如下：

一、执行《国务院关于实施企业所得税过渡优惠政策的通知》（国发〔2007〕39号）规定的过渡优惠政策及西部大开发优惠政策的企业，在定期减免税的减半期内，可以按照企业适用税率计算的应纳税额减半征税。其他各类情形的定期减免税，均应按照企业所得税25%的法定税率计算的应纳税额减半征税。

二、《国务院关于实施企业所得税过渡优惠政策的通知》（国发〔2007〕

39号)第三条所称不得叠加享受,且一经选择,不得改变的税收优惠情形,限于企业所得税过渡优惠政策与企业所得税法及其实施条例中规定的定期减免税和减低税率类的税收优惠。

企业所得税法及其实施条例中规定的各项税收优惠,凡企业符合规定条件的,可以同时享受。

三、企业在享受过渡税收优惠过程中发生合并、分立、重组等情形的,按照《财政部 国家税务总局关于企业重组业务企业所得税处理若干问题的通知》(财税〔2009〕59号)的统一规定执行。

四、2008年1月1日以后,居民企业之间分配属于2007年度及以前年度的累积未分配利润而形成的股息、红利等权益性投资收益,均应按照企业所得税法第二十六条及实施条例第十七条、第八十三条的规定处理。

五、企业在2007年3月16日之前设立的分支机构单独依据原内、外资企业所得税法的优惠规定已享受有关税收优惠的,凡符合《国务院关于实施企业所得税过渡优惠政策的通知》(国发〔2007〕39号)所列政策条件的,该分支机构可以单独享受国发〔2007〕39号规定的企业所得税过渡优惠政策。

六、实施条例第九十一条第(二)项所称国际金融组织,包括国际货币基金组织、世界银行、亚洲开发银行、国际开发协会、国际农业发展基金、欧洲投资银行以及财政部和国家税务总局确定的其他国际金融组织;所称优惠贷款,是指低于金融企业同期同类贷款利率水平的贷款。

七、实施条例第九十二条第(一)项和第(二)项所称从业人数,是指与企业建立劳动关系的职工人数和企业接受的劳务派遣用工人数之和;从业人数和资产总额指标,按企业全年月平均值确定,具体计算公式如下:

月平均值=(月初值+月末值)÷2

全年月平均值=全年各月平均值之和÷12

年度中间开业或者终止经营活动的,以其实际经营期作为一个纳税年度确定上述相关指标。①

八、企业所得税法第二十八条规定的小型微利企业待遇,应适用于具备建账核算自身应纳税所得额条件的企业,按照《企业所得税核定征收办法》(国税发〔2008〕30号)缴纳企业所得税的企业,在不具备准确核算应纳税所得额条件前,暂不适用小型微利企业适用税率。②

九、2007年底前设立的软件生产企业和集成电路生产企业,经认定后可

---

① 该条款停止执行。
② 该条款已废止。

以按《财政部 国家税务总局关于企业所得税若干优惠政策的通知》（财税〔2008〕1号）的规定享受企业所得税定期减免税优惠政策。在2007年度或以前年度已获利并开始享受定期减免税优惠政策的，可自2008年度起继续享受至期满为止。

十、实施条例第一百条规定的购置并实际使用的环境保护、节能节水和安全生产专用设备，包括承租方企业以融资租赁方式租入的、并在融资租赁合同中约定租赁期届满时租赁设备所有权转移给承租方企业，且符合规定条件的上述专用设备。凡融资租赁期届满后租赁设备所有权未转移至承租方企业的，承租方企业应停止享受抵免企业所得税优惠，并补缴已经抵免的企业所得税税款。

十一、实施条例第九十七条所称投资于未上市的中小高新技术企业2年以上的，包括发生在2008年1月1日以前满2年的投资；所称中小高新技术企业是指按照《高新技术企业认定管理办法》（国科发火〔2008〕172号）和《高新技术企业认定管理工作指引》（国科发火〔2008〕362号）取得高新技术企业资格，且年销售额和资产总额均不超过2亿元、从业人数不超过500人的企业，其中2007年底前已取得高新技术企业资格的，在其规定有效期内不需重新认定。

十二、本通知自2008年1月1日起执行。

财政部 国家税务总局
二〇〇九年四月二十四日

8. 国家税务总局关于企业固定资产加速折旧所得税处理有关问题的通知（国税发〔2009〕81号）

国税发〔2009〕81号　发布日期：2009-04-16

根据《中华人民共和国企业所得税法》（以下简称《企业所得税法》）及《中华人民共和国企业所得税法实施条例》（以下简称《实施条例》）的有关规定，现就企业固定资产实行加速折旧的所得税处理问题通知如下：

一、根据《企业所得税法》第三十二条及《实施条例》第九十八条的相关规定，企业拥有并用于生产经营的主要或关键的固定资产，由于以下原因确需加速折旧的，可以缩短折旧年限或者采取加速折旧的方法：

（一）由于技术进步，产品更新换代较快的；

（二）常年处于强震动、高腐蚀状态的。

二、企业拥有并使用的固定资产符合本通知第一条规定的，可按以下情况分别处理：

（一）企业过去没有使用过与该项固定资产功能相同或类似的固定资产，但有充分的证据证明该固定资产的预计使用年限短于《实施条例》规定的计算折旧最低年限的，企业可根据该固定资产的预计使用年限和本通知的规定，对该固定资产采取缩短折旧年限或者加速折旧的方法。

（二）企业在原有的固定资产未达到《实施条例》规定的最低折旧年限前，使用功能相同或类似的新固定资产替代旧固定资产的，企业可根据旧固定资产的实际使用年限和本通知的规定，对新替代的固定资产采取缩短折旧年限或者加速折旧的方法。

三、企业采取缩短折旧年限方法的，对其购置的新固定资产，最低折旧年限不得低于《实施条例》第六十条规定的折旧年限的60%；若为购置已使用过的固定资产，其最低折旧年限不得低于《实施条例》规定的最低折旧年限减去已使用年限后剩余年限的60%。最低折旧年限一经确定，一般不得变更。

四、企业拥有并使用符合本通知第一条规定条件的固定资产采取加速折旧方法的，可以采用双倍余额递减法或者年数总和法。加速折旧方法一经确定，一般不得变更。

（一）双倍余额递减法，是指在不考虑固定资产预计净残值的情况下，根据每期期初固定资产原值减去累计折旧后的金额和双倍的直线法折旧率计算固定资产折旧的一种方法。应用这种方法计算折旧额时，由于每年年初固定资产净值没有减去预计净残值，所以在计算固定资产折旧额时，应在其折旧年限到期前的两年期间，将固定资产净值减去预计净残值后的余额平均摊销。计算公式如下：

年折旧率＝2÷预计使用寿命（年）×100%

月折旧率＝年折旧率÷12

月折旧额＝月初固定资产账面净值×月折旧率

（二）年数总和法，又称年限合计法，是指将固定资产的原值减去预计净残值后的余额，乘以一个以固定资产尚可使用寿命为分子、以预计使用寿命逐年数字之和为分母的逐年递减的分数计算每年的折旧额。计算公式如下：

年折旧率＝尚可使用年限÷预计使用寿命的年数总和×100%

月折旧率＝年折旧率÷12

月折旧额＝（固定资产原值－预计净残值）×月折旧率

五、企业确需对固定资产采取缩短折旧年限或者加速折旧方法的，应在取得该固定资产后一个月内，向其企业所得税主管税务机关（以下简称主管税务机关）备案，并报送以下资料：

（一）固定资产的功能、预计使用年限短于《实施条例》规定计算折旧的最低年限的理由、证明资料及有关情况的说明；

（二）被替代的旧固定资产的功能、使用及处置等情况的说明；

（三）固定资产加速折旧拟采用的方法和折旧额的说明；

（四）主管税务机关要求报送的其他资料。①

企业主管税务机关应在企业所得税年度纳税评估时，对企业采取加速折旧的固定资产的使用环境及状况进行实地核查。对不符合加速折旧规定条件的，主管税务机关有权要求企业停止该项固定资产加速折旧。

六、对于采取缩短折旧年限的固定资产，足额计提折旧后继续使用而未进行处置（包括报废等情形）超过12个月的，今后对其更新替代、改造改建后形成的功能相同或者类似的固定资产，不得再采取缩短折旧年限的方法。

七、对于企业采取缩短折旧年限或者采取加速折旧方法的，主管税务机关应设立相应的税收管理台账，并加强监督，实施跟踪管理。对发现不符合《实施条例》第九十八条及本通知规定的，主管税务机关要及时责令企业进行纳税调整。

八、适用总、分机构汇总纳税的企业，对其所属分支机构使用的符合《实施条例》第九十八条及本通知规定情形的固定资产采取缩短折旧年限或者采取加速折旧方法的，由其总机构向其所在地主管税务机关备案。分支机构所在地主管税务机关应负责配合总机构所在地主管税务机关实施跟踪管理。

九、本通知自2008年1月1日起执行。

国家税务总局
二〇〇九年四月十六日

9. 国家税务总局关于企业工资薪金及职工福利费扣除问题的通知（国税函〔2009〕3号）

国税函〔2009〕3号　全文有效　发布日期：2009-01-04

为有效贯彻落实《中华人民共和国企业所得税法实施条例》（以下简称《实施条例》），现就企业工资薪金和职工福利费扣除有关问题通知如下：

---

① 该条款已废止。

一、关于合理工资薪金问题

《实施条例》第三十四条所称的"合理工资薪金",是指企业按照股东大会、董事会、薪酬委员会或相关管理机构制订的工资薪金制度规定实际发放给员工的工资薪金。税务机关在对工资薪金进行合理性确认时,可按以下原则掌握:

(一)企业制订了较为规范的员工工资薪金制度;

(二)企业所制订的工资薪金制度符合行业及地区水平;

(三)企业在一定时期所发放的工资薪金是相对固定的,工资薪金的调整是有序进行的;

(四)企业对实际发放的工资薪金,已依法履行了代扣代缴个人所得税义务。

(五)有关工资薪金的安排,不以减少或逃避税款为目的;

二、关于工资薪金总额问题

《实施条例》第四十、四十一、四十二条所称的"工资薪金总额",是指企业按照本通知第一条规定实际发放的工资薪金总和,不包括企业的职工福利费、职工教育经费、工会经费以及养老保险费、医疗保险费、失业保险费、工伤保险费、生育保险费等社会保险费和住房公积金。属于国有性质的企业,其工资薪金,不得超过政府有关部门给予的限定数额;超过部分,不得计入企业工资薪金总额,也不得在计算企业应纳税所得额时扣除。

三、关于职工福利费扣除问题

《实施条例》第四十条规定的企业职工福利费,包括以下内容:

(一)尚未实行分离办社会职能的企业,其内设福利部门所发生的设备、设施和人员费用,包括职工食堂、职工浴室、理发室、医务所、托儿所、疗养院等集体福利部门的设备、设施及维修保养费用和福利部门工作人员的工资薪金、社会保险费、住房公积金、劳务费等。

(二)为职工卫生保健、生活、住房、交通等所发放的各项补贴和非货币性福利,包括企业向职工发放的因公外地就医费用、未实行医疗统筹企业职工医疗费用、职工供养直系亲属医疗补贴、供暖费补贴、职工防暑降温费、职工困难补贴、救济费、职工食堂经费补贴、职工交通补贴等。

(三)按照其他规定发生的其他职工福利费,包括丧葬补助费、抚恤费、安家费、探亲假路费等。

四、关于职工福利费核算问题

企业发生的职工福利费,应该单独设置账册,进行准确核算。没有单独设置账册准确核算的，税务机关应责令企业在规定的期限内进行改正。逾期仍未改正的，税务机关可对企业发生的职工福利费进行合理的核定。

五、本通知自2008年1月1日起执行。

国家税务总局

二〇〇九年一月四日

10. 国家税务总局关于印发《跨地区经营汇总纳税企业所得税征收管理办法》的公告（国家税务总局公告2012年第57号）

国家税务总局公告2012年第57号　发布日期：2012-12-27

为加强跨地区经营汇总纳税企业所得税的征收管理，根据《中华人民共和国企业所得税法》及其实施条例、《中华人民共和国税收征收管理法》及其实施细则和《财政部　国家税务总局中国人民银行关于印发〈跨省市总分机构企业所得税分配及预算管理办法〉的通知》（财预〔2012〕40号）等文件的精神，国家税务总局制定了《跨地区经营汇总纳税企业所得税征收管理办法》。现予发布，自2013年1月1日起施行。

特此公告。

国家税务总局

2012年12月27日

跨地区经营汇总纳税企业所得税征收管理办法

第一章　总则

第一条　为加强跨地区经营汇总纳税企业所得税的征收管理，根据《中华人民共和国企业所得税法》及其实施条例（以下简称《企业所得税法》）、《中华人民共和国税收征收管理法》及其实施细则（以下简称《征收管理法》）和《财政部　国家税务总局中国人民银行关于印发〈跨省市总分机构企业所得税分配及预算管理办法〉的通知》（财预〔2012〕40号）等的有关规定，制定本办法。

第二条　居民企业在中国境内跨地区（指跨省、自治区、直辖市和计划单列市，下同）设立不具有法人资格分支机构的，该居民企业为跨地区经营汇总纳税企业（以下简称汇总纳税企业），除另有规定外，其企业所得税征收管理适用本办法。

国有邮政企业（包括中国邮政集团公司及其控股公司和直属单位）、中国工商银行股份有限公司、中国农业银行股份有限公司、中国银行股份有限公司、国家开发银行股份有限公司、中国农业发展银行、中国进出口银行、中国投资有限责任公司、中国建设银行股份有限公司、中国建银投资有限责任公司、中国信达资产管理股份有限公司、中国石油天然气股份有限公司、中国石油化工股份有限公司、海洋石油天然气企业（包括中国海洋石油总公司、中海石油（中国）有限公司、中海油田服务股份有限公司、海洋石油工程股份有限公司）、中国长江电力股份有限公司等企业缴纳的企业所得税（包括滞纳金、罚款）为中央收入，全额上缴中央国库，其企业所得税征收管理不适用本办法。

铁路运输企业所得税征收管理不适用本办法。

第三条 汇总纳税企业实行"统一计算、分级管理、就地预缴、汇总清算、财政调库"的企业所得税征收管理办法：

（一）统一计算，是指总机构统一计算包括汇总纳税企业所属各个不具有法人资格分支机构在内的全部应纳税所得额、应纳税额。

（二）分级管理，是指总机构、分支机构所在地的主管税务机关都有对当地机构进行企业所得税管理的责任，总机构和分支机构应分别接受机构所在地主管税务机关的管理。

（三）就地预缴，是指总机构、分支机构应按本办法的规定，分月或分季分别向所在地主管税务机关申报预缴企业所得税。

（四）汇总清算，是指在年度终了后，总机构统一计算汇总纳税企业的年度应纳税所得额、应纳所得税额，抵减总机构、分支机构当年已就地分期预缴的企业所得税款后，多退少补。

（五）财政调库，是指财政部定期将缴入中央国库的汇总纳税企业所得税待分配收入，按照核定的系数调整至地方国库。

第四条 总机构和具有主体生产经营职能的二级分支机构，就地分摊缴纳企业所得税。

二级分支机构，是指汇总纳税企业依法设立并领取非法人营业执照（登记证书），且总机构对其财务、业务、人员等直接进行统一核算和管理的分支机构。

第五条 以下二级分支机构不就地分摊缴纳企业所得税：

（一）不具有主体生产经营职能，且在当地不缴纳增值税、增值税的产品售后服务、内部研发、仓储等汇总纳税企业内部辅助性的二级分支机构，不就地分摊缴纳企业所得税。

（二）上年度认定为小型微利企业的，其二级分支机构不就地分摊缴纳企业所得税。

（三）新设立的二级分支机构，设立当年不就地分摊缴纳企业所得税。

（四）当年撤销的二级分支机构，自办理注销税务登记之日所属企业所得税预缴期间起，不就地分摊缴纳企业所得税。

（五）汇总纳税企业在中国境外设立的不具有法人资格的二级分支机构，不就地分摊缴纳企业所得税。

第二章　税款预缴和汇算清缴

第六条　汇总纳税企业按照《企业所得税法》规定汇总计算的企业所得税，包括预缴税款和汇算清缴应缴应退税款，50%在各分支机构间分摊，各分支机构根据分摊税款就地办理缴库或退库；50%由总机构分摊缴纳，其中25%就地办理缴库或退库，25%就地全额缴入中央国库或退库。具体的税款缴库或退库程序按照财预〔2012〕40号文件第五条等相关规定执行。

第七条　企业所得税分月或者分季预缴，由总机构所在地主管税务机关具体核定。

汇总纳税企业应根据当期实际利润额，按照本办法规定的预缴分摊方法计算总机构和分支机构的企业所得税预缴额，分别由总机构和分支机构就地预缴；在规定期限内按实际利润额预缴有困难的，也可以按照上一年度应纳税所得额的1/12或1/4，按照本办法规定的预缴分摊方法计算总机构和分支机构的企业所得税预缴额，分别由总机构和分支机构就地预缴。预缴方法一经确定，当年度不得变更。

第八条　总机构应将本期企业应纳所得税额的50%部分，在每月或季度终了后15日内就地申报预缴。总机构应将本期企业应纳所得税额的另外50%部分，按照各分支机构应分摊的比例，在各分支机构之间进行分摊，并及时通知到各分支机构；各分支机构应在每月或季度终了之日起15日内，就其分摊的所得税额就地申报预缴。

分支机构未按税款分配数额预缴所得税造成少缴税款的，主管税务机关应按照《税收征收管理法》的有关规定对其处罚，并将处罚结果通知总机构所在地主管税务机关。

第九条　汇总纳税企业预缴申报时，总机构除报送企业所得税预缴申报表和企业当期财务报表外，还应报送汇总纳税企业分支机构所得税分配表和各分支机构上一年度的年度财务报表（或年度财务状况和营业收支情况）；分支机构除报送企业所得税预缴申报表（只填列部分项目）外，还应报送经总机构所在地主管税务机关受理的汇总纳税企业分支机构所得税分配表。

在一个纳税年度内，各分支机构上一年度的年度财务报表（或年度财务状况和营业收支情况）原则上只需要报送一次。

第十条　汇总纳税企业应当自年度终了之日起5个月内，由总机构汇总计算企业年度应纳所得税额，扣除总机构和各分支机构已预缴的税款，计算出应缴应退税款，按照本办法规定的税款分摊方法计算总机构和分支机构的企业所得税应缴应退税款，分别由总机构和分支机构就地办理税款缴库或退库。

汇总纳税企业在纳税年度内预缴企业所得税税款少于全年应缴企业所得税税款的，应在汇算清缴期内由总、分机构分别结清应缴的企业所得税税款；预缴税款超过应缴税款的，主管税务机关应及时按有关规定分别办理退税，或者经总、分机构同意后分别抵缴其下一年度应缴企业所得税税款。①

第十一条　汇总纳税企业汇算清缴时，总机构除报送企业所得税年度纳税申报表和年度财务报表外，还应报送汇总纳税企业分支机构所得税分配表、各分支机构的年度财务报表和各分支机构参与企业年度纳税调整情况的说明；分支机构除报送企业所得税年度纳税申报表（只填列部分项目）外，还应报送经总机构所在地主管税务机关受理的汇总纳税企业分支机构所得税分配表、分支机构的年度财务报表（或年度财务状况和营业收支情况）和分支机构参与企业年度纳税调整情况的说明。

分支机构参与企业年度纳税调整情况的说明，可参照企业所得税年度纳税申报表附表"纳税调整项目明细表"中列明的项目进行说明，涉及需由总机构统一计算调整的项目不进行说明。

第十二条　分支机构未按规定报送经总机构所在地主管税务机关受理的汇总纳税企业分支机构所得税分配表，分支机构所在地主管税务机关应责成该分支机构在申报期内报送，同时提请总机构所在地主管税务机关督

---

① 该条款部分废止。

促总机构按照规定提供上述分配表；分支机构在申报期内不提供的，由分支机构所在地主管税务机关对分支机构按照《税收征收管理法》的有关规定予以处罚；属于总机构未向分支机构提供分配表的，分支机构所在地主管税务机关还应提请总机构所在地主管税务机关对总机构按照《税收征收管理法》的有关规定予以处罚。

第三章　总分机构分摊税款的计算

第十三条　总机构按以下公式计算分摊税款：

总机构分摊税款＝汇总纳税企业当期应纳所得税额×50%

第十四条　分支机构按以下公式计算分摊税款：

所有分支机构分摊税款总额＝汇总纳税企业当期应纳所得税额×50%

某分支机构分摊税款＝所有分支机构分摊税款总额×该分支机构分摊比例

第十五条　总机构应按照上年度分支机构的营业收入、职工薪酬和资产总额三个因素计算各分支机构分摊所得税款的比例；三级及以下分支机构，其营业收入、职工薪酬和资产总额统一计入二级分支机构；三因素的权重依次为0.35、0.35、0.30。

计算公式如下：

某分支机构分摊比例＝（该分支机构营业收入÷各分支机构营业收入之和）×0.35+（该分支机构职工薪酬÷各分支机构职工薪酬之和）×0.35+（该分支机构资产总额÷各分支机构资产总额之和）×0.30

分支机构分摊比例按上述方法一经确定后，除出现本办法第五条第（四）项和第十六条第二、三款情形外，当年不作调整。

第十六条　总机构设立具有主体生产经营职能的部门（非本办法第四条规定的二级分支机构），且该部门的营业收入、职工薪酬和资产总额与管理职能部门分开核算的，可将该部门视同一个二级分支机构，按本办法规定计算分摊并就地缴纳企业所得税；该部门与管理职能部门的营业收入、职工薪酬和资产总额不能分开核算的，该部门不得视同一个二级分支机构，不得按本办法规定计算分摊并就地缴纳企业所得税。

汇总纳税企业当年由于重组等原因从其他企业取得重组当年之前已存在的二级分支机构，并作为本企业二级分支机构管理的，该二级分支机构不视同当年新设立的二级分支机构，按本办法规定计算分摊并就地缴纳企业所得税。

汇总纳税企业内就地分摊缴纳企业所得税的总机构、二级分支机构之间，发生合并、分立、管理层级变更等形成的新设或存续的二级分支机构，不视同当年新设立的二级分支机构，按本办法规定计算分摊并就地缴纳企业所得税。

第十七条　本办法所称分支机构营业收入，是指分支机构销售商品、提供劳务、让渡资产使用权等日常经营活动实现的全部收入。其中，生产经营企业分支机构营业收入是指生产经营企业分支机构销售商品、提供劳务、让渡资产使用权等取得的全部收入。金融企业分支机构营业收入是指金融企业分支机构取得的利息、手续费、佣金等全部收入。保险企业分支机构营业收入是指保险企业分支机构取得的保费等全部收入。

本办法所称分支机构职工薪酬，是指分支机构为获得职工提供的服务而给予各种形式的报酬以及其他相关支出。

本办法所称分支机构资产总额，是指分支机构在经营活动中实际使用的应归属于该分支机构的资产合计额。

本办法所称上年度分支机构的营业收入、职工薪酬和资产总额，是指分支机构上年度全年的营业收入、职工薪酬数据和上年度12月31日的资产总额数据，是依照国家统一会计制度的规定核算的数据。

一个纳税年度内，总机构首次计算分摊税款时采用的分支机构营业收入、职工薪酬和资产总额数据，与此后经过中国注册会计师审计确认的数据不一致的，不作调整。

第十八条　对于按照税收法律、法规和其他规定，总机构和分支机构处于不同税率地区的，先由总机构统一计算全部应纳税所得额，然后按本办法第六条规定的比例和按第十五条计算的分摊比例，计算划分不同税率地区机构的应纳税所得额，再分别按各自的适用税率计算应纳税额后加总计算出汇总纳税企业的应纳所得税总额，最后按本办法第六条规定的比例和按第十五条计算的分摊比例，向总机构和分支机构分摊就地缴纳的企业所得税款。

第十九条　分支机构所在地主管税务机关应根据经总机构所在地主管税务机关受理的汇总纳税企业分支机构所得税分配表、分支机构的年度财务报表（或年度财务状况和营业收支情况）等，对其主管分支机构计算分摊税款比例的三个因素、计算的分摊税款比例和应分摊缴纳的所得税税款进行查验核对；对查验项目有异议的，应于收到汇总纳税企业分支机构所得税分配表后30日内向企业总机构所在地主管税务机关提出书面复核建议，并附送相关数据资料。

总机构所在地主管税务机关必须于收到复核建议后30日内，对分摊税款的比例进行复核，作出调整或维持原比例的决定，并将复核结果函复分支机构所在地主管税务机关。分支机构所在地主管税务机关应执行总机构所在地主管税务机关的复核决定。

总机构所在地主管税务机关未在规定时间内复核并函复复核结果的，上级税务机关应对总机构所在地主管税务机关按照有关规定进行处理。

复核期间，分支机构应先按总机构确定的分摊比例申报缴纳税款。

第二十条　汇总纳税企业未按照规定准确计算分摊税款，造成总机构与分支机构之间同时存在一方（或几方）多缴另一方（或几方）少缴税款的，其总机构或分支机构分摊缴纳的企业所得税低于按本办法规定计算分摊的数额的，应在下一税款缴纳期内，由总机构将按本办法规定计算分摊的税款差额分摊到总机构或分支机构补缴；其总机构或分支机构就地缴纳的企业所得税高于按本办法规定计算分摊的数额的，应在下一税款缴纳期内，由总机构将按本办法规定计算分摊的税款差额从总机构或分支机构的分摊税款中扣减。

第四章　日常管理

第二十一条　汇总纳税企业总机构和分支机构应依法办理税务登记，接受所在地主管税务机关的监督和管理。

第二十二条　总机构应将其所有二级及以下分支机构（包括本办法第五条规定的分支机构）信息报其所在地主管税务机关备案，内容包括分支机构名称、层级、地址、邮编、纳税人识别号及企业所得税主管税务机关名称、地址和邮编。

分支机构（包括本办法第五条规定的分支机构）应将其总机构、上级分支机构和下属分支机构信息报其所在地主管税务机关备案，内容包括总机构、上级机构和下属分支机构名称、层级、地址、邮编、纳税人识别号及企业所得税主管税务机关名称、地址和邮编。

上述备案信息发生变化的，除另有规定外，应在内容变化后30日内报总机构和分支机构所在地主管税务机关备案，并办理变更税务登记。

分支机构注销税务登记后15日内，总机构应将分支机构注销情况报所在地主管税务机关备案，并办理变更税务登记。

第二十三条　以总机构名义进行生产经营的非法人分支机构，无法提供汇总纳税企业分支机构所得税分配表，应在预缴申报期内向其所在地主管税务机关报送非法人营业执照（或登记证书）的复印件、由总机构出具的二级及以下分支机构的有效证明和支持有效证明的相关材料（包括总机构拨款证明、总分机构协议或合同、公司章程、管理制度等），证明其二级及以下分支机构身份。

二级及以下分支机构所在地主管税务机关应对二级及以下分支机构进行审核鉴定，对应按本办法规定就地分摊缴纳企业所得税的二级分支机构，应督促其及时就地缴纳企业所得税。

第二十四条　以总机构名义进行生产经营的非法人分支机构，无法提供汇总纳税企业分支机构所得税分配表，也无法提供本办法第二十三条规定相关证据证明其二级及以下分支机构身份的，应视同独立纳税人计算并就地缴纳企业所得税，不执行本办法的相关规定。

按上款规定视同独立纳税人的分支机构，其独立纳税人身份一个年度内不得变更。

汇总纳税企业以后年度改变组织结构的，该分支机构应按本办法第二十三条规定报送相关证据，分支机构所在地主管税务机关重新进行审核鉴定。①

第二十五条　汇总纳税企业发生的资产损失，应按以下规定申报扣除：

（一）总机构及二级分支机构发生的资产损失，除应按专项申报和清单申报的有关规定各自向所在地主管税务机关申报外，二级分支机构还应同时上报总机构；三级及以下分支机构发生的资产损失不需向所在地主管税务机关申报，应并入二级分支机构，由二级分支机构统一申报。

（二）总机构对各分支机构上报的资产损失，除税务机关另有规定外，应以清单申报的形式向所在地主管税务机关申报。

（三）总机构将分支机构所属资产捆绑打包转让所发生的资产损失，由总机构向所在地主管税务机关专项申报。

二级分支机构所在地主管税务机关应对二级分支机构申报扣除的资产损失强化后续管理。

第二十六条　对于按照税收法律、法规和其他规定，由分支机构所在地主管税务机关管理的企业所得税优惠事项，分支机构所在地主管税务机关应加强审批（核）、备案管理，并通过评估、核实和台账管理等手段，加

---

① 该条款已废止。

强后续管理。

第二十七条 总机构所在地主管税务机关应加强对汇总纳税企业申报缴纳企业所得税的管理，可以对企业自行实施税务核实，也可以与二级分支机构所在地主管税务机关联合实施税务核实。

总机构所在地主管税务机关应对查实项目按照《企业所得税法》的规定统一计算查增的应纳税所得额和应纳税额。

总机构应将查补所得税款（包括滞纳金、罚款，下同）的50%按照本办法第十五条规定计算的分摊比例，分摊给各分支机构（不包括本办法第五条规定的分支机构）缴纳，各分支机构根据分摊查补税款就地办理缴库；50%分摊给总机构缴纳，其中25%就地办理缴库，25%就地全额缴入中央国库。具体的税款缴库程序按照财预〔2012〕40号文件第五条等相关规定执行。

汇总纳税企业缴纳查补所得税款时，总机构应向其所在地主管税务机关报送汇总纳税企业分支机构所得税分配表和总机构所在地主管税务机关出具的税务核实结论，各分支机构也应向其所在地主管税务机关报送经总机构所在地主管税务机关受理的汇总纳税企业分支机构所得税分配表和税务核实结论。

第二十八条 二级分支机构所在地主管税务机关应配合总机构所在地主管税务机关对其主管二级分支机构实施税务核实，也可以自行对该二级分支机构实施税务核实。

二级分支机构所在地主管税务机关自行对其主管二级分支机构实施税务核实，可对查实项目按照《企业所得税法》的规定自行计算查增的应纳税所得额和应纳税额。

计算查增的应纳税所得额时，应减除允许弥补的汇总纳税企业以前年度亏损；对于需由总机构统一计算的在企业所得税税前扣除项目，不得由分支机构自行计算调整。

二级分支机构应将查补所得税款的50%分摊给总机构缴纳，其中25%就地办理缴库，25%就地全额缴入中央国库；50%分摊给该二级分支机构就地办理缴库。具体的税款缴库程序按照财预〔2012〕40号文件第五条等相关规定执行。

汇总纳税企业缴纳查补所得税款时，总机构应向其所在地主管税务机关报送经二级分支机构所在地主管税务机关受理的汇总纳税企业分支机构所得税分配表和二级分支机构所在地主管税务机关出具的税务核实结论，二级分支机构也应向其所在地主管税务机关报送汇总纳税企业分支机构所得税分配表和税务核实结论。

第二十九条　税务机关应将汇总纳税企业总机构、分支机构的税务登记信息、备案信息、总机构出具的分支机构有效证明情况及分支机构审核鉴定情况、企业所得税月（季）度预缴纳税申报表和年度纳税申报表、汇总纳税企业分支机构所得税分配表、财务报表（或年度财务状况和营业收支情况）、企业所得税款入库情况、资产损失情况、税收优惠情况、各分支机构参与企业年度纳税调整情况的说明、税务核实及查补税款分摊和入库情况等信息，定期分省汇总上传至国家税务总局跨地区经营汇总纳税企业管理信息交换平台。

第三十条　2008年底之前已成立的汇总纳税企业，2009年起新设立的分支机构，其企业所得税的征管部门应与总机构企业所得税征管部门一致；2009年起新增汇总纳税企业，其分支机构企业所得税的管理部门也应与总机构企业所得税管理部门一致。

第三十一条　汇总纳税企业不得核定征收企业所得税。

第五章　附则

第三十二条　居民企业在中国境内没有跨地区设立不具有法人资格分支机构，仅在同一省、自治区、直辖市和计划单列市（以下称同一地区）内设立不具有法人资格分支机构的，其企业所得税征收管理办法，由各省、自治区、直辖市和计划单列市税务局参照本办法联合制定。

居民企业在中国境内既跨地区设立不具有法人资格分支机构，又在同一地区内设立不具有法人资格分支机构的，其企业所得税征收管理实行本办法。

第三十三条　本办法自2013年1月1日起施行。

《国家税务总局关于印发〈跨地区经营汇总纳税企业所得税征收管理暂行办法〉的通知》（国税发〔2008〕28号）、《国家税务总局关于跨地区经营汇总纳税企业所得税征收管理有关问题的通知》（国税函〔2008〕747号）、《国家税务总局关于跨地区经营外商独资银行汇总纳税问题的通知》（国税函〔2008〕958号）、《国家税务总局关于华能国际电力股份有限公司汇总计算缴纳企业所得税问题的通知》（国税函〔2009〕33号）、《国家税务总局关于跨地区经营汇总纳税企业所得税征收管理若干问题的通知》（国税函〔2009〕221号）和《国家税务总局关于华能国际电力股份有限公司所属分支机构2008年度预缴企业所得税款问题的通知》（国税函〔2009〕674号）同时废止。

《国家税务总局关于发布〈中华人民共和国企业所得税月（季）度预缴纳税申报表〉等报表的公告》（国家税务总局公告2011年第64号）和《国家税务总局关于发布〈中华人民共和国企业所得税月（季）度预缴纳税申报表〉等报表的补充公告》（国家税务总局公告2011年第76号）规定与本办法不一致的，按本办法执行。

11. 财政部 国家税务总局关于企业所得税若干优惠政策的通知（财税〔2008〕1号）

财税〔2008〕1号　条款失效　发布日期：2008-02-22

注释：条款失效，第一条第（一）项至第（九）项自2011年1月1日起停止执行。参见：《财政部 国家税务总局关于企业所得税若干优惠政策的通知》（财税〔2012〕27号）。

根据《中华人民共和国企业所得税法》第三十六条的规定，经国务院批准，现将有关企业所得税优惠政策问题通知如下：

一、关于鼓励软件产业和集成电路产业发展的优惠政策

（一）软件生产企业实行增值税即征即退政策所退还的税款，由企业用于研究开发软件产品和扩大再生产，不作为企业所得税应税收入，不予征收企业所得税。

（二）我国境内新办软件生产企业经认定后，自获利年度起，第一年和第二年免征企业所得税，第三年至第五年减半征收企业所得税。

（三）国家规划布局内的重点软件生产企业，如当年未享受免税优惠的，减按10%的税率征收企业所得税。

（四）软件生产企业的职工培训费用，可按实际发生额在计算应纳税所得额时扣除。

（五）企事业单位购进软件，凡符合固定资产或无形资产确认条件的，可以按照固定资产或无形资产进行核算，经主管税务机关核准，其折旧或摊销年限可以适当缩短，最短可为2年。

（六）集成电路设计企业视同软件企业，享受上述软件企业的有关企业所得税政策。

（七）集成电路生产企业的生产性设备，经主管税务机关核准，其折旧年限可以适当缩短，最短可为3年。

（八）投资额超过80亿元人民币或集成电路线宽小于0.25μm的集成电

路生产企业，可以减按15％的税率缴纳企业所得税，其中，经营期在15年以上的，从开始获利的年度起，第一年至第五年免征企业所得税，第六年至第十年减半征收企业所得税。

（九）对生产线宽小于0.8微米（含）集成电路产品的生产企业，经认定后，自获利年度起，第一年和第二年免征企业所得税，第三年至第五年减半征收企业所得税。

已经享受自获利年度起企业所得税"两免三减半"政策的企业，不再重复执行本条规定。

（十）自2008年1月1日起至2010年底，对集成电路生产企业、封装企业的投资者，以其取得的缴纳企业所得税后的利润，直接投资于本企业增加注册资本，或作为资本投资开办其他集成电路生产企业、封装企业，经营期不少于5年的，按40％的比例退还其再投资部分已缴纳的企业所得税税款。再投资不满5年撤出该项投资的，追缴已退的企业所得税税款，自2008年1月1日起至2010年底，对国内外经济组织作为投资者，以其在境内取得的缴纳企业所得税后的利润，作为资本投资于西部地区开办集成电路生产企业、封装企业或软件产品生产企业，经营期不少于5年的，按80％的比例退还其再投资部分已缴纳的企业所得税税款。再投资不满5年撤出该项投资的，追缴已退的企业所得税税款。

二、关于鼓励证券投资基金发展的优惠政策

（一）对证券投资基金从证券市场中取得的收入，包括买卖股票、债券的差价收入，股权的股息、红利收入，债券的利息收入及其他收入，暂不征收企业所得税。

（二）对投资者从证券投资基金分配中取得的收入，暂不征收企业所得税。

（三）对证券投资基金管理人运用基金买卖股票、债券的差价收入，暂不征收企业所得税。

三、关于其他有关行业、企业的优惠政策

为保证部分行业、企业税收优惠政策执行的连续性，对原有关就业再就业，奥运会和世博会，社会公益，债转股、清产核资、重组、改制、转制等企业改革，涉农和国家储备，其他单项优惠政策共6类定期企业所得税优惠政策（见附件），自2008年1月1日起，继续按原优惠政策规定的办法和时间执行到期。

四、关于外国投资者从外商投资企业取得利润的优惠政策

2008年1月1日之前外商投资企业形成的累积未分配利润，在2008年以

后分配给外国投资者的，免征企业所得税；2008年及以后年度外商投资企业新增利润分配给外国投资者的，依法缴纳企业所得税。

五、除《中华人民共和国企业所得税法》《中华人民共和国企业所得税法实施条例》《国务院关于实施企业所得税过渡优惠政策的通知》（国发〔2007〕39号），《国务院关于经济特区和上海浦东新区新设立高新技术企业实行过渡性税收优惠的通知》（国发〔2007〕40号）及本通知规定的优惠政策以外，2008年1月1日之前实施的其他企业所得税优惠政策一律废止。各地区、各部门一律不得越权制定企业所得税的优惠政策。

12. 国家税务总局关于母子公司间提供服务支付费用有关企业所得税处理问题的通知（国税发〔2008〕86号）

国税发〔2008〕86号　全文有效　发布日期：2008-08-14

根据《中华人民共和国企业所得税法》及其实施条例的有关规定，现就在中国境内，属于不同独立法人的母子公司之间提供服务支付费用有关企业所得税处理问题通知如下：

一、母公司为其子公司（以下简称子公司）提供各种服务而发生的费用，应按照独立企业之间公平交易原则确定服务的价格，作为企业正常的劳务费用进行税务处理。

母子公司未按照独立企业之间的业务往来收取价款的，税务机关有权予以调整。

二、母公司向其子公司提供各项服务，双方应签订服务合同或协议，明确规定提供服务的内容、收费标准及金额等，凡按上述合同或协议规定所发生的服务费，母公司应作为营业收入申报纳税；子公司作为成本费用在企业所得税税前扣除。

三、母公司向其多个子公司提供同类项服务，其收取的服务费可以采取分项签订合同或协议收取；也可以采取服务分摊协议的方式，即，由母公司与各子公司签订服务费用分摊合同或协议，以母公司为其子公司提供服务所发生的实际费用并附加一定比例利润作为向子公司收取的总服务费，在各服务受益子公司（包括盈利企业、亏损企业和享受减免税企业）之间按《中华人民共和国企业所得税法》第四十一条第二款规定合理分摊。

四、母公司以管理费形式向子公司提取费用，子公司因此支付给母公司的管理费，不得在企业所得税税前扣除。

五、子公司申报在企业所得税税前扣除向母公司支付的服务费用，应向主管税务机关提供与母公司签订的服务合同或者协议等与在企业所得税税前扣除该项费用相关的材料。不能提供相关材料的，支付的服务费用不得在企业所得税税前扣除。

国家税务总局
二〇〇八年八月十四日

13. 财政部 税务总局关于金融企业涉农贷款和中小企业贷款损失准备金税前扣除有关政策的公告（财政部 税务总局公告2019年第85号）①

财政部 税务总局公告2019年第85号　　发布日期：2019-08-23

根据《中华人民共和国企业所得税法》及《中华人民共和国企业所得税法实施条例》的有关规定，现就金融企业涉农贷款和中小企业贷款损失准备金的企业所得税在企业所得税税前扣除政策公告如下：

一、金融企业根据《贷款风险分类指引》（银监发〔2007〕54号），对其涉农贷款和中小企业贷款进行风险分类后，按照以下比例计提的贷款损失准备金，准予在计算应纳税所得额时扣除：

（一）关注类贷款，计提比例为2%；

（二）次级类贷款，计提比例为25%；

（三）可疑类贷款，计提比例为50%；

（四）损失类贷款，计提比例为100%。

二、本公告所称涉农贷款，是指《涉农贷款专项统计制度》（银发〔2007〕246号）统计的以下贷款：

（一）农户贷款；

（二）农村企业及各类组织贷款。

本条所称农户贷款，是指金融企业发放给农户的所有贷款。农户贷款的判定应以贷款发放时的承贷主体是否属于农户为准。农户，是指长期（一年以上）居住在乡镇（不包括城关镇）行政管理区域内的住户，还包括长期居住在城关镇所辖行政村范围内的住户和户口不在本地而在本地居住一年以上的住户，国有农场的职工和农村个体工商户。位于乡镇（不包括城关镇）行政管理区域内和在城关镇所辖行政村范围内的国有经济的机关、团

---

① 飞狼财税通编注：根据《财政部、税务总局关于延长部分税收优惠政策执行期限的公告》（财政部 税务总局公告2021年第6号），本文规定的准备金企业所得税在企业所得税税前扣除政策到期后继续执行。

体、学校、企事业单位的集体户；有本地户口，但举家外出谋生一年以上的住户，无论是否保留承包耕地均不属于农户。农户以户为统计单位，既可以从事农业生产经营，也可以从事非农业生产经营。

本条所称农村企业及各类组织贷款，是指金融企业发放给注册地位于农村区域的企业及各类组织的所有贷款。农村区域，是指除地级及以上城市的城市行政区及其市辖建制镇之外的区域。

三、本公告所称中小企业贷款，是指金融企业对年销售额和资产总额均不超过2亿元的企业的贷款。

四、金融企业发生的符合条件的涉农贷款和中小企业贷款损失，应先冲减已在企业所得税税前扣除的贷款损失准备金，不足冲减部分可据实在计算应纳税所得额时扣除。

五、本公告自2019年1月1日起执行至2023年12月31日。

特此公告。

14. 财政部 国家税务总局关于企业境外所得税收抵免有关问题的通知（财税〔2009〕125号）[①]

财税〔2009〕125号　全文有效　发布日期：2009-12-25

根据《中华人民共和国企业所得税法》（以下简称企业所得税法）及《中华人民共和国企业所得税法实施条例》（以下简称实施条例）的有关规定，现就企业取得境外所得计征企业所得税时抵免境外已纳或负担所得税额的有关问题通知如下：

一、居民企业以及非居民企业在中国境内设立的机构、场所（以下统称企业）依照企业所得税法第二十三条、第二十四条的有关规定，应在其应纳税额中抵免在境外缴纳的所得税额的，适用本通知。

二、企业应按照企业所得税法及其实施条例、税收协定以及本通知的规定，准确计算下列当期与抵免境外所得税有关的项目后，确定当期实际可抵免分国（地区）别的境外所得税税额和抵免限额：

[①] 2017年12月28日，财政部、税务总局发布《财政部 税务总局关于完善企业境外所得税收抵免政策问题的通知》（财税〔2017〕84号），明确在现行分国（地区）别不分项抵免方法（以下简称分国抵免法）的基础上，增加不分国（地区）别不分项的综合抵免方法（以下简称综合抵免法），并适当扩大抵免层级，进一步促进利用外资与对外投资相结合，自2017年1月1日起执行。2017年11月21日，国家税务总局发布《关于企业境外承包工程税收抵免凭证有关问题的公告》（国家税务总局公告2017年第41号），适用于2017年度及以后年度汇算清缴，详见：国家税务总局公告2017年第41号。

（一）境内所得的应纳税所得额（以下称境内应纳税所得额）和分国（地区）别的境外所得的应纳税所得额（以下称境外应纳税所得额）；

（二）分国（地区）别的可抵免境外所得税税额；

（三）分国（地区）别的境外所得税的抵免限额。

企业不能准确计算上述项目实际可抵免分国（地区）别的境外所得税税额的，在相应国家（地区）缴纳的税收均不得在该企业当期应纳税额中抵免，也不得结转以后年度抵免。

三、企业应就其按照实施条例第七条规定确定的中国境外所得（境外税前所得），按以下规定计算实施条例第七十八条规定的境外应纳税所得额：

（一）居民企业在境外投资设立不具有独立纳税地位的分支机构，其来源于境外的所得，以境外收入总额扣除与取得境外收入有关的各项合理支出后的余额为应纳税所得额。各项收入、支出按企业所得税法及实施条例的有关规定确定。

居民企业在境外设立不具有独立纳税地位的分支机构取得的各项境外所得，无论是否汇回中国境内，均应计入该企业所属纳税年度的境外应纳税所得额。

（二）居民企业应就其来源于境外的股息、红利等权益性投资收益，以及利息、租金、特许权使用费、转让财产等收入，扣除按照企业所得税法及实施条例等规定计算的与取得该项收入有关的各项合理支出后的余额为应纳税所得额。来源于境外的股息、红利等权益性投资收益，应按被投资方作出利润分配决定的日期确认收入实现；来源于境外的利息、租金、特许权使用费、转让财产等收入，应按有关合同约定应付交易对价款的日期确认收入实现。

（三）非居民企业在境内设立机构、场所的，应就其发生在境外但与境内所设机构、场所有实际联系的各项应税所得，比照上述第（二）项的规定计算相应的应纳税所得额。

（四）在计算境外应纳税所得额时，企业为取得境内、外所得而在境内、境外发生的共同支出，与取得境外应税所得有关的、合理的部分，应在境内、境外（分国（地区）别，下同）应税所得之间，按照合理比例进行分摊后扣除。

（五）在汇总计算境外应纳税所得额时，企业在境外同一国家（地区）设立不具有独立纳税地位的分支机构，按照企业所得税法及实施条例的有关规定计算的亏损，不得抵减其境内或他国（地区）的应纳税所得额，但可以用同一国家（地区）其他项目或以后年度的所得按规定弥补。

四、可抵免境外所得税税额，是指企业来源于中国境外的所得依照中国境外税收法律以及相关规定应当缴纳并已实际缴纳的企业所得税性质的税款。但不包括：

（一）按照境外所得税法律及相关规定属于错缴或错征的境外所得税税款；

（二）按照税收协定规定不应征收的境外所得税税款；

（三）因少缴或迟缴境外所得税而追加的利息、滞纳金或罚款；

（四）境外所得税纳税人或者其利害关系人从境外征税主体得到实际返还或补偿的境外所得税税款；

（五）按照我国企业所得税法及其实施条例规定，已经免征我国企业所得税的境外所得负担的境外所得税税款；

（六）按照国务院财政、税务主管部门有关规定已经从企业境外应纳税所得额中扣除的境外所得税税款。

五、居民企业在按照企业所得税法第二十四条规定用境外所得间接负担的税额进行税收抵免时，其取得的境外投资收益实际间接负担的税额，是指根据直接或者间接持股方式合计持股20%以上（含20%，下同）的规定层级的外国企业股份，由此应分得的股息、红利等权益性投资收益中，从最低一层外国企业起逐层计算的属于由上一层企业负担的税额，其计算公式如下：

本层企业所纳税额属于由一家上一层企业负担的税额=（本层企业就利润和投资收益所实际缴纳的税额+符合本通知规定的由本层企业间接负担的税额）×本层企业向一家上一层企业分配的股息（红利）÷本层企业所得税后利润额。

六、除国务院财政、税务主管部门另有规定外，按照实施条例第八十条规定由居民企业直接或者间接持有20%以上股份的外国企业，限于符合以下持股方式的三层外国企业：

第一层：单一居民企业直接持有20%以上股份的外国企业；

第二层：单一第一层外国企业直接持有20%以上股份，且由单一居民企业直接持有或通过一个或多个符合本条规定持股条件的外国企业间接持有总和达到20%以上股份的外国企业；

第三层：单一第二层外国企业直接持有20%以上股份，且由单一居民企业直接持有或通过一个或多个符合本条规定持股条件的外国企业间接持有总和达到20%以上股份的外国企业。

七、居民企业从与我国政府订立税收协定（或安排）的国家（地区）取得的所得，按照该国（地区）税收法律享受了免税或减税待遇，且该免税或减税的数额按照税收协定规定应视同已缴税额在中国的应纳税额中抵免的，该免税或减税数额可作为企业实际缴纳的境外所得税额用于办理税收抵免。

八、企业应按照企业所得税法及其实施条例和本通知的有关规定分国（地区）别计算境外税额的抵免限额。

某国（地区）所得税抵免限额＝中国境内、境外所得依照企业所得税法及实施条例的规定计算的应纳税总额×来源于某国（地区）的应纳税所得额÷中国境内、境外应纳税所得总额。

据以计算上述公式中"中国境内、境外所得依照企业所得税法及实施条例的规定计算的应纳税总额"的税率，除国务院财政、税务主管部门另有规定外，应为企业所得税法第四条第一款规定的税率。

企业按照企业所得税法及其实施条例和本通知的有关规定计算的当期境内、境外应纳税所得总额小于零的，应以零计算当期境内、境外应纳税所得总额，其当期境外所得税的抵免限额也为零。

九、在计算实际应抵免的境外已缴纳和间接负担的所得税税额时，企业在境外一国（地区）当年缴纳和间接负担的符合规定的所得税税额低于所计算的该国（地区）抵免限额的，应以该项税额作为境外所得税抵免额从企业应纳税总额中据实抵免；超过抵免限额的，当年应以抵免限额作为境外所得税抵免额进行抵免，超过抵免限额的余额允许从次年起在连续五个纳税年度内，用每年度抵免限额抵免当年应抵税额后的余额进行抵补。

十、属于下列情形的，经企业申请，主管税务机关核准，可以采取简易办法对境外所得已纳税额计算抵免：

（一）企业从境外取得营业利润所得以及符合境外税额间接抵免条件的股息所得，虽有所得来源国（地区）政府机关核发的具有纳税性质的凭证或证明，但因客观原因无法真实、准确地确认应当缴纳并已经实际缴纳的境外所得税税额的，除就该所得直接缴纳及间接负担的税额在所得来源国（地区）的实际有效税率低于我国企业所得税法第四条第一款规定税率50%以上的外，可按境外应纳税所得额的12.5%作为抵免限额，企业按该国（地区）税务机关或政府机关核发具有纳税性质凭证或证明的金额，其不超过抵免限额的部分，准予抵免；超过的部分不得抵免。

属于本款规定以外的股息、利息、租金、特许权使用费、转让财产等投资性所得，均应按本通知的其他规定计算境外税额抵免。

（二）企业从境外取得营业利润所得以及符合境外税额间接抵免条件的股息所得，凡就该所得缴纳及间接负担的税额在所得来源国（地区）的法定税率且其实际有效税率明显高于我国的，可直接以按本通知规定计算的境外应纳税所得额和我国企业所得税法规定的税率计算的抵免限额作为可抵免的已在境外实际缴纳的企业所得税税额。具体国家（地区）名单见附件。财政部、国家税务总局可根据实际情况适时对名单进行调整。

属于本款规定以外的股息、利息、租金、特许权使用费、转让财产等投资性所得，均应按本通知的其他规定计算境外税额抵免。

十一、企业在境外投资设立不具有独立纳税地位的分支机构，其计算生产、经营所得的纳税年度与我国规定的纳税年度不一致的，与我国纳税年度当年度相对应的境外纳税年度，应为在我国有关纳税年度中任何一日结束的境外纳税年度。

企业取得上款以外的境外所得实际缴纳或间接负担的境外所得税，应在该项境外所得实现日所在的我国对应纳税年度的应纳税额中计算抵免。

十二、企业抵免境外所得税额后实际应纳所得税额的计算公式为：

企业实际应纳所得税额＝企业境内外所得应纳税总额－企业所得税减免、抵免优惠税额－境外所得税抵免额。

十三、本通知所称不具有独立纳税地位，是指根据企业设立地法律不具有独立法人地位或者按照税收协定规定不认定为对方国家（地区）的税收居民。

十四、企业取得来源于中国香港、澳门、台湾地区的应税所得，参照本通知执行。

十五、中华人民共和国政府同外国政府订立的有关税收的协定与本通知有不同规定的，依照协定的规定办理。

十六、本通知自2008年1月1日起执行。

15. 财政部 国家税务总局关于企业关联方利息支出税前扣除标准有关税收政策问题的通知（财税〔2008〕121号）[①]

财税〔2008〕121号　全文有效　发布日期：2008-09-23

为规范企业利息支出在企业所得税税前扣除，加强企业所得税管理，根据《中华人民共和国企业所得税法》（以下简称税法）第四十六条和《中华人民共和国企业所得税法实施条例》（国务院令第512号，以下简称实施

[①] 飞狼财税通编注：2009年12月31日国家税务总局发布《关于企业向自然人借款的利息支出企业所得税税前扣除问题的通知》（国税函〔2009〕777号），明确自然人借款的利息支出企业所得税在企业所得税税前扣除问题。

条例）第一百一十九条的规定，现将企业接受关联方债权性投资利息支出在企业所得税税前扣除问题通知如下：

一、在计算应纳税所得额时，企业实际支付给关联方的利息支出，不超过以下规定比例和税法及其实施条例有关规定计算的部分，准予扣除，超过的部分不得在发生当期和以后年度扣除。

企业实际支付给关联方的利息支出，除符合本通知第二条规定外，其接受关联方债权性投资与其权益性投资比例为：

（一）金融企业，为5∶1；

（二）其他企业，为2∶1。

二、企业如果能够按照税法及其实施条例的有关规定提供相关资料，并证明相关交易活动符合独立交易原则的；或者该企业的实际税负不高于境内关联方的，其实际支付给境内关联方的利息支出，在计算应纳税所得额时准予扣除。

三、企业同时从事金融业务和非金融业务，其实际支付给关联方的利息支出，应按照合理方法分开计算；没有按照合理方法分开计算的，一律按本通知第一条有关其他企业的比例计算准予在企业所得税税前扣除的利息支出。

四、企业自关联方取得的不符合规定的利息收入应按照有关规定缴纳企业所得税。

16. 国家税务总局关于企业国债投资业务企业所得税处理问题的公告（国家税务总局公告2011年第36号）

国家税务总局公告2011年第36号　全文有效　发布日期：2011-06-22

根据《中华人民共和国企业所得税法》（以下简称企业所得税法）及其实施条例的规定，现对企业国债投资业务企业所得税处理问题，公告如下：

一、关于国债利息收入税务处理问题

（一）国债利息收入时间确认

1.根据企业所得税法实施条例第十八条的规定，企业投资国债从国务院财政部门（以下简称发行者）取得的国债利息收入，应以国债发行时约定应付利息的日期，确认利息收入的实现。

2.企业转让国债，应在国债转让收入确认时确认利息收入的实现。

（二）国债利息收入计算

企业到期前转让国债，或者从非发行者投资购买的国债，其持有期间尚未兑付的国债利息收入，按以下公式计算确定：

国债利息收入=国债金额×(适用年利率÷365)×持有天数

上述公式中的"国债金额",按国债发行面值或发行价格确定;"适用年利率"按国债票面年利率或折合年收益率确定;如企业不同时间多次购买同一品种国债的,"持有天数"可按平均持有天数计算确定。

(三)国债利息收入免税问题

根据企业所得税法第二十六条的规定,企业取得的国债利息收入,免征企业所得税。具体按以下规定执行:

1.企业从发行者直接投资购买的国债持有至到期,其从发行者取得的国债利息收入,全额免征企业所得税。

2.企业到期前转让国债,或者从非发行者投资购买的国债,其按本公告第一条第(二)项计算的国债利息收入,免征企业所得税。

二、关于国债转让收入税务处理问题

(一)国债转让收入时间确认

1.企业转让国债应在转让国债合同、协议生效的日期,或者国债移交时确认转让收入的实现。

2.企业投资购买国债,到期兑付的,应在国债发行时约定的应付利息的日期,确认国债转让收入的实现。

(二)国债转让收益(损失)计算

企业转让或到期兑付国债取得的价款,减除其购买国债成本,并扣除其持有期间按照本公告第一条计算的国债利息收入以及交易过程中相关税费后的余额,为企业转让国债收益(损失)。

(三)国债转让收益(损失)征税问题

根据企业所得税法实施条例第十六条规定,企业转让国债,应作为转让财产,其取得的收益(损失)应作为企业应纳税所得额计算纳税。

三、关于国债成本确定问题

(一)通过支付现金方式取得的国债,以买入价和支付的相关税费为成本;

(二)通过支付现金以外的方式取得的国债,以该资产的公允价值和支付的相关税费为成本;

四、关于国债成本计算方法问题

企业在不同时间购买同一品种国债的,其转让时的成本计算方法,可在先进先出法、加权平均法、个别计价法中选用一种。计价方法一经选用,不得随意改变。

五、本公告自2011年1月1日起施行。

特此公告。

二、增值税

1. 国家税务总局关于金融机构开展个人实物黄金交易业务增值税有关问题的通知（国税发〔2005〕178号）

国税发〔2005〕178号　全文有效　发布日期：2005-11-07

近接金融机构来文，反映其经中国人民银行、中国银行业监督管理委员会批准，在所属分理处、储蓄所等营业场所内开展个人实物黄金交易业务，即向社会公开销售刻有不同字样的特制实物金条等黄金制品，并依照市场价格向购买者购回所售金条，由分行统一清算交易情况。对于金融机构销售实物黄金的行为，应当照章征收增值税，考虑到金融机构征收管理的特殊性，为加强税收管理，促进交易发展，现将有关问题通知如下：

一、对于金融机构从事的实物黄金交易业务，实行金融机构各省级分行和直属一级分行所属地市级分行、支行按照规定的预征率预缴增值税，由省级分行和直属一级分行统一清算缴纳的办法。

（一）发生实物黄金交易行为的分理处、储蓄所等应按月计算实物黄金的销售数量、金额，上报其上级支行。

（二）各支行、分理处、储蓄所应依法向机构所在地主管国家税务局申请办理税务登记。各支行应按月汇总所属分理处、储蓄所上报的实物黄金销售额和本支行的实物黄金销售额，按照规定的预征率计算增值税预征税额，向主管税务机关申报缴纳增值税。

预征税额＝销售额×预征率

（三）各省级分行和直属一级分行应向机构所在地主管国家税务局申请办理税务登记，申请认定增值税一般纳税人资格。按月汇总所属地市分行或支行上报的实物黄金销售额和进项税额，按照一般纳税人方法计算增值税应纳税额，根据已预征税额计算应补税额，向主管税务机关申报缴纳。

应纳税额＝销项税额－进项税额　　应补税额＝应纳税额－预征税额

当期进项税额大于销项税额的，其留抵税额结转下期抵扣，预征税额大于应纳税额的，在下期增值税应纳税额中抵减。

（四）从事实物黄金交易业务的各级金融机构取得的进项税额，应当按照现行规定划分不可抵扣的进项税额，作进项税额转出处理。

（五）预征率由各省级分行和直属一级分行所在地省级国家税务局确定。

二、金融机构所属分行、支行、分理处、储蓄所等销售实物黄金时，应当向购买方开具国家税务总局统一监制的普通发票，不得开具银行自制的金融专业发票，普通发票领购事宜由各分行、支行办理。

三、各地在执行中遇到的问题，应及时向总局(流转税管理司)报告。

2.银行业增值税纳税申报代理业务指引（试行）（中税协发〔2019〕40号附件）

中税协发〔2019〕40号附件　全文有效　发布日期：2019-08-02

第一章　总则

第一条　为规范税务师事务所及其涉税服务人员提供银行业增值税纳税申报代理服务行为，提高执业质量，防范执业风险，根据《涉税专业服务监管办法（试行）》（国家税务总局公告2017年第13号）和中国注册税务师协会《纳税申报代理业务指引（试行）》《增值税纳税申报代理业务指引（试行）》，制定本指引。

第二条　税务师事务所及其涉税服务人员承办银行业增值税纳税申报代理业务适用本指引。除本指引规范事项外，承办银行业增值税纳税申报代理业务适用《纳税申报代理业务指引（试行）》及《增值税纳税申报代理业务指引（试行）》。

第三条　本指引所称银行业增值税纳税申报代理业务，是指税务师事务所接受银行业纳税人、扣缴义务人（以下简称"委托人"）委托，双方确立代理关系，指派本机构涉税服务人员对委托人提供的资料进行归集和专业判断，代理委托人进行增值税纳税申报（以下简称"纳税申报"）准备和填报增值税纳税申报表、增值税扣缴税款报告表（以下简称"申报表"）以及相关文件，并完成增值税纳税申报的服务行为。

银行业从事资管产品等特定增值税业务，不包括在本业务指引范围内。

第四条　税务师事务所及其涉税服务人员承办银行业增值税纳税申报代理业务应当按照法律、行政法规及相关规定的期限和内容，代理委托人如实向税务机关办理增值税纳税申报和报送纳税资料，做到申报资料齐全、逻辑关系正确、税额（费）计算准确、纳税申报及时。

第五条　税务师事务所及其涉税服务人员提供银行业增值税纳税申报代理服务，应当按照《税务师行业涉税专业服务程序指引（试行）》和《纳税申报代理业务指引（试行）》执行业务承接、业务委派、业务计划、归集资料、专业判断、业务实施、后续管理、业务成果、业务记录等一般流程。

第二章 业务实施

第一节 资料收集

第六条 综合评价银行业增值税纳税申报代理服务的执业风险，对涉税业务进行充分评估。

（一）了解银行外部情况，判断银行遵守执行中国银行保险监督管理委员会等机构规章制度及准则的情况；

（二）掌握银行内部基本情况，包括银行总分支结构情况；银行资产、利润规模与质量；银行资产配置、资金来源、经营业务等；

（三）了解银行增值税纳税申报相关信息，包括纳税评估、税务稽查、纳税申报资料、增值税一般纳税人登记信息、增值税发票信息、税收优惠享受情况等。尤其了解委托人或委托人指向的第三人的主要股东、关键管理人员与治理层是否涉及增值税税收违法活动；

（四）了解银行内部控制情况、财务会计核算方法及其审计结论等信息；

（五）了解银行业务系统中的增值税相关系统参数配置情况。

（六）其他与银行业增值税纳税申报服务相关的事项。

第七条 银行业增值税纳税申报代理业务开展时，应根据委托人不同的情况，要求其提供相应的基础资料、税务申报计算资料、实现汇总纳税的分支机构预缴税款完税凭证资料、增值税发票相关资料、备案资料等。

第二节 销售额关注事项

第八条 贷款利息收入销售额关注事项。

（一）贷款合同是否于应付利息日期确认利息收入；对未签订贷款合同或者贷款合同未确定应付利息日期的，是否在收取利息收入的当天确认收入实现。应收利息、利息收入、贷款等会计科目金额和银行贷款合同、结息清单等原始凭证，是否按照合同约定的利率和时间确认利息收入。区分各种贷款的性质，是否按国家规定的贷款利率计算利息，有无降低利率少计利息收入现象；

（二）银行发放贷款后，自结息日90天内发生的应收未收利息。应收利息和利息收入会计科目金额，是否存在90天内应收未收利息冲销应收利息和利息收入，从而减少应税销售额，在实际收到利息收入时计入销售额的情况；

（三）银行发放贷款后，自结息日起90天后发生的应收未收利息，结合银行表外项目，不需计入当期销售额。追踪测试表外项目，是否在实际收回利息收入时，按规定确认当期销售额；

（四）银行贷款的分类，针对不良贷款计提减值准备，是否存在冲减已计应税销售额。对呆账坏账收回情况，是否及时确认利息收入；

（五）银行特殊销售方式。豁免的表内利息和豁免的表外利息，是否按照规定抵减当期销售额。发生开票有误或者销售折让、中止、退回等情形，是否按照规定开具红字增值税专用发票。

第九条　金融机构往来收入销售额关注事项。

（一）银行与金融机构往来收入是否属于免征增值税范围。重点关注：银行与人民银行所发生的资金往来业务；银行联行往来业务；银行与金融机构间的资金往来业务；金融同业往来利息收入业务；同业存款、同业借款、同业代付、买断式买入返售金融商品、持有金融债券、同业存单、质押式买入返售金融商品、持有政策性金融债券等业务；

（二）不符合免税规定的金融机构往来收入，是否按照规定确认利息收入。

第十条　信用卡透支利息收入销售额关注事项。

（一）银行向客户收取的因透支消费或取现而产生的利息及价外费用，是否正确确认信用卡透支利息收入。银行是否在账单日或客户还款日确认收入的实现；

（二）信用卡透支利息在逾期超过90天后，银行是否将账单利息转表外。是否对利息收入进行价税分离，确认销售额，计算增值税额；

（三）表内利息豁免，是否按照销售折扣处理。如销售额和折扣额在同一张发票上分别注明的，银行可按照豁免后的利息收入计算缴纳增值税。

第十一条　融资性售后回租服务销售额关注事项。是否以取得的全部价款和价外费用（不含本金），扣除对外支付的借款利息（包括外汇借款和人民币借款利息）、发行债券利息后的余额进行确认。重点关注融资性售后回租服务中对应的合同和票据，结合出售环节，判定按照贷款服务确认销售额的正确性。

第十二条　票据贴现业务关注事项。票据贴现业务的种类，贴现业务是否在贴现日确认纳税义务，对贴现息区分适用政策时间分别按全额或实际持有票据期间取得的利息收入金额进行价税分离计算缴纳增值税。

第十三条　金融商品持有期间利息收入销售额关注事项。

（一）金融商品持有期间利息收入的确认时间及时性和金额准确性、利息收入范围界定的全面和免征增值税的区分；

（二）金融商品持有期间是否按照约定的付息日或出售金融商品同时收到利息的当天确认纳税义务发生时间；

（三）利息收入是否按债券面值及票面利息计算利息收入；

（四）利息收入包含保本收益、报酬、资金占用费、补偿金等，核实银行是否有将利息收入性质的款项未确认收入，未计入销售额的情况。对银行金融商品持有期间取得的非保本收益、报酬、资金占用费、补偿金等，是否按照不属于利息收入，未征收增值税；

（五）银行持有国债、地方政府债获取的利息收入，是否作为免税收入。银行持有的金融债券、央行票据取得的利息收入，属于同业往来利息收入，作为免税收入。严格区分银行持有金融商品的应税利息收入和免税利息收入的范围。

第十四条 其他贷款服务的合同、会计账簿核算情况、纳税义务发生时间的确认，当期是否准确确认的贷款服务销售额。

第十五条 直接收费金融服务销售额关注事项。

（一）直接收费金融服务的业务范围，是否包括为货币资金融通及其他金融业务提供相关服务并且收取费用的全部业务活动；

在货币兑换、账户管理、电子银行、信用卡、信用证、财务担保、资产管理、信托管理、基金管理、金融交易场所（平台）管理、资金结算、资金清算、金融支付等业务中提供的服务，是否按照收取的各类手续费和佣金，在合同约定的付款日期、实际收到款项等时点确认销售额的实现，将含税金额换算为不含税金额，确认销售额；

（二）银行卡业务中，分别作为发卡机构和收单机构确认的销售额是否准确。结合清算结构、发卡机构和收单机构三方的增值税发票开具情况，其销售额确认的准确性；

第十六条 金融商品转让销售额关注事项。是否将价差收益确认为金融商品的卖出价扣除买入价后的余额，是否将转让金融商品出现的正负差，按盈亏相抵后的余额为销售额。关注转让过程中收取的手续费、税费等相关费用的税收处理。关注金融商品转让年末负差是否存在跨年结转。

第十七条 银行货物及加工修理修配劳务、应税服务、销售不动产和无形资产销售额关注事项。

（一）银行销售自己使用过的固定资产，是否区分购入时间及抵扣情况等，分别按照规定缴纳增值税；

（二）银行销售自己使用过的除固定资产外的物品，销售废旧物资等，是否按照规定缴纳增值税；

（三）银行各类赠送行为是否实质属于"无偿"，银行各类赠送行为是否与银行向客户提供金融服务密切相关，银行向客户赠送的是金融服务还是行外服务或货物，对无偿赠送行为均按照视同销售处理确认销售额；

（四）银行不动产租赁、销售不动产和无形资产的业务，是否按照规定确认销售额，计算缴纳增值税。

第十八条　银行即征即退项目关注事项。具备资格从事融资租赁业务的银行，提供有形动产融资租赁服务和有形动产融资性售后回租服务，是否按照规定对其增值税实际税负超过3%的部分实行增值税即征即退。是否符合享受即征即退的标准，是否已经达到政策规定的实收资本标准，是否办理对应备案手续。

第十九条　纳税人因税务、财政、审计部门核实，按一般计税方法在当期计算调整的销售额关注事项。

第二十条　纳税人从购买方取得的各类价外费用是否按规定入账，在确认销售额时，是否按照适用税率换算为不含税金额。对符合条件的不征税价外费用，关注其实质要件和资料。

第二十一条　采用简易计税方法计税的金融服务的资格与备案等手续是否符合政策规定。具体的涉农贷款、特定主体特定区域提供金融服务等，是否按照贷款服务、直接收费金融服务、金融商品转让等按照相关规定确认销售额，以及及时性与准确性。

第三节　扣除项目明细关注事项

第二十二条　金融商品转让扣除项目的金额关注事项。对金融商品的买入价，应关注其不包括各种费用和税金，同时折溢价应包含在买入价中进行扣除。

第二十三条　银行销售不动产业务关注事项。适用简易计税方法时，对应扣除项目明细，其扣除原值的发票及相关依据。

银行其他业务中需扣除项目的金额及扣除凭证和应税销售额确认的完整性。

第四节　减免税项目关注事项

第二十四条　银行按照税法规定免征增值税的金融服务业务关注事项，是否符合免税规定的条件，并按规定备案和保存备查资料。享受免税的金额计算是否准确。准确核算免税项目与应税项目的销售额。

银行业涉及的免税服务包括：国家助学贷款、国债、地方政府债、农户小额贷款、金融机构与人民银行发生的资金往来业务、银行联行往来业等，还包括为境外单位进行货币资金融通及其他金融业务提供的直接收费金融项目等。

第二十五条　银行除符合免税条件的金融服务外，是否按照税法规定享受的增值税对应减免税税收优惠政策。关注适用减免税的条件和相应的备案手续与资料。

第五节 销项税额关注事项

第二十六条 银行提供应税劳务销售额、销售应税货物销售额、纳税核实调整销售额适用的税率与征收率。

第二十七条 银行是否按照确认的应税销售额和适用税率，在纳税义务发生时间，准确并及时计算销项税额。

第二十八条 银行是否按照确认的简易办法计税的销售额和适用征收率，在纳税义务发生时间，准确并及时计算简易计税办法计算的应纳税额。

第六节 增值税发票关注事项

第二十九条 银行开具增值税发票的内部控制流程。发票领购、发票开具、发票保管、发票签章等环节具体的内部控制情况。

第三十条 增值税发票领用情况，包括领用的增值税普通发票和增值税专用发票。

第三十一条 增值税发票使用情况。

（一）开具增值税专用发票情况。关注当期实际开具的增值税专用发票情况和红字增值税专用发票开具情况。关注不得开具增值税专用发票的情况，其中金融商品转让以及免税项目不得开具增值税专用发票；

（二）开具增值税普通发票情况。关注当期实际开具的增值税普通发票情况，包括纸质普通发票和电子普通发票。关注金融商品转让，金融商品转让须按照卖出价扣除买入价后的余额确认销售额，但按照卖出价开具增值税普通发票。

第三十二条 当期全部销售额（不包括纳税核实调整）、销项税额与当期开具增值税专用发票、开具增值税普通发票、未开具发票三项之和之间的勾稽关系，是否一致。分析两者之间差异的原因；

第三十三条 期末发票结余情况。将当期领购与当期使用情况和当期销售额与销项税额进行比对。

第七节 申报抵扣进项税额关注事项

第三十四条 增值税专用发票在本期认证相符且本期申报抵扣的进项税额。

（一）银行购进货物、接受应税劳务或应税服务、购进无形资产或不动产，用于一般计税方法的并可以抵扣进项税额的应税项目；

（二）银行购进货物、接受应税劳务或应税服务、购进无形资产或不动产取得增值税专用发票的发票联、抵扣联的记载内容是否完整、一致，符合专用发票开具要求；

（三）银行购进货物、接受应税劳务或应税服务、购进无形资产或不动产是否与购买方的生产、经营相关；

（四）取得的用于购建不动产的增值税专用发票，应进行全额认证或者在通过增值税发票选择确认平台全额选择；

（五）增值税专用发票是否在规定时限内办理认证或登录增值税发票选择确认平台进行确认。在规定的纳税申报期内，向主管国税机关申报抵扣进项税额；

（六）银行用于收费公路通行费增值税电子普通发票，是否按照规定申报抵扣进项税额。

第三十五条　增值税专用发票在前期认证相符且本期申报抵扣的进项税额。

前期认证相符的全部信息。属于逾期申报的部分，确认取得税务机关的审批。

属于辅导期纳税人，依据稽核比对结果通知书及明细清单注明的稽核相符增值税专用发票进行申报抵扣。

第三十六条　其他扣税凭证的进项税额。

（一）纳税人是否依据税务机关告知的稽核比对结果通知书及其明细单注明的稽核相符的海关进口增值税专用缴款书申报纳税；

重点关注：增值税专用缴款书票据的真实性、专用缴款书所注明的进口货物入库单、纳税人报送《海关完税凭证抵扣清单》（电子数据）等内容和申请稽核比对情况以及时限要求。

（二）银行向境外支付的利息费用、手续费及佣金等，涉及代扣代缴增值税的部分，是否按规定解缴税款。符合进项税额抵扣条件的，是否认证并按期申报抵扣；

（三）银行原按照规定不得抵扣且未抵扣进项税额的固定资产、无形资产、不动产。发生用途改变，用于允许抵扣进项税额的应税项目，可在用途改变的次月将按照规定计算出的可以抵扣的进项税额。关注原取得扣税凭证，是否已经按照规定认证；

（四）银行购入农业生产者自产农产品取得的农产品收购发票或者销售发票，抵扣进项税额的计算。从小规模纳税人处购进农产品时取得增值税专用发票，抵扣进项税额的计算。

第三十七条　按规定本期用于购建不动产、新建不动产、改扩建、修缮、装饰不动产等的扣税凭证的进项税额。

第三十八条　按规定本期允许抵扣的购进旅客运输服务取得的扣税凭证的进项税额。

第三十九条　进项税额抵扣的扣税凭证管理。银行对取得的扣税凭证，应有严格的内控制度，对扣税凭证的取得时限、填开要求、流转中责任、认证期限、抵扣权限、抵扣后期管理等进行制度规定。

第四十条　银行纳税人已经取得，但按税法规定不符合抵扣条件，暂不予在本期申报抵扣的进项税额情况及按税法规定不允许抵扣的进项税额情况，是否按规定确认为待抵扣进项税额。

第八节　本期进项税额转出额关注事项

第四十一条　已抵扣进项税额的货物、劳务、服务，用于免征增值税项目、集体福利或者个人消费、简易计税方法计税项目或发生非正常损失，是否按规定进行进项税额转出。重点关注用于免征增值税项目、集体福利或个人消费、简易计税方法计税项目的范围以及非正常损失的责任。

第四十二条　已抵扣进项税额的固定资产、不动产、无形资产，由于改变用途，专用于免征增值税项目、集体福利或个人消费、简易计税方法计税项目是否按照资产净值和适用税率计算进项税额转出以及资产净值计算的准确性。

第四十三条　本期申报抵扣的既用于应税项目又用于免税项目或简易计税项目的进项税额，对当期无法划分的进项税额是否按照当期无法划分的全部进项税额和免征增值税销售额或简易计税项目销售额占全部销售额的比例计算进项税额转出。

第四十四条　本期税务、财政、审计部门纳税核实后在本期应调减的进项税额，包括核实过程中发现应调减的本期进项税额和以前期间的进项税额。

第四十五条　红字专用发票信息表注明的进项税额。重点关注税务机关开具的《开具红字增值税专用发票信息表》注明的在本期应转出的进项税额。

第四十六条　本期经税务机关同意，按照规定使用上期留抵税额抵减欠税的情况。

第四十七条　增量留抵税额退税额的条件。符合留抵税额退税的，是否正确计算留抵退税金额，并按规定办理退税申请。一旦税务机关批准留抵税额可以退税的，不管是否已收到退还的增值税，均按照进项税额转出处理。

第九节　税额抵减关注事项

第四十八条　纳税人增值税税控专用设备和税控技术维护费增值税税

额抵减情况。

第四十九条　银行分支机构预缴税额抵减情况。

（一）实行总机构汇总纳税，分支机构就地预缴，获取银行分支机构和总机构的单位信息，税务登记信息等。重点获得税务机关的批复；

（二）分支机构预缴增值税的计税销售额的准确性和预征率适用性。获得预缴增值税的完税证明，在总机构汇总纳税时进行税额抵减。

第五十条　银行纳税人销售不动产和出租不动产的已预缴的税款准确性和应税凭证的完整性。

第十节　税款缴纳关注事项

第五十一条　本期应补（退）税额项目，包括期初未缴税额、本期已缴税额、期末未缴税额。各项目对应的完税凭证。

第五十二条　银行本期因符合增值税即征即退政策规定，而实际收到的税务机关退回的增值税额。

第五十三条　期初未缴查补税额、本期入库查补税额、期末未缴查补税额。正确计算当期应（补）退税额。

第三章　业务记录

第五十四条　税务师事务所应当按照《税务师行业涉税专业服务程序指引（试行）》《纳税申报代理业务指引（试行）》和《增值税纳税申报代理业务指引（试行）》制定业务工作底稿管理制度，可以根据自身情况，制定银行业增值税纳税申报代理业务工作底稿。

第五十五条　银行业增值税纳税申报服务业务记录底稿包括：企业基本资料、基础数据、工作底稿。

第五十六条　企业基本资料工作底稿包括：企业基本环境、会计处理环境、税务处理环境。

（一）企业基本环境工作底稿包括：注册登记情况、银行开户情况等；

（二）会计处理环境工作底稿包括：所执行的会计制度、确定的具体会计规定、各类财务报告、企业会计政策变动情况及说明等；

（三）税务处理环境工作底稿包括：纳税义务确认、计税方法选择、申报方式选择、办税程序设计与实施等。

第五十七条　基础数据内容包括书面说明及纳税人提供的财务税务资料：

（一）书面声明。涉税专业服务机构及其涉税专业服务人员应当从管理层获取保证相关资料的真实、准确、合法和完整的书面声明。

（二）纳税人以往纳税申报数据，企业提供账务资料（包括科目余额表、科目明细账、进项税额明细表、视同销售明细表、不动产抵扣台账等）。

第五十八条　基础数据工作底稿包括：销项税额数据、进项税额数据（小规模纳税人不适用）、税收优惠数据、纳税调整数据等。

（一）销项税额工作底稿。需根据不同的计税方法及税率，划分不同的应税项目，形成销项税额工作底稿；根据税控设备导出的开票数据，形成当期开票明细工作底稿。

（二）进项税额工作底稿。数据需与增值税数据确认平台数据一致，并需关注进项税额转出事项、不动产（含在建工程）进项抵扣、加计抵扣等特殊进项税额数据在当期的确认及转入转出。

（三）税收优惠工作底稿。主要记录税收优惠事项以供备查。

（四）有关税种纳税调整业务工作底稿的主要有：会计数据、税收数据、纳税调整增加数据、纳税调整减少数据。

第四章　业务成果及归档

第五十九条　税务师事务所承办银行业增值税纳税申报代理业务应按照《税务师行业涉税专业服务程序指引（试行）》《纳税申报代理业务指引（试行）》和《增值税纳税申报代理业务指引（试行）》规定，办理报告确认、留存备查、整理归档、报告提醒、保密要求等业务报告事项。

第六十条　税务师事务所承办银行业增值税纳税申报代理业务应当按照《税务师行业涉税专业服务程序指引（试行）》《纳税申报代理业务指引（试行）》和《增值税纳税申报代理业务指引（试行）》等相关规定建立档案管理制度。

第五章　附则

第六十一条　本指引自2019年8月1日起试行。

3. 财政部 国家税务总局关于金融机构同业往来等增值税政策的补充通知（财税〔2016〕70号）

财税〔2016〕70号　全文有效　发布日期：2016-06-30

经研究，现将营改增试点期间有关金融业政策补充通知如下：

一、金融机构开展下列业务取得的利息收入，属于《营业税改征增值税试点过渡政策的规定》(财税〔2016〕36号,以下简称《过渡政策的规定》)第一条第(二十三)项所称的金融同业往来利息收入:

(一)同业存款。

同业存款,是指金融机构之间开展的同业资金存入与存出业务,其中资金存入方仅为具有吸收存款资格的金融机构。

(二)同业借款。

同业借款,是指法律法规赋予此项业务范围的金融机构开展的同业资金借出和借入业务。此条款所称"法律法规赋予此项业务范围的金融机构"主要是指农村信用社之间以及在金融机构营业执照列示的业务范围中有反映为"向金融机构借款"业务的金融机构。

(三)同业代付。

同业代付,是指商业银行(受托方)接受金融机构(委托方)的委托向企业客户付款,委托方在约定还款日偿还代付款项本息的资金融通行为。

(四)买断式买入返售金融商品。

买断式买入返售金融商品,是指金融商品持有人(正回购方)将债券等金融商品卖给债券购买方(逆回购方)的同时,交易双方约定在未来某一日期,正回购方再以约定价格从逆回购方买回相等数量同种债券等金融商品的交易行为。

(五)持有金融债券。

金融债券,是指依法在中华人民共和国境内设立的金融机构法人在全国银行间和交易所债券市场发行的、按约定还本付息的有价证券。

(六)同业存单。

同业存单,是指银行业存款类金融机构法人在全国银行间市场上发行的记账式定期存款凭证。

二、商业银行购买央行票据、与央行开展货币掉期和货币互存等业务属于《过渡政策的规定》第一条第(二十三)款第1项所称的金融机构与人民银行所发生的资金往来业务。

三、境内银行与其境外的总机构、母公司之间,以及境内银行与其境外的分支机构、全资子公司之间的资金往来业务属于《过渡政策的规定》第一条第(二十三)款第2项所称的银行联行往来业务。

四、人民币合格境外投资者(rqfii)委托境内公司在我国从事证券买卖业务,以及经人民银行认可的境外机构投资银行间本币市场取得的收入属于《过渡政策的规定》第一条第(二十二)款所称的金融商品转让收入。

银行间本币市场包括货币市场、债券市场以及衍生品市场。

五、本通知自2016年5月1日起执行。

4. 财政部 税务总局关于继续实施银行业金融机构、金融资产管理公司不良债权以物抵债有关税收政策的公告（财政部 税务总局公告2023年第35号）

财政部 税务总局公告2023年第35号　全文有效　发布日期：2023-08-21

为继续支持银行业金融机构、金融资产管理公司处置不良债权，有效防范金融风险，现将有关税收政策公告如下：

一、银行业金融机构、金融资产管理公司中的增值税一般纳税人处置抵债不动产，可选择以取得的全部价款和价外费用扣除取得该抵债不动产时的作价为销售额，适用9%税率计算缴纳增值税。

按照上述规定从全部价款和价外费用中扣除抵债不动产的作价，应当取得人民法院、仲裁机构生效的法律文书。

选择上述办法计算销售额的银行业金融机构、金融资产管理公司，接收抵债不动产取得增值税专用发票的，其进项税额不得从销项税额中抵扣；处置抵债不动产时，抵债不动产作价的部分不得向购买方开具增值税专用发票。

根据《财政部 税务总局关于银行业金融机构、金融资产管理公司不良债权以物抵债有关税收政策的公告》（财政部 税务总局公告2022年第31号）有关规定计算增值税销售额的，按照上述规定执行。

二、对银行业金融机构、金融资产管理公司接收、处置抵债资产过程中涉及的合同、产权转移书据和营业账簿免征印花税，对合同或产权转移书据其他各方当事人应缴纳的印花税照章征收。

三、对银行业金融机构、金融资产管理公司接收抵债资产免征契税。

四、各地可根据《中华人民共和国房产税暂行条例》《中华人民共和国城镇土地使用税暂行条例》授权和本地实际，对银行业金融机构、金融资产管理公司持有的抵债不动产减免房产税、城镇土地使用税。

五、本公告所称抵债不动产、抵债资产，是指经人民法院判决裁定或仲裁机构仲裁的抵债不动产、抵债资产。其中，金融资产管理公司的抵债不动产、抵债资产，限于其承接银行业金融机构不良债权涉及的抵债不动产、抵债资产。

六、本公告所称银行业金融机构，是指在中华人民共和国境内设立的商业银行、农村合作银行、农村信用社、村镇银行、农村资金互助社以及政策性银行；所称金融资产管理公司，是指持有国务院银行业监督管理机构及其派出机构颁发的"金融许可证"的资产管理公司。

七、本公告执行期限为2023年8月1日至2027年12月31日。本公告发布之前已征收入库的按照上述规定应予减免的税款,可抵减纳税人以后月份应缴纳的税款或办理税款退库。已向处置不动产的购买方全额开具增值税专用发票的,将上述增值税专用发票追回后方可适用本公告第一条的规定。

特此公告。

三、个人所得税典型法规

1. 国家税务总局关于个人所得税有关政策问题的通知(国税发〔1999〕58号)

国税发〔1999〕58号　　发布日期:1999-04-09

近接一些地区请示,要求对个人所得税有关政策做出规定。经研究,现明确如下:

一、关于企业减员增效和行政、事业单位、社会团体在机构改革过程中实行内部退养办法人员取得收入征税问题。

实行内部退养的个人在其办理内部退养手续后至法定离退休年龄之间从原任职单位取得的工资、薪金,不属于离退休工资,应按"工资、薪金所得"项目计征个人所得税。

个人在办理内部退养手续后从原任职单位取得的一次性收入,应按办理内部退养手续后至法定离退休年龄之间的所属月份进行平均,并与领取当月的"工资、薪金"所得合并后减除当月费用扣除标准,以余额为基数确定适用税率,再将当月工资、薪金加上取得的一次性收入,减去费用扣除标准,按适用税率计征个人所得税。

个人在办理内部退养手续后至法定离退休年龄之间重新就业取得的"工资、薪金"所得,应与其从原任职单位取得的同一月份的"工资、薪金"所得合并,并依法自行向主管税务机关申报缴纳个人所得税。

二、关于个人取得公务交通、通讯补贴收入征税问题

个人因公务用车和通讯制度改革而取得的公务用车、通讯补贴收入,扣除一定标准的公务费用后,按照"工资、薪金"所得项目计征个人所得税。按月发放的,并入当月"工资、薪金"所得计征个人所得税;不按月发放的,分解到所属月份并与该月份"工资、薪金"所得合并后计征个人所得税。

公务费用的扣除标准,由省级地方税务局根据纳税人公务交通、通讯费用的实际发生情况调查测算,报经省级人民政府批准后确定,并报国家

税务总局备案。

三、关于个人取得无赔款优待收入征税问题[①]

对于个人因任职单位缴纳有关保险费用而取得的无赔款优待收入，按照"其他所得"应税项目计征个人所得税。

对于个人自己缴纳有关商业保险费（保费全部返还个人的保险除外）而取得的无赔款优待收入，不作为个人的应纳税收入，不征收个人所得税。

2. 财政部 国家税务总局关于企业以免费旅游方式提供对营销人员个人奖励有关个人所得税政策的通知（财税〔2004〕11号）

财税〔2004〕11号　全文有效　发布日期：2004-01-20

近来，部分地区财税部门来函反映，一些企业和单位通过组织免费培训班、研讨会、工作考察等形式奖励营销业绩突出人员的现象比较普遍，要求国家对此类奖励如何征收个人所得税政策问题予以进一步明确。经研究，现就企业和单位以免费培训班、研讨会、工作考察等形式提供个人营销业绩奖励有关个人所得税政策明确如下：

按照我国现行个人所得税法律法规有关规定，对商品营销活动中，企业和单位对营销业绩突出人员以培训班、研讨会、工作考察等名义组织旅游活动，通过免收差旅费、旅游费对个人实行的营销业绩奖励（包括实物、有价证券等），应根据所发生费用全额计入营销人员应税所得，依法征收个人所得税，并由提供上述费用的企业和单位代扣代缴。其中，对企业雇员享受的此类奖励，应与当期的工资薪金合并，按照"工资、薪金所得"项目征收个人所得税；对其他人员享受的此类奖励，应作为当期的劳务收入，按照"劳务报酬所得"项目征收个人所得税。

上述规定自文发之日起执行。

3. 国家税务总局关于调整个人取得全年一次性奖金等计算征收个人所得税方法问题的通知（国税发〔2005〕9号）

国税发〔2005〕9号　发布日期：2005-01-21

为了合理解决个人取得全年一次性奖金征税问题，经研究，现就调整征收个人所得税的有关办法通知如下：

一、全年一次性奖金是指行政机关、企事业单位等扣缴义务人根据其

---

① 该条款已废止。

全年经济效益和对雇员全年工作业绩的综合考核情况，向雇员发放的一次性奖金。

上述一次性奖金也包括年终加薪、实行年薪制和绩效工资办法的单位根据考核情况兑现的年薪和绩效工资。

二、纳税人取得全年一次性奖金，单独作为一个月工资、薪金所得计算纳税，并按以下计税办法，由扣缴义务人发放时代扣代缴[①]：

（一）先将雇员当月内取得的全年一次性奖金，除以12个月，按其商数确定适用税率和速算扣除数。

如果在发放年终一次性奖金的当月，雇员当月工资薪金所得低于税法规定的费用扣除额，应将全年一次性奖金减除"雇员当月工资薪金所得与费用扣除额的差额"后的余额，按上述办法确定全年一次性奖金的适用税率和速算扣除数。

（二）将雇员个人当月内取得的全年一次性奖金，按本条第（一）项确定的适用税率和速算扣除数计算征税，计算公式如下：

1.如果雇员当月工资薪金所得高于（或等于）税法规定的费用扣除额的，适用公式为：

应纳税额=雇员当月取得全年一次性奖金×适用税率−速算扣除数

2.如果雇员当月工资薪金所得低于税法规定的费用扣除额的，适用公式为：

应纳税额=（雇员当月取得全年一次性奖金−雇员当月工资薪金所得与费用扣除额的差额）×适用税率−速算扣除数

三、在一个纳税年度内，对每一个纳税人，该计税办法只允许采用一次。

四、实行年薪制和绩效工资的单位，个人取得年终兑现的年薪和绩效工资按本通知第二条、第三条执行。

五、雇员取得除全年一次性奖金以外的其他各种名目奖金，如半年奖、季度奖、加班奖、先进奖、考勤奖等，一律与当月工资、薪金收入合并，按税法规定缴纳个人所得税。

六、对无住所个人取得本通知第五条所述的各种名目奖金，如果该个人当月在我国境内没有纳税义务，或者该个人由于出入境原因导致当月在我国工作时间不满一个月的，仍按照《国家税务总局关于在我国境内无住所的个人取得奖金征税问题的通知》（国税发〔1996〕183号）计算纳税。[②]

七、本通知自2005年1月1日起实施，以前规定与本通知不一致的，按本

[①][②] 该条款已废止。

通知规定执行。《国家税务总局关于在中国境内有住所的个人取得奖金征税问题的通知》(国税发〔1996〕206号)和《国家税务总局关于企业经营者试行年薪制后如何计征个人所得税的通知》(国税发〔1996〕107号)同时废止。

4. 国家税务总局关于个人因公务用车制度改革取得补贴收入征收个人所得税问题的通知（国税函〔2006〕245号）

国税函〔2006〕245号　全文有效　发布日期：2006-03-06

近来，一些地区要求明确个人因公务用车制度改革取得各种形式的补贴收入如何征收个人所得税问题。据了解，近年来，部分单位因公务用车制度改革，对用车人给予各种形式的补偿：直接以现金形式发放，在限额内据实报销用车支出，单位反租职工个人的车辆支付车辆租赁费（"私车公用"），单位向用车人支付车辆使用过程中的有关费用等。根据《中华人民共和国个人所得税法实施条例》第八条的有关规定，现对公务用车制度改革后各种形式的补贴收入征收个人所得税问题明确如下：

一、因公务用车制度改革而以现金、报销等形式向职工个人支付的收入，均应视为个人取得公务用车补贴收入，按照"工资、薪金所得"项目计征个人所得税。

二、具体计征方法，按《国家税务总局关于个人所得税有关政策问题的通知》（国税发〔1999〕58号）第二条"关于个人取得公务交通、通讯补贴收入征税问题"的有关规定执行。

5. 财政部 国家税务总局关于基本养老保险费 基本医疗保险费 失业保险费 住房公积金有关个人所得税政策的通知（财税〔2006〕10号）

财税〔2006〕10号　全文有效　发布日期：2006-06-27

根据国务院2005年12月公布的《中华人民共和国个人所得税法实施条例》有关规定，现对基本养老保险费、基本医疗保险费、失业保险费、住房公积金有关个人所得税政策问题通知如下：

一、企事业单位按照国家或省（自治区、直辖市）人民政府规定的缴费比例或办法实际缴付的基本养老保险费、基本医疗保险费和失业保险费，免征个人所得税；个人按照国家或省（自治区、直辖市）人民政府规定的缴费比例或办法实际缴付的基本养老保险费、基本医疗保险费和失业保险费，允许在个人应纳税所得额中扣除。

企事业单位和个人超过规定的比例和标准缴付的基本养老保险费、基本医疗保险费和失业保险费，应将超过部分并入个人当期的工资、薪金收入，计征个人所得税。

二、根据《住房公积金管理条例》《建设部 财政部 中国人民银行关于住房公积金管理若干具体问题的指导意见》（建金管〔2005〕5号）等规定精神，单位和个人分别在不超过职工本人上一年度月平均工资12%的幅度内，其实际缴存的住房公积金，允许在个人应纳税所得额中扣除。单位和职工个人缴存住房公积金的月平均工资不得超过职工工作地所在设区城市上一年度职工月平均工资的3倍，具体标准按照各地有关规定执行。

单位和个人超过上述规定比例和标准缴付的住房公积金，应将超过部分并入个人当期的工资、薪金收入，计征个人所得税。

三、个人实际领（支）取原提存的基本养老保险金、基本医疗保险金、失业保险金和住房公积金时，免征个人所得税。

四、上述职工工资口径按照国家统计局规定列入工资总额统计的项目计算。

五、各级财政、税务机关要按照依法治税的要求，严格执行本通知的各项规定。对于各地擅自提高上述保险费和住房公积金在企业所得税税前扣除标准的，财政、税务机关应予坚决纠正。

六、本通知发布后，《财政部 国家税务总局关于住房公积金、医疗保险金、养老保险金征收个人所得税问题的通知》（财税字〔1997〕144号）第一条、第二条和《国家税务总局关于失业保险费（金）征免个人所得税问题的通知》（国税发〔2000〕83号）同时废止。

6.国家税务总局关于明确个人所得税若干政策执行问题的通知（国税发〔2009〕121号）

国税发〔2009〕121号　全文有效　发布日期：2009-08-17

近期，部分地区反映个人所得税若干政策执行口径不够明确，为公平税负，加强征管，根据《中华人民共和国个人所得税法》及其实施条例等相关规定，现就个人所得税若干政策执行口径问题通知如下：

一、《国家税务总局关于个人所得税若干政策问题的批复》（国税函〔2002〕629号）第一条有关"双薪制"计税方法停止执行。

二、关于董事费征税问题

（一）《国家税务总局关于印发〈征收个人所得税若干问题的规定〉的通知》（国税发〔1994〕089号）第八条规定的董事费按劳务报酬所得项目征税方法，仅适用于个人担任公司董事、监事，且不在公司任职、受雇的情形。

（二）个人在公司（包括关联公司）任职、受雇，同时兼任董事、监事的，应将董事费、监事费与个人工资收入合并，统一按工资、薪金所得项目缴纳个人所得税。

（三）《国家税务总局关于外商投资企业的董事担任直接管理职务征收个人所得税问题的通知》（国税发〔1996〕214号）第一条停止执行。

三、关于华侨身份界定和适用附加费用扣除问题

（一）华侨身份的界定

根据《国务院侨务办公室关于印发〈关于界定华侨外籍华人归侨侨眷身份的规定〉的通知》（国侨发〔2009〕5号）的规定，华侨是指定居在国外的中国公民。具体界定如下：

1."定居"是指中国公民已取得住在国长期或者永久居留权，并已在住在国连续居留两年，两年内累计居留不少于18个月。

2.中国公民虽未取得住在国长期或者永久居留权，但已取得住在国连续5年以上（含5年）合法居留资格，5年内在住在国累计居留不少于30个月，视为华侨。

3.中国公民出国留学（包括公派和自费）在外学习期间，或因公务出国（包括外派劳务人员）在外工作期间，均不视为华侨。

（二）关于华侨适用附加扣除费用问题

对符合国侨发〔2009〕5号文件规定的华侨身份的人员，其在中国工作期间取得的工资、薪金所得，税务机关可根据纳税人提供的证明其华侨身份的有关证明材料，按照《中华人民共和国个人所得税法实施条例》第三十条规定在计算征收个人所得税时，适用附加扣除费用。

四、关于个人转让离婚析产房屋的征税问题

（一）通过离婚析产的方式分割房屋产权是夫妻双方对共同共有财产的处置，个人因离婚办理房屋产权过户手续，不征收个人所得税。

（二）个人转让离婚析产房屋所取得的收入，允许扣除其相应的财产原值和合理费用后，余额按照规定的税率缴纳个人所得税；其相应的财产原值，为房屋初次购置全部原值和相关税费之和乘以转让者占房屋所有权的比例。

（三）个人转让离婚析产房屋所取得的收入，符合家庭生活自用五年以上唯一住房的，可以申请免征个人所得税，其购置时间按照《国家税务总局关于房地产税收政策执行中几个具体问题的通知》（国税发〔2005〕172号）执行。

国家税务总局
二〇〇九年八月十七日

7. 国家税务总局关于个人提前退休取得补贴收入个人所得税问题的公告（国家税务总局公告 2011 年第 6 号）

国家税务总局公告2011年第6号　发布日期：2011-01-17

根据《中华人民共和国个人所得税法》及其实施条例的规定，现对个人提前退休取得一次性补贴收入征收个人所得税问题公告如下：

一、机关、企事业单位对未达到法定退休年龄、正式办理提前退休手续的个人，按照统一标准向提前退休工作人员支付一次性补贴，不属于免税的离退休工资收入，应按照"工资、薪金所得"项目征收个人所得税。

二、个人因办理提前退休手续而取得的一次性补贴收入，应按照办理提前退休手续至法定退休年龄之间所属月份平均分摊计算个人所得税。计税公式：[①]

应纳税额={〔（一次性补贴收入÷办理提前退休手续至法定退休年龄的实际月份数）－费用扣除标准〕×适用税率－速算扣除数}×提前办理退休手续至法定退休年龄的实际月份数

三、本公告自2011年1月1日起执行。

特此公告。

分送：各省、自治区、直辖市和计划单列市国家税务局、地方税务局。

8. 国家税务总局关于贯彻执行修改后的个人所得税法有关问题的公告（国家税务总局公告 2011 年第 46 号）

国家税务总局公告2011年第46号　全文有效　发布日期：2011-07-29

《全国人民代表大会常务委员会关于修改〈中华人民共和国个人所得税法〉的决定》（中华人民共和国主席令第四十八号）（以下简称税法）将自2011年9月1日起施行。根据税法修改的相应条款，现就贯彻执行的有关具体问题公告如下：

一、工资、薪金所得项目减除费用标准和税率的适用问题

（一）纳税人2011年9月1日（含）以后实际取得的工资、薪金所得，应适用税法修改后的减除费用标准和税率表，计算缴纳个人所得税。

（二）纳税人2011年9月1日前实际取得的工资、薪金所得，无论税款是否在2011年9月1日以后入库，均应适用税法修改前的减除费用标准和税率表，计算缴纳个人所得税。

---

① 该条款已废止。

二、个体工商户的生产、经营所得项目应纳税额的计算问题

个体工商户、个人独资企业和合伙企业的投资者（合伙人）2011年9月1日（含）以后的生产经营所得，应适用税法修改后的减除费用标准和税率表。按照税收法律、法规和文件规定，先计算全年应纳税所得额，再计算全年应纳税额。其2011年度应纳税额的计算方法如下：

前8个月应纳税额=（全年应纳税所得额×税法修改前的对应税率－速算扣除数）×8÷12

后4个月应纳税额=（全年应纳税所得额×税法修改后的对应税率－速算扣除数）×4÷12

全年应纳税额=前8个月应纳税额+后4个月应纳税额

纳税人应在年度终了后的3个月内，按照上述方法计算2011年度应纳税额，进行汇算清缴。

三、对企事业单位的承包经营、承租经营所得应纳税额的计算比照本公告第二条规定执行。

四、本公告自2011年9月1日起执行。《国家税务总局关于印发〈征收个人所得税若干问题的规定〉的通知》（国税发〔1994〕089号）所附"税率表一"和"税率表二"同时废止。

特此公告。

9.财政部 国家税务总局关于企业促销展业赠送礼品有关个人所得税问题的通知（财税〔2011〕50号）

财税〔2011〕50号　发布日期：2011-06-09

根据《中华人民共和国个人所得税法》及其实施条例有关规定，现对企业和单位（包括企业、事业单位、社会团体、个人独资企业、合伙企业和个体工商户等，以下简称企业）在营销活动中以折扣折让、赠品、抽奖等方式，向个人赠送现金、消费券、物品、服务等（以下简称礼品）有关个人所得税问题通知如下：

一、企业在销售商品（产品）和提供服务过程中向个人赠送礼品，属于下列情形之一的，不征收个人所得税：

1.企业通过价格折扣、折让方式向个人销售商品（产品）和提供服务；

2.企业在向个人销售商品（产品）和提供服务的同时给予赠品，如通信企业对个人购买手机赠话费、入网费，或者购话费赠手机等；

3.企业对累积消费达到一定额度的个人按消费积分反馈礼品。

二、企业向个人赠送礼品，属于下列情形之一的，取得该项所得的个人应依法缴纳个人所得税，税款由赠送礼品的企业代扣代缴：

1.企业在业务宣传、广告等活动中，随机向本单位以外的个人赠送礼品，对个人取得的礼品所得，按照"其他所得"项目，全额适用20%的税率缴纳个人所得税。①

2.企业在年会、座谈会、庆典以及其他活动中向本单位以外的个人赠送礼品，对个人取得的礼品所得，按照"其他所得"项目，全额适用20%的税率缴纳个人所得税。②

3.企业对累积消费达到一定额度的顾客，给予额外抽奖机会，个人的获奖所得，按照"偶然所得"项目，全额适用20%的税率缴纳个人所得税。

三、企业赠送的礼品是自产产品（服务）的，按该产品（服务）的市场销售价格确定个人的应税所得；是外购商品（服务）的，按该商品（服务）的实际购置价格确定个人的应税所得。

四、本通知自发布之日起执行。《国家税务总局关于个人所得税有关问题的批复》（国税函〔2000〕57号）、《国家税务总局关于个人所得税若干政策问题的批复》（国税函〔2002〕629号）第二条同时废止。

财政部 国家税务总局
二〇一一年六月九日

---

①② 该条款已废止。

10. 财政部 国家税务总局关于个人所得税法修改后有关优惠政策衔接问题的通知（财税〔2018〕164号）[①]

财税〔2018〕164号　发布日期：2018-12-27

为贯彻落实修改后的《中华人民共和国个人所得税法》，现将个人所得税优惠政策衔接有关事项通知如下：

一、关于全年一次性奖金、中央企业负责人年度绩效薪金延期兑现收入和任期奖励的政策

（一）居民个人取得全年一次性奖金，符合《国家税务总局关于调整个人取得全年一次性奖金等计算征收个人所得税方法问题的通知》（国税发〔2005〕9号）规定的，在2021年12月31日前，不并入当年综合所得，以全年一次性奖金收入除以12个月得到的数额，按照本通知所附按月换算后的综合所得税率表（以下简称月度税率表），确定适用税率和速算扣除数，单独计算纳税。计算公式为：

应纳税额=全年一次性奖金收入×适用税率-速算扣除数

居民个人取得全年一次性奖金，也可以选择并入当年综合所得计算纳税。

自2022年1月1日起，居民个人取得全年一次性奖金，应并入当年综合

[①] 2023年8月18日，财政部、税务总局发布《关于延续实施全年一次性奖金个人所得税政策的公告》（财政部 税务总局公告2023年第30号），延续实施全年一次性奖金个人所得税政策至2027年12月31日。

2023年8月18日，财政部、税务总局发布《关于延续实施外籍个人有关津补贴个人所得税政策的公告》（财政部 税务总局公告2023年第29号），延续实施外籍个人有关津补贴个人所得税政策至2027年12月31日。

2023年8月18日，财政部、税务总局发布《关于延续实施上市公司股权激励有关个人所得税政策的公告》（财政部 税务总局公告2023年第25号），延续实施上市公司股权激励有关个人所得税政策至2027年12月31日。

2023年1月16日，财政部、税务总局发布《关于延续实施有关个人所得税优惠政策的公告》（财政部 税务总局公告2023年第2号），规定本文上市公司股权激励单独计税优惠政策，自2023年1月1日起至2023年12月31日止继续执行。

2021年12月31日，财政部、税务总局发布《关于延续实施全年一次性奖金等个人所得税优惠政策的公告》（财政部 税务总局公告2021年第42号），规定本文全年一次性奖金单独计税优惠政策，执行期限延长至2023年12月31日；上市公司股权激励单独计税优惠政策，执行期限延长至2022年12月31日。

2021年12月31日，财政部、税务总局发布《关于延续实施外籍个人津补贴等有关个人所得税优惠政策的公告》（财政部 税务总局公告2021年第43号），规定本文外籍个人有关津补贴优惠政策、中央企业负责人任期激励单独计税优惠政策，执行期限延长至2023年12月31日。

所得计算缴纳个人所得税。

（二）中央企业负责人取得年度绩效薪金延期兑现收入和任期奖励，符合《国家税务总局关于中央企业负责人年度绩效薪金延期兑现收入和任期奖励征收个人所得税问题的通知》（国税发〔2007〕118号）规定的，在2021年12月31日前，参照本通知第一条第（一）项执行；2022年1月1日之后的政策另行明确。

二、关于上市公司股权激励的政策①

（一）居民个人取得股票期权、股票增值权、限制性股票、股权奖励等股权激励（以下简称股权激励），符合《财政部 国家税务总局关于个人股票期权所得征收个人所得税问题的通知》（财税〔2005〕35号）、《财政部 国家税务总局关于股票增值权所得和限制性股票所得征收个人所得税有关问题的通知》（财税〔2009〕5号）、《财政部 国家税务总局关于将国家自主创新示范区有关税收试点政策推广到全国范围实施的通知》（财税〔2015〕116号）第四条、《财政部 国家税务总局关于完善股权激励和技术入股有关所得税政策的通知》（财税〔2016〕101号）第四条第（一）项规定的相关条件的，在2021年12月31日前，不并入当年综合所得，全额单独适用综合所得税率表，计算纳税。计算公式为：

应纳税额=股权激励收入×适用税率−速算扣除数

（二）居民个人一个纳税年度内取得两次以上（含两次）股权激励的，应合并按本通知第二条第（一）项规定计算纳税。

（三）2022年1月1日之后的股权激励政策另行明确。

三、关于保险营销员、证券经纪人佣金收入的政策

保险营销员、证券经纪人取得的佣金收入，属于劳务报酬所得，以不含增值税的收入减除20%的费用后的余额为收入额，收入额减去展业成本以及附加税费后，并入当年综合所得，计算缴纳个人所得税。保险营销员、证券经纪人展业成本按照收入额的25%计算。

扣缴义务人向保险营销员、证券经纪人支付佣金收入时，应按照《个

---

① 根据《财政部 税务总局关于延续实施全年一次性奖金等个人所得税优惠政策的公告》（财政部 税务总局公告2021年第42号），上市公司股权激励单独计税优惠政策，执行期限延长至2022年12月31日。

根据《财政部 税务总局关于延续实施有关个人所得税优惠政策的公告》（财政部 税务总局公告2023年第2号），上市公司股权激励单独计税优惠政策，自2023年1月1日起至2023年12月31日止继续执行。

根据《关于延续实施上市公司股权激励有关个人所得税政策的公告》（财政部 税务总局公告2023年第25号），延续实施上市公司股权激励有关个人所得税政策至2027年12月31日。

人所得税扣缴申报管理办法（试行）》（国家税务总局公告2018年第61号）规定的累计预扣法计算预扣税款。

四、关于个人领取企业年金、职业年金的政策

个人达到国家规定的退休年龄，领取的企业年金、职业年金，符合《财政部 人力资源社会保障部 国家税务总局关于企业年金 职业年金个人所得税有关问题的通知》（财税〔2013〕103号）规定的，不并入综合所得，全额单独计算应纳税款。其中按月领取的，适用月度税率表计算纳税；按季领取的，平均分摊计入各月，按每月领取额适用月度税率表计算纳税；按年领取的，适用综合所得税率表计算纳税。

个人因出境定居而一次性领取的年金个人账户资金，或个人死亡后，其指定的受益人或法定继承人一次性领取的年金个人账户余额，适用综合所得税率表计算纳税。对个人除上述特殊原因外一次性领取年金个人账户资金或余额的，适用月度税率表计算纳税。

五、关于解除劳动关系、提前退休、内部退养的一次性补偿收入的政策

（一）个人与用人单位解除劳动关系取得一次性补偿收入（包括用人单位发放的经济补偿金、生活补助费和其他补助费），在当地上年职工平均工资3倍数额以内的部分，免征个人所得税；超过3倍数额的部分，不并入当年综合所得，单独适用综合所得税率表，计算纳税。

（二）个人办理提前退休手续而取得的一次性补贴收入，应按照办理提前退休手续至法定离退休年龄之间实际年度数平均分摊，确定适用税率和速算扣除数，单独适用综合所得税率表，计算纳税。计算公式：

应纳税额={〔（一次性补贴收入÷办理提前退休手续至法定退休年龄的实际年度数）−费用扣除标准〕×适用税率−速算扣除数}×办理提前退休手续至法定退休年龄的实际年度数

（三）个人办理内部退养手续而取得的一次性补贴收入，按照《国家税务总局关于个人所得税有关政策问题的通知》（国税发〔1999〕58号）规定计算纳税。

六、关于单位低价向职工售房的政策

单位按低于购置或建造成本价格出售住房给职工，职工因此而少支出的差价部分，符合《财政部 国家税务总局关于单位低价向职工售房有关个人所得税问题的通知》（财税〔2007〕13号）第二条规定的，不并入当年综合所得，以差价收入除以12个月得到的数额，按照月度税率表确定适用税率和速算扣除数，单独计算纳税。计算公式为：

应纳税额=职工实际支付的购房价款低于该房屋的购置或建造成本价格的差额×适用税率−速算扣除数

七、关于外籍个人有关津补贴的政策①

（一）2019年1月1日至2021年12月31日期间，外籍个人符合居民个人条件的，可以选择享受个人所得税专项附加扣除，也可以选择按照《财政部 国家税务总局关于个人所得税若干政策问题的通知》（财税〔1994〕20号）、《国家税务总局关于外籍个人取得有关补贴征免个人所得税执行问题的通知》（国税发〔1997〕54号）和《财政部 国家税务总局关于外籍个人取得港澳地区住房等补贴征免个人所得税的通知》（财税〔2004〕29号）规定，享受住房补贴、语言训练费、子女教育费等津补贴免税优惠政策，但不得同时享受。外籍个人一经选择，在一个纳税年度内不得变更。

（二）自2022年1月1日起，外籍个人不再享受住房补贴、语言训练费、子女教育费津补贴免税优惠政策，应按规定享受专项附加扣除。

八、除上述衔接事项外，其他个人所得税优惠政策继续按照原文件规定执行。

九、本通知自2019年1月1日起执行。下列文件或文件条款同时废止：

（一）《财政部 国家税务总局关于个人与用人单位解除劳动关系取得的一次性补偿收入征免个人所得税问题的通知》（财税〔2001〕157号）第一条；

（二）《财政部 国家税务总局关于个人股票期权所得征收个人所得税问题的通知》（财税〔2005〕35号）第四条第（一）项；

（三）《财政部 国家税务总局关于单位低价向职工售房有关个人所得税问题的通知》（财税〔2007〕13号）第三条；

（四）《财政部 人力资源社会保障部 国家税务总局关于企业年金 职业年金个人所得税有关问题的通知》（财税〔2013〕103号）第三条第1项和第3项；

（五）《国家税务总局关于个人认购股票等有价证券而从雇主取得折扣或补贴收入有关征收个人所得税问题的通知》（国税发〔1998〕9号）；

（六）《国家税务总局关于保险企业营销员（非雇员）取得的收入计征个人所得税问题的通知》（国税发〔1998〕13号）；

（七）《国家税务总局关于个人因解除劳动合同取得经济补偿金征收个人所得税问题的通知》（国税发〔1999〕178号）；

---

① 根据《财政部 税务总局关于延续实施外籍个人津补贴等有关个人所得税优惠政策的公告》（财政部 税务总局公告2021年第43号），外籍个人有关津补贴优惠政策，执行期限延长至2023年12月31日。

根据财政部、税务总局发布《关于延续实施外籍个人有关津补贴个人所得税政策的公告》（财政部 税务总局公告2023年第29号），延续实施外籍个人有关津补贴个人所得税政策至2027年12月31日。

（八）《国家税务总局关于国有企业职工因解除劳动合同取得一次性补偿收入征免个人所得税问题的通知》（国税发〔2000〕77号）；

（九）《国家税务总局关于调整个人取得全年一次性奖金等计算征收个人所得税方法问题的通知》（国税发〔2005〕9号）第二条；

（十）《国家税务总局关于保险营销员取得佣金收入征免个人所得税问题的通知》（国税函〔2006〕454号）；

（十一）《国家税务总局关于个人股票期权所得缴纳个人所得税有关问题的补充通知》（国税函〔2006〕902号）第七条、第八条；

（十二）《国家税务总局关于中央企业负责人年度绩效薪金延期兑现收入和任期奖励征收个人所得税问题的通知》（国税发〔2007〕118号）第一条；

（十三）《国家税务总局关于个人提前退休取得补贴收入个人所得税问题的公告》（国家税务总局公告2011年第6号）第二条；

（十四）《国家税务总局关于证券经纪人佣金收入征收个人所得税问题的公告》（国家税务总局公告2012年第45号）。

附件 　　　　　　　　**按月换算后的综合所得税率表**

级数	全月应纳税所得额	税率（%）	速算扣除数
1	不超过3 000元的	3	0
2	超过3 000元至12 000元的部分	10	210
3	超过12 000元至25 000元的部分	20	1 410
4	超过25 000元至35 000元的部分	25	2 660
5	超过35 000元至55 000元的部分	30	4 410
6	超过55 000元至80 000元的部分	35	7 160
7	超过80 000元的部分	45	15 160

11. 国家税务总局关于雇主为其雇员负担个人所得税税款计征问题的通知（国税发〔1996〕199号）

国税发〔1996〕199号　　发布日期：1996-11-08

关于雇主为其雇员负担个人所得税税款的处理问题，《国家税务总局关于印发〈征收个人所得税若干问题的规定〉的通知》（国税发〔1994〕089号）中曾作出规定。由于雇主为其雇员负担税款和情形不同，在实际操作中如何计算征收个人所得税，各地屡有询问。为便于各地执行，经研究，通知如下：

一、雇主全额为其雇员负担税款的处理

对于雇主全额为其雇员负担税款的，直接按国税发〔1994〕089号文件中第十四条规定的公式，将雇员取得的不含税收入换算成应纳税所得额后，计算企业应代为缴纳的个人所得税税款。

二、雇主为其雇员负担部分税款的处理

（一）雇主为其雇员定额负担税款的，应将雇员取得的工资薪金所得换算成应纳税所得额后，计算征收个人所得税。工资薪金收入换算成应纳税所得额的计算公式为：

应纳税所得额＝雇员取得的工资＋雇主代雇员负担的税款－费用扣除标准

（二）雇主为其雇员负担一定比例的工资应纳的税款或者负担一定比例的实际应纳税款的，应将国税发〔1994〕089号文件第十四条规定的不含税收入额计算应纳税所得额的公式中"不含税收入额"替换为"未含雇主负担的税款的收入额"，同时将速算扣除数和税率二项分别乘以上述的"负担比例"，按此调整后的公式，以其未含雇主负担的收入额换算成应纳税所得额，并计算应纳税款。即：[①]

应纳税所得额＝（未含雇主负担的税款的收入额－费用扣除标准－速算扣除数×负担比例）÷（1－税率×负担比例）

应纳税额＝应纳税所得额×适用税率－速算扣除数

举例说明：某人月工资、薪金收入人民币12 000元，雇主负担其工资、薪金所得30％部分的应纳税款，其当月应纳税款计算如下：

应纳税所得额＝（12 000－400－375×30％）÷（1－20％×30％）＝8 390.96（元）

应纳税额＝8 390.96×20％－375＝1 303.19（元）

三、雇主为其雇员负担超过原居住国的税款的税务处理

有些外商投资企业和外国企业在华的机构场所，为其受派到中国境内工作的雇员负担超过原居住国的税款。例如：雇员在华应纳税额中相当于按其在原居住国税法计算的应纳税额部分（以下称原居住国税额），仍由雇员负担并由雇主在支付雇员工资时从工资中扣除，代为缴税；若按中国税法计算的税款超过雇员原居住国税额的，超过部分另外由其雇主负担。对此类情况，应按下列原则处理：

---

① 飞狼财税通编注：根据国家税务总局公告2011年第2号《国家税务总局关于公布全文失效废止、部分条款失效废止的税收规范性文件目录的公告》，本文第二条（二）所附举例说明废止失效。

将雇员取得的不含税工资（即：扣除了原居住国税额的工资），按国税发〔1994〕089号文件第十四条规定的公式，换算成应纳税所得额，计算征收个人所得税；如果计算出的应纳税所得额小于按该雇员的实际工资、薪金收入（即：未扣除原居住国税额的工资）计算的应纳税所得额的，应按其雇员的实际工资薪金收入计算征收个人所得税。

四、本规定自发布之日起执行，与本通知有抵触的规定，同时废止。

四、房产税和城镇土地使用税

1. 财政部 国家税务总局关于房产税 城镇土地使用税有关问题的通知（财税〔2008〕152号）

财税〔2008〕152号　全文有效　发布日期：2008-12-18

为统一政策，规范执行，现将房产税、城镇土地使用税有关问题明确如下：

一、关于房产原值如何确定的问题

对依照房产原值计税的房产，不论是否记载在会计账簿固定资产科目中，均应按照房屋原价计算缴纳房产税。房屋原价应根据国家有关会计制度规定进行核算。对纳税人未按国家会计制度规定核算并记载的，应按规定予以调整或重新评估。

《财政部 税务总局关于房产税若干具体问题的解释和暂行规定》（财税地字〔1986〕第8号）第十五条同时废止。

二、关于索道公司经营用地应否缴纳城镇土地使用税的问题

公园、名胜古迹内的索道公司经营用地，应按规定缴纳城镇土地使用税。

三、关于房产税、城镇土地使用税纳税义务截止时间的问题

纳税人因房产、土地的实物或权利状态发生变化而依法终止房产税、城镇土地使用税纳税义务的，其应纳税款的计算应截止到房产、土地的实物或权利状态发生变化的当月末。

四、本通知自2009年1月1日起执行。

财政部 国家税务总局
二〇〇八年十二月十八日

2. 财政部 国家税务总局关于安置残疾人就业单位城镇土地使用税等政策的通知（财税〔2010〕121号）

财税〔2010〕121号　全文有效　发布日期：2010-12-21

经研究，现将安置残疾人就业单位城镇土地使用税等政策通知如下：

一、关于安置残疾人就业单位的城镇土地使用税问题

对在一个纳税年度内月平均实际安置残疾人就业人数占单位在职职工总数的比例高于25%（含25%）且实际安置残疾人人数高于10人（含10人）的单位，可减征或免征该年度城镇土地使用税。具体减免税比例及管理办法由省、自治区、直辖市财税主管部门确定。

《国家税务局关于土地使用税若干具体问题的解释和暂行规定》（国税地字〔1988〕15号）第十八条第四项同时废止。

二、关于出租房产免收租金期间房产税问题

对出租房产，租赁双方签订的租赁合同约定有免收租金期限的，免收租金期间由产权所有人按照房产原值缴纳房产税。

三、关于将地价计入房产原值征收房产税问题

对按照房产原值计税的房产，无论会计上如何核算，房产原值均应包含地价，包括为取得土地使用权支付的价款、开发土地发生的成本费用等。宗地容积率低于0.5的，按房产建筑面积的2倍计算土地面积并据此确定计入房产原值的地价。

本通知自发文之日起执行。此前规定与本通知不一致的，按本通知执行。各地财税部门要加强对政策执行情况的跟踪了解，对执行中发现的问题，及时上报财政部和国家税务总局。

财政部 国家税务总局
二〇一〇年十二月二十一日

3. 关于房产税若干具体问题的解释和暂行法规（财税地字〔1986〕8号）[①]

财税地字〔1986〕8号　发布日期：1986-09-25

一、关于城市、县城、建制镇、工矿区的解释

城市是指经国务院批准设立的市。

县城是指未设立建制镇的县人民政府所在地。

建制镇是指经省、自治区、直辖市人民政府批准设立的建制镇。

工矿区是指工商业比较发达，人口比较集中，符合国务院规定的建制镇标准，但尚未设立镇建制的大中型工矿企业所在地。开征房产税的工矿区须经省、自治区、直辖市人民政府批准。

二、关于城市、建制镇征税范围的解释

城市的征税范围为市区、郊区和市辖县县城。不包括农村。

建制镇的征税范围为镇人民政府所在地。不包括所辖的行政村。

三、关于"人民团体"的解释

"人民团体"是指经国务院授权的政府部门批准设立或登记备案并由国家拨付行政事业费的各种社会团体。

四、关于"由国家财政部门拨付事业经费的单位"，是否包括由国家财政部门拨付事业经费，实行差额预算管理的事业单位？

实行差额预算管理的事业单位，虽然有一定的收入，但收入不够本身经费开支的部分，还要由国家财政部门拨付经费补助。因此，对实行差额预算管理的事业单位，也属于是由国家财政部门拨付事业经费的单位，对其本身自用的房产免征房产税。

五、关于由国家财政部门拨付事业经费的单位，其经费来源实行自收自支后，有无减免税优待？

由国家财政部门拨付事业经费的单位，其经费来源实行自收自支后，应征收房产税。但为了鼓励事业单位经济自立，由国家财政部门拨付事业经费的单位，其经费来源实行自收自支后，从事业单位经费实行自收自支的年度起，免征房产税3年。

---

① 条款失效。第十一条失效，参见：《财政部 国家税务总局关于具备房屋功能的地下建筑征收房产税的通知》（财税〔2005〕181号）。

条款失效。第七条失效，参见：《财政部 国家税务总局关于房产税城镇土地使用税有关问题的通知》（财税〔2009〕128号）。

条款失效，第五条，第七条，第十一条，第十五条，第十八条，第二十条废止；第二十四条"税务机关审核"的内容废止。参见：《国家税务总局关于公布全文失效废止 部分条款失效废止的税收规范性文件目录的公告》（国家税务总局公告2011年第2号）。

六、关于免税单位自用房产的解释

国家机关、人民团体、军队自用的房产，是指这些单位本身的办公用房和公务用房。

事业单位自用的房产，是指这些单位本身的业务用房。

宗教寺庙自用的房产，是指举行宗教仪式等的房屋和宗教人员使用的生活用房屋。

公园、名胜古迹自用的房产，是指供公共参观游览的房屋及其管理单位的办公用房屋。

上述免税单位出租的房产以及非本身业务用的生产、营业用房产不属于免税范围，应征收房产税。

七、关于纳税单位和个人无租使用其他单位的房产，如何征收房产税？

纳税单位和个人无租使用房产管理部门、免税单位及纳税单位的房产，应由使用人代缴纳房产税。

八、关于房产不在一地的纳税人，如何确定纳税地点？

房产税暂行条例第九条规定，"房产税由房产所在地的税务机关征收。"房产不在一地的纳税人，应按房产的坐落地点，分别向房产所在地的税务机关缴纳房产税。

九、关于在开征地区范围之外的工厂、仓库，可否征收房产税？

根据房产税暂行条例的规定，不在开征地区范围之内的工厂、仓库，不应征收房产税。

十、关于企业办的各类学校、医院、托儿所、幼儿园自用的房产，可否免征房产税？

企业办的各类学校、医院、托儿所、幼儿园自用的房产，可以比照由国家财政部门拨付事业经费的单位自用的房产，免征房产税。

十一、关于作营业用的地下人防设施，应否征收房产税？

为鼓励利用地下人防设施，暂不征收房产税。

十二、关于个人所有的房产用于出租的，应否征收房产税？

个人出租的房产，不分用途，均应征收房产税。

十三、关于个人所有的居住房屋，可否由当地核定面积标准，就超过面积标准的部分征收房产税？

根据房产税暂行条例规定，个人所有的非营业用的房产免征房产税。因此，对个人所有的居住用房，不分面积多少，均免征房产税。

十四、关于个人所有的出租房屋，是按房产余值计算缴纳房产税还是按房产租金收入计算缴纳房产税?

根据房产税暂行条例规定,房产出租的,以房产租金收入为房产税的计税依据。因此,个人出租房屋,应按房屋租金收入征税。

十五、关于房产原值如何确定?

房产原值是指纳税人按照会计制度规定,在账簿"固定资产"科目中记载的房屋原价。对纳税人未按会计制度规定记载的,在计征房产税时,应按规定调整房产原值,对房产原值明显不合理的,应重新予以评估。

十六、关于毁损不堪居住的房屋和危险房屋,可否免征房产税?

经有关部门鉴定,对毁损不堪居住的房屋和危险房屋,在停止使用后,可免征房产税。

十七、关于依照房产原值一次减除10%至30%后的余值计算缴纳房产税,其减除幅度,可否按照房屋的新旧程度分别确定?对有些房屋的减除幅度,可否超过这个规定?

根据房产税暂行条例规定,具体减除幅度以及是否区别房屋新旧程度分别确定减除幅度,由省、自治区、直辖市人民政府规定,减除幅度只能在10%至30%以内。

十八、关于对微利企业和亏损企业的房产,可否免征房产税?

房产税属于财产税性质的税,对微利企业和亏损企业的房产,依照规定应征收房产税,以促进企业改善经营管理,提高经济效益。但为了照顾企业的实际负担能力,可由地方根据实际情况在一定期限内暂免征收房产税。

十九、关于新建的房屋如何征税?

纳税人自建的房屋,自建成之次月起征收房产税。

纳税人委托施工企业建设的房屋,从办理验收手续之次月起征收房产税。

纳税人在办理验收手续前已使用或出租、出借的新建房屋,应按规定征收房产税。

二十、关于企业停产、撤销后应否停征房产税?

企业停产、撤销后,对他们原有的房产闲置不用的,经省、自治区、直辖市税务局批准可暂不征收房产税;如果这些房产转给其他征税单位使用或者企业恢复生产的时候,应依照规定征收房产税。

二十一、关于基建工地的临时性房屋,应否征收房产税?

凡是在基建工地为基建工地服务的各种工棚、材料棚、休息棚和办公室、食堂、茶炉房、汽车房等临时性房屋,不论是施工企业自行建造还是由基建单位出资建造交施工企业使用的，在施工期间，一律免征房产税。但是，如果在基建工程结束以后，施工企业将这种临时性房屋交还或者估价转让给基建单位的，应当从基建单位接收的次月起，依照规定征收房产税。

二十二、关于公园、名胜古迹中附设的营业单位使用或出租的房产，应否征收房产税？

公园、名胜古迹中附设的营业单位，如影剧院、饮食部、茶社、照相馆等所使用的房产及出租的房产，应征收房产税。

二十三、关于房产出租，由承租人修理，不支付房租，应否征收房产税？

承租人使用房产，以支付修理费抵交房产租金，仍应由房产的产权所有人依照规定缴纳房产税。

二十四、关于房屋大修停用期间，可否免征房产税？

房屋大修停用在半年以上的，经纳税人申请，税务机关审核，在大修期间可免征房产税。

二十五、关于纳税单位与免税单位共同使用的房屋，如何征收房产税？

纳税单位与免税单位共同使用的房屋，按各自使用的部分划分，分别征收或免征房产税。

4. 国家税务总局关于进一步明确房屋附属设备和配套设施计征房产税有关问题的通知（国税发〔2005〕173号）[①]

国税发〔2005〕173号　　发布日期：2005-10-21

各省、自治区、直辖市和计划单列市地方税务局，扬州税务进修学院：

关于房屋附属设备和配套设施计征房产税问题，《财政部 税务总局关于房产税和车船使用税几个业务问题的解释与规定》（〔87〕财税地字第3号）第二条已作了明确。随着社会经济的发展和房屋功能的完善，又出现了一些新的设备和设施，亟须明确。经研究，现将有关问题通知如下：

一、为了维持和增加房屋的使用功能或使房屋满足设计要求，凡以房屋为载体，不可随意移动的附属设备和配套设施，如给排水、采暖、消防、中央空调、电气及智能化楼宇设备等，无论在会计核算中是否单独记账与

[①] 条款失效，第三条废止。参见：《国家税务总局关于公布全文失效废止 部分条款失效废止的税收规范性文件目录的公告》（国家税务总局公告2011年第2号）。

核算，都应计入房产原值，计征房产税。

二、对于更换房屋附属设备和配套设施的，在将其价值计入房产原值时，可扣减原来相应设备和设施的价值；对附属设备和配套设施中易损坏、需要经常更换的零配件，更新后不再计入房产原值。

三、城市房地产税比照上述规定执行。

四、本通知自2006年1月1日起执行。《财政部、税务总局关于对房屋中央空调是否计入房产原值等问题的批复》（〔87〕财税地字第28号）同时废止。

五、印花税

1. 国家税务局关于对借款合同贴花问题的具体规定（国税地字〔1988〕30号）

国税地字〔1988〕30号　　全文有效　　发布日期：1988-12-12

根据《中华人民共和国印花税暂行条例》及其实行细则的规定，现将借款合同贴花的有关问题规定如下：

一、关于以填开借据方式取得银行借款的借据贴花问题。目前，各地银行办理信贷业务的手续不够统一，有的只签订合同，有的只填开借据，也有的既签订合同又填开借据。为此规定：凡一项信贷业务既签订借款合同又一次或分次填开借据的，只就借款合同按所载借款金额计税贴花；凡只填开借据并作为合同使用的，应按照借据所载借款金额计税，在借据上贴花。

二、关于对流动资金周转性借款合同的贴花问题。借贷双方签订的流动资金周转性借款合同，一般按年（期）签订，规定最高限额，借款人在规定的期限和最高限额内随借随还。为此，在签订流动资金周转借款合同时，应按合同规定的最高借款限额计税贴花。以后，只要在限额内随借随还，不再签新合同的，就不另贴印花。

三、关于对抵押贷款合同的贴花问题。借款方以财产作抵押，与贷款方签订的抵押借款合同，属于资金信贷业务，信贷双方应按"借款合同"计税贴花。因借款方无力偿还借款而将抵押财产转移给贷款方，应就双方书立的产权转移书据，按"产权转移书据"计税贴花。

四、关于对融资租赁合同的贴花问题。银行及其金融机构经营的融资租赁业务，是一种以融物方式达到融资目的的业务，实际上是分期偿还的固定资金借贷。因此，对融资租赁合同，可据合同所载的租金总额暂按

"借款合同"计税贴花。[1]

五、关于借款合同中既有应税金额又有免税金额的计税贴花问题。有些借款合同，借款总额中既有应免税的金额，也有应纳税的金额。对这类"混合"借款合同，凡合同中能划分免税金额与应税金额的，只就应税金额计税贴花；不能划分清楚的，应按借款总金额计税贴花。

六、关于对借款方与银团"多头"签订借款合同的贴花问题。在有的信贷业务中，贷方是由若干银行组成的银团，银团各方均承担一定的贷款数额，借款合同由借款方与银团各方共同书立，各执一份合同正本。对这类借款合同，借款方与贷款银团各方应分别在所执合同正本上按各自的借贷金额计税贴花。

七、关于对基建借款中，先签订分合同，后签订总合同的贴花问题。有些基本建设贷款，先按年度用款计划分年签订借款分合同，在最后一年按总概算签订借款总合同，总合同的借款金额中，包括各分合同的借款金额。对这类基建借款合同，应按分合同分别贴花，最后签订的总合同只就借款总额扣除分合同借款金额后的余额计税贴花。

六、财务会计

1. 金融企业会财务规则（财政部令第42号）

财政部令第42号　全文有效　发布日期：2006-12-07

第一章　总则

第一条　为了加强金融企业财务管理，规范金融企业财务行为，促进金融企业法人治理结构的建立和完善，防范金融企业财务风险，保护金融企业及其相关方合法权益，维护社会经济秩序，根据有关法律、行政法规和国务院相关规定，制定本规则。

第二条　在中华人民共和国境内依法设立的国有及国有控股金融企业、金融控股公司、担保公司，城市商业银行、农村商业银行、农村合作银行、

---

[1] 飞狼财税通编注：财税〔2015〕144号《财政部 国家税务总局关于融资租赁合同有关印花税政策的通知》规定自2015年12月24日起对开展融资租赁业务签订的融资租赁合同（含融资性售后回租），统一按照其所载明的租金总额依照"借款合同"税目，按万分之零点五的税率计税贴花。在融资性售后回租业务中，对承租人、出租人因出售租赁资产及购回租赁资产所签订的合同，不征收印花税。

信用社(以下简称金融企业)适用本规则。

其他金融企业参照本规则执行。

第三条 金融企业应当根据本规则的规定,以及自身发展的需要,建立健全内部财务管理制度,设置财务管理职能部门,配备专业财务管理人员,综合运用规划、预测、计划、预算、控制、监督、考核、评价和分析等方法,筹集资金,营运资产,控制成本,分配收益,配置资源,反映经营状况,防范和化解财务风险,实现持续经营和价值最大化。

第四条 各级人民政府财政部门(以下简称财政部门)依法指导、管理和监督本级金融企业的财务管理工作。

省级以上人民政府财政部门的派出机构,应当在规定职责范围内依法履行指导、管理和监督金融企业财务管理工作的职责。

金融企业在完成工商登记后30日内,应当向同级财政部门提交设立批准证书、营业执照、验资证明、章程等文件的复印件。

金融企业发生分立、合并、设立分支机构,以及主要工商登记事项发生变更时,在依法完成工商变更登记后30日内,应当向同级财政部门提交有关的变更文件复印件。

第五条 金融企业应当依法纳税。金融企业财务处理与税收法律、行政法规规定不一致的,纳税时应当依法进行调整。

第二章 职责、职权

第六条 财政部门履行下列财务管理职责:

(一)监督金融企业执行本规则以及其他的财务管理规定,指导、督促金融企业建立健全内部财务管理制度;

(二)指导、督促金融企业建立健全财务风险控制体系,监测金融企业财务风险及其营运状况,监督金融企业的财务行为;

(三)加强金融企业财务信息管理,实施金融企业财务评价;

(四)监督金融企业接受社会审计和资产评估;

(五)制定并实施促进金融企业改革和发展的财政、财务政策,组织金融企业财务管理人员的业务培训;

(六)有关法律、行政法规规定的其他财务管理职责。

第七条 金融企业的投资者(以下简称投资者)一般通过股东(大)会、董事会或者其他形式的治理机构行使下列财务管理职权:

(一)执行并督促经营者执行国家有关金融企业财务管理的规定;

（二）决定内部财务管理制度，明确经营者的财务管理权限；

（三）决定财务管理职能部门的设置；

（四）决定财务计划和财务预算，决定筹资、投资、处置重大资产、依法提供除主营担保业务范围以外的担保、捐赠、重组、经营者报酬、利润分配等重大财务事项；

（五）对经营者实施财务监督和财务考核，决定聘任或者解聘财务负责人；

（六）决定聘用或者解聘承办社会审计和资产评估等业务的社会中介机构；

（七）按照章程的规定，行使其他财务管理职权。

投资者可以通过制度规范、章程约定等方式，将投资者财务管理职权全部或者部分授予经营者。

金融企业按规定可以向其控股的企业委派或者推荐财务总监。

第八条 金融企业的经营者（以下简称经营者）按照规定行使下列财务管理职权：

（一）执行国家有关金融企业财务管理的规定；

（二）拟订内部财务管理制度，经投资者议定后报同级财政部门备案，并具体组织实施；

（三）组织财务预测，编制财务计划和财务预算草案，实施财务控制、分析和考核；

（四）组织实施筹资、投资、处置重大资产、担保、捐赠、重组和利润分配等财务管理方案；

（五）组织财务事项审批；

（六）组织缴纳税金、规费；

（七）执行国家有关职工劳动报酬和劳动保护的规定，依法缴纳社会保险费、住房公积金等，保障职工合法权益；

（八）归集财务信息，依法组织编制和报送财务会计报告；

（九）提请聘任或者解聘财务负责人；

（十）配合有关机构依法实施的审计、评估和监督核实；

（十一）按照章程的规定，以及股东（大）会或者董事会的要求，行使其他财务管理职权。

第三章 财务风险

第九条 金融企业应当根据本规则的规定，以及内部财务管理制度的要求，建立健全包括识别、计量、监测和控制等内容的财务风险控制体系，明确财务风险管理的权限、程序、应急方案和具体措施，以及财务风险形成当事人应承担的责任，防范和化解财务风险。

第十条 金融企业应当建立规范有效的资本补充机制，保持业务规模与资本规模相适应，在资本充足率、偿付能力等方面满足有关法律、法规的要求。

从事商业银行业务的金融企业，资本充足率不得低于8%，核心资本充足率不得低于4%；从事保险业务的金融企业，偿付能力充足率不得低于规定的数额；从事证券业务的金融企业，净资本负债率应满足规定的数额要求。

第十一条 金融企业应当按照保障相关各方利益、保证支付能力、实现持续经营的原则，根据有关法律、法规的规定，控制资产负债比例，足额提留用于清偿债务的资金。

从事银行业务的金融企业，应按规定交存存款准备金，留足备付金；从事保险业务的金融企业，应按注册资本的20%提取资本保证金，存入指定银行，除清算时用于清偿债务外，不得动用；从事证券业务的金融企业，负债与净资产的比例应满足规定的数额要求。

第十二条 金融企业应当定期或者至少于每年年终对各类资产进行评价，并逐步实现动态评价，按照规定进行风险分类，对可收回金额低于账面价值的部分，按照国家有关规定计提资产减值准备。

金融企业对计提减值准备的资产，应当落实监管责任。对能够收回或者继续使用的，应当收回或者使用；对已经损失的，应当按照规定的程序核销；对已经核销的，应当实行账销案存管理。

第十三条 金融企业应当及时分析市场利率、汇率波动情况，预计可能发生的风险，并按照规定的程序，运用金融衍生工具，减少利率、汇率风险损失。

第十四条 金融企业发生关联交易，必须履行规定的程序，并按照规定控制总量和规模，遵循公开、公平、公正的原则，确定并及时结算资源、劳务或者义务的价款，不得利用关联交易操纵利润、逃避税收。

第十五条 金融企业委托其他机构理财或者从事其他业务，应当进行风险评估，依法签订书面合同，明确业务授权和具体操作程序，定期对账，制定风险防范的具体措施。

金融企业委托其他机构理财或者从事其他业务，投入的资金不得影响主营业务的开展，取得的收入应当纳入账内核算。

第十六条 金融企业依法受托发放贷款、经营衍生产品、进行证券期货交易、买卖黄金、管理资产以及开展其他业务，应当与自营业务分开管理，按照合同约定分配收益、承担责任，不得挪用客户资金，不得转嫁经营风险。

第十七条 金融企业对外提供担保应当符合法律、行政法规的规定，根据被担保对象的资信及偿债能力，采取相应的风险控制措施，并设立备查账簿登记，及时跟踪监督。

金融企业提供除主营担保业务范围以外的担保，应当由股东（大）会或者董事会决议；为金融企业投资者或者实际控制人提供担保的，应当由股东（大）会决议。

第十八条 金融企业应当根据资本规模控制表外业务总量。

金融企业应当按照风险程度对表外业务进行授权，并严格按照授权执行，禁止违规操作。

金融企业应当及时、完整记录所有表外业务，跟踪核实表外业务变动情况，预计可能发生的损失，并按照有关规定进行披露。

第十九条 金融企业设立分支机构，应当按照规定拨付与分支机构经营规模相适应的营运资金，并不得超过规定的限额。

金融企业应当对分支机构实行统一核算，统一调度资金，分级管理的财务管理制度。条件具备的，可以实行统一核算，统一调度资金，业务单元制管理的财务管理制度。

金融企业应当加强对分支机构的财务监管，关注资金异常变动，监督并跟踪分析分支机构财务指标的情况，督促境外分支机构遵守所在国家（地区）关于金融企业财务管理的规定。

第四章　资金筹集

第二十条 金融企业筹集资本金，应当符合国家有关资本金管理的规定，根据发展战略和经营规划拟定筹资方案，履行规定的程序。

金融企业在国家法律、行政法规允许的范围内，可以接受货币出资，也可以接受实物、知识产权、土地使用权等可以用货币估价并可以依法转让的非货币财产出资，或者采取发行股票等方式筹集资本金。

金融企业接受非货币财产出资,应当进行评估作价,核实财产,按照评估确认或者合同约定的价值计价;采取发行股票方式筹集的资本金,按照股票面值计价。

金融企业筹集资本金,应当聘请会计师事务所验资。办理工商登记后,应当向投资者出具出资证明书。

第二十一条 金融企业筹集的资本金,在持续经营期间,投资者除依法进行转让外,不得以任何方式抽走。

金融企业在筹集资本金活动中,投资者缴付的出资额超出资本金的差额(包括发行股票的溢价净收入),计入资本公积。

经投资者决议后,资本公积用于转增资本金。

第二十二条 金融企业以借款、吸收存款、发行债券、融资租赁、向人民银行再贷款等方式筹集资金,应当符合国家有关规定,明确筹资目的,考虑资金需求和债务风险,签订书面合同,不得擅自提高或者变相提高利率以及付费标准,并应适时合理调整负债结构,降低筹资成本。

第二十三条 金融企业取得国家投资、财政补助等财政资金,区分以下情况处理:

(一)属于国家直接投资的,按照国家有关规定增加国家资本金或者资本公积;

(二)属于投资补助的,增加资本公积或者资本金。国家拨款时对权属有规定的,按规定执行。没有规定的,由全体投资者共同享有;

(三)属于贷款贴息、专项经费补助的,作为收益处理;

(四)属于弥补亏损、救助损失或者其他用途的,作为收益处理;

(五)属于政府转贷、偿还性资助的,作为负债管理。

第五章 资产营运

第二十四条 金融企业应当统一管理资金账户,明确资金调度的条件、权限和程序。调度资金应当按照内部财务管理制度,依据有效合同和合法凭证办理手续,不得私存私放资金。

向境外调度资金必须符合国家外汇管理的有关规定,并履行相应的审批程序。

第二十五条 金融企业管理库存现金、库存金银、存放中央银行与同业的款项,以及其他形式的现金资产,应当满足流动性要求,并控制现金资产总量。

第二十六条　金融企业应当按照内部财务管理制度对合同进行财务审核，跟踪履约情况，明确债权，制定收账政策，及时清收应收款项。

第二十七条　金融企业在法律、法规允许的范围内，经股东（大）会或者董事会决议，可以用货币对外投资，也可以用实物、知识产权、土地使用权等可以用货币估价并可以依法转让的非货币财产对外投资，但不得以国家授予的特许经营权对外投资。

用非货币财产对外投资的，应当聘请资产评估机构进行评估并按评估确认后的价值计价。

对外投资应当签订书面合同，明确投资权益，按照内部财务管理制度规定的程序支付投资款项，所需资金纳入财务预算管理，不得在成本费用或者营业外支出中列支，并及时监控和考核投资项目的效益，落实项目决策者和实施者的责任。

向境外投资的，应当符合国家境外投资项目核准和外汇管理等相关规定。

第二十八条　金融企业收取、保管和处置抵债资产，应当按照内部财务管理制度规定的工作程序办理。

收取抵债资产应当按照规定确定接收价格，核实产权。

保管抵债资产应当按照安全、完整、有效的原则，及时进行账务处理，定期核实、账实核对。

处置抵债资产应当按照公开、透明的原则，聘请资产评估机构评估作价。一般采用公开拍卖的方式进行处置。采用其他方式的，应当引入竞争机制选择抵债资产买受人。

抵债资产不得转为自用。因客观条件需要转为自用的，应当履行规定的程序后，纳入相应的资产进行管理。

第二十九条　金融企业应当按照内部财务管理制度规定，定期清查核实各类固定资产，落实使用和管理责任。

购建重要固定资产、实施重大技术改造，应当进行可行性论证，并落实决策和执行责任。

固定资产折旧可以依据产业发展态势和技术进步的要求，结合固定资产经济寿命及其使用状况，确定折旧年限，选用折旧方法，按季（月）计提。固定资产折旧政策一经选用，一般不得变更，确需变更的，应当经股东（大）会或者董事会决议后执行。有关法律、行政法规规定必须披露变更理由的，应当及时披露。

已交付使用而未办理竣工决算的在建工程项目，应当比照固定资产进行管理。

金融企业固定资产账面价值和在建工程账面价值之和占净资产的比重，从事银行业务的最高不得超过40%，从事保险及其他非银业务的最高不得超过50%。国家另有规定的，从其规定。

第三十条　金融企业通过自创、购买、接受投资等方式取得的商标权、著作权、专利权及专有技术等无形资产，应当依法明确权属，落实经营和管理责任。

变更无形资产权属时应当进行评估，并签订书面合同。

第三十一条　金融企业发生的资产损失，包括信贷资产损失、坏账损失、投资损失、固定资产及在建工程损失等，应当及时核实，查清责任，追偿损失，并按照国家有关规定进行处理。

金融企业以出售、出租、抵押、置换、报废等方式处置资产，应当根据有关法律、法规的规定，履行相应程序。

处置主营业务所用资产，涉及业务调整或者资产重组的，应当根据发展战略和经营规划，制订业务调整或者资产重组方案，履行规定的程序后执行。

金融企业对外捐赠应当符合有关法律、法规的规定，明确捐赠的范围和条件，落实执行责任，严格办理捐赠资产的交接手续。

第六章　成本、费用

第三十二条　金融企业应当结合自身特点，按照内部财务管理制度，强化成本费用预算约束，实行成本费用全员管理和全过程控制。

金融企业的成本费用支出应当按照国家规定纳入账内核算，不得违反规定进行调整。

第三十三条　金融企业在经营过程中发生的与经营有关的支出，包括各项利息支出（含贴息）扣除允许资本化的部分、手续费支出、佣金支出、业务给付支出、业务赔款支出、保护（保障、保险）基金支出、应计入损益的各种准备金和其他有关支出，应当按照国家有关规定计入当期损益。

第三十四条　金融企业的成本核算，应当严格区分本期成本与下期成本的界限、成本支出与营业外支出的界限、收益性支出与资本性支出的界限。

金融企业的成本核算，应当以季（月）、年为计算期。同一计算期内，核算成本和营业收入的起止日期、计算范围和口径应当一致。

第三十五条　金融企业应当注重费用支出与经济效益的配比，实行费用支出的归口、分级管理和预算控制，确定必要的费用支出范围、标准和报销审批程序。

除国家规定的专用账户外，金融企业每一独立核算单位分币种只能设立一个费用存款专户，除税金及附加、折旧、资产摊销、准备金和坏账损失以外的各项费用，应当从费用专户中开支。

金融企业应当强化费用支出约束，对业务宣传费、业务招待费、差旅费、会议费、通讯费、维修费、出国经费、董事会经费、捐赠等实行重点监控。

金融企业的业务宣传费、委托代办手续费、防预费、业务招待费一律按规定据实列支，不得预提。

第三十六条 金融企业技术研发和实施科技成果产业化所需经费应当纳入财务预算，形成的资产应当纳入相应的资产进行管理。

第三十七条 金融企业应当按照国家有关规定，以及与职工签订的劳动合同，核定和计发职工薪酬。

金融企业根据有关法律、法规和政策的规定，经股东（大）会或者董事会决议，可以对经营者、核心技术人员和核心管理人员实行与其他职工不同的薪酬办法。

金融企业经股东（大）会或者董事会决议，可以在工资计划中安排一定数额，对研发核心技术、促进安全营运、开拓市场等作出突出贡献的职工给予奖励。

第三十八条 金融企业根据有关法律、法规和政策的规定，为职工缴纳的基本医疗保险、基本养老保险、失业保险和工伤保险等社会保险费用，应当据实列入成本（费用）。

参加基本医疗保险、基本养老保险且按时足额缴费的金融企业，具有持续盈利能力和支付能力的，可以根据有关法律、法规的规定，为职工建立补充医疗保险和补充养老保险（企业年金）制度，相关费用应当按照国家有关规定列支。

第三十九条 金融企业为职工缴纳住房公积金以及职工住房货币化分配的处理，按照国家有关规定执行。

工会经费按照国家规定的比例提取，拨交工会使用。

职工教育经费按照国家规定的比例提取，用于职工教育和职业培训。

第四十条 金融企业应当依法缴纳行政事业性收费、政府性基金以及使用或者占用国有资源的费用等。

金融企业有权拒绝没有法律、法规和规章依据，或者超过法律、法规和规章规定范围和标准的收费。

第四十一条　金融企业根据经营情况支付必要的佣金、手续费等支出，应当签订合同，明确支出标准和执行责任。除对个人代理人外，不得以现金支付。

第七章　收益、分配

第四十二条　金融企业经营业务范围内的各项收入和其他营业收入、营业外收入，应当在依法设置的会计账簿上按照国家有关规定统一登记、核算，不得存放其他单位，或者以任何理由坐支。

投资者、经营者及其他职工履行本单位职务所得收入，包括业务收入以及对方给予的佣金、手续费等，全部属于金融企业，应当纳入账内核算，不得隐匿、转移、私存私放、坐支或者擅自用于职工福利。

第四十三条　金融企业发生年度亏损的，可以用下一年度的税前利润弥补；下一年度的税前利润不足以弥补的，可以逐年延续弥补；延续弥补期超过法定税前弥补期限的，可以用缴纳所得税后的利润弥补。

第四十四条　金融企业本年实现净利润（减弥补亏损，下同），应当按照提取法定盈余公积金、提取一般（风险）准备金、向投资者分配利润的顺序进行分配。法律、行政法规另有规定的从其规定。

法定盈余公积金按照本年实现净利润的10%提取，法定盈余公积金累计达到注册资本的50%时，可不再提取。

从事银行业务的，应当于每年年终根据承担风险和损失的资产余额的一定比例提取一般准备金，用于弥补尚未识别的可能性损失；从事其他业务的，应当按照国家有关规定从本年实现净利润中提取风险准备金，用于补偿风险损失。

以前年度未分配的利润，并入本年实现净利润向投资者分配。其中，股份有限公司按照下列顺序分配：

（一）支付优先股股利；

（二）提取任意盈余公积金；

（三）支付普通股股利；

（四）转作资本（股本）。

资本充足率、偿付能力充足率、净资本负债率未达到有关法律、行政法规规定标准的，不得向投资者分配利润。

任意盈余公积金按照公司章程或者股东（大）会决议提取和使用。

经股东(大)会决议，金融企业可以用法定盈余公积金和任意盈余公积金弥补亏损或者转增资本。法定盈余公积金转为资本时，所留存的该项公积金不得少于转增前金融企业注册资本的25%。

第四十五条 金融企业根据有关法律、法规的规定，经股东(大)会决议，可以对经营者和核心技术人员、核心管理人员实行股权激励。

经营者及其他职工以劳动、技术、管理等要素参与收益分配的，分配办法应当符合有关法律、法规和政策的规定，经股东(大)会决议后，区别以下情况处理：

(一)取得股权的，与其他投资者一同分配利润；

(二)没有取得股权的，在相关业务实现的利润限额和分配标准内，从当期费用中列支。

第八章 重组、清算

第四十六条 金融企业根据有关法律、法规的规定，可以通过分立、合并等方式进行重组。

实施重组应当进行可行性论证，履行规定程序，组织开展财产清查，聘请会计师事务所进行审计、资产评估机构进行资产评估，组织与债权人协商，制订债务处置或者承继、股权设置、资本重组的实施方案。

第四十七条 金融企业分立，应当按照资产相关性或者业务相关性原则分割财产、承担债务，并明确分立后的产权关系。

对不能分割的财产，在评估的基础上，经各方协商，由拥有财产的一方给予其他方经济补偿。

第四十八条 金融企业合并，应当由合并后存续的金融企业或者新设的金融企业承继合并各方的债权、债务，并明确合并后的产权关系。

金融企业合并净资产超出注册资本的部分，作为资本公积；少于注册资本的部分，应当变更注册资本或者由投资者补足出资。

对资不抵债金融企业以承担债务方式合并的，合并方应当采取重整措施，按照合并方案履行偿债义务。

第四十九条 金融企业实行托管经营，应当签订托管经营合同，明确被托管企业的财务状况、托管经营目标、托管财产处置权限以及收益分配办法等，并落实财务监管责任。

受托金融企业应当根据托管经营合同制定相关方案，重组托管金融企业的财产与债务、调整业务、安置职工。

托管经营合同没有约定且未经托管金融企业股东（大）会同意，受托金融企业不得擅自改组、改制、转让托管金融企业，不得非法转移托管金融企业的财产和业务，不得以托管金融企业名义或者以托管财产对外担保。

第五十条　金融企业进行重组时，对已占用的国有划拨土地应当按照有关规定进行评估，履行相关手续后，区别以下情况处理：

（一）继续采取划拨方式的，可以不纳入资产管理，但应当明确划拨土地使用权权益，并按规定用途使用，设立备查账簿登记；

（二）采取作价入股方式的，将应缴纳的土地出让金转作国家资本，形成的国有股权由重组前的国有资本持有单位或者财政部门确认的单位持有；

（三）采取出让方式的，由金融企业购买土地使用权，支付出让费用；

（四）采取租赁方式的，由金融企业租赁使用，租金水平参照银行同期贷款利率确定，并在租赁合同中约定。

金融企业进行重组时，对已占用的特许经营权等国有资源，依法可以转让的，比照前款处理。

第五十一条　金融企业重组过程中，对拖欠职工的工资和医疗、伤残补助、抚恤费用以及欠缴的基本社会保险费、住房公积金、工会经费等，应当以金融企业现有资产优先清偿。

第五十二条　金融企业被责令关闭、依法破产或者经营期限届满终止经营或者解散的，应当按照国家法律、行政法规和金融企业章程的规定实施清算。

金融企业自愿清算的，由金融企业股东（大）会决议后执行。

金融企业依法进行清算，应当对非货币财产进行资产评估。

第五十三条　金融企业的清算财产支付清算费用后，按照国家有关法律、行政法规规定的顺序清偿债务。

第五十四条　金融企业清算完毕，应当编制清算报告，聘用会计师事务所审计，并将清算报告和审计报告报投资者决议或者人民法院确认后，向相关部门、债权人以及其他利益相关人通告。

第五十五条　金融企业与职工解除劳动合同，应当按照国家有关规定支付职工经济补偿金，除正常经营期间发生的列入当期费用以外，应当区别以下情况处理：

（一）重组中发生的，依次从未分配利润、盈余公积、资本公积、实收资本中支付；

（二）清算时发生的，以扣除清算费用后的清算财产优先清偿。

第九章 财务信息

第五十六条 金融企业应当在会计电算化的基础上，整合业务和信息流程，推行财务管理信息化，逐步实现财务、业务相关信息一次性处理和实时共享。

第五十七条 金融企业应当根据有关法律、行政法规的规定，以及财政部的统一要求编制中期财务会计报告和年度财务会计报告，并通过内部审核，在规定期限内向财政部门以及其他与金融企业有关的使用者报送，不得拒绝、拖延财务信息的披露。

第五十八条 金融企业报送的年度财务会计报告应当经会计师事务所审计。

金融企业不得编制和对外提供虚假的或者隐瞒重要事实的财务信息。

金融企业负责人对本企业财务信息的真实性、完整性负责。

第五十九条 财政部门应当建立健全金融企业财务评价制度，对金融企业资本充足状况、偿付能力状况、资产质量状况、盈利状况和社会贡献等进行评价。评价结果作为制定有关金融企业财务管理政策和考核有关金融企业的依据。

金融企业应当按财务评价制度的要求，对财务状况和经营成果进行总结、评价和考核。

第六十条 财政部门及其工作人员应当履行保密义务，谨慎、合法地保管、使用金融企业提供的财务信息，不得利用未公开的财务信息牟取利益或者损害金融企业利益。

第十章 罚 则

第六十一条 金融企业有下列情形之一的，由财政部门责令限期改正，或者予以通报批评：

（一）不按规定提交设立、变更文件的；

（二）财务风险控制未达到规定要求的；

（三）筹集和运用资金不符合规定要求的；

（四）不按规定开设和管理资金账户的；

（五）资产管理不符合规定，形成账外资产的；

（六）不按规定列支经营成本、费用的；

（七）不按规定确认经营收益的；

(八)不按规定计提减值准备、提留准备金、分配利润的;

(九)不按规定处理财政资金、国有资源的;

(十)不按规定顺序清偿债务、处理财产的;

(十一)不按规定处理职工社会保险费、经济补偿金的;

(十二)其他违反金融企业财务管理有关规定的。

第六十二条 金融企业有下列情形之一的,由财政部门责令限期改正,并对金融企业及其负责人和其他直接责任人员给予警告:

(一)不按照规定建立内部财务管理制度的;

(二)内部财务管理制度明显与国家法律、法规和统一的财务管理规章制度相抵触,且不按财政部门要求修改的;

(三)不按照规定提供财务信息的;

(四)拒绝、阻扰依法实施的财务监督的。

第六十三条 金融企业违反本规则,有关法律、法规另有规定的,依照其规定处理、处罚。

财政部门在依法实施财务监督中,对不属于本部门职责范围的事项,应当依法移送相关管理部门。

第六十四条 财政部门工作人员在履行财务管理职责过程中滥用职权、玩忽职守、徇私舞弊,或者泄露国家秘密、商业秘密的,依法进行处理。

第十一章 附 则

第六十五条 各省、自治区、直辖市、计划单列市财政部门可以依据本规则和财政部的其他规定,结合本地区金融企业实际,制定具体的实施办法,报财政部备案。

第六十六条 本规则自2007年1月1日起施行,《金融保险企业财务制度》(〔93〕财商字第11号)、《保险公司财务制度》(财债字〔1999〕8号)、《证券公司财务制度》(财债字〔1999〕215号)、《金融资产管理公司财务制度(试行)》(财金〔2000〕17号)同时废止。

2.财政部关于印发《信贷资产证券化试点会计处理规定》的通知(财会〔2005〕12号)

财会〔2005〕12号 发布日期:2005-05-16

为规范信贷资产证券化试点工作,保护投资人及相关当事人的合法权益,根据《中华人民共和国会计法》《中华人民共和国信托法》《信贷资产证券化试点管理办法》等法律及相关法规，我部制定了《信贷资产证券化试点会计处理规定》，现予印发，请遵照执行。

财政部
二〇〇五年五月十六日

信贷资产证券化试点会计处理规定
第一章　总　则

第一条　为规范信贷资产证券化试点工作，保护投资人及相关当事人的合法权益，根据《中华人民共和国会计法》《中华人民共和国信托法》《信贷资产证券化试点管理办法》等法律及相关法规，制定本规定。

第二条　在中国境内，银行业金融机构作为发起机构，将信贷资产信托给受托机构，由受托机构以资产支持证券的形式向投资机构发行受益证券，以该财产所产生的现金支付资产支持证券收益的结构性融资活动，适用本规定。

第二章　发起机构的会计处理

第三条　发起机构是通过设立特定目的信托转让信贷资产的金融机构。

第四条　发起机构已将信贷资产所有权上几乎所有（通常指95%或者以上的情形，下同）的风险和报酬转移时，应当终止确认该信贷资产，并将该信贷资产的账面价值与因转让而收到的对价之间的差额，确认为当期损益。终止确认是指将信贷资产从发起机构的账上和资产负债表内转出。

转让该信贷资产时如取得了某项新资产或者承担了某项新负债（如因提供保证承担的预计负债等，下同），应当在转让日按公允价值确认该新资产或者新负债，并将该新资产扣除新负债后的净额作为上述对价的组成部分。

公允价值是指在公平交易中，熟悉情况的交易双方自愿进行资产交换或者债务清偿的金额。上述新资产或者新负债有活跃市场的，发起机构应当按市场报价确定该新资产或者新负债的公允价值；没有活跃市场的，发起机构应当比照类似资产或者负债的市场报价，或者按未来现金流量现值，或者按市场上普遍认同的计价模型计算的结果，确定该新资产或者新负债的公允价值。

第五条　发起机构保留了信贷资产所有权上几乎所有的风险和报酬时，不应当终止确认该信贷资产；转让该信贷资产收到的对价，应当确认为一项负债。

在随后的会计期间，发起机构应当继续确认该信贷资产的收益及其相关负债的费用。

第六条　不属于第四条和第五条情形的，发起机构应当分别以下两种情况进行处理：

（一）发起机构放弃了对该信贷资产控制的，应当在转让日终止确认该信贷资产，并将该信贷资产的账面价值与因转让而收到的对价之间的差额，确认为当期损益。

转让该信贷资产时如取得了某项新资产或者承担了某项新负债，应当在转让日按公允价值确认该新资产或者新负债，并将该新资产扣除新负债后的净额作为上述对价的组成部分。

以下条件全部符合时，表明发起机构放弃了对所转让信贷资产的控制：

1.发起机构与该信贷资产实现了破产隔离；

2.特定目的信托受托机构按信托合同约定，能够单独将该信贷资产出售给与其不存在关联方关系的第三方，且没有额外条件对该项出售加以限制。

（二）发起机构仍保留对该信贷资产控制的，应当在转让日按其继续涉入该信贷资产的程度确认有关资产，并相应确认有关负债。发起机构继续涉入该信贷资产的程度，是指该信贷资产价值变动使发起机构面临的风险水平。

发起机构通过对该信贷资产提供保证的方式继续涉入的，其涉入程度为该信贷资产的账面价值和保证金额两者之中的较低者。保证金额是指发起机构所收到的对价中，可能被要求偿还的最高金额。

发起机构应当在转让日按上述较低金额确认继续涉入所产生的资产，同时按保证金额与保证合同的公允价值（通常为提供保证所收取的费用）之和确认有关负债。

第七条　信贷资产部分转让符合终止确认条件的，应当将该信贷资产整体的账面价值在终止确认部分和未终止确认部分之间，按转让日各自的相对公允价值进行分摊，并将终止确认部分的账面价值与终止确认部分的对价（因该转让取得的新资产扣除承担的新负债后的净额包括在内）之间的差额，确认为当期损益。

发起机构将该信贷资产整体的账面价值在终止确认部分和未终止确认部分进行分摊时，未终止确认部分没有市场报价且最近市场上也没有与其有关的实际成交价格的，该未终止确认部分的公允价值，按该信贷资产整体的公允价值扣除终止确认部分的对价之后的差额确定；该信贷资产整体的公允价值无法取得时，按其账面价值扣除终止确认部分的对价之后的差额确定。

上述未终止确认部分应当在转让日按整体账面价值分摊后的金额确认。

第八条　发起机构仅继续涉入信贷资产一部分的，应当将该信贷资产整体的账面价值，在继续涉入仍确认的部分和终止确认部分之间，按转让日各自的相对公允价值进行分摊，并将终止确认部分的账面价值与终止确认部分的对价之间的差额，确认为当期损益。

第九条　发起机构对特定目的信托具有控制权的，应当将其纳入合并会计报表。

第十条　发起机构未终止确认所转让信贷资产，或者按继续涉入信贷资产程度确认某项资产的，应当在会计报表附注中作如下披露：

（一）资产的性质；

（二）发起机构仍保留的信贷资产所有权上风险和报酬的性质（如信用风险等）；

（三）发起机构继续确认所转让信贷资产整体的，应当披露所转让信贷资产的账面价值和相关负债的账面价值；

（四）发起机构继续涉入所转让信贷资产的，应当披露所转让信贷资产整体的账面价值、继续确认资产的账面价值以及相关负债的账面价值。

第三章　特定目的信托的会计处理

第十一条　特定目的信托应当作为独立的会计主体，以持续经营为前提，独立核算资产证券化信贷资产的管理、运用和处分情况。

第十二条　受托机构因承诺信托而取得的信贷资产是信托财产，独立于发起机构、受托机构、贷款服务机构、资金保管机构、证券登记机构及其他为证券化交易提供服务的机构的固有财产。

受托机构、贷款服务机构、资金保管机构及其为证券化交易提供服务的机构因特定目的信托财产的管理、运用或其他情形而取得的财产和收益，应当归入信托财产。

第十三条　特定目的信托的会计要素包括信托资产、信托负债、信托权益、信托项目收入、信托项目费用、信托项目利润。

信托项目利润应按信托合同的约定，分配给资产支持证券投资机构。

第十四条　特定目的信托应当单独记账、单独核算、单独编制财务会计报告。不同特定目的信托在账户设置、资金划拨、账簿记录等方面应当相互独立。

第十五条　信托终止，受托机构应当对特定目的信托作出处理信托事务的清算报告。

第十六条　特定目的信托的其他相关业务或事项，应当根据《信托业务会计核算办法》（财会〔2005〕1号）进行会计处理。

第四章　受托机构的会计处理

第十七条　受托机构是承诺信托而负责管理特定目的信托财产并发行资产支持证券的机构。

第十八条　受托机构应当按信托合同规定的计提方法、计提标准，计算确认应当由特定目的信托承担的受托机构报酬。

第十九条　受托机构发生的为特定目的信托代垫的信托营业费用，应当确认为对特定目的信托的债权。

第二十条　受托机构对于已终止特定目的信托未被取回的信托财产，应当作为代保管业务进行管理和核算。

第二十一条　受托机构的其他相关业务或事项，应当根据《信托业务会计核算办法》（财会〔2005〕1号）进行会计处理。

第五章　资金保管机构的会计处理

第二十二条　资金保管机构是接受受托机构委托，负责保管信托财产账户资金的机构。

第二十三条　资金保管机构应当按有关资金保管合同的约定确认和计量保管收入。

第二十四条　资金保管机构在向投资机构支付信托财产收益的间隔内，只能按照合同约定的方式和受托机构指令，将信托财产收益投资于流动性好、变现能力强的国债、政策性金融债以及中国人民银行允许投资的其他金融产品。

上述投资形成的收益，应当存入特定目的信托银行账户。

第二十五条　资金保管机构应当按照保管合同约定，定期向受托机构提供资金保管报告，报告资金管理情况和资产支持证券收益支付情况。

第六章 贷款服务机构的会计处理

第二十六条 贷款服务机构是接受受托机构委托，负责管理贷款的机构。

第二十七条 贷款服务机构应当按照有关贷款服务合同确认和计量服务收入。

第二十八条 贷款服务机构对作为信托财产的信贷资产单独设账，单独管理。

第二十九条 贷款服务机构应当定期向受托机构提供服务报告，报告作为信托财产的信贷资产信息。

第七章 投资机构的会计处理

第三十条 投资机构在取得资产支持证券时，应当按实际支付价款确认一项资产支持证券投资。

第三十一条 投资机构取得信托收益时，应当区分属于资产支持证券投资本金部分和证券投资收益部分，并分别进行会计处理。

第三十二条 会计期末，投资机构应当对所持有资产支持证券的账面价值进行核实，发现账面价值高于其可收回金额的，应当计提减值准备。

第三十三条 资产支持证券在投资机构期末资产负债表内应当按其流动性，单列"资产支持证券"项目反映。

第八章 附 则

第三十四条 本规定由中华人民共和国财政部负责解释。

第三十五条 本规定自发布之日起施行。

反侵权盗版声明

中国财政经济出版社依法对本作品享有专有出版权。任何未经权利人书面许可，复制、销售或通过信息网络传播本作品的行为，歪曲、篡改、剽窃本作品的行为，均违反《中华人民共和国著作权法》，其行为人应承担相应的民事责任和行政责任，构成犯罪的，将被依法追究刑事责任。

为了维护市场秩序，保护权利人的合法权益，我社将依法查处和打击侵权盗版的单位和个人。欢迎社会各界人士积极举报侵权盗版行为，本社将奖励举报有功人员，并保证举报人的信息不被泄露。

举报电话：（010）88190744
　　　　　（010）88191661
QQ：2242791300
通信地址：北京市海淀区阜成路甲28号新知大厦
　　　　　中国财政经济出版社总编室
邮　　编：100142